Das amerikanische Jahrhundert

ECON Sachbuch

Zum Buch

Klaus Emmerich hat die Nachricht vom Abwurf der ersten Atombombe im August 1945 als Soldat in einem britischen Gefangenenlager in Italien erlebt. Dieter Kronzucker war im Februar 1968 Korrespondent auf Zeit in Vietnam, als die Amerikaner mit der TET-Offensive von einem Großangriff der Nordvietnamesen überrascht wurden. Das war das Signal für den amerikanischen Rückzug aus Indochina.

Waren die beiden Journalisten damit Zeitzeugen von Anfang und Ende des amerikanischen Zeitalters? Hat sich die Großmachtrolle Amerikas in dem Vierteljahrhundert zwischen totalem Sieg und Vietnam-Trauma erschöpft? Haben jene Intellektuellen recht, die das amerikanische Zeitalter bereits für beendet erklären?

Klaus Emmerich, langjähriger Amerika-Korrespondent des Österreichischen Fernsehens, und Dieter Kronzucker, deutscher Fersehkorrespondent und intimer Kenner der Neuen Welt, meinen, daß der Einfluß der USA über den Pazifik und den Atlantik hinaus schon in den neunziger Jahren des 19. Jahrhunderts begründet liegt und daß die Möglichkeiten und Perspektiven dieser immer noch jungen Nation über das 20. Jahrhundert weit hinausreichen. In ihrer Chronik schildern sie nicht nur den Verlauf der vergangenen hundert amerikanischen Jahre in Politik, Wirtschaft und Gesellschaft, sondern zeigen auch, daß die Erneuerungskräfte der Amerikaner immer noch ungebrochen sind.

Die Autoren

Hans-Dieter Kronzucker, 1936 geboren, war nach dem Studium (Philosophie, Kulturgeschichte) Fernsehjournalist in Vietnam, im Nahen Osten und in Südamerika, 1981–1986 ZDF-Korrespondent in Washington, danach Chef der Sendung »heute-journal« und Leiter des Programmbereichs »Abenteuer und Legenden« beim ZDF. Derzeit arbeitet er als Amerika-Korrespondent des Fernsehsenders SAT. 1 in Washington.

Klaus Emmerich, Jahrgang 1928, war nach dem Studium der Volkswirtschaft als Journalist, u. a. bei der »Presse« in Wien und beim WDR, tätig. Von 1969 bis 1993 lebte und arbeitete er als ORF-Korrespondent in der amerikanischen Hauptstadt. Er ist Autor zahlreicher Sachbücher und begehrter Vortragsredner zu transatlantischen Themen. Klaus Emmerich lebt heute in Wien.

Dieter Kronzucker
Klaus Emmerich

Das amerikanische Jahrhundert

Der Siegeszug des
American Way of Life

ECON Taschenbuch Verlag

Veröffentlicht im ECON Taschenbuch Verlag 1996

Umschlaggestaltung: Klaus Blumenberg
Satz: HEVO GmbH, Dortmund
Druck und Bindearbeiten: Ebner Ulm
Printed in Germany
ISBN 3-612-26362-5

Inhalt

Vorwort

Eigentlich ist der Titel dieses Buches eine Behauptung, die erst bewiesen werden muß, und eine Festlegung dazu auf eine ziemlich genau umrissene Zeitspanne. Wir halten 1893 für ein Jahr der Entscheidungen, Ereignisse, Entwicklungen, Errungenschaften und Erfindungen, die Amerika von der Binnen- zur Weltmacht treiben, und sahen im Jahr 1992 einen kalendarischen Einschnitt in der Geschichte der Neuen Welt. Zu diesem Zeitpunkt war ein halbes Jahrtausend vergangen seit der Landung des Christoph Kolumbus. Fürwahr ein Jubiläum, das die Bewohner der Vereinigten Staaten vor allen anderen Amerikanern feiern konnten. Sie sind den Verheißungen und Herausforderungen der Neuen Welt viel stärker gerecht geworden als die Argentinier oder Mexikaner, als die Kolumbianer oder Kubaner. Wenn die Welt heute von Amerika spricht, es bewundert oder fürchtet, dann ist das Territorium der USA gemeint und keines der anderen dreißig und mehr Staatengebilde jenseits des Atlantiks. Dabei haben sie beinahe alle etwa gleichzeitig das Joch der Kolonialherrschaft abgeschüttelt, hatte eigentlich der Befreier Südamerikas, Simón Bolívar, die größere Vision von einem Staatenbund der Neuen Welt mit einem panamerikanischen Parlament auf der mittelamerikanischen Landbrücke. Von der Idee blieb der Name, Panama. Es sind die USA, die Panama zu einem Ministaat machen, damit sie dort ihren Kanal bauen können. Ansonsten hat Bolívar, wie er auf dem Sterbebett stöhnte, »ein Meer gepflügt«. Es war sein Zeitgenosse und Bruder im Unabhängigkeitskampf, George Washington, der aus ein paar befreiten Kolonien eine Nation auf Dauer schmieden konnte, getragen von einer Menschenrechtserklärung, die in der Welt bis heute widerhallt. Viele führen den Beginn des amerikanischen Zeitalters denn auch auf das Jahr 1776 zurück. Am 4. Juli jenes Jahres verabschiedet der Kontinentalkongreß zu Philadelphia eine Unabhängigkeitserklärung, die sich auf das allgemeine Menschenrecht gründet. Fünf Tage später wird sie auf deutsch *im Pennsylvanischen Staatsboten* nachgedruckt:

»Wir halten diese Wahrheiten für ausgemacht, daß alle Menschen gleich erschaffen wurden, daß sie von ihrem Schöpfer mit gewissen unveräußerlichen Rechten begabt wurden, worunter sind Leben, Freiheit und das Bestreben nach Glückseligkeit.«

Die Gleichheit, das Recht und die Freiheit tauchen dreizehn Jahre später auch in der Französischen Revolution auf und beeinflussen 1848 die verfassunggebende Versammlung in der Frankfurter Paulskirche. Eigentlich schon mit ihrer Menschenrechtserklärung haben die Vereinigten Staaten bereits die größte Vorleistung für das amerikanische Zeitalter erbracht. Dabei blieb der Passus vom Streben nach Glückseligkeit, ›the pursuit of happiness‹, eine amerikanische Eigenart, sozusagen die Grundlage für den American way of life.

Die Vereinigten Staaten mußten aber nach dem Unabhängigkeitskrieg ein gewaltiges Ringen um die nationale Einheit bestehen. Dieser Bürgerkrieg hat zwar zur Sklavenbefreiung geführt und damit die Schwarzen in die Erklärung der Menschenrechte eingeschlossen, aber doch die Nation und ihre Lebenskräfte geschwächt. Erst nach einer Erholungspause setzten die Amerikaner zur Eroberung ihres Landes an. Im ausgehenden 19. Jahrhundert verstärken Idaho und Montana, North und South Dakota, Utah und Wyoming die Nation.

1898 entsteht Greater New York, die Ausdehnung der Metropole auf ihre heutigen Grenzen, eine Welt für sich.

Bei aller stürmischen Entwicklung war doch der Expansionsdrang nach innen gerichtet und noch nicht in die Welt hinaus. Naturkatastrophen suchen Amerika heim. 1886 sterben riesige Rinderherden in gewaltigen Schneestürmen. 1887 läßt eine große Dürre die Äcker verdorren. Verarmte Rinderbarone und bankrotte Bauern strömen zurück an die Ostküsten und stoßen dort auf eine ungezügelte Sturmflut der Einwanderung aus Osteuropa. 1893 wird zum Jahr der großen Panik. An einem schwarzen Freitag stürzt das Finanzgebäude zusammen. Millionen sind arbeitslos. Banken und Bergwerke schließen die Pforten, ein Viertel der Eisenbahngesellschaften geht in Konkurs.

Die Gesellschaft erzittert, wie auch in Europa, in ihren Grundfesten. Das traditionelle Zweiparteiensystem wird von einer Populismus-Bewegung unterspült. Hundert Jahre nach der Unabhängigkeit und der Schöpfung der ersten großen Verfassung der Neuzeit scheint das amerikanische Zeitalter bereits ausgelebt.

Im Rückblick verdüstert sich dieses Bild erst recht durch eine Schmach, die den Amerikanern erst später als solche voll bewußt wird, der Mord an Sitting Bull und das Massaker am »Wounded Knee«, mit dem 1890 der Stolz und der Widerstand der amerikanischen Ureinwohner endgültig gebrochen wurde. Im harten Überlebenskampf gehen auch amerikanische Kavalierstugenden verloren, die selbst den blutigen Bürgerkrieg überdauert hatten. Bei den Wahlen von 1896 ringen Großindustrielle und Konzernherren mit ihrem Schmiergeld Bauern und Pioniere nieder. Die Brutalität des Yankee-Kapitalismus wird auch in Europa sprichwörtlich.

Gleichzeitig aber lösen sich amerikanische Schriftsteller von französischen und englischen Vorbildern und Denkmustern, engagieren sich in der Sozialkritik, schildern das Schicksal der Armen und geißeln den einsetzenden Klassenkampf. Im gesellschaftlichen Gärungsprozeß entsteht Amerika als eigenständige Zivilisation. Ein erstes Mal bewährt sich die enorme Erneuerungskraft der Neuen Welt: 1883 entsteht, nach Plänen des Architekten Le Baron Jenney, in Chicago der erste Wolkenkratzer der Welt. William Randolph Hearst und Joseph Pulitzer schaffen eine neue Art von Presse, die sich als Meinungsmacher der Massen entpuppt. Diese »Yellow Press« sollte später in Europa viele Nachahmer finden. Am 4. Oktober 1887 erhält die *New York Herald Tribune* einen Ableger in Paris – bis heute mehr eine Druckfahne des American way of life in Europa. 1893 staunen 27 Millionen Besucher aus aller Welt über das Wunderland Amerika auf der großen Ausstellung in Chicago, die zum 400jährigen Jubiläum des Christoph Kolumbus eröffnet wird. Im selben Jahr bringt der Baedeker Verlag ein erstes Reisebuch über Nordamerika heraus. Auch landschaftlich werden die USA zum achten Weltwunder. Im selben Jahr erkennen amerikanische Historiker in der Eroberung des Wilden Westens auch die Amerikanisierung ihres Landes, die Loslösung von Europa. In New York baut Thomas Edison 1892 der Welt erstes Kraftwerk für die Gewinnung von elektrischem Strom. Nach historisch eher kurzer Verschnaufpause lassen die Vereinigten Staaten schließlich auch ihre Muskeln spielen. Der Kreuzzug für den American way of life beginnt.

The American way of life

»Wir sind keine Nation, wir sind eine Welt«

Der Schriftsteller Harold Brodkey, von dem das literarische New York behauptet, er sei ein Genie, widmet sein Leben einem Roman über das amerikanische Jahrhundert. Das Werk hat 6 000 Seiten und bleibt wohl trotz Veröffentlichung unvollendet. Der Gründer der Zeitschrift *Time,* Henry Booth Luce, nannte das zwanzigste Jahrhundert »The American century«. Aber er hat sich weder in der Zeitspanne genau festgelegt, noch hat er die Begründung für seinen stolzen Anspruch nachgeliefert. Amerika hat die größten Datenbanken der Welt, und die Nation erfaßt sich täglich neu in Statistiken und Meinungsumfragen, in Prognosen und Analysen. Aber die Definition des amerikanischen Zeitalters zerrinnt den Berichterstattern noch im Moment der Niederschrift, Begriffsbestimmungen verwehen im Wechselwind des Zeitgeistes. Die Amerikanistik, der wissenschaftliche Versuch, die Vereinigten Staaten in den Griff zu bekommen, hinkt den aktuellen Entwicklungen hoffnungslos hinterher. Weil die Nation keine graue Vorzeit hat, sondern bereits in das Informationszeitalter hineingeboren wurde, erlebt sie von vornherein eine begleitende Geschichtsschreibung. Es ist ein Mammutwerk daraus geworden, unübersichtlich, vielfältig, widersprüchlich.

Wo kommen die Amerikaner her? Von überall ... unter anderem auch aus ihrem eigenen Land. Was sind die Amerikaner? Jene tun sich leicht, die es das Volk ohne Eigenschaften nennen. Dabei hat gerade der amerikanische Charakter ein Heer von Literaten herausgefordert. Unterliegt die Nation einer gesetzmäßigen historischen Entwicklung? Der

Historiker Schlesinger etwa meint, daß die Reagan-Jahre eine Wiederholung der »goldenen Fünfziger« unter Eisenhower waren, die wiederum anknüpfen an die »roaring twenties«, die verrückten zwanziger Jahre.

Immer wenn Amerika glänzend, schnellebig, oberflächlich, robust, brutal, vital und optimistisch wirkt, taucht der Name Darwin auf. Der Sozialdarwinismus, das Überleben des Stärkeren, läßt sich auf den Klassenkampf im ausgehenden 19. Jahrhundert zurückführen. Erwiesen ist, daß 90 Prozent der eigentlich Betroffenen von Darwin nie etwas gehört haben. Dafür hat sich Pragmatismus eingebürgert, nicht nur als Schlagwort, sondern als Denk- und Lebensweise: die Dinge und Ideen nicht nach ihrer Herkunft deuten, sondern auf ihre Anwendbarkeit in der Gegenwart überprüfen. William James veröffentlicht 1897 sein berühmtes Buch »Der Wille zu glauben«. Danach ist eine Behauptung dann richtig, wenn sie wirksam wird. Oft unterliegt das Große und Ganze dem Detail, dem Augenblick und der lokalen Ortsbestimmung. Steinbeck, der in »Travels with Charley« der Spürnase seines Hundes folgt, und Hemingway, dem es das Fischen angetan hat, machten aus der Liebe zum Detail große Literatur

Immer wenn Amerika selbstkritisch, nachdenklich, selbstzweifelnd, moralisch kränkelnd daherkommt, melden sich Freud und Adler. Im Jahre 1900 hat der Österreicher Sigmund Freud mit seiner »Traumdeutung« das Unbewußte auf die Welt losgelassen und besonders in Amerika fruchtbaren Boden gefunden. Wie keine andere Nation wurden die Vereinigten Staaten vor ihrer Gründung »erdacht«. Aber um die Jahrhundertwende weichen die Denker den Seelenärzten und die Philosophen den Psychoanalytikern. Sie dringen in die Geschichtsschreibung, die Literatur und die Anthropologie ein. Mit der Psychoanalyse werden die Boheme (»bohemia«) und die Selbstironie Wiens nach New York exportiert.

Keine Nation weist so viele »shrinks«, Psychoanalytiker, auf. Nirgendwo sonst wird soviel mit »Selbsterfahrung«, alternativem Leben und unvergorener Mystik experimentiert. Der Existentialismus des Jean-Paul Sartre erfaßt New Yorks Greenwich Village und vermengt sich mit Cool Jazz und Rauschgift zu einem Großstadtflair, das durch das System der kommunizierenden Röhren nach Europa zurückfließt. Viele Amerikaner lassen sich mittreiben. Eine »lost generation« von jungen Künstlern läßt sich in Paris nieder. 1922 schreibt T. S. Eliot mit »The Waste Land« ihre Stimmung nieder. Amerika nimmt sich selbst unter die Lupe und findet vor allem die Keime des Bösen. Bis in das ausgehende 20. Jahrhundert hinein kümmern sich Literaten mehr um Mord und Totschlag als um Hochhäuser, Lebensstandard und Mittelstand.

Mit der amerikanischen Völkerwanderung vom Atlantik zum Pazifik bestimmt die kalifornische Lebensart zeitweise den Rhythmus der Nation. Herbert Marcuse stellt die Sinnfrage des Lebens, und eine ganze Generation setzt diese Frage in eine praktische Forderung um: »Make love not war.« Auf den »Ashbury Haights« in San Francisco feiern die Blumenkinder. An den Universitäten demonstrieren die »peaceniks«. In Londons Carnaby Street und in Münchens Schwabing werden sie nachgeahmt. »Sit-ins«, Jesussandalen, Hot pants, »Trau keinem über 30«, »Ho-Ho-Ho-Tschi-Minh«, Marihuana, Gurus, Katmandu – das Zeitalter des Wassermanns. Die Rebellen der sechziger Jahre ziehen in den siebziger Jahren Jackett und Schlips, Flanellrock und Turnschuhe an. Die Individualisten reihen sich ein, Hippies werden Yuppies. Aber auch das löst wieder Bewegungen aus: »Me-generation«, Aerobics, Egomania und Größenwahn. Die Zahl der Seelenärzte bleibt gleich hoch.

Im Pendelschlag zwischen Selbstvertrauen und Selbstkritik schwingt sich Amerika in die Jahrtausendwende. Zwischen den Polen pendelt nicht nur die Gesellschaft, sondern auch ihre Organisationsform. Politik setzt zu Höhenflügen an und erleidet Bauchlandungen. Wirtschaft pumpt auf und nieder: »boom and bust«. Noch gibt es keine Anzeichen, daß in einer enger verflochtenen Welt Gewinne niedriger, Pleiten sanfter, Politik pragmatischer werden wird. Atem- und Denkpausen stellen sich dann ein, wenn die Nation irgendwo Schläge bekommt. Das passiert selten genug: In Vietnam verbrannte eine gehörige Portion Optimismus; an Japan verbrannte sich die Exportwirtschaft die Finger. Die Reaktion erfolgt in Phasen: Rückzug, Isolationismus, Protektionismus, Selbsterneuerung, Aufschwung, neuerliche Expansion.

Herman Melville meinte philosophisch: »Wir sind keine Nation, wir sind eine Welt.« In New York bleiben die Völkerschaften so getrennt, daß sie auch auf verschiedenen Erdteilen hausen könnten. Aber jede Gruppe entscheidet sich unabhängig voneinander für Amerika. Jede ist stolz auf die neue Heimat und argumentiert nach draußen patriotisch. Keine entwickelt Fliehkräfte, die zu einer Sezession führen könnten. In Kriegen gar stellt sich auch die Mafia als Hilfstruppe zur Verfügung, und in der Krise bequemt sich Wall Street zu Spenden für die armen Leute in der Bowery.

1986 wird die Renovierung der Freiheitsstatue mit Grandeur gefeiert. »We are the World«, wir sind die Welt, singen die versammelten Popstars. Gleichzeitig beginnt ein Wahlkampf, der an die niedersten Instinkte der Rassengegnerschaft appelliert und den die schmutzigere Partei gewinnt. Nach dem Sieg gibt der neue Präsident George Bush die Parole von einer »freundlicheren und sanfteren« Nation aus, und diese glaubt ihm aufs Wort.

George Bush will zum 500jährigen Jubiläum der Entdeckungsfahrt des Christoph Kolumbus den Faden zurückrollen zu den europäischen Anfängen. Das Weiße Haus soll in altem Glanz restauriert werden. Die Columbia Road jedoch, die sich zwei Meilen hinter dem Weißen Haus erstreckt, ist zu einer Straße der Dritten Welt geworden. Dort haben sich politische Flüchtlinge aus Afghanistan, Vietnam und dem Iran niedergelassen. 10 000 Äthiopier betreiben Restaurants, Geschäfte und Taxis. Wirtschaftsflüchtlinge aus Guayana, El Salvador und Nicaragua machen im Dienstleistungsgewerbe den Schwarzen Konkurrenz, die die Mehrheit bilden.

Das bunte Völkergemisch hat in den USA zu einer Bereicherung der Speisekarte beigetragen. Gleichzeitig spekulieren die großen Lebensmittelketten mit der Geschmacksangleichung in aller Welt. 1988 haben Maxwell und Philip Morris die Firma Kraft für 13 Milliarden Dollar gekauft. Die Konzernbildung soll zu einem globalen Supermarkt führen. Quaker Oats, Heinz' Ketchup und Kellogg's Cornflakes sollen in Zukunft überall in Grocery Stores, Bodegas, Marchés und Kolonialwarenhandlungen erhältlich sein.

1945 reiste der Russe Ilja Ehrenburg in die USA. In vielen Städten fiel ihm eine Reklame der Ketchup-Firma Heinz auf: »500 Millionen Menschen hungern in aller Welt. Seid wirtschaftlich – greift zu Heinz' 57 Soßen.« Kommentiert Ehrenburg: »Ich war erstaunt, warum über die menschliche Solidarität nicht die Regierung, sondern eine Firma spricht, die 57 gepriesene Soßen herstellt.« Die Regierung, so wurde Ilja Ehrenburg aufgeklärt, habe weder die Mittel noch die Glaubwürdigkeit, um einen solchen Aufruf unter die Leute zu bringen. – Tatsächlich verliert Washington mit wachsender Entfernung an Bedeutung für das Hinterland. Andererseits möchte fast jeder Amerikaner einmal das »house of the president« sehen, aus Respekt vor dem höchsten Amt im Staate.

Das Geheimnis der amerikanischen Erneuerungskraft liegt wohl in der »Arbeitsteilung« zwischen Regierung und Parlament, Konzernen und Kirchen, Literaten und Professoren, Alteingesessenen und Neuzuwanderern. Sie alle sind keineswegs gleich, haben aber ein Gleichwertigkeitsgefühl. Im

Prinzip ist keiner geringer als der andere. Deshalb kann sich der Arme Respekt ohne Neid gegenüber dem Reichen erlauben. Deshalb ist es auch keine gesellschaftliche Katastrophe, wenn ein Unternehmer oder gar eine Sparkasse Pleite machen. Der Amerikaner muß sich seine Rechte nicht erkämpfen. Er ist in sie hineingeboren oder hat sie mit der Einwanderung erworben. Aus diesem Selbstwertgefühl entspringt auch der Wille zur Dienstbarkeit ohne Scham. Der Bürger ist sich für keine Arbeit zu schade. Eines wird ihm allerdings übel angekreidet: Müßiggang oder Arbeitslosigkeit.

Das Streben nach Glückseligkeit

Mai 1988 in Moskau: Tauwetter und Frühlingsstürme, Perestroika und ein weiteres Gipfeltreffen zwischen dem sowjetischen Generalsekretär und dem amerikanischen Präsidenten. Hart an der Kremlmauer hat ein amerikanischer Kleinunternehmer eine Imbißbude, eine »snack bar«, aufgebaut. Wie er die Genehmigung von den Moskauer Behörden erhielt, gibt er nicht preis. Bezahlt wird nur in Auslandswährung, aber auch die Russen stehen Schlange. Der Verkaufsschlager heißt »original amerikanische Pizza«. Aus diesem Vorgang lassen sich eine Lehre und eine Frage ableiten. Die Lehre: Rußland hat einen großen Nachholbedarf an American way of life. Der Absatz von ›fast food‹ und Bluejeans, von ›rock music‹ und ›video games‹ scheint auf Jahre gesichert. Die Frage: Ist Pizza überhaupt eine amerikanische Erfindung? Wurde dieser Teigteller aus der mexikanischen Tortilla entwickelt und zuerst in einem Backofen in Little Italy zu Boston hergestellt, oder gehört das Patent Bäckern aus der Vorgeschichte Palermos oder Neapels?

Auch wenn die Herkunftsfrage im dunkeln bleibt, hat die Pizza einen Amerikanisierungsprozeß durchlaufen – so wie einst die Bulette oder das Fleischpflanzl erst über den Hamburger internationalen Standard erreicht haben. Jedenfalls stellt sich die Welt für viele Amerikaner als Selbstbedienungsladen dar, in dem man »shopping« geht und die Ingredienzien im heimischen Schmelztiegel neu zusammenkocht oder -braut.

»Weiter«entwicklungen in Amerika verzerren Originale aus Europa dabei oft bis zur Unkenntlichkeit. In Amerika gebrautes Bier schmeckt anders als in Pilsen, Ottakring oder Dortmund. Während des Alkoholverbotes, der Prohibition, blieb vom Bier oft nur der Name übrig … wie bei »root beer« oder bei »ginger ale«. Schon Mitte des 19. Jahrhunderts hat eine deutsche Arzneimittelfirma Kokain auf den Markt gebracht. Zum Volksnahrungsmittel verarbeitet, kam Coca-Cola aber in den USA auf den Markt. Ein Drogist namens John Pemberton erfand 1886 das Sirupgetränk als Mittel gegen Kopfweh. Auch wenn später das Kokain durch Koffein ersetzt wurde, blieb »Coke« geradezu ein Symbol des American way of life, stilbildend für jugendliche Lebensart und ›gesunde‹ Lebensweise. (Ende der achtziger Jahre unseres Jahrhunderts erfuhr ein Coca-Cola-Werbesong in München hohe Anerkennung: die goldene Schallplatte – für »First time, first love«.) – Ähnliche Wege gingen ›instant coffee‹, ›ice-cream‹ und ›apple-pie‹.

Über die Idee, die Verarbeitung und die Verbreitung amerikanisieren sich auch Produkte, die nachweislich aus Europa stammen. Ein Beispiel ist der »Teddybär«. Um 1880 stellt Margarete Steiff in Giengen auf der Schwäbischen Alb Nadelkissen aus Wollfilz her. Die Nadelkissen nehmen Tierformen an. 1885 verkauft Margarete Steiff 5066 »Filzelefäntle«. 1897 versucht sich die Firma in Giengen an Mohair und an Bären. Kopf, Arme und Beine des Bären sind drehbar. Die Neuheit wird 1903 auf der Leipziger Messe ausgestellt; ein amerikanischer Aufkäufer nimmt 3 000 Stück mit nach New York. Beim Ausrichten der Hochzeitstafel für die Tochter des amerikanischen Präsidenten Theodore Roosevelt zieren Mohairbären aus Giengen das Gedeck, weil der Präsident doch so gerne auf Bärenjagd geht. »Teddy« Roosevelt ist begeistert, und das deutsche Stofftier bekommt einen Namen fürs Leben: Teddybär. Nach einer anderen Überlieferung hat man dem begeisterten Bärenjäger in Louisiana ein Jungtier angekettet vor die Flinte geholt. Das soll

Roosevelt entrüstet zurückgewiesen haben – dieses somit gerettete Tier soll der erste »Teddybär« gewesen sein.

1907 verkauft Margarete Steiff 974 000 Exemplare, ein Großteil geht nach Amerika. Dort erhält der Teddybär eine große Zahl von Geschwistern: Kermit, den Frosch; Donald Duck, die Ente; Rudolf, das Rentier. Zunehmend ersetzt das Tierreich die Menschenwelt, wobei die Tiere menschliche Züge und Eigenschaften tragen. Thomas Nast aus Landau in der Pfalz kreiert in Amerika den Elefanten als Wappentier der Republikaner und den Esel als Maskottchen der Demokraten. Für die Firma Coca-Cola entwirft Thomas Nast auch einen amerikanischen Weihnachtsmann, in dem sich Kardinal und Nikolaus zum Santa Claus vermischen. Im Jahre 1928 erblickt die Mickey Mouse das Licht der Zeichentrickwelt. Die Phantasie des Walt Disney sprengt alle nationalen Grenzen. Sein deutschstämmiger Freund Hall errichtet ein Glückwunschkarten-Imperium unter dem Namen Hallmark. Die beiden Grafiker entdecken das Harmoniebedürfnis der Menschen und ihre Ideenlosigkeit als Marktlücken.

Die Kinder von Japan bis Frankreich verfallen Bambi, später der Barbie-Puppe und dem Superman, aber vor allem der Mickey Mouse – sie heißt in Japan »Miki Mousu« und in Lateinamerika »Raton Miguelito«. Die Politiker von Tokio über Buenos Aires bis Paris warnen vor kultureller Überfremdung. In Orlando im Bundesstaat Florida schließlich bauen die Erben Disneys eine europäische Phantasiewelt von Neuschwanstein über Versailles bis zum Prater, die europäische Besucher magisch anzieht, so als ob sie um die Originale zu Hause nicht wüßten. Ausgerechnet in diesem Disneyland begannen die Feiern zum 200jährigen Jubiläum der amerikanischen Verfassung. Da sah man 1987 Mickey Mouse und den obersten Richter Warren Arm in Arm.

Die Verniedlichung der Welt hat nicht nur von Amerikanern auf die Europäer übergegriffen, sondern auch von den Kindern auf die Erwachsenen. In den achtziger Jahren erobert eine ungewöhnlich scheußliche Puppe die amerikanischen Wohnzimmer. Es ist die »cabbage patch doll« – ein Kohlkopfwesen. Es appelliert an das Mitleid der Menschen. Nach dem Willen der Erfinder wird die »cabbage patch doll« in die Familie aufgenommen. Dieses Prinzip machte auch ein Fabelwesen aus dem Weltraum zum Liebling aller Fernsehzuschauer: ALF, ein häßlicher Gnom, der als »Außerirdischer« von einer Menschenfamilie adoptiert wird und in einer Mischung aus Einfalt und Überlegenheit seinen Gastgebern stets den Spiegel ihrer eigenen Unzulänglichkeit vorhält. ALF hat den Siegeszug um den Erdball angetreten wie vor ihm E.T., der ›extraterrestrial‹. In einem anderen Erfolgsfilm des gleichen Produzenten tauchen auch die guten alten Teddybären wieder auf, als »Ewoks« im Sternenkrieg.

Eigentlich sind alle diese Fabelwesen, ob nun kuschelig oder exotisch, nur Masken oder Tarnkappen für menschliche Eigenheiten, allerdings auf ein kindliches Gemüt reduziert. Die Amerikaner sind schon früh in ihrer Geschichte von der Erzählung zur Story und von der Information zur Show übergegangen. Sie haben sich schon um die Jahrhundertwende daran gewöhnt, das Bild für die Wirklichkeit zu nehmen und das Image der leibhaftigen Person vorzuziehen. Willig und freudig hat der Rest der Welt diese amerikanische Lebensart übernommen, die sich ganz besonders im Medium Film äußert.

Es war Thomas Edison, der im Jahre 1893 so nebenbei das erste Aufnahmestudio schuf. Er nannte es »Black Mary«. Damals war Edison bereits berühmt und reich geworden mit der Einrichtung erster Elektrizitätswerke und der Erfindung des Phonographen, eine Art Vorläufer des Plattenspielers. 1893 entstand mit der »Black Mary« das Fundament für die Amerikanisierung eines Teils der Welt durch die Filmindustrie. Thomas Alva Edison war nicht nur erfindungsreich, sondern auch eifersüchtig auf die kommerzielle Ausbeutung seiner Erfindungen bedacht. Er sah im Film auch keine kommende Kunstform, sondern ein technisches Mirakel. Als ihm ein Gericht 1907 das Patentrecht auf Film zuspricht, gründet er die Motion Picture Patent Company, und alle, die mit Film zu tun haben, müssen ihm Lizenzgebühren zahlen, sich nach seinen Auflagen richten. Beeindruckt von der Einführung des Fließbandes durch Henry Ford und fasziniert von der Massenproduktion, läßt Edison schnell und billig Bewegungsabläufe auf Zelluloid bannen. Die Produkte werden damals schon auch ins Ausland exportiert. In Deutschland gründet Edison eine Zweigniederlassung.

Der Schwabe Karl Lämmle und die k. u. k. Österreicher Samuel Goldwyn und Adolph Zukor suchten einen Weg an der Konzerngewalt Edisons vorbei und finden in einem Stechpalmenwäldchen über Los Angeles Unterschlupf. Dieser »Hollywood« wird zur Produktionsstätte der ersten Handlungsfilme und ›action movies‹. Aber auch Lämmle, Goldwyn, Zukor, Warner und andere frühe Filmunternehmer sahen nur das Geschäft, das im Film steckt. Das zeigen ihre Lebensbeschreibungen. Karl Lämmle läßt sich zunächst als Kleiderhändler in Wisconsin nieder, in ebenjenem Oshkosh, das heute noch die Strampelhosen modebewußter Eltern in alle Welt liefert. Dann zählt er eines Tages die Leute, die sich um die Kinetoskop-Buden drängen, und wird dem Kleiderhandel für immer untreu. Adolph Zukor war Pelzhändler in Chicago, macht in New York eine Penny Arcade auf, die Frühform der PeepShow, und verwandelt sie in ein Filmtheater.

Samuel Goldfish arbeitete als Handlungsreisender in Handschuhen, bevor er eine kleine Kinobude aufmacht und daran viel Geld verdient. Da waren die vier Warner-Brüder, die einen Sodawasserstand, eine Schuhreparatur und einen Fahrradverleih verkaufen, um ins Filmgeschäft gehen zu können. Metro-Goldwyn-Mayer, Warner Bros., Universal

City und andere Produktionsfirmen mieten in Hollywood zunächst Scheunen und statten sie für ein paar hundert Dollar mit ausrangierten Theaterkulissen aus. Aber diese zumeist jüdischen Produzenten sind nicht nur risikofreudig und unternehmenslustig, sondern auch gute Soziologen. Sie machen aus den primitiven Aufnahmestudios Komödienstadl und amerikanische Traumfabriken. Spaßmacher wie Charlie Chaplin, Tonstein und Harold Lloyd füllen die Kinos. Der Vamp entsteht als Schöpfung der Hollywoodmoral. Den Sex-Appeal holen sich die Produzenten aus Europa mit Stars wie Marlene Dietrich und Greta Garbo. Stewart Granger sagte rückblickend: »Sie wollten nicht Kunst machen, sondern Geld.«

In Europa wächst ebenfalls eine Filmindustrie heran. Es war schließlich ein Franzose, Louis Lumière, der als erster Filme für zahlendes Publikum auf dem Boulevard des Capucines in Paris zeigte. Die französische »Pathe-Cinema« und die deutsche UFA werden im Ersten Weltkrieg aber für Propagandazwecke eingespannt. Nach dem Krieg haben sie nicht mehr die Stärke, um die Brandung aus Hollywood zu stoppen. Die UFA, die immerhin die »Kunst« in den Spielfilm einbrachte mit »Varieté« und »Das Kabinett des Dr. Caligari«, wird von ebenjenem Herrn Goldfish geschluckt, der sich später Goldwyn nannte. Mit dem Einzug des amerikanischen Films in die deutschen Filmtheater suchen im Gegenzug deutsche und österreichische Schauspieler und Regisseure ihr Glück in Hollywood. Ernst Lubitsch und Fritz Lang, Pola Negri und Josef von Sternberg folgen dem Lockruf aus Hollywood. Die Emigration wird mit der Morgendämmerung des Nationalsozialismus zur Fluchtbewegung. Fritz Lang weist in die Zukunft mit »Metropolis«, und der Flüchtling aus Ungarn Michael Curtiz verfilmt den amerikanischen Traum. 1934 wird auch die amerikanische Filmindustrie zum Propagandainstrument.

Der Hays-Code wird eingerichtet, eine Zensurbehörde,

die den »sauberen« Film und das Happy-End garantieren sollen. Die Bilder von einem heilen Amerika hinterlassen ihre Spuren bei der Jugend im kriegsverwüsteten Europa. Sie tragen mehr zur Popularisierung des amerikanischen Lebensstils in den besiegten Nationen bei als selbst der Marshallplan, der den Unterlegenen wirtschaftlich wieder auf die Beine helfen wird.

Erst nach den Kriegen finanzieren Produzenten in Amerika auch Filme, die etwas mit dem wirklichen Leben zu tun haben, und erst nach dem Vietnamkrieg, der Amerika selbst gedemütigt hat, läßt die Traumfabrik auch böse Träume zu.

Je authentischer Filme jedoch wirken, desto glaubhafter und nachahmenswerter werden sie. Der »Star« wird geboren. Er wächst aus dem Nichts. Er wird in Drugstores entdeckt oder im Studio gezüchtet. Der Star spiegelt Amerika wider. Issur Danielowitsch wird Kirk Douglas, Virginia Katherine McMath wird Ginger Rogers. Marion Michael Momson alias John Wayne beeinflußt amerikanische Außenpolitik. Eine ganze Generation von jungen Europäern und Amerikanern wollte so lässig sein wie James Dean, so verführerisch wie Rita Hayworth, so mannhaft wie Burt Lancaster, so souverän wie Gary Cooper. Jean Seberg führte das T-Shirt ein, Humphrey Bogart den Trenchcoat (das Klavier aus dem Bogart-Film »Casablanca« von 1943 hat übrigens ein japanischer Kaffeehausbesitzer für 150 000 Dollar gekauft), Detektive tragen die Krawatte unter offenem Kragenknopf oder lutschen Lollies. »Der Mann im grauen Flanell« schreibt die Kleidung für Handelsvertreter vor. Marilyn Monroe und Robert Redford symbolisieren das menschliche Schönheitsideal. Umgekehrt fühlt Hollywood den Puls der Nation: gewalttätig wie »Rambo«, skurril wie »Manhattan«, in der Familienkrise wie »Kramer gegen Kramer«, im Freizeitfieber wie »Flashdance«.

Über das Kino dringen die Veränderungen im American way of life in alle Welt. Und es ist nicht abzusehen, wann die Amerikaner im Gegenzug etwas über den europäischen Lebensstil erfahren, solange der europäische Film nur tröpfchenweise in den US-Markt einsickert. (Wegen des nur sehr einseitigen Erfolges japanischer Filme in den USA ist dort ein japanisches Personenprofil entstanden, das den unerbittlichen Autoverkäufer und den Karateschläger mischt.)

Umfassender noch als der Kinofilm propagiert sein elektronischer Stiefbruder, das Fernsehen, den amerikanischen Lebensstil. »Dynasty« (bei uns »Denver«) und »Dallas« mögen den Amerikanern selbst Ersatz bieten für die Sittengemälde des europäischen Hochadels, bei den gierigen Abnehmern in Übersee appellieren sie an den Instinkt der Schadenfreude und verzerren außerdem das Amerikabild.

Für das Fernsehen werden Stoffe früher Filmklassiker neu und ärmlich aufbereitet. So folgte dem großen Heimatepos »Vom Winde verweht« nach 40 Jahren die lauwarme Serie »Fackeln im Sturm«. Andererseits hat die Fernsehserie »Roots« von Alexander Haley mehr zur Aufklärung über die Geschichte des amerikanischen Sklaventums beigetragen als die Hollywoodproduktion von 80 Jahren. Der unwahrscheinlich gestiegene Bedarf an »Drama« auf Leinwand und Bildschirm läßt jedoch Hollywood eine neue Blüte erleben und kein Ende sehen.

Die neuerliche Produktionsflut durchläuft die Filmtheater allerdings sehr viel spärlicher als in den goldenen fünfziger Jahren. Das hat weniger mit dem Fernsehen zu tun, sondern mit einer anderen amerikanischen Erfindung, der Videokassette. Was sich früher nur die Filmzaren in Hollywood, die Geldadeligen in New York und der Präsident im Weißen Haus erlauben konnten, das Heimkino, wird Mitte der achtziger Jahre zum allgemein erschwinglichen Privatvergnügen. Diese Verlagerung des Zuschauerraums verlegt den Zustrom an American way of life, läßt ihn nicht versiegen.

Wie sich der Film des Dramas angenommen hat, so wird die Schallplatte zum Transport der Musik. Wieder war es der geniale Thomas Edison, der die Technik dafür schuf. Ende des 19. Jahrhunderts ließ er dem Sprechapparat, den Graham Bell zum Telefon perfektioniert hatte, den Phonographen folgen. Die deutsche Grammophongesellschaft hat Edisons Klangwiedergabeapparat zu technischer Reife gebracht. In den Schatzkammern der »Grammophon« musiziert der Hofoperndirektor zu Wien, Gustav Mahler, weiter und singt der einmalige Enrico Caruso fort. Je mehr Haushalte sich aber Plattenspieler und Radioapparate leisten können, um so volkstümlicher wird das Programm.

Und Volksmusik in Amerika, das sind Blues und Jazz, Rock und Pop, wobei der Übergang von der Unterhaltungsbranche zur konzertanten Musik in Amerika fließend ist. Der Blues kam aus den Sklavenhütten, ging dann in die Kirchen und eroberte schließlich die Konzertsäle. Louis Armstrong, der etwas vulgäre Sohn der liederlichen Stadt New Orleans, blies die Trompete bei Begräbnissen und im Karneval, sang für Straßenjungs und auf Präsidentengalas. Ein jüdischer Junge aus einer Vorstadt von Chicago, der Sohn eines kleinen Schneiders aus Warschau, machte mit der Klarinette Hausmusik. Später spielte er nur noch im Smoking vor ausverkauften Häusern. Sein Name: Benny Goodman, der Promotor des Swing – seine Einkünfte im Jahre 1937 betrugen 125 000 Dollar, während sich Präsident Franklin Delano Roosevelt mit 50 000 Dollar zufriedengeben mußte. Benny Goodman hat auch die Carnegie Hall für den Jazz geöffnet. Seit dem Eröffnungskonzert 1891 hatte die Carnegie Hall Peter Tschaikowski und Arthur Rubinstein, Toscanini und Horowitz erlebt. Mitte der dreißiger Jahre beginnen sich die Grenzen zu verwischen zwischen volkstümlicher und konzertanter Musik. Komponisten und Musikanten wollte nicht mehr einleuchten, daß der Pionierstaat Amerika ausgerechnet vor musikalischen Grenzen haltmachen sollte.

Der Komponist des amerikanischen Völkergemischs, George

Gershwin, hat Gassenhauer geschrieben und die »Rhapsody in Blue«, hat den Rumba in den Konzertsaal gebracht und mit »Porgy and Bess« das erste den Schwarzen gewidmete Musical geschaffen. Als Vater des kommerzialisierten Jazz aber gilt Irving Berlin, wie Gershwin russischer und jüdischer Abstammung. Beide wuchsen in den Armenvierteln von New York auf, und beide waren Lohnschreiber in der »Tin Pan Alley«, wo sie für ein paar Dollar die Musik zu Schlagern komponierten, die in den Vorstadttanzdielen gespielt wurden. Schon 1911 gelang Irving Berlin mit »Alexander's rag time band« der Durchbruch. Und noch vor dem Ersten Weltkrieg gingen Bands mit dieser neuen Musik auf Tournee nach Europa. In ihrem Sog folgte die amerikanische Schallplattenindustrie. Ragtime und Cakewalk, Shimmy und Charleston eroberten Revuen und Tanzpaläste. Musicals und Klavierkonzerte wurden in Europa erst später als klassische amerikanische Musikgattung angenommen. Die »roaring twenties«, die verrückten zwanziger Jahre, standen in Paris und London, in Wien und besonders in Berlin unter dem Eindruck des amerikanischen Geschmacks. Irving Berlin sagt 1925: »Es muß was dran sein an unserer Musik, wenn sich 90 Prozent der Welt danach bewegt.«

Louis Armstrong, Duke Ellington und Count Basie führten ihre Orchester nach Europa. Der Trompeter Chet Baker war die Kultfigur einer ganzen Generation. Josephine Baker tanzte in ihrem berühmten Bananenkostüm über die europäischen Bühnen, und die Operette wurde vom Musical verdrängt. Statt an der schönen blauen Donau Walzer zu tanzen, folgte man dem »Ol' man river« zum Mississippi. Das Musical »Mahagonny« litt in Amerika darunter, daß deutsche Namen wie Brecht, Weill und Lotte Lenya damit verbunden waren; ab 1930 sind »Deutsche« tabu. Max Menz schreibt in den *Musikblättern des Anbruch* über den »volkstumzersetzenden Einfluß« des Jazz, über die Entstellung »unseres weißrassigen Musikgutes« und die »Schändung heiligsten Kulturgutes«. Aber der »verbotene Jazz« spielte im Berliner Untergrund weiter – eine Guerilla des American way of life.

Nach der Niederlage Hitlers setzte sich Jazz mit Macht in Europa durch, vor allem, weil diese heitere Musik von einer nachwachsenden Generation als Befreiungssignal aus deprimierender Zeit aufgefaßt wurde. Die Musiksendungen der amerikanischen Soldatensender versammelten junge Leute vor den Radioapparaten. Frank Sinatra und Ella Fitzgerald, Glenn Miller und Benny Goodman schmeichelten sich leicht in Ohren ein, die der deutschen Marschmusik überdrüssig waren. Von Mahalia Jackson bis Michael Jackson, von Elvis Presley bis Barbra Streisand, von Leonard Bernstein bis Prince konnte sich der amerikanische Musikexport auf gleicher Höhe halten, und eine Flaute ist nicht in Sicht.

Sicherlich stand der American way of life in Frankfurt, München und Wien am höchsten im Kurs, als der Unterschied im Lebensstandard hüben und drüben am größten war. Nach dem Kriege hatte es Amerika ganz einfach so viel besser. Während die Amerikaner am Ziel der Wünsche angekommen waren, nahmen junge Deutsche, Österreicher und Italiener erst die Jagd nach dem Glück, ›the pursuit of happiness‹, auf … und die Wünsche dieser lebenshungrigen Jugend waren handfest materiell. Sie machten sich an Dingen mehr noch fest als an Ideen. Die eisernen Rationen der GIs, Schokolade, Kaugummi, Cracker, Jam und Doughnuts, gezuckerte Hefekringel, Offiziersmäntel, Bluejeans, Petticoats, Lucky Strike und Camel und vor allem Nylonstrümpfe und das A2-Jackett. Die A2-Fliegerjacke war aus Pferdeleder mit braunem Innenfutter. Sie wurde mit einem Schal aus Fallschirmseide und mit ungeheurem Stolz getragen. Der Schauspieler Spencer Tracy machte sie als General Doolittle in dem Film »30 Sekunden über Tokio« berühmt. Als die A2 nach dem Kriege ausgemustert wurde, stieg sie noch im Wert. Sie fand viele Nachahmer und wurde 1987 wieder in der US-Luftwaffe eingeführt, um die Moral der Truppe zu stärken.

Was die A2 für die Jungen, war der Nylonstrumpf für die Mädchen. Im Januar 1937 gelang dem Chemiker Wallace Carrothers in Wilmington, North Carolina, die Produktion einer Faser, die »so hart wie Stahl und so dünn wie eine Spinnwebe« war. Nylon war auf Anhieb ein Verkaufserfolg, Nylonstrümpfe wurden ein Weltschlager. Kurz nach der Präsentation auf der Weltausstellung in New York 1939 wurde die Produktion von Nylonstrümpfen eingestellt. Im Kriege wurden Fallschirme und Zelte aus Nylon dringender gebraucht. Um so höher ging der Schwarzmarktpreis für Strümpfe. Wo sie nicht zu bekommen waren, färbten sich junge Frauen die Beine braun und zogen mit dem Augenbrauenstift die Nähte nach. Noch heute sind Nylonstrümpfe begehrte Mangelware – in Warschau und Moskau, in Prag und Bukarest.

Der amerikanische Lebensstil hat auch in der Freizeitgestaltung unauslöschliche Spuren hinterlassen mit der Cocktailparty oder dem Grillfest, mit den ›conventions‹, die sich als Arbeitstagungen tarnen, und den Spielautomaten, die nur dem Zeitvertrieb dienen. Es war der Deutsche Ludwig Stollwerck, der zusammen mit seinem Freund Edison 1880 die ersten Automaten gebaut hat, damals noch als Süßwarenspender. Flipper und einarmiger Bandit kamen als nächstes. Dann folgten das Nickelodeon und der Musikautomat von Wurlitzer, und 1971 erfand Nolan U. Bushnell den »Joystick«, die Popularisierung der Videospiele.

Wir haben das Windsurfing, das Skateboard und Hula-Hoop übernommen. (Hula-Hoop kam eigentlich aus Australien, aber das Reifenspiel wurde in den USA populär und begann von dort aus den Siegeszug um die Welt: Dreißigmillionenmal wurden Hula-Hoop-Reifen verkauft.) Auch die amerikanische Vorliebe für den Breitensport. Aber Baseball und Rugby blieben uns fremd. Wenn die Amerikaner ihre

»worldseries«, die Endausscheidungskämpfe im Baseball, abhalten, dann bleibt das Interesse auf die Staaten der Neuen Welt begrenzt.

Mit dem steigenden Lebensstandard und Selbstwertgefühl in Europa geht der Einfluß des American way of life ein wenig zurück. Aber der Sunset Strip in Los Angeles mit seinen Lichtern und Lichtreklamen und der Broadway in Manhattan mit seinen Showbühnen und Striptease-Bars sind immer noch Magnet und Symbol zugleich für eine bewundernde Welt. Striptease und Pin-up, Diskjockey und Hitparade, Bodybuilding und Miss-Wahl, Science-fiction und Autokino, Shimmy und Jitterbug – ›the pursuit of happiness‹ und das schiere Vergnügen der Amerikaner am Leben bleiben ansteckend über den Tag hinaus. Diese Daseinsfreude wird aber auch von einem Netz des Komforts gehalten, das sich die Amerikaner über ein Jahrhundert lang gewoben haben.

Die Komfortgesellschaft

Viele Amerikaner glauben, daß sie bereits ein gehöriges Stück auf dem Weg zur Glückseligkeit zurückgelegt haben und daß sie in jedem Falle allen anderen Völkern vorausmarschieren. Was sie in kurzer Zeit und auf riesigem Raum zuwege gebracht haben, muß allerdings alle Welt zum Staunen bringen: das Überleben in der Wildnis, der Kampf um die Unabhängigkeit, der fanatisch geführte Bürgerkrieg, die Anbrandung der Völkerscharen aus aller Welt und der gewaltige Sprung nach vorn mit der Jahrhundertwende. Der gebürtige Spanier George Santayana sieht diese unvergleichliche Entwicklung nicht so sehr in den Umständen begründet – die waren im südlichen Teil der Neuen Welt ähnlich widrig –, sondern im amerikanischen Charakter: »Der Amerikaner ist einfallsreich. Denn wo das Leben intensiv ist, ist auch die Vorstellungskraft intensiv. Wäre der Amerikaner nicht einfallsreich, würde er nicht so sehr in der Zukunft leben. Aber seine Vorstellungskraft ist praktisch, und seine Zukunft steht unmittelbar bevor. Er arbeitet sich so klar und so direkt wie möglich vor, in Form von Zahlen, Maßeinheiten, Plänen, Wirtschaftlichkeit und Geschwindigkeit. Er steckt seinen Idealismus in handfeste Dinge. Da er die latenten Kräfte in den Dingen begreift, ist er erfolgreich in der Erfindung, konservativ bei Reformen und schnell bei der Hand in Notfällen. Sein ganzes Leben lang springt er auf Züge auf, die schon abgefahren sind, und springt ab, bevor sie anhalten. Niemals bricht er sich dabei ein Bein oder verpaßt einen Zug.«

Der Enthusiasmus, den der Amerikaner in die Beschäftigung mit rein materiellen Dingen steckt, hat sein Land logistisch erschlossen und seine Gesellschaft organisiert. Die brutale Kraft dieses Vorstoßes in die Zukunft hat eine Mehrheit mitgezogen, eine Minderheit allerdings zurückgelassen. Der steile Aufstieg aus der rauhen Pionierzeit in die Komfortgesellschaft geschah in wenigen Jahrzehnten und ist von den Meilensteinen der Erfindungen gepflastert. Dies Bild vom leistungsstarken und rücksichtslosen Amerikaner hat die Welt angezogen und abgestoßen, auf jeden Fall fasziniert.

Der Inbegriff dieser Erscheinung ist der Yankee – ein Name, den die Holländer für ihre englischen Gegner erfanden. Sie nannten ihn »John Käs«, den Spitznamen haben die »Yankees« angenommen. Neuengland war die große Lehrwerkstatt der USA. So schrieb der Arzt Thomas Low Nichols aus New Hampshire: »Der Yankee lernte, bei allem Hand anzulegen, bis dies zur Gewohnheit seiner Rasse wurde. Er ist ständig am Tüfteln, Planen, Schnitzen – mit dem Kopf herauszufinden, was die Muskeln schont oder einen Mann die Arbeit von zwanzig verrichten läßt.« Und das Journalistenidol der siebziger Jahre, James Reston, sagte: »Wir sind eine Nation von Klempnern, die so nebenbei ihre täglichen Erfahrungen und Erfindungen machen.«

Die Neuengländer erfinden den Blitzableiter und das Dampfboot, den Elektromotor und die Nähmaschine. Samuel Colt läßt sich einen neuen Revolver patentieren, und Charles Goodyear vulkanisiert als erster Kautschuk, die Voraussetzung für den Autoreifen. Der Sicherheitsfahrstuhl des Elisha Otis aus Vermont macht Häuser möglich, die in die Höhe wachsen. Die Wolkenkratzer und das Automobil kommen aber erst zum Ende des 19. Jahrhunderts.

Mit dem Home Insurance Company Building (Architekt war W. Le Baron Jenney) in Chicago setzten die Amerikaner 1885 zur Erstürmung des Himmels an. Sie haben die Vorreiterrolle im Wolkenkratzerbau nie abgegeben. Chicago stand am Anfang, weil eine große Feuersbrunst 1871 die Stadt dem Erdboden gleichgemacht hatte, ein Experimentierfeld für große Architekten wie John W. Root (der bereits 1883 das 17stöckige Monadnock Building errichtet hatte) und Louis Sullivan. Bis zum Jahre 1893 konstruiert Sullivan ein Dutzend Wolkenkratzer in der »Mile high city«, wie Chicago genannt wird. Die Form soll der Funktion folgen, meinte Sullivan und entwarf seine Vorstellung von einer modernen und demokratischen Architektur, die nicht in der Vergangenheit borgt, sondern in die Zukunft sieht. Das war eine Abkehr vom schwülstigen europäischen Hotelstil, wie er sich etwa im »Panhans« am Semmering bei Wien und im »Ritz« in Paris in den achtziger Jahren des 19. Jahrhunderts gebildet hatte und in Amerika nachgebaut wurde.

Was da im kleinsten amerikanischen Bundesstaat Rhode Island und in Manhattan an Palästen und Herrenhäusern entstand, brachte die neue Architektengeneration zur Verzweiflung. So unterschied der junge John Root zynisch in viktorianische Abführarchitektur, Tuberkulose-, Starrkrampf- und Wassersuchtstil. Aber der Klassizismus und die Anlehnung an die Epoche der Königin Viktoria in England konnte sich 1893 noch einmal durchsetzen bei der Gestaltung der Weltausstellung, die aus Anlaß der 400jährigen Wiederkehr der Reise des Christoph Kolumbus in allem Pomp gebaut wurde. »Auf eine solche Ausstellung in dauernder Form wären die Römer stolz gewesen«, hieß es im Weltausstellungskatalog. Die Gründergeneration der amerikanischen Demokratie um Washington hatte sich ja zur Klassik bekannt, und im Plan der Hauptstadt sind nicht nur Anlehnungen an Paris, sondern auch an das kaiserliche Rom enthalten. Ein triumphales Ende fand diese Nachahmungsarchitektur im Jahre 1894. Da nahmen nämlich amerikanische Architekten das, was sie für Klassik hielten, mit nach Rom und bauten dort eine amerikanische Akademie – ein Monstrum, das nur noch übertroffen wurde vom pompösen Bau des New York

Yacht Club, den Eisenbahnmagnat J. Pierpont Morgan 1898 gestiftet hat.

Den Anhängern der Klassik und des Klassizismus ging aber nicht alles nach Wunsch. Kirchen und Bibliotheken wurden nach wie vor im neuromanischen oder neogotischen Stil gebaut, und die extravaganten Millionäre und Milliardäre zogen bunte Mischungen aus Neuschwanstein und französischen Loire-Schlössern vor. Auf der Weltausstellung 1893 durfte aus der jungen Architektengeneration nur Louis Sullivan einen Pavillon bauen. Sein Transportgebäude wurde zur großen Attraktion für die Besucher aus Kontinentaleuropa. Er verurteilte die zeitgenössische amerikanische Architektur als »Zweck ohne Form, Form ohne Zweck, Denkmäler für die schwachsinnigen und anfälligen Herzen«.

Mit dem schwarzen Freitag von 1893 und der folgenden Depression endet Sullivans Laufbahn, aber er gibt den Stab weiter an seinen Schüler Frank Lloyd Wright, der die moderne Architektur in die Prärie hinausträgt. Chicago blieb eine Hochburg der amerikanischen Architektur, ihr herausragender Vertreter in die Gegenwart hinein ist Helmut Jahn aus Deutschland. Für das Jahr 2 000 hat er als ehrgeiziges Projekt ein »Illinois-Centre« geplant, 110 Meter hoch, von einer Glaskuppel gekrönt. Der New Yorker Immobilienkrösus Donald Trump will Jahn mit einem Zwei-MilliardenDollar Projekt am Hudson River beauftragen. Für die Fluggesellschaft United Airlines hat Jahn ein neues Flughafengebäude gebaut. Es soll die Gäste an die großen Bahnhöfe von einst erinnern. Helmut Jahn baut in Granit, Stein und Glas, in Pyramidenform und in Pfeilern, inzwischen auch für Auftraggeber in Deutschland. Für das Konferenzzentrum auf der Frankfurter Messe mußte er in die geduckte Länge und in die lichte Höhe bauen. Seine Bauweise wird als Überwindung der Architektenkrise deutscher Nachkriegszeit gefeiert. Jahn ist aus Nürnberg, aber ein Amerikaner im Sinne Santayanas, fleißig, erfindungsreich, schnell und voller anwendbarer Phantasie. Er sagt: »Dein Geburtsort hängt vom Zufall ab, aber es liegt in deiner Verantwortung, den Platz zu finden, wo du hingehörst.« Der Amerikaner fühlt sich im Wolkenkratzer zu Hause wie im Eigenheim, und mit der zunehmenden Flexibilität des Materials baut er auch sein Eigenheim in oder auf einem Wolkenkratzer. Der Central Park in New York ist umsäumt von Hochhäusern, die auf ihren Dächern Villen tragen.

Die »lobby«, Empfangsraum und Treffpunkt zugleich, beeindruckt europäische Besucher schon zu Beginn unseres Jahrhunderts. Im Langenscheidt-Sachwörterbuch über Land und Leute in Amerika von 1906 heißt es: »Die Amerikaner lieben es vor dem Essen an das bar (Schanktisch) zu gehen und den Appetit mit Branntwein anzuregen. Für den gesellschaftlichen Verkehr der Gäste sind das Parlor und das Barroom vorhanden. Diese Räume werden nach Landesbrauch als öffentliche Plätze betrachtet und von allen vornehmen Müßiggängern, welche den neuesten Stadtklatsch hören wollen, besucht. Die amerikanischen Gasthöfe übertreffen in ihren Einrichtungen und Ausstattungen unzweifelhaft die europäischen.« Diesen Vorsprung haben die USA nicht nur gehalten, sondern noch ausgebaut. Das Juwel unter den Hotelpalästen heute steht in Atlanta und heißt Regency Hyatt House Hotel. John C. Portman hat es gebaut. Zu seinem Konzept gehört es, die Freizeit ins Hotel zu holen und nicht mehr das Hotel an Strände und auf Berge zu setzen. Das Hyatt in Atlanta könnte auch eine schwimmende Insel in Zeit und Raum sein mit Wasserfällen, Gondeln und Weltraumatmosphäre. Glas und Marmor, Wasser und Konzert, Piazza und ›plaza‹, Atrium und Arkade kennzeichnen die Luxuswelle in den Vereinigten Staaten. Der Hang des Amerikaners zum Hotelkomfort führt zu immer neuen Hochleistungen in Architektur und Dekoration. In den achtziger Jahren des 20. Jahrhunderts überziehen die Hotelgesellschaften mit ihrem Komfort die ganze Welt wie ein Netz.

Die amerikanischen Touristen folgen auf dem Fuße. Sie finden überall auf dem Erdball Hotelbetten, sanitäre Anlagen und Wandschränke wie zu Hause. Alles von gleicher Güte und immer am selben Platz. Selbst in billigen Motels konnte Amerika schon mehr Komfort aufweisen als Europa. Das Etagenbad, die Zimmer mit fließendem Kalt- und Warmwasser gehören in den USA in die Pionierzeit. 1907 entsteht in Buffalo ein erstes Hotel, in dem alle Zimmer Bad haben. Und der Amerikaner geht auch mal mit seiner Familie am Wochenende einfach so ins Hotel zur Abwechslung.

Der Sprung in diesen Lebensstandard erfolgte in den sogenannten goldenen fünfziger Jahren unter der Präsidentschaft Eisenhower. Und die Weiterentwicklung in der zweiten goldenen Ära unter der Präsidentschaft Reagan. Das Hotelzimmer wird zur Luxussuite, und das Hotel selber wird zum Palast. Diese Paläste wiederum werden von den besten Architekten und Designern geplant. Sie sperren auch die Hitze oder die Kälte aus, überwölben Marktplätze mit Hotelhallen oder unterhöhlen ganze Innenstädte. Die sterile Klimazone entsteht. Die wurde möglich durch die Erfindung des Air conditioning-Systems, das mit der Zeit ganz Amerika mit gleichbleibender Temperatur versorgt hat. Im Winter immer ein wenig zu heiß, im Sommer immer ein wenig zu kalt. Zentraler Platz der Wolkenkratzer und Hotelpaläste ist die Lobby geblieben.

In den neuesten architektonischen Schöpfungen hat diese Lobby mit »das Barroom« aber nichts mehr zu tun, sondern hat eher den Charakter einer Kathedrale, die aber von gläser nen Aufzügen durchquert wird. Was als Befriedigung der Komfortgesellschaft begann, artet in Luxus aus. Und das Denken in höheren Dimensionen geht über das 20. Jahrhundert hinaus. So plant der Italoamerikaner Paolo Soleri Weltraumstädte, die die Erde im Orbit umkreisen. Und eine Marketinggruppe aus New York hat das größte Hotelschiff der

Welt entworfen, eine schwimmende Insel namens »Phoenix«.

Mit den Wolkenkratzern erstürmen die Amerikaner den Himmel, und zuerst mit den Eisenbahnen, dann mit den Autobahnen nehmen sie ihre Erde in Besitz. Das Automobil wurde nicht in Amerika geboren, aber es entsprach der individuellen Bewegungsfreiheit natürlich sehr viel mehr als die Eisenbahn. Zum Massenverkehrsmittel jedoch wurde das Automobil erst 1908 durch die Erfindung des T-Modells des Unternehmers Henry Ford. Bis zu diesem Datum konnten sich das Auto nur einige Privilegierte leisten, war es exklusiv. Ein inklusiver Beitrag zur allgemeinen Komfortgesellschaft wurde es eben durch das T-Modell, das sich bald ein jeder Mittelständler leisten konnte. Es war die Firma General Motors, die dann Masse und exklusive Klasse zu einem neuen Erfolgsprinzip vereinigte. General Motors hat nicht ein bestimmtes Modell herausgebracht, sondern eine ganze Palette. In den zwanziger Jahren gab es bereits 20 Millionen Autos in Amerika; der Markt für das Transportmittel Auto schien saturiert. General Motors wollte dem Auto Status und Symbolkraft verleihen. Während das T-Modell über Jahre hindurch gleich blieb und nur gelegentlich verbessert wurde, brachte General Motors jedes Jahr neue Wagen heraus. Henry Ford machte das Auto zum Massentransportmittel; Harley Earl machte es zu einem Modeobjekt. Earl kam aus Hollywood, und er versuchte, in das Auto den amerikanischen Traum einzubauen, und zwar zu zivilen Preisen. Nicht Geschwindigkeit oder Straßenlage waren ausschlaggebend, sondern das Design. Noch vor dem Zweiten Weltkrieg eroberten die Formen von Harley Earl die Märkte.

Das Traumauto hatte elektrische Fensterheber, in die Karosserie eingelassene Scheinwerfer, elektrisch versenkbares Verdeck, Weißwandreifen, einen Kühlergrill und verschwenderisch viel Platz. Erst nach dem Krieg aber entfaltete sich der künstlerische Genius des Harley Earl. Er machte aus

Karossen Skulpturen. Tatsächlich wurden die Modelle zunächst in Lehm modelliert. Zwillingsflossen am Hinterteil, Tropfenform, Torpedoschnauze, Chromleisten an allen Ecken und Enden und das Panoramafenster. Als amerikanische Offiziere in solchen Autos nach dem Zweiten Weltkrieg über Europas Straßen paradierten, galt dies als Inbegriff amerikanischen Überflusses. Daß solche Autos mindestens auch fliegen könnten, suggerierte die Innenausstattung, die einem Flugzeugcockpit immer ähnlicher wurde, und zeigte sich auch in den begleitenden Comic-strip-Reihen, in denen Autos nach und nach die Funktion von denkenden Wesen übernahmen. 1956 ließ General Motors für 125 Millionen Dollar nordöstlich von Detroit ein Technologiezentrum erbauen, das genauso futuristisch anmutete wie die Modelle der Autofirma. Ein Symbol des amerikanischen Selbstbewußtseins und Optimismus.

Doch mit den goldenen Eisenhower Jahren ging auch die Zeit der Harley-Earl-Automobile zu Ende, des dynamischen Überflusses, wie der Karosseriebauer sein eigenes Werk nannte. Seine letzte Erfindung war die Verbindung von Auto und Frau. Earl wurde sowieso vorgehalten, daß er sexuelle Elemente in seine Formgebung einbaute. Nun setzte er bei großen Automobilausstellungen auf jedes seiner Autos ein Mannequin. Endgültig wurde das Auto vom Transportmittel zu einem Ausdruck amerikanischen Lebensstils. Sein letzter Auftrag war die Innenausstattung eines Großraumflugzeuges, der Convair 880 der Firma General Dynamics, die aber unterging im Konkurrenzkampf mit der Boeing 707 und der Douglas DC8.

Eigentlich entspricht es dem amerikanischen Sinn für Komfort, daß die Form der Funktion folgen soll. Dieser Devise folgten die großen amerikanischen Architekten. Aber der Überfluß hat auch immer wieder unglaubliche und unglaublich schwülstige architektonische Ergüsse hervorgebracht. Die Multimillionäre der Jahrhundertwende etwa haben Schlösser und Burgen aus Europa über den Ozean transportieren oder einfach nachbauen lassen. Ganz treffend heißen diese Produkte der Imitation und Phantasie auch »Bastard spanisch« oder »Bastard französisch«. So haben auch amerikanische Automobilbauer lange der Phantasieform den Vorzug gegeben.

Mit dem Auto hat sich auch die amerikanische Gesellschaft verändert. Wer in amerikanische Großstädte einfährt, muß den Eindruck haben, daß Kolumbus vor fast 500 Jahren einen gigantischen Parkplatz entdeckt hat. In den fünfziger Jahren wurde dem Auto noch in den letzten Winkel der Weg gebahnt, Straßen für zehn Milliarden Dollar wurden gebaut. Diese Autobahnen entlang entwickelte sich eine neue Freizeit- und Wohnkultur. Vor die Entscheidung gestellt: »Hütten oder Paläste«, hat sich Amerika für beides entschieden. Die Veterans Administration machte nach dem Weltkrieg allen Heimkehrern Hausbau ohne Eigenkapital möglich. Und die Regierung räumte baufreudigen Familien ungewöhnlich günstige Kredite ein. Die Überschwemmung mit kleinen Einfamilienhäusern am Rande der Autobahnen und Großstädte begann.

Findige Unternehmer machten sich das zunutze. Der größte unter ihnen war William Levitt. Der baute sozusagen Häuser von der Stange. Levitt fabrizierte sie zwar nicht in einem Werk, aber er tat das nächstbeste: Er machte aus einem Baugrundstück eine Fabrik. Levitt Towns wuchsen wie Pilze aus dem Boden. Über 100 000 Eigenheime hat William Levitt im Schnellverfahren erstellt. Eisschrank- und Waschmaschinenhersteller machten im Trend mit, und als das Fernsehen kam, bescherten die Produzenten dem amerikanischen Volk inner halb von vier Jahren 200 Millionen Geräte. Die Quantität blieb bis heute dabei wichtiger als die Qualität. Mit einem amerikanischen Fernsehbild würde sich ein deutscher Konsument nicht abfinden. Und Maschinen, die nur lauwarm waschen, Geschirrspüler, die nicht gründlich sind, haben im Export keine Chance. Hingegen hat die dem Eiswasser verfallene Gesellschaft entsprechende Kühlschränke geschaffen, die in der Welt nicht ihresgleichen finden. Procter & Gamble schufen »Ivory«-Seife vom Fließband, und Diamond Inc. überschwemmte das Land mit Billig-Streichhölzern. Wie immer entwickelt sich auch in puncto Komfort eine Politik der zwei Linien. Die eine ist die strenge Funktionalität, die andere ist die Extravaganz.

Als der Mensch sich zum erstenmal in die Lüfte erhob, dachte er sicherlich noch nicht an fliegende Jumbopaläste. Natürlich war bei der Luftfahrt Sicherheit und Funktionstüchtigkeit zunächst vorrangig, seit die Gebrüder Wright 1903 den ersten Hopser im Bundesstaat North Carolina gewagt hatten. Mit dem Transatlantikflug von Charles Lindbergh bekam die Luftfahrt dann Dimension. Und es war der deutschstämmige Flieger, der schon 1929 die Druckkabine und das Großraumflugzeug voraussah. Er schrieb: »Ich fühle mich wie der Pionier im Wilden Westen, als er das erstemal durch Stacheldraht eingezogene Grenzen auf der offenen Prärie sah. Die ungebrochene Einsamkeit des Himmels wird vor Fahrzeugen schwirren, so wie die Straßen vollgestopft mit Autos sind.« Auch das Flugzeug hat nach Erfüllung der reinen Komfortwünsche seine Luxusphase gehabt: Dem deutschstämmigen Flugzeughersteller Boeing schwebte eine Art zweistöckiger Luftomnibus vor. Die Vision wurde dann vom Jumbo, von der 747, eingeholt. Zunächst war das Oberdeck nur als Lounge, als Bar, gedacht mit Zeitungen, Filmvorführungen, Galadiners und einem leibhaftigen Klavierspieler. Später haben wirtschaftliche Zwänge den Luxus wieder in den allgemeinen Komfort eingeebnet.

Gerade in der Eroberung des Luftraumes hat sich die Welt dem amerikanischen Komfortgedanken angeschlossen. Vom regelmäßigen Shuttle, dem Nahverkehr über eine Luftbrücke, der ja als Konzept in die Raumfahrt übernommen wurde mit dem Space Shuttle, bis zum Hubschrauberlandeplatz auf dem höchsten der Hochhäuser, von der »economy class« zur »business class« – eine Entwicklung, die mit der Ausweitung des Individualverkehrs zum Pauschaltourismus teilweise wieder zurückgenommen wurde. Als die Europäer mit der Concorde, mit dem Überschallflugzeug der Luxusklasse, selber einen Vorstoß wagten, blieb der nur Episode. Das reibungslose Ineinandergreifen der Transportmittel einer mobilen Gesellschaft blieb in der Welt unerreicht. Flug, Ankunft, Automiete, Telefonkontakt, Hotelbuchung, Sitzung und Rückflug funktionieren in Amerika wie nirgendwo sonst. Doch die Welt hat nicht nur die Vorteile, sondern auch die Nachteile der mobilen Gesellschaft kennengelernt. Mit dem Auto konnte man die Innenstädte fliehen, die dementsprechend verfielen, entstand die ›suburbia‹, die Vorstadtgesellschaft mit Eigenheim, Golfclub und vor allem den Supermarkets, den zentralen Einkaufsstellen, die dem Einzelhandel und den Tante-Emma-Läden den Garaus machten.

Vorreiter dieser Supermarkets war Woolworth, eine Firma, die im Jahre 1900 bereits 200 Zweigstellen hatte. Mittlerweile hat sich der Supermarket zu einer solch zentralen Institution entwickelt, daß er zum Nukleus neuer Städte wurde. Er hat nicht nur Lebensmittelläden aufgesogen, sondern sich auch zur Servicestation für das Dienstleistungsgewerbe gemausert.

Ärzte und Anwälte haben sich am Supermarket niedergelassen. Wobei Ärzte nicht Renaissancemenschen sind, Ratgeber in allen Lebenslagen, sondern Spezialisten, die sich nur für Teilbereiche des menschlichen Körpers als zuständig erklären. Ihre Vorsorge ist aber oft so weit gediehen, daß sie sich fast selber überflüssig machen. Anwälte hingegen haben immer noch weiter Auftrieb, weil Schadensersatzklagen immer erfolgreicher werden. Sie erreichen oft astronomische Höhen. San Francisco nimmt mit einem Anwalt pro 110 Personen dabei einen Spitzenplatz ein.

Tschernobyl, die bisher weitreichendste Atomkatastrophe, ausgelöst in einem der vier Graphitkerne in der Kernanlage bei Kiew, war in seinen verheerenden Ausmaßen noch gar nicht voll erkannt, als eine Boeing 737 auf dem Prominentenflughafen Wnukowo bei Moskau landete. Armand Hammer, der amerikanische Ölmilliardär und zugleich Vertraute des Kreml, wußte wieder einmal ganz genau, was er tat – amerikanische Medizin in ihrer höchsten Vollendung einzusetzen, um die ärgste Not der betroffenen Sowjetbürger zu mildern. Prof. Gale, weltberühmter Spezialist für Knochenmarktransplantationen, nutzte seine Erfahrungen mit Strahlungsschäden auf so überzeugende Weise, daß er in Rußland zu einem Helden wurde. Durch Transplantationen rettete der Amerikaner mehrere Dutzend Menschen vor dem Strahlentod. Amerikanische Hilfsbereitschaft hatte sich durch wissenschaftlichen Fortschritt ein weiteres Mal als überzeugend erwiesen.

»Wenn wir wollen, machen wir jeden Nobelpreis.« Diese selbstsichere Behauptung eines Washingtoner Wissenschaftspolitikers läßt sich leicht belegen. Amerikanische Mediziner bestimmen seit den vierziger Jahren des 20. Jahrhunderts diese Ehrenliste wissenschaftlichen Fortschritts. Seit den fünfziger Jahren bilden amerikanische Nobelpreisträger für Medizin die Regel, solche anderer Nationalität die Ausnahme.

Was mit Emil von Behring 1901 in der Gruppe der Nobelpreise für Medizin oder Psychologie begann und mit Iwan Pawlow, Robert Koch, Paul Ehrlich, Robert Barany oder Julius Wagner Jauregg im ersten Drittel des 20. Jahrhunderts als europäische Großtaten in das Geschichtsbuch der Medizin eingetragen wurde, begann auf dem Niveau der Nobelpreise für die USA erst 1930. Karl Landsteiner wurde für die Entdeckung der Blutgruppen geehrt. Nach dem

Zweiten Weltkrieg sicherten sich Amerikaner in 42 Jahren 32 Nobelpreise in der Gruppe Medizin und Psychologie. Erfolgreicher Forscher trieb beeindruckt die Stockholmer Nobelpreis-Jury bei amerikanischen Wissenschaftlern in Einzelfällen derartig nachhaltig, daß die traditionellen Vorbehalte gegen die Auszeichnung von Firmenforschung angesichts persönlicher Leistungen zurückgestellt werden. Grund: Die Zielforschung in einer aufgeklärten wissenschaftlichen Atmosphäre und der gebündelte Geldeinsatz überzeugen. In wachsendem Maße gilt das auch für andere Disziplinen.

Spitzenleistungen der amerikanischen Medizin versetzen die Welt immer wieder in Erstaunen. Gestandene Mediziner aus aller Herren Länder pilgern zu den großen Pragmatikern, die mit ihrer Zielforschung alle anderen hinter sich lassen, wie Prof. Dr. Michael De Bakey, Herzchirurg in Houston, Texas; Prof. Dr. Thomas E. Starzl, Universität Pittsburgh, Spezialist für Lebertransplantationen; Prof. Dr. James D. Watson, Harvard, Genforscher am National Institute for Health; Prof. Dr. Arnall Platz, Augenspezialist am Wilmer Institut der Johns-Hopkins-Universität in Baltimore; Prof. Dr. Steven Rosenberg am National Cancer Institute für Krebsforschung.

Wo liegt das Geheimnis der medizinischen Erfolge der Amerikaner? Beim Geld? In der Universitätsstruktur? Im geistigen Klima? Von jedem etwas. Die amerikanische Forschungsstruktur ist – übrigens nicht nur in der Medizin – von der flächigen Breite und dem Humboldtschen Universalbegriff längst abgegangen und abgekommen. Gegenüber traditionellen Disziplinen mit theoretischer Systematik und streng gegliedertem akademischem Betrieb überwiegt der Pragmatismus. Zentrale und drängende Fragen werden in Projekten planerisch, finanziell, personell und wissenschaftlich aufgearbeitet. Man hält sich dabei nicht lange beim Sammeln und Beschreiben dessen auf, was war oder ist. Die

Vorgabe lautet, unkonventionell und pragmatisch durch gewagte Experimente und neue Techniken möglichst rasch zu verwertbaren Zusatzerkenntnissen zu gelangen. Mediziner versammeln dabei die besten Kollegen ihres jeweiligen Fachs um sich, was den Wettbewerb nicht nur nicht behindert, sondern sogar durch Austausch von Wissen und Information fördert. Geld zu beschaffen fällt unter diesen Umständen leicht. Dazu kommen unkonventionelle Formen des geistigen Austauschs, der sich freilich im konventionellen Rahmen abspielt.

Wissenschaftler sind gehalten, projektbezogen zu arbeiten, also entsprechend zu publizieren. Ohne Publikation kein Fortkommen. Da die meisten nicht fest angestellt sind, hängt es von ihrer Leistung ab, wie sie bewertet, beauftragt und für einzelne Vorhaben finanziert werden. Der hohe wissenschaftliche Standard ist freilich durch Einwanderung immer wieder untermauert worden. Im Zweiten Weltkrieg und danach sorgte der Zuzug von Intelligenz, etwa durch die jüdische Emigration aus Europa, für mächtige Schubkraft. Seitdem zählt es zum Streben ganzer Generationen begabter Mediziner, am Fortschritt ihres Fachs in Amerika mitzuwirken. Dabei machen sich auch hier die Verlagerungen der Intelligenzströme bemerkbar – weniger Europäer, mehr Asiaten.

Zukunftsträchtige Projekte auf höchstem Niveau halten zwar die amerikanische Nobelpreisfabrik in Gang, doch die Breite der medizinischen Versorgung der Bevölkerung – auch ein Aspekt der Komfortgesellschaft – ist eine andere Frage, 37 Millionen Amerikaner sind (statistisch) gänzlich ohne Versicherungsschutz im Krankheitsfall. Und die, die versichert sind, müssen mit immer höheren Kosten rechnen. Der Anteil der medizinischen Versorgung am Bruttoinlandsprodukt stieg in einem Vierteljahrhundert von 7 (1970) auf 15 Prozent (1992) – ein Weltrekord. Im gleichen Jahr erreichten die Gesundheitskosten die Summe von 800 Milliarden Dollar..

Immer weniger zahlen immer mehr für immer bessere Versorgung. »Wenn das so weitergeht, wird im Jahr 2000 die einzige Person, die sich Krankenversorgung noch leisten kann, Donald Trump heißen«, so der ehemalige Gesundheitsminister Joseph Califano. Er meinte den New Yorker Immobilien-Milliardär.

Der Ruf nach Reform für das nächste Jahrhundert will nicht mehr verstummen: Selbstbeteiligung; sparsamere, wenn auch qualitativ gleichbleibende Versorgung; Reform der privaten Krankenversicherungen und Mischfinanzierung aus Steuergeldern. Bill Clinton machte die Reform des Gesundheitswesens zu einem Hauptthema seines Wahlkampfs. Sein am deutschen System orientiertes Programm sah vor, die Unternehmen zur Übernahme von 80 Prozent der Prämie für einen ausreichenden Versicherungsschutz ihrer Angestellten zu verpflichten. Strittig war jedoch die Frage, wie die Kosten für die finanzielle Mehrbelastung verteilt werden sollten. Tatsächlich konnten wesentliche Punkte der angestrebten Reform dann in der Praxis nicht umgesetzt werden. 1994 vertagte der Senat die Debatte um die Gesundheitsreform, und 1995 verabschiedete der Kongreß einen Budgetausgleichsplan, der Einsparungen bei den staatlichen Gesundheitsprogrammen in Höhe von 450 Mrd. Dollar vorsah. Am Beispiel der medizinischen Versorgung weiß man in der reichsten Volkswirtschaft der Welt, was man sich selber schuldig ist: die Spitzenerkenntnisse amerikanischer Medizin der eigenen Bevölkerung mehr als bisher zugänglich zu machen. Für den »Rest der Welt« besteht weniger Sorge um die Breitenwirkung. Hier wie dort geht es aber um Spitzenerkenntnisse, die seit Jahrzehnten nirgendwo so reichlich fließen wie in Amerika, dem Mekka moderner Medizin.

Die »waste-society« – Vom Wegwerfen und Verschwenden

Die Amerikaner sind ungemein stolz auf ihr Vaterland. Lange sahen sie den Schutz dieses Vaterlandes aber vornehmlich in der territorialen Verteidigung und in einer Gesetzgebung, die möglichen antiamerikanischen Elementen den Boden entzieht. Daß die Amerikaner selbst zur Zerstörung ihres Landes beitragen würden, kam ihnen erst spät in den Sinn. Dabei haben sie im Verlauf der Eroberung ihres riesigen Landes alle jene Sünden begangen, die im Katalog des heutigen Umweltschutzes stehen. Sie haben neun Zehntel ihres Baumbestandes gefällt. Sie haben ganze Tierarten fast ausgelöscht, wie den Büffel oder den weißen Adler oder den Condor. Planlose Landnahme führte zu Erosionen des Bodens. Experten glauben, daß ein Drittel des Humus seit der Eroberung der Neuen Welt vom Winde verweht worden ist. Schatzsucher unterminierten ganze Berge, ließen sie nach der Ausbeutung zusammenbrechen, Pioniere bauten kleine Städtchen und ließen sie zu riesigen Ansiedlungen zerfließen. Großgrundbesitzer zäunten ihr Land ein, ihre Viehherden weideten es ab, bis kein Halm mehr wuchs. Baugesellschaften und Immobilienfirmen schnitten immer neue Teile aus dem jungfräulichen Land ohne Rücksicht auf Fauna und Flora. Die Industriebarone schließlich verseuchten Seen und Flüsse. Der Cujahoga in Cleveland war einst so mit Chemie angefüllt, daß er einmal sogar in Flammen aufging, und der Eriesee im Gebiet der Großen Seen war eine Zeitlang umgekippt.

Dennoch sind die Bewohner der Vereinigten Staaten mit ihrem Land anscheinend nicht schlechter umgesprungen als andere Industrievölker auch – mit einer Ausnahme: Sie haben sich zur größten Wegwerfgesellschaft der Welt entwickelt. Ob Haushaltmüll oder Industrieabfall, kein Volk hat für mehr Zivilisationsschutt gesorgt als die Amerikaner. Die Weite ihres Landes, die scheinbare Unendlichkeit der natürlichen Ressourcen und auch die Abneigung gegen einengende Gesetze trugen zum Phänomen der »waste-society« bei.

Es gab aber immer auch schon Gegenbewegungen. Zur Jahrhundertwende war es Theodore Roosevelt – im Ansehen der Welt eher ein ›rough rider‹ und der erste Großmachtpolitiker –, der ein Gesetz zur Erhaltung der Natur durch den Kongreß paukte. Damals entstanden.die Nationalparks. Sie haben heute den Charakter von geweihtem Boden. Diesen Eindruck muß jeder Besucher aus dem Ausland gewinnen, der die Amerikaner gesittet und gehorsam durch die Reste ihrer ursprünglichen Landschaft wandern sieht. Die Parole »See America first« – schau dir zunächst Amerika an – hat weite Teile der Gesellschaft erfaßt. Eingeständnis auch der Verwüstung, die ihre Vorväter angerichtet haben, und Sehnsucht, das Verbliebene zu erhalten.

In den beiden Weltkriegen verlor der Naturschutz an Priorität. Aber in den sechziger Jahren entstand eine neue Ökologiebewegung. Sie erfaßte eine ganze Studentengeneration und hatte mit »Silent Spring«, 1962 von Rachel Carson geschrieben, ihr Kultbuch. Die Gesetzgebung ritt diese Umweltschutzwelle mit. Verschmutzung der Luft, des Wassers und der Erde wurden mit einem ganzen Netzwerk von Maßregeln und Strafen versehen. Die Bewegung hat große Siege errungen. Das Pflanzenschutzmittel DDT wurde verbannt. Der Eriesee wurde zu neuem Leben erweckt, auf dem Cujahoga-Fluß bei Cleveland kann man Boot fahren. Über 20 000 Meilen verseuchten Wassers sind wieder fischreich und zum Baden freigegeben.

Eine dritte Welle der Gesetzgebung richtet sich heute eben gegen die »waste-society«. Ein Einwohner der Stadt

New York produziert viermal mehr an Abfall als ein Bewohner von Rom, zwölfmal mehr als ein Einwohner von Mali in Afrika. Die riesigen mit Abfall beladenen Schiffe, die täglich New York verlassen, um ihre Last 100 Kilometer weiter draußen in den Ozean abzulassen, gelten als Symbol dieser Abfallgesellschaft, eben weil sie so spektakulär aussehen. Doch Charles Ehler, Direktor des Nationalen Ozeanographischen Instituts, sieht die wirkliche Wasserverseuchung in den Düngemitteln, die in die Ozeane gelangen, und in ungenügend geklärtem Abwasser. Die allgemeine Sensibilisierung für den Umweltschutz führt aber auch dazu, daß immer weniger Gemeinden sich bereit erklären, einen neuen »landfill«, einen neuen Platz zur Abfall-Lagerung, aufzunehmen. Der langjährige Chef der staatlichen Umweltschutzagentur, William Ruckelshaus, sagt zynisch: »Die Leute handeln eben nach dem Paragraphen 1 des Müllgrundgesetzes, d. h., jeder will, daß sein Abfall abgeholt wird, und keiner will, daß er bei ihm abgeladen wird.« 1980, noch unter der Regierung Jimmy Carter, entstand ein Gesetz zur Vernichtung gefährlichen Abfalls. Seitdem ist Abfallbeseitigung durch die entsprechenden Firmen um das 50fache gestiegen. Manche machten dabei bankrott.

In den sechziger Jahren galt Umweltschutz als ein Anliegen der Linken. Aber Theodore Roosevelt, der Präsident, der die Idee der Nationalparks schuf, war Republikaner, und George Bush, der 1988 die Präsidentschaft übernahm, ist ebenfalls ein Konservativer. Er hat seinen Präsidentschaftswahlkampf auch mit dem Slogan von der Verunreinigung des Hafens von Boston geführt. Boston ist die Hauptstadt von Massachusetts, und der Gouverneur von Massachusetts, Mike Dukakis, war sein demokratischer Gegenspieler.

Umweltschutz wird auch in Amerika zunehmend zu einer nationalen und überparteilichen Sache. Und Ende der achtziger Jahre ging es vor allem der amerikanischen Sucht zum Wegwerfen, die wiederum eine Schwester der Verschwendungssucht ist, an den Kragen. Unter der Regierung Bush wurde im Kongreß ein neues Gesetzesbündel geschnürt, das sehr viel mehr Wiederverwertung, Recycling, vorschrieb und noch viel strengere Auflagen für die Industrie bedeutete. Einige Senatoren stemmten sich allerdings gegen diese Vielzahl von neuen Regulierungen. Die ehemaligen Senatoren aus Colorado und Pennsylvania, Timothy Wirth und John Heinz, glaubten, daß mit jeder Regulierung eine neue Behörde entstünde, und seahen den Kampf um eine bessere Umwelt in zusätzlichen Initiativen für die freie Wirtschaft. Wenn zum Beispiel eine Fabrik mehr an Reinhaltung betreibt, als das Gesetz es fordert, sollten hier Steuererleichterungen gewährt werden. Weitergehende Vorschläge zur Verbesserung des Umweltschutzes beinhalteten eine drastische Erhöhung des Ölpreises.

Im 20. Jahrhundert starben in den Kriegen der Nation, von Kuba über den Ersten und Zweiten Weltkrieg bis Korea und Vietnam, etwa 50 000 Amerikaner, ca. 80 000 wurden Opfer von Mord und Totschlag, und an die eineinhalb Millionen kamen bis 1981 auf den Autobahnen und Straßen um. Es war der unbequeme Ökologe und Warentester Ralph Nader, der die öffentliche Aufmerksamkeit auf Fragen der Sicherheit rund ums Auto, wie schon vorher der Sicherheit am Arbeitsplatz, gelenkt hatte. Und schon bald mußten die Autohersteller sich danach richten, wurden auch die Höchstgeschwindigkeiten drastisch gesenkt. In den späten sechziger Jahren fand die Wissenschaft heraus, daß 60 Prozent der Luftverschmutzung aus Autoabgasen besteht. Die Autoindustrie wurde gezwungen, bis 1975 mit einem Katalysator auf den Markt zu kommen, der 90 Prozent der Abgase herausfiltert. Heute ster ben weniger Menschen im Autoverkehr, verpesten weniger Schadstoffe die Luft. Von der Radioaktivität bis zum sauren Regen, von der Einführung der Vollwertkost bis zur Verbannung des Alkohols in immer mehr »dry counties« bewegen sich die Amerikaner auf ein völliges Umdenken der Werte zu. Das Ende der »waste-society« bahnt sich an, der Wegwerfgesellschaft, und Überdruß am Überfluß stellt sich ein. Im rigorosen Pendelschlag der Nation kann aber die Beschränkung der Freiheit und des ›pursuit of happiness‹ zu ihrer Drosselung führen. Bezeichnend dafür ist ein Warenkatalog des einflußreichen Rates für ökonomische Prioritäten, CEP Darin werden die Produkte von 138 Firmen genannt, die man bedenkenlos kaufen könne.

Von Campbell's Soup über Kodak Film bis Quaker Müsli erfüllen diese Firmen zehn Kriterien, die dem »shopping for a better world« dienen. Dazu gehören die Förderung von Frauen und ethnischen Minderheiten, der Umweltschutz, die Absage an Südafrika, reichhaltige Spendenfreude, Investitionen im sozialen Bereich, der Boykott der Kernkraft, eine Erklärung gegen Tierversuche und die Ablehnung von militärischen Aufträgen.

Die Gesellschaft hat aber auch freiwillig den Kampf gegen ihre eigene Verschwendungssucht aufgenommen. Im Bundesstaat New Jersey zum Beispiel beteiligten sich schon über 50 Prozent der Bevölkerung am Recycling, also dem Aussortieren des Haushaltmülls nach unterschiedlichen Kategorien, und das ohne jede Gesetzesvorlage.

Osage ist eine Stadt von 3 600 Einwohnern im Mittleren Westen. Seit 1974 hat die Gemeinde ihren Energieverbrauch um 55 Prozent gesenkt durch zusätzliche Isolierung, Sparsamkeit und lokale Energiequellen wie Sonnenenergie. In Iowa gehen die Frauen wieder dazu über, Windeln zu waschen wie in alten Zeiten, seit sich herausgestellt hat, daß die Pampers, die Wegwerfwindeln, einen zu hohen Prozentsatz des Haushaltmülls ausmachen und außerdem nicht in den Recyclingprozeß gehen können. 1967 wurden erst für 90 Millionen Dollar Wegwerfwindeln verkauft, 1987 für 33 Milliarden Dollar, was 16 Milliarden Windeln entspricht.

Zur Jahreswende 1988/89 hat die renommierte Zeitschrift Time ausnahmsweise keinen Mann des Jahres gewählt, sondern den Planet des Jahres gekürt, nämlich die gefährdete Erde. »Die ganze Welt gehört eigentlich in eine Intensivstation«, sagt John Eddy von der Universität Boulder in Colorado. Die frühere Astronautin Sally Ride hat eine »Mission to Planet Earth« gegründet, »Auftrag Planet Erde«. Dabei sollen die Möglichkeiten der Raumfahrtbehörde NASA genutzt werden, um die Erde ständig vom Weltraum aus zu kontrollieren. Eine internationale und kontinuierliche Beobachtung der Entwicklung auf der Erde soll dann die Voraussetzung bilden für die Opfer und die Änderungen im Lebensstil, die der Menschheit abverlangt werden. Schließlich macht die Zeitschrift Time den Vorschlag, eine weitere Sparte des Friedensnobelpreises einzuführen, nämlich für Verdienste um den Umweltschutz.

Das Ozonloch und die globale Erwärmung, die Verschwendungssucht und das Aussterben vieler Tierarten, die dem genetischen Pool der Erde vollends verlorengehen, machen aber noch nicht das ganze Problem aus. Der Bevölkerungsdruck in der Dritten Welt wird zum Amoklauf der Umweltzerstörung, führt zur weiteren Vernichtung der Wälder, zu extensiver Bodennutzung, zum globalen Verwüstungsprozeß. Soweit die Länder der Dritten Welt überhaupt zur Industrialisierung in der Lage sind, gehört für sie Umweltschutz nicht zu den Prioritäten. Noch gleicht jede Rauchfahne einer Entwicklungsflagge.

Die Weltmächte, die USA voran, müssen also auch internationale Aufgaben übernehmen. Wenn zum Beispiel im Rahmen der Entspannung weniger Geld in die Militärhaushalte geht, könnte einiges abgezweigt werden zur Erleichterung der Schuldenlast in der Dritten Welt. Wiederum können die USA eine Vorreiterrolle in der Welt übernehmen, die weit über dieses Jahrhundert hinausreicht. Ronald Reagan, der den Patriotismus im Lande neu erweckt hat und unter dessen Regierung besonders wenig für den Umweltschutz geschah, hat einmal geäußert: »We are the last best hope of mankind«, wir sind die letzte große Hoffnung der Menschheit. Aber schon Häuptling Seattle sagte 1855 zum Präsidenten der USA: »Wir sind ein Teil der Erde, und sie ist ein Teil von uns. Der Mensch ist nur eine Faser im Muster des Lebens und der Natur. Was dem Muster angetan wird, tut ihr euch selbst an.«

Traum und Alptraum …

Die Amerikaner geraten leicht ins Schwärmen, wenn sie von ihren Idealen reden: Freiheit und Gerechtigkeit, Gleichheit und »the pursuit of happiness«, die freie Entfaltung der Persönlichkeit. Sie sind die Ingredienzien des amerikanischen Traums. Dabei meinen die Amerikaner nie graue Theorie, sondern Glück zum Anfassen. Gerechtigkeit ist gute Gesetzgebung. Gleichheit ist identisch mit Chancengleichheit, und Freiheit Leben ohne Einengung. Wenn alle diese Grundsätze eingehalten und eifrig genug angestrebt werden, stellt sich der amerikanische Traum von selber ein … ohne Zutun der Philosophen oder der staatlichen Obrigkeit. »Let's do like our athletes do«, sagte Ronald Reagan bei den Olympischen Spielen von Los Angeles 1984, »let's go for the gold.« Auch ohne diesen Rat jagten die Amerikaner immer dem Golde hinterher, ob im Goldrausch, der 80 000 nach Kalifornien und Alaska trieb, oder in der »Can-do«-Mentalität, die alles für umsetzbar hält, was technisch möglich erscheint, ob ein Mann im Mond oder ein künstliches Herz oder ein undurchdringlicher Strahlenschutzschirm über der Heimat.

Immer aber auch zeigten die Amerikaner Angst, daß dunkle Kräfte und Mächte von außerhalb diesen Traum zerstören könnten. Gegen diese dunklen Kräfte setzten sie oft selbst das Böse: den Ku-Klux-Klan, der einmal 5 Millionen Mitglieder zählte und vor allem die Schwarzen schlachtete, die Hexenjagd des Senators McCarthy, der nach dem Zweiten Weltkrieg unter andersdenkenden Intellektuellen und Künstlern wütete, oder der Argwohn, daß die Einwanderung auch den Willen zum Bösen mit importieren würde ... sei es den Sozialismus oder Faschismus aus Europa, die Revolution aus Lateinamerika oder die Überfremdung aus Asien.

In Wirklichkeit hat Amerika unter der Einwirkung von außen nie gelitten, sind die Probleme meist hausgemacht, ist der Feind des amerikanischen Traums im Inneren zu suchen, »the enemy within«. Und wenn die Welt bewundernd auf Amerikas Erfolge und Modewellen blickt, sie übernehmen oder nachahmen will, muß sie sich auch stets mit den Anschlägen des Bösen auf die Gesellschaft auseinandersetzen. Licht und Schatten kommen in den USA meist als Zwillingspaar daher: der ›outlaw‹ und der Sheriff, der gewissenlose Gewinnler und der brüderliche Spender, das Gangstersyndikat und die ›neighbourhood-watch‹, der ›maniac‹ und der Wohltäter.

Mit Ausnahmen ist die Entwicklung des Verbrechens und der Asozialität, des Außenseitertums, auch amerikatypisch. Es gibt keine Geisterfahrer, Telefonvandalen und Geiselnehmer und bis dato jedenfalls keine Terroristen, dafür Amokläufer, Frauenschänder, Sektierer, Computerhacker und Verbalerotiker, die ihre obszöne Neigung vor allem in »crank calls«, anonymen Telefonanrufen, abreagieren. Kriminelle oder psychopathische Taten dienen in den USA mehr der persönlichen Bereicherung und Befriedigung, sind mehr gegen die Gesellschaft als gegen den Staat gerichtet. Um so verständnisloser und verschreckter reagieren Amerikaner auf Geiselnahmen und Terrorakte in Europa und dem Nahen Osten.

Die weitaus größte Zahl der Todesopfer in Amerika geht auf das angestammte oder angemaßte Recht auf Selbstverteidigung zurück. Der allgemeine Waffenbesitz und der leichtfertige Umgang mit dem Schießeisen haben zu der ungewöhnlich hohen Zahl von 800 000 Toten im 20. Jahrhundert beigetragen – obwohl die mächtige »Rifle Association« immer wieder betont, daß nicht die Waffe, sondern der

Mensch tötet. Über das amerikanische Jahrhundert hinweg blieb die Opferrate konstant, etwa 8 000 im Jahr. Bei den Politikern liegt sie weit höher. Präsident zu sein ist besonders lebensgefährlich. Das Jahrhundert begann mit dem Mord an William McKinley: Nach nur sechs Monaten Amtszeit wurde er 1901 in Buffalo von einem Neueinwanderer namens Leon Czolgosz hingestreckt. Sein Nachfolger, Theodore Roosevelt, wurde bei der Wiederwahlkampagne von einem Fanatiker angeschossen, was ihn nicht daran hinderte, mit blutverschmiertem Hemd in Milwaukee vor seinen Anhängern zu sprechen. John F. Kennedy wurde in Dallas Opfer eines Anschlages, und Ronald Reagan kam zu Anfang seiner Amtszeit nur knapp am Tod vorbei. Der Attentäter, John Hinckley, dichtet später im Gefängnis: »Das Schießeisen gibt mir pornographische Gewalt. Wenn ich will, daß ein Präsident fällt und die Welt ungläubig auf mich schaut, dann das alles, weil ich einen preiswerten Revolver besitze.«

Es gibt keine Anzeichen, daß hinter allen diesen Attentaten ein politisches System steckt oder eine Organisation von Hintermännern. Auch Präsident Abraham Lincoln wurde nach dem Bürgerkrieg im Ford Theater zu Washington von einem Einzelgänger umgelegt. Bei John Hinckley entsprang die Tat zweifelsfrei der Geltungssucht. »To go with a bang«, im Tod und mit dem Tod Aufmerksamkeit erregen, gehört zur kriminellen Motivation genauso wie das »Durchdrehen«. 1966 schießt ein 24jähriger Student in Texas wild um sich, tötet 15 Menschen, darunter seine Frau und sein Kind. 1984 stellt ein Amokläufer in Kalifornien einen neuen Rekord auf mit 21 Todesopfern. Auch Ritualmorde durchziehen die jüngere Geschichte der Nation, wie das Wüten von Charles Manson oder das Jonestown-Massaker, das Amerikaner im fernen British-Guayana anrichten. Mord aus Wut über die Gesellschaft oder aus ruinierter Psyche heraus breitet sich unter den Vietnamveteranen aus.

Und die Fälle von Totschlag im Familienzwist wachsen alarmierend besonders bei den schwarzen Amerikanern. 1987 sind in den USA 1100 Kinder – nicht nur schwarze – an den Folgen von Mißhandlungen gestorben.

Auch das organisierte Verbrechen sucht Amerika in rhythmischem Wellenschlag heim. Noch zur Jahrhundertwende sind es die Eisenbahnräuber; in den 14 Jahren des Alkoholverbotes, der Prohibition, wächst die italienische Mafia heran. Zwanzig Jahre lang verdient der Gangsterboss Al Capone eine Million Dollar pro Woche, muß aber dafür über 400 Konkurrenten mit dem Maschinengewehr aus dem Wege räumen lassen. In der Zeit der großen Depression verdingen sich Hunderttausende von Arbeitslosen als Handlanger in der Unterwelt, im »gang land«. Später wird nicht etwa der Kriegsgegner zum Staatsfeind Nummer eins, sondern ein »enemy within« namens John Dillinger. Wie schon zu Zeiten des »outlaw« im Wilden Westen genießen die Verbrecher oft auch Bewunderung. So schrieb man John Dillinger »Robin-Hood«-Qualitäten zu, er habe jene Nabobs bestohlen, die sich auf Kosten der Armen bereichert haben. Überhaupt wird Gewalttätigkeit in Amerika oft als Durchsetzungsvermögen bewundert.

Als in den fünfziger Jahren ›suburbia‹ entdeckt wurde, der Zug in die neugebauten Vorstädte, nistete sich in den verlassenen Citys das Verbrechen ein. Es wurde ratsam, bei Dämmerung schützende Mauern aufzusuchen. Demokratische Präsidenten wie Kennedy und Johnson versuchten das Übel an der Wurzel zu packen mit Hilfspaketen und Gesetzesbündeln für die Armen, sozial Schwachen und Arbeitslosen. Aber erst die nicht subventionierte Vollbeschäftigung unter Ronald Reagan hat die herkömmliche Kriminalität etwas eingedämmt. Dafür suchte Amerika ein neuer Alptraum heim: Rauschgift mit seiner blutigen Fährte von Raubmord und Selbstmord.

Kokain wurde schon im ausgehenden 19. Jahrhundert populär. Der Pharmahersteller Parke Davis brachte ein Dutzend Produkte auf den Markt, die Kokain enthielten, darunter Zigaretten und Gesichtssalbe. 1910 stellte eine Untersuchungskommission fest, daß der Genuß von Kokain und Opium mit der Zunahme der Vergewaltigungen direkt zusammenhängt. In der Gegenreaktion zog Parke Davis seine Produkte zurück, wurde das Kokain in Coca-Cola durch Koffein ersetzt, verdammte man die Chinesen als Opiumhändler. In den zwanziger Jahren brachten mexikanische Schwarzarbeiter Marihuana mit. 1940 kam LSD auf den Markt. In den sechziger Jahren war Rauschgift bei der Hippiegeneration in Mode. Filme wie »Easy Rider« und »Hair« trugen zur Verherrlichung der »Bewußtseinserweiterung« bei. In den siebziger Jahren erlebt Kokain eine Renaissance. Es wird zum Aufputschmittel der jungen egozentrischen, erfolgsorientierten »Me«-Generation. Es dringt aber auch in die Schulen ein. Drogensyndikate lancieren eine gezielte Kampagne der »Kundenwerbung« schon unter Kindern. Um den »Stoff« bezahlen zu können, werden Jugendliche zu Dieben und Mördern. Die Gangstersyndikate tragen Schießkriege untereinander aus. New York, Chicago, Washington oder Los Angeles ertrinken unter einer neuen Welle der Kriminalität. 1988 werden in Los Angeles 600 Banden gezählt, 257 Tote gehen auf ihr Konto. Miami in Florida wird zum Drogenumschlagplatz. Im Jahre 1980 verzeichnet Miami 582 Morde im Drogenmilieu, dazu 2 000 Einbrüche auf 10 000 Einwohner pro Jahr. In der Selbstverteidigung schließen sich einige Gruppen sogar zu paramilitärischen Einheiten zusammen.

Es kommt auch zu einer Verflechtung von politischen Exilorganisationen, Flüchtlingen aus Mittelamerika und Rauschgiftschmugglern. Im Mai 1980 entlädt sich die Spannung in bürgerkriegsähnlichen Unruhen. Aufgeschreckt erklärt der Staat dem Drogenhandel den Krieg – »war on drugs« ist ein Programm, das die USA bis ans Ende des

Jahrtausends begleiten wird. Denn die Behörden können nur versuchen, die möglichen Konsumenten vom Rauschgift abzuhalten oder abzubringen; die Produzenten sitzen im Ausland. Das Kartell von Medellin in Kolumbien versteckt sich zudem hinter Partisanen und Guerilleros; US-Agenten, die sich einschleichen, werden bei der Entdeckung zu Tode gefoltert. Drogenhändler aus Kolumbien und Mexiko, die man in Miami fassen kann, werden durch Geiselnahmen freigepreßt. Der Kokainstaub rieselt wie durch ein Sieb weiter ins Land. Die Drogenabhängigkeit hat als Teil des American way of life auch in Europa Eingang gefunden. Im verarmten Afghanistan entstehen sogar zusätzliche Anbauflächen. Russische Soldaten verfielen der Droge wie vor ihnen die GIs in Vietnam. Die amerikanische Nation aber, die so sehr auf Selbstvertrauen und Selbsterneuerung setzt, fürchtet die Verdunklung des amerikanischen Traumes durch die Drogensucht und andere Krankheiten der Gesellschaft wie Aids.

Die ansteckende Immunschwächekrankheit, Anfang der achtziger Jahre entdeckt, kam zwar wahrscheinlich aus Afrika, hat aber in den USA einen erschreckend fruchtbaren Humus gefunden und besonders unter den Homosexuellen gewütet. Diese Verheerung gab jenen Moralisten Auftrieb, die jede Abweichung von der Gesellschaftsnorm als eine Bedrohung des amerikanischen Traumes ansehen. Der ›backlash‹, die Gegenbewegung, folgte auf dem Fuße. Schon am 1. September 1986 erließ Texas ein Verbot der homosexuellen Betätigung und schuf damit eine Million potentielle Kriminelle. Texas hält auch einen Hinrichtungsrekord – 29 Hinrichtungen (durch Todesspritzen) von 1976 bis 1988. Dabei läßt sich die Gesellschaft von der Zunahme der Gewalttätigkeit auch zunehmend faszinieren. Über den Killer Ted Bundy, der 50 Frauen auf dem Gewissen hat, wurden fünf Bücher und eine Fernsehserie geschrieben.

Der Ruf nach Vergeltung führt zur seltsamen Paarung von fanatischer Frömmigkeit und Wiedereinführung bzw. Ausübung der Todesstrafe bei Kapitalverbrechen. Selbst kleine Vergehen werden drakonisch geahndet. Längst ist auch Nikotin als Gesellschaftskrankheit erkannt. 1988 erhielt ein Raucher in einem Nichtraucherflugzeug eine Strafe von 15 Tagen Gefängnis, 500 Dollar Strafe und 100 Stunden »community service«. Wegen des Verdachtes von zu hohem Alkoholkonsum konnte der Politiker John Tower nicht Verteidigungsminister werden. – Konformität mit der Gemeinschaft einerseits und Gedankenfreiheit andererseits sind ein Gegensatzpaar der amerikanischen Geisteshaltung.

Die amerikanische Geisteshaltung

Zitat aus einem deutschen Auswandererbrief von 1893: »Hier ist gut leben hier mußt du nicht vor einer Obrigkeit den Hut ziehen und bist, wer du sein möchtest: arm oder reich, freundlich oder mürrisch, gescheit oder dumm. Und keiner erwartet von dir, daß du den Mund hältst, sondern ganz im Gegenteil, daß du dich bemerkbar machst.«

Unter allen Freiheiten, die sich Amerika erkämpfte oder ganz einfach nahm, war und ist die Freiheit der Rede ohne Furcht wohl die von den Unterdrückten in aller Welt am meisten bewunderte.

Dieses selbstverständliche Recht auf freie Meinungsäußerung machte aus den Amerikanern schlechte Diplomaten und gute Journalisten. Was die Außenpolitik an Vorsicht mangeln ließ, führte bei Journalisten und Literaten zu oft unerbittlicher Kritik. Die zweite industrielle Revolution mit ihren sozialen Ungerechtigkeiten, die geradezu chaotische Vermengung der Sturzfluten aus Immigration und Arbeitslosigkeit, der Gegensatz zwischen Isolationisten und Expansionisten bildeten den Nährboden für diese Kritik. Dazu kamen die Landflucht und die Ballung in den Großstädten, die Emanzipation der Frau und die gesellschaftliche Umschichtung. Schriftsteller lösten sich aus den europäischen Traditionen und widmeten sich nationalen Problemen. Wendige Geschäftsleute witterten in der Veröffentlichung der aufgestauten amerikanischen Gefühle eine zusätzliche Gewinnchance. Hearst und Pulitzer, Ochs und Bennett wetteiferten mit ihren Zeitungen um die Gunst eines verunsicherten Publikums. Die einen stellten sich in den Dienst dessen, was sie als Fortschritt ansahen: den Bau des Panamakanals, die Verherrlichung von Hochhäusern und Schnellbahnen, die Rolle Amerikas in der Welt. Die anderen beklagten den Niedergang der alten Ordnung und die Zerstörung der amerikanischen Harmonie. Hamlin Garland gehörte zu den Wortführern der Populisten. 1894 gab er ein Manifest heraus über die »zerbröckelnden Idole«, klagte die reichen Nimmersatte an, forderte einen bremsenden Eingriff des Staates. In der Zeitschrift *Arena* forderten die Gerechtigkeitsapostel ein humaneres Amerika, und der berühmte Edwin Aldrich schrieb: »Der Alten Anmut und ihr Feuer, sind heut versunken und verloren. Uns gellt der Fortschritt öde Leier und Zank und Hader in den Ohren.«

Gegen die Fortschrittsideologie schrieb schon Mark Twain 1880 an. Ihm gelang auch mit den »Abenteuern des Huckleberry Finn« ein erster großer »amerikanischer« Roman, der in der Literatenwelt draußen aufhorchen ließ. Der Naturbursche Huckleberry Finn vermag instinktiv zwischen schlechten und guten Menschen und Dingen zu unterscheiden. Er tut das mit viel Selbstvertrauen und Gelassenheit. Weniger literarisch, aber dafür selbstkritisch geht Helen Hunt Jackson schon 1881 mit den USA ins Gericht. In »A Century of Dishonor« schildert sie die Verbrechen an den Indianern. Im Schlüsseljahr 1893 veröffentlicht Stephen Crane eine Erzählung über das Schicksal eines armen Mädchens, das der Prostitution verfällt: »Maggie: A Girl of the Streets«. Die Verleger konnten mit einem so deprimierendem »Stoff« zunächst nichts anfangen. Noch im ausgehenden 19. Jahrhundert erzielten sie Massenauflagen mit den Erfolgsgeschichten, die Horatio Alger für junge aufstrebende Amerikaner schrieb. Sie nahmen sich etwa Andrew Carnegie zum Vorbild, der mit dreizehn in einer Baumwollspinnerei für 1,20 Dollar pro Woche arbeitete und mit dreißig auf dem Weg zu seiner ersten Million war. 1892 wird

»Pushing to the front«, eine Hymne an den Erfolgsmenschen, zum nationalen Bestseller.

Aber die demonstrative Machtentfaltung der Reichen wurde den Literaten im Lande immer mehr bewußt, und mit Upton Sinclair konnte sich ein Schriftsteller Gehör verschaffen, der das Leben der Mächtigen mit dem Elend der Lohnarbeiter kontrastierte. Das war weniger Aufruf zum Klassenhaß als der Versuch, die anderen, die benachteiligten Amerikaner ins Geschichtsbild der Nation zu rücken. Bis heute hat die Literatur nicht mehr aufgehört, auch ein Gewissen der Gesellschaft zu sein. Immer mehr werden Romane dabei zu Bildern der Wirklichkeit. Theodore Dreiser nimmt mit »Eine amerikanische Tragödie« die Todesstrafe aufs Korn. Der »Babbitt« von Sinclair Lewis ist der große Anpasser. Thornton Wilder meint schon 1942: »Wir sind noch einmal davongekommen.« Graham Greene geißelt den Vietnamkrieg mit dem »Stillen Amerikaner«. Eugene O'Neill schreibt »Eines langen Tages Reise in die Nacht« und Arthur Miller den »Tod eines Handlungsreisenden«. Truman Capote macht sich über die bessere Gesellschaft der siebziger Jahre lustig, und Harold Brodkey kommt 1989 mit dem amerikanischen Jahrhundertroman her aus, der in seiner Urfassung mehr als 6 000 Seiten umfaßt. Aber die Wende zur Sozialkritik und in den Amerikanismus war schon bald hundert Jahre zuvor erfolgt. Da schon wurden Schriftsteller zu Nachrichtengebern aus den vernachlässigten Winkeln der Gesellschaft ... unabhängig vom Verkaufserfolg.

Hearst und Pulitzer aber lobten das heroische Amerika, ließen in ihren Beilagen »positive« Literaten schreiben, schürten den Umbruch in der Werteordnung. Diese Pressefürsten hatten zwar eine Vision von der kommenden Macht Amerikas, aber mehr noch ließen sie sich von der Verkäuflichkeit ihrer Produkte leiten. Nicht so sehr, »worauf es ankommt«, interessierte sie, sondern »was ankommt«. Sie nutzten die Pressefreiheit auch zur dreisten Lüge, wenn es denn der Auflage diente. Richard Outcault gab dieser Presse einen Namen, der haftenblieb, nachdem er eine ganz unwahrscheinliche Geschichte über das »gelbe Kind« geschrieben hatte – »Yellow Press« gelbe Presse, machte Schule auch in Übersee. Die Vulgarisierung der Kultur ging einher mit der ständig steigenden Auflage, die durch die Perfektion der Technik möglich wurde. Linotype und Faltmaschine, Acht-Seiten-Schnellpresse und Funkberichterstattung, Sonderserien und Vertriebskosten verteuerten die Zeitungen enorm. Sie mußten durch Anzeigen finanziert werden. Damit verdrängte der Kaufmann den Redakteur vom Chefsessel, und die Verflechtung von Annoncengeschäft und Verkaufserfolg stopften der Pressefreiheit den Mund oder vergewaltigten die Seelen und das Gewissen der Berichterstatter. Aber es gab neben Hearst und Pulitzer auch Ochs und Bennett, neben dem Sensationsblatt *New York Morning Journal* auch die *New York Times*. Adolph S. Ochs schaute nicht auf den schnellen Gewinn, »the quick buck«, sondern auf genaue Recherche und unvoreingenommenes Urteil. James Gordon Bennett jr. erbte die *New York Herald Tribune* von seinem Vater und verpflanzte sie nach Paris. Dort war die *International Herald Tribune* schon 1898 die Lektüre der oberen Zehntausend. Der Zarenhof in St. Petersburg bestellte 200 Nummern pro Tag. Bennett machte Geschichte, als er Henry Stanley nach Afrika schickte, um den verschollenen Dr. David Livingstone zu suchen. Die Nachrichten kamen über modernste Geräte und das Transatlantikkabel. Der Stil war handfest, knapp, dennoch farbig, und der Inhalt wahrheitsnah.

Im Jahre 1904 galt die *International Herald Tribune* als das meistkopierte Blatt in Frankreich. Und es transportierte den American way of life nach Europa. Da die Zeitung ihre Wurzeln in Amerika hatte und bis heute hat, war sie weder den lokalen Nachrichten verpflichtet noch dem örtlichen

Druck ausgesetzt. Neben der präzisen politischen Berichterstattung waren Sport, Börse und Feuilleton vorzüglich gestaltet. Spar row Robertson gilt als Vater der Sportreportage, und von Ezra Pound bis Isadora Duncan schrieben sich Rang und Namen der Literatur in die *Herald Tribune* ein.

In den zwanziger Jahren – der Zeit des wunderbaren Unsinns, wie Redakteur Laney sie nannte – sammelte sich eine große amerikanische Kolonie in Paris um die *Herald Tribune* und ein anderes amerikanisches Exportblatt, die *Chicago Tribune.* Sie hatten meist vor der Prohibition Reißaus genommen und fühlten sich von der französischen Lebensart angezogen. Gertrude Stein war ihre Zentralfigur. Sie führte auch den literarischen Salon für Ernest Hemingway und F. Scott Fitzgerald, beides Schriftsteller, die in Europa viele Anhänger und noch mehr Nachahmer finden sollten. In den dreißiger Jahren aber verfällt der Journalismus, wird auch die *Herald Tribune* ein trauriges Spiegelbild ihrer Zeit. Mitarbeiter Eric Sevareid erinnert sich: »Unser täglicher Leitartikel sah viele Tugenden in den Werken von Hitler und Mussolini, schon aus Selbsterhaltungstrieb.» Viele Mitglieder der amerikanischen Intellektuellenkolonie in Paris gingen in den spanischen Bürgerkrieg. Hemingways »Wem die Stunde schlägt« ist sicher das Standardwerk über diese erste Schlacht zwischen Revolution und Reaktion, zwischen Sozialisten und Faschisten, geblieben. Zwei Tage vor dem Einmarsch der Deutschen in Paris muß die *Tribune* als letzte unabhängige Tageszeitung den Betrieb einstellen. Nach der Wiedereröffnung 1944 beugt sich die Zeitung zunächst der amerikanischen Klientel und ihren Interessen. Aber bald schon stellt sich der überregionale Charakter wieder ein, an dem nur der Akzent amerikanisch ist. Und die Satire, die oft mit der Souveränität im Bunde steht, findet mit Art Buchwald einen Meister bis ans Ende des Jahrhunderts.

Zeitungen wie die *International Herald Tribune,* die *New York Times,* die *Washington Post* und die *Los Angeles Times* sind aber die Ausnahme und nicht die Regel. In den Vereinigten Staaten herrscht weiterhin die »Yellow Press«. Sie wird an Vulgarität und Auflage nur noch von ihren Ziehkindern in Deutschland und Österreich übertroffen.

Während aber in Europa immerhin noch fast ein jeder zum Zeitungsleser wird, geht in den Vereinigten Staaten das Lesen insgesamt zurück. 1985 sind nach einer Erhebung 25 Millionen Amerikaner Analphabeten, und die ständige Nachwanderung aus Staaten der Dritten Welt senkt den Bildungsstandard weiter. Naturgemäß nutzt sich in diesem Prozeß auch die Sprache ab. Night wird »nite«, through wird »thru«, »for sale« schreibt sich »4 sale«, und Fußgängerübergang heißt »Ped X-ing«. Flugzeuggesellschaften verpacken ihre Sicherheitsvorschriften in Comic strips, überhaupt ersetzt die Bildersprache das Alphabet. Die Geschichten in Bildern treten wiederum einen Siegeszug um die Welt an. Nirgends werden die Comic strips, vor allem erotischen Inhalts, so verschlungen wie in Japan. Aber Superman und Batman übertreffen an Bekanntheitsgrad bald Tom Sawyer und Huckleberry Finn.

Diese »Wende« von Mark Twain zu Walt Disney bahnt sich auch schon zur Jahrhundertwende an. Vorher gab es noch im entlegensten Bergdorf eine »library« und in jedem Wildwestkaff ein Schulfräulein. Bei Neugründungen von Städten des 20. Jahrhunderts muß oft der Staat oder das Land mit Schulpflicht und Bibliothekbau nachhelfen. Seit Jefferson, einer der Verfassungsväter, seine Bücherei an den Kongreß veräußert hatte, entwickelte sich die »library of congress« zur größten Bibliothek der Welt. Weil nach dem Bürgerkrieg keine größere Zerstörung mehr die Nation heimgesucht hat, bergen vor allem die älteren Städte an der Ostküste private Bibliotheken und Antiquariate in großer Zahl. Die Sammlung von Erstausgaben der Schriftsteller der Jahrhundertwende führte zu exorbitanten Preisen, die Lesung und der Vortrag erleben enormen Zulauf. Populäre

Schriftsteller und Politiker verdienen Tagessätze von 20 000 Dollar und darüber, sie alle übertrumpft allerdings ein Expräsident: Ronald Reagan wird auf 75 000 Dollar pro Vortrag taxiert, seine Nancy immerhin noch auf 30 000.

Sicher zieht das bekannte Gesicht, die berühmte randlose Brille, der Star zum Anfassen viele Menschen an. Dennoch ist das vorherrschende Motiv der Bildungshunger, der eine Hälfte der amerikanischen Gesellschaft motiviert. Die andere Hälfte allerdings versinkt um so mehr im Sumpf der Halbbildung, des Unwissens und des Desinteresses. Diese Zweiteilung läßt sich an den Schulen der Nation ablesen. Mit Ausnahmen wie Texas, Kalifornien und Neuengland verkommen die staatlichen und städtischen Schulen zusehends, während die privaten und kommerziell geführten Lehrinstitute wie Harvard, Princeton, Stanford oder das Massachusetts Institute of Technology gleich zu den besten der Welt gehören. Aber auch unter den Gelehrten und Gebildeten hat sich eine Art Expertentum breitgemacht, das keinen Raum läßt für Allgemeinbildung. So sind zum Beispiel das Wissen und das Interesse an der Welt so gering, daß der demokratische Präsidentschaftsbewerber 1988 Paul Simon vom »tongue tied American« sprach, vom »sprachbehinderten Amerikaner«, und die mangelnden Geographiekenntnisse der Studenten beklagte. »Wer nichts von der Welt weiß und wissen will, der kann auch keinen Anspruch auf die Weltmacht mehr anmelden.« Paul Simon sinnierte: »Ein Japaner, der in Kalifornien ein Geschäft machen will, lernt Englisch. Ein Amerikaner, der nach Japan geht, sucht einen Eingeborenen, der das Englische beherrscht.« Paul Simon schied schon bald aus dem Präsidenten-Rennen aus.

Umfragen und Tests an Mittelschulen ergaben, daß bis zu 80 Prozent der Schüler kaum eine lateinamerikanische Hauptstadt beim Namen nennen können, West-Berlin in der Nähe von Bonn und Vietnam nicht in Asien vermuten. Klagt der belesene Choctaw-Indianer William Boone:

»Hoffentlich wird der amerikanischen Öffentlichkeit die Tatsache bewußt, daß die USA ihren Status in der komplizierter und konkurrenzfähiger werdenden Welt nur halten können, wenn sie sich aus der zufriedenen Ignoranz befreien. Nur wenn unsere Jugend ihr geographisches Analphabetentum abschüttelt, wird sie erkennen, wie vielseitig und wichtig das Universum der Völker für unsere Gesellschaft ist.«

Der Choctaw Wiliam Boone hat jedenfalls durchgesetzt, daß in seinem Reservat die Kinder einen gründlichen Unterricht in Geographie erhalten. In Oklahoma fragten die Indianer den Besucher aus Deutschland vor der Wiedervereinigung denn auch: »Ost oder West?« Im Auftrag der Regierung hat 1986 eine Kommission unter Frau Lynne V. Cheney 8 000 Teenager im Alter von 17 Jahren auf ihr Wissen um Amerika und die Welt getestet. Das erschütternde Ergebnis: 68 Prozent wußten nicht, wann der Bürgerkrieg stattgefunden hat. Ein Drittel der Befragten glaubte, daß Kolumbus im 18. Jahrhundert die Neue Welt entdeckte, und 60 Prozent wußten mit dem berühmten amerikanischen Schriftsteller Walt Whitman nichts anzufangen. Dazu kommentiert Lynne Cheney: »Durch die Erosion unseres historischen Bewußtseins laufen wir Gefahr, unsere eigene Vergangenheit zu verdrängen.« Frau Cheney glaubt, daß das Problem mit den Hauptschulen beginnt. Der Standard ist zu niedrig. Das Bestreben, niemanden durchfallen zu lassen, führt zu einem Fall der Unkenntnis ins Bodenlose. An manchen Hochschulen kann man mit Themen promovieren wie »Einführung in die Buchhaltung« und »Spanisch für Hotelmanager«. Der Direktor des Goethe-Institutes in New York sagte auf die Frage, wie viele Amerikaner Deutsch lernen, im Juni 1983: »Etwa 330 000 Oberschüler haben sich für Deutsch eingeschrieben, und etwa 120 000 erwerben einige Kenntnisse, und das bei einem Volk von 250 Millionen.« Cheney stellt aber fest, daß der Tiefpunkt des Unwissens bereits durchschritten ist. Im Jahre 1978 lernten nur 21 Prozent der Studenten eine Fremdsprache. Heute sind es bereits 28 Prozent.

Die Regierung Bush, die 1989 ans Ruder gekommen war, verpflichtete sich zu mehr staatlicher Unterstützung in der Lehrerausbildung verpflichtet. Arbeitslose Lehrer aus Frankreich und Deutschland gehen mittlerweile für einige Jahre in den Süden der USA. Und an der Westküste helfen Japaner und sogar Koreaner aus. Das schon zum Museum deklassierte Europa schafft von neuem Vorbilder und Wunschbilder. Deutsche und Franzosen erkennen, daß die Straßen Amerikas nicht mit Gold, sondern mit Schlaglöchern gepflastert sind. Französische Familien fahren oft nur ein Auto, nehmen dafür zwei Monate Ferien. Deutsche verdienen oft weniger Geld, dafür ist die Ausbildung an den Schulen kostenfrei.

Amerika erregt nicht mehr den »Neid der ganzen Welt«, wie Dan Quayle, Vizepräsident unter George Bush, ausrief – und beim internationalen Patentamt haben mittlerweile die Japaner die Nase vorn. Immer noch aber strömen Wissenschaft und Künstler schaft, Architektur und Literatur an die Lehrstätten und Labors Amerikas. Die Nobelpreise für Chemie und Physik gingen 1988 an sechs Wissenschaftler, fünf davon tragen deutsche Namen, vier davon forschen in den Vereinigten Staaten. Das 20. Jahrhundert wurde von der Genialität und Phantasie der Intellektuellen aus Nordamerika geprägt. Auch wenn oft der Anstoß aus Europa kam. Darwin und Freud haben in New York und San Francisco Verbreitung und Förderung erlebt. Die neue Volkswirtschaftslehre ist mit Thorsten Veblen verknüpft, die Gesellschaftswissenschaft mit Lester Ward, die Evolutionslehre mit John Fiske und die Erneuerung des Geschichtsbildes mit Turner und Beard.

Auf der Flucht vor dem Faschismus strömte Amerika eine geballte Ladung Intellekt aus Europa zu, während

Wien und Berlin einen Aderlaß ohnegleichen erleben mußten. Besonders die jüdische Intelligenzija, die sich bereits in Europa aus der rein religiösen Konzentration gelöst hatte, wurde in den USA endgültig säkularisiert. Carl Landauer und Emil Lederer, Otto Nathan, Max Horkheimer, Nationalökonomen und Psychologen, Historiker und Soziologen gaben dem American way of life eine europäische Konjunkturspritze. Edward Teller und Karl Vietor, Walter Gropius und Theodor W. Adorno, Manfred George und Oskar Maria Graf, Thomas Mann und Ludwig Mies van der Rohe, Franz Oppenheimer und Max Reinhardt, Max Warburg und Ludwig Marcuse, Albert Einstein und Carl Zuckmayer, jeder Name ein Programm, eine Schule, eine Lehre ... Sie alle unterzogen sich in den Staaten der praktischen Anwendung ihrer Theorien und Künste, machten aus dem Besonderen das Allgemeine, aus der Spitzfindigkeit die Didaktik. In den USA kann nur Erfolg haben, wer es versteht, sich der größeren Gruppe mitzuteilen und sie damit zu überzeugen. Intellektueller Hochmut kann nicht entstehen, wenn er kein Publikum findet.

Selbst herausragende Künstler und Wissenschaftler müssen sich Popularisierung gefallen lassen, auch wenn wie bei Andy Warhol Kunst zur Meterware wird und Literatur von vornherein sich dem Gesetz des »bestselling« beugt. Große Autoren entblöden sich nicht, für Popcorn oder United Fruit zu schreiben. Frühere Präsidenten sprechen vor Dentistenkongressen, und große Maler machen sich über sich selber lustig. Der Bildhauer Red Grooms, der mit seinen Werken in Japan und Brasilien Völkerwanderungen auslöst, erklärt seinen Erfolg nicht mit Können allein. Er sagt: »Kunst muß mir und meinen Kunden vor allem Spaß machen.« Wahrscheinlich hat amerikanische Kunstgeschichte Europa so spät erreicht, weil sie drüben immer ein breites Publikum erreichen wollte und den Connaisseurs in Europa zu gegenständlich und handfest war. Grandma Moses mußte Großmutter werden, bis ihre »naiven« Bilder die nationalen Grenzen sprengten und überall in der Welt ihre Nachahmer fanden. Bierstadt und Bingham und Benjamin West haben nicht nur naturalistische Historienschinken gemalt, sondern vor der Erfindung der Fotografie die Amerikaner mit ihren Helden bekannt gemacht. Kunst im Dienst der Öffentlichkeit und nicht der exklusiven Minderheit …

Wenn eine New *York Times* oder eine *Washington Post* den Kommentar eines berühmten Autors bringt, dann läßt sie den Leser nicht mit seiner möglichen Unkenntnis allein, sondern stellt den auch noch so renommierten Unterzeichner in Stichworten vor. Didaktik ist auch das Stichwort und das Erfolgsrezept amerikanischer Ausstellungen. Einfache, verständliche Hinführung weckt das Interesse des Besuchers oder entwickelt es weiter. Diese Didaktik hat im ausgehenden 20. Jahrhundert auch weltweite Resonanz gefunden. »Sound and Light«, Diorama, Schaubild und Hörbild haben aus der Museumsstraße von Washington, der Mall, ihren Ausgang genommen und von dort die Welt erobert. Das Konzept der Volkshochschule wurde im Lande der Öffentlichkeitsarbeit erfunden – auch wenn das Ausmaß der Erläuterung den europäischen Besucher oft verwundert und erheitert. Im Museum ist der Weg zu den Telefonen genauso deutlich ausgeschildert wie der Rundgang durch Rubens und Rembrandt. In den Kirchen ist der Hinweis auf Souvenirshop, Imbißstube und Klo oft neben dem Heiligenbild angebracht. Auf dem Campingplatz wird man gewarnt: »Don't camp in a wash«, zelten Sie nicht in einer feuchten Niederung. Vor Brücken steht die Warnung: »Bridge freezes before road«, bei Kälte ist es auf Brücken eher glatt als sonst. Im Rückspiegel der Autos steht: »Objects may be nearer than they seem«, Objekte können näher sein, als es den Anschein hat.

Die Information der Gesellschaft ist mit ihrer Anleitung verbunden. Ihre einfache, knappe und eindringliche Sprache ist aber eindeutig der Werbung entsprungen. »Where is the beef?« klagt eine alte Dame in einem Fernsehspot, als sie unter einer butterweichen Semmel nur ein Klümpchen Fleisch entdeckt. Darauf stellt sie fest, daß nur ein bestimmter Hamburger-Hersteller auch genügend Fleisch anbietet. »Where is the beef?« – eine Werbeparole der achtziger Jahre wird sogleich in die Umgangssprache übernommen und zum Beispiel auf die Frage nach der Substanz von Wahlversprechen umgemünzt. »Wo ist das Fleisch?« heißt: Wo ist der Kern, das Eingemachte …?

Die Perfektion der amerikanischen Art der Vermarktung hat dazu geführt, daß die Amerikaner ihren Produkten sehr viel schneller nahegebracht werden als in allen anderen Ländern der Welt. Als Richard Nixon in den sechziger Jahren die Entspannung mit China einleitet, freut sich ein Deodorant-Hersteller: 500 Millionen Chinesen, das sind ja eine Milliarde Achselhöhlen … Und ein ›adman‹, ein Anzeigenspezialist, formuliert die Aufgabe seiner Zunft wie folgt: »Wir müssen denen, die eigentlich alles haben, klarmachen, daß ihnen etwas fehlt.«

Die Werbemaschine wird in Kriegszeiten von den amerikanischen ›admen‹ nahtlos umfunktioniert in Propaganda, und bei großen Ereignissen ist ihr Marktplatz die ganze Welt. Werbefirmen schließen sich zu Zweckgemeinschaften zusammen, um Weltjugendfeste, Olympische Spiele, Popfestivals und Autorennen zu kaufen und meistbietend weiterzuveräußern. Ein Höhepunkt dieser profitbringenden Vermarktung war sicherlich die Jubiläumsfeier für die Freiheitsstatue in New York.

David L. Wolper, der schon bei den Olympischen Spielen in Los Angeles erfolgreich tätig war und der als Hollywoodproducer »Dornenvögel« und »Roots« weltweit vertrieben hat, nahm die Gestaltung des Jubiläums in die Hand; Lee Iacocca, der Chrysler-Boss, sammelte Spenden. 1886 hatte Frankreich, der Verbündete im Unabhängigkeitskrieg, diese

Statue gestiftet. 100 Jahre später muß sich der französische Präsident an der Seite Ronald Reagans in ein Festprogramm einbauen lassen, das alle Rekorde bricht: 4 000 Neubürger werden eingeschworen, 25 000 Boote rahmen die Madame Liberty. Ein Mammutchor mit Orchester intoniert »America the beautiful«, und eine patriotische Orgie entlädt sich in einem gigantischen Ausverkauf der Souvenirindustrie. Dabei wurde auch noch die Restaurierung der Freiheitsstatue und der Einwandererinsel Ellis Island durch Werbung mitfinanziert. Ein Gewinn blieb übrig. Meint David L. Wolper, der Nachfahre österreichischer und russischer Ahnen: »Wenn du weißt, was du Amerika zu verdanken hast, dann kannst du ruhig die Ehe zwischen Geschäften und Gefühlen eingehen, solange du weißt, wo die Grenze ist.«

Eigentlich sind alle Amerikaner solche Grenzgänger. Sie gehorchen dem Appell an den Geschäftssinn genauso wie der Aufforderung, Gefühle zu zeigen. Die Veröffentlichung der Gefühle gehört gerade zum amerikanischen Charakter. Als der demokratische Präsidentschaftskandidat Michael Dukakis 1988 zu oft kühlen Kopf bei emotionsgeladenen Fragen bewahrte, kühlte sich auch die Sympathie seiner Parteigänger deutlich ab. Das Weinen vor der Fernsehkamera bei Trauerfällen wird erwartet und die Abwesenheit von Humor bei Fernsehmoderatoren durch niedrige Einschaltquoten bestraft. Seit der Verbreitung des Fernsehens werden Geist und Seele der Amerikaner durch dieses Medium beeinflußt. Das hat John F. Kennedy bewiesen, als er einfach durch die natürliche Kosmetik seiner Person den eigentlich erfahreneren Politiker Richard Nixon aus dem Felde schlug. Der ›consultant‹, der Medienberater, entscheidet seitdem über die Wahlkampftaktik: Halte Augenkontakt, erscheine selbstsicher, lächle unter Druck, übe sparsame Gestik. Aber auch schon weit vor dem Fernsehzeitalter galt in Amerika der Auftritt mindestens soviel wie die Botschaft.

In den Debatten um einen Senatssitz zwischen Abraham

Lincoln und Stephen Douglas ließ Douglas 1858 seine Ankunft bei einer Wahlversammlung durch den Böller aus einer 12-Pfund-Kanone ankündigen. Abraham Lincoln brachte eine Frauenbrigade mit, die Fahnen aus den damals noch 32 Bundesstaaten trug. Der deutschstämmige Lincoln-Anhänger Carl Schurz mobilisierte seine Landsleute mit dem Spruch »Liberty and lagerbeer« – und setzte das Freibierversprechen in die Tat um. Die Public-Relations-Maschine lief in Amerika von Anfang an auf hohen Touren. Aber mit dem Advent des Fernsehzeitalters ersetzt sie immer mehr den Eigengedanken durch die vorgekaute Meinung.

Vor dem 1986er Abschlußjahrgang der Citadel University in Charleston sagte Erziehungsminister William Bennet: »Verschließe deinen Geist nie vor dem Rat und dem Einfluß anderer, aber halte ihn nicht so offen, daß dein Hirn herausfällt.« Amerikanische Denker und Lehrer warnen heute vor dem »Niedergang des amerikanischen Geistes«. Der Soziologe Allan Bloom bedauert die Entfernung der Jugend von der Lektüre, die Abneigung gegenüber dem Buch, die mangelnde Konzentration auf das Wesentliche, und in dem Film »Zelig« zeichnet Regisseur Woody Allen das Porträt eines Mannes, der immer das wird, was die Gesellschaft von ihm erwartet, der selber keine Identität mehr besitzt. Die Bereicherung des amerikanischen Geistes steht in ständigem Kampf mit ihrer Verarmung. Mal triumphiert das eine, mal das andere.

Die Jahrhundertwende sah einen explosiven Aufstieg, die dreißiger Jahre waren vom Abstieg gekennzeichnet, in den sechziger Jahren drängte sich die amerikanische Geisteshaltung der Welt auf, in den achtziger Jahren gerät sie in ein Wellental ... aber die Schaumkronen der nächsten Flut kündigen sich schon an.

Kapitalismus und Mäzenatentum

Im Sommer 1986 wird am eher öden Rand des Geschäftsviertels von Los Angeles ein neues Museum aufgemacht. Es ist das Museum of Contemporary Art, mit der amerikanischen Vorliebe für Abkürzungen, die selber einen scheinbaren Sinn ergeben, kurz Moca genannt. Man kann dieses Haus für zeitgenössische Kunst von außen kaum als solches erkennen, denn die Ausstellungsräume liegen im Untergeschoß. Sie erhalten Licht durch Glaspyramiden, die aus dem Boden aufragen. Den größten Teil der Fläche zu ebener Erde nimmt ein Fußgängerübergang ein. Bei Tagesanbruch und noch einmal bei Geschäftsschluß strömen dann Tausende zur California Plaza, dem Geschäftszentrum von Los Angeles. Das Museum wird dennoch als architektonisches Meisterwerk hochgelobt. Es sei in der Tradition des Frank Lloyd-Wright gebaut. Daß die Geschäftsleute, die ins Büro hasten, dennoch Vorrang haben, was den Platz angeht, hat ganz einfach damit zu tun, daß die Leute von der California Plaza das Museum gestiftet haben und bauen ließen. Kultur, abhängig vom guten Willen der Geschäftswelt und damit ihr Untertan?

Die Stifter des neuen Museums für zeitgenössische Kunst in Los Angeles kommen einmal im Jahr zusammen und beraten über Ankäufe und Ausstellungen. Sie beschränken sich streng auf den finanziellen Aspekt. Ausgestaltung und Ausführung überlassen sie den Experten, die sie angeheuert haben. Diese Trennung der Funktionen führt auch dazu, daß die Kunst weitgehend unangetastet von den Vorstellungen der oft doch recht wenig kunstsinnigen Stifter sich entwickeln kann. Der Staatssäckel bleibt weitgehend entlastet von Zuschüssen für Kunst und Kultur. Ein gutes Beispiel für diese reibungslose Ehe zwischen Geld und Geist ist die Verbindung des Verlegers George Weidenfeld mit der Millionenerbin Anne Getty. Die beiden führen in regelmäßigen Abständen Autoren und Schriftsteller aus Ost und West zusammen. Es entstehen dabei Mammutveranstaltungen, die sich Staaten und Institutionen der öffentlichen Hand nur höchst selten erlauben können, weil das Produkt nicht unmittelbar umzusetzen ist, sondern nur der Anregung von Phantasie dient.

Unter der Regierung Reagan von 1980 bis 1988 wird der sowieso schmale Etat für das »Endowment for the Arts« noch einmal gekürzt. Aber Präsidenten und Politiker, große Unternehmer und Bankenchefs, oft auch kleine Gemeinden und Clubs springen für den Staat in die Bresche.

Die einst blühende Industriemetropole Cleveland hat ein recht ramponiertes Aussehen. Aber die Cleveland Opera und auch das Konzerthaus sind im neuen Glanz erstrahlt. Das hat mit der Finanzkraft und dem Finanzierungswillen der Stifter zu tun, aber auch mit der Eigeninitiative etwa der Musiker und Schauspieler, die dann »fund raising dinners« machen, Wohltätigkeitsveranstaltungen, die viel Geld kosten, um die eventuell entstandenen Löcher im Haushalt von Oper und Konzerthaus zu stopfen.

Mit dem Spendenwillen der Bevölkerung und der Risikofreude von finanzkräftigen Unternehmern hatte der deutschstämmige Bürgermeister von Baltimore sein ramponiertes Stadtbild wieder aufgebaut. Sprichwörtlich für den Ideenreichtum des Bürgermeisters William Donald Schaefer, der übrigens in den achtziger Jahren Gouverneur seines Bundesstaates wurde, ist die Sache mit dem ›pothole‹. ›Pothole‹ heißt Schlagloch, und nach einem für diese südlichen Breiten harten Winter zeigten die Straßen von Baltimore Risse und Schlaglöcher. Die Stadt hatte aber kein Geld, sie zu flicken. Also gab der Bürgermeister die Parole aus: »Sponser a pothole«, übernimm die Patenschaft für ein Schlagloch. Die Idee war, daß der Autofahrer auf dem Weg zum Büro Löcher in der Straßendecke, über die er sich besonders ärgert, dem Straßenamt meldet und auf seine Kosten zupflastern läßt. Die Sanierung von ›potholes‹ größeren Ausmaßes wurden dann auch noch mit der Anbringung des Spendernamens neben dem Loch honoriert.

Das System funktioniert im kleinen wie im großen. Die berühmten Universitäten des Landes sind meist von privat gebaut und in privater Hand geblieben. Dabei spielen nicht nur finanzkräftige Stifter eine Rolle, sondern auch die ›alumni‹ und ›alumnae‹, die früheren Studenten und Studentinnen an den Universitäten. Die beraten über das Unterrichtsprogramm, über die Höhe des Beitragssatzes, und sie steuern auch Geld in den großen Topf der Verteilung bei. Weil sie aber ihr Geld nicht verlieren wollen, kommt es zu den enorm hohen Beitragssätzen an Universitäten wie Harvard oder Cambridge. Sie liegen Ende der achtziger Jahre bei 20 000 Dollar pro Student. Da muß sich so manche Familie neu verschulden, die gerade die Kredite für das bei Eheschließung gekaufte Haus abbezahlt hat.

Die größte Museumskette der Welt, die sich entlang der Mall in Washington zieht, wird von der Smithsonian Institution finanziert und verwaltet. James Smithson war ein Sohn des Herzogs von Northumberland, der in Genua starb und einen Teil seines Vermögens den USA vermachte »zur Förderung und Verbreitung wissenschaftlicher Bildung«. Das Stiftungswerk wird seit 1846 vom Präsidenten, dem Kabinett und dem Kongreß betreut und durch einen Vorstand von 15 Mitgliedern verwaltet. Der Eintritt in die vielen Museen des Instituts ist frei. Die Sammlung ist inzwischen auf 50 Millionen Ausstellungsstücke angewachsen, und die Zahl der Spender reißt nicht ab. So hat der in Lettland geborene Uran-Magnat Hirshhorn dem Institut seine Privatsammlung vermacht. Und als der Multimillionär Mellon bei versuchter Steuerhinterziehung erwischt wurde, ließ Präsident Eisenhower ihm die ›option‹, statt Strafe zu zahlen etwas für das Smithsonian Institute zu tun. Mellon baute den berühmt gewordenen »eastwing« im Nationalmuseum.

Als Ende des 19. Jahrhunderts die ersten großen Vermögen in den Vereinigten Staaten geschaffen wurden, kam es dort auch zu einem Mäzenatentum, vergleichbar dem der Fürstenhäuser in Europa. Der Erfinder des Telefons, Graham Bell, hat seine verdienten Millionen in vielerlei Unternehmungen und Stiftungen gesteckt. Seine National Geographic Foundation hat 1988 das 100jährige Bestehen gefeiert und 40 Millionen Dollar für die bessere geographische Ausbildung junger Amerikaner gestiftet. Sicherlich geht dieser Bürgersinn auf die Pionierzeit zurück, als das schiere Überleben des einzelnen von der Hilfsbereitschaft des Nachbarn abhing. Sicherlich mag auch manchen Multimillionär in seinen späten Tagen das schlechte Gewissen plagen ob der Reichtümer, die er auch auf Kosten anderer zusammengerafft hat. Ohne private und freiwillige Hilfe aber kann das amerikanische System nicht funktionieren, in dem die Steuern niedriger sind und dementsprechend das Wohlfahrtsnetz dünner gespannt ist als etwa in Westeuropa. Sicherlich aber kann Reichtum in Amerika auch nur deswegen so protzig zur Schau gestellt werden, weil mit Reichtum früher oder später auch die Pflicht zu Mäzenatentum verbunden ist. So haben die Vanderbilts und die Morgans, die Astors und die Rockefellers zwar Wohnpaläste von unbeschreiblicher Pracht gebaut – Dollartempel in der Neuen Welt, die nur mit den Schlössern des Bayernkönigs Ludwig II. zu vergleichen sind oder des Sonnenkönigs in Frankreich. Aber der Geldadel in Amerika hat immer wieder viel Vermögen abgezweigt fürs Allgemeinwohl.

Beispielhaft für diese Entwicklung ist die Geschichte der Rockefeller Stiftung. John D. Rockefeller wurde 1839 in ein wohlsituiertes Elternhaus hineingeboren. Schon als Junge führte er Buch über Soll und Haben. Als 15jähriger legte er das Hauptbuch A an und begann als kleiner Angestellter in einer Firma in Cleveland für sechs Dollar im Monat. Schon damals gab er 6 Prozent seines Lohnes für die Sonntagsschule aus. Das Hauptbuch Aweist für das Jahr 1865 eine Summe von 1 012,35 Dollar für Schenkungen auf. Vier Jahre später waren es 6 000 Dollar.

Bereits Ende des 19. Jahrhunderts fand sich Rockefeller in der Gesellschaft von Männern wie Carnegie, Morgan, Guggenheim, McCormic, Huntington, Duke und anderen. Sie alle hatten ihre Vermögen durch eine Kombination von Erwerbssinn, Unternehmungsgeist, Brutalität und Glück erworben. Sie haben dabei Methoden angewendet, die in der damaligen Zeit des wirtschaftlichen Laisser faire als erlaubt galten, aber heute keineswegs mit den Gesetzen oder gar dem sozialen Gewissen vereinbar wären. Sie bereicherten sich selbst über die Maßen – aber auch das kulturelle Leben der Vereinigten Staaten mit einem Strom von Universitäten, Stiftungen, Bibliotheken und Instituten. Duke gründete die berühmte Duke University in North Carolina. Nach der Familie Guggenheim ist das gleichnamige Museum in New York benannt. Die Villa Huntington in Los Angeles beherbergt heute eine der größten Gemäldesammlungen der Welt, und Andrew Carnegie schrieb bereits im Jahre 1889 in der *Northamerican Review:* »Wer als reicher Mann stirbt, der stirbt in Schande. Der Tag ist nicht fern, da ein Mann, der bei seinem Tode Millionen hinter läßt, die er während seiner Lebenszeit zum allgemeinen Wohl hätte verteilen können, unbeweint und verachtet hinscheiden wird.«

Die Motive, die die Reichen und Superreichen dazu veranlaßten, ihr Geld unters Volk zu bringen, sind verschiedenartig. Rockefeller selbst meinte: »Ein Mann muß leisten, was er kann, und geben, was er kann.« Wie aber konnte er, dessen Vermögen so schnell anwuchs, sinnvoll und wirksam geben? Zunächst spendete Rockefeller an eine Vielzahl von kleinen Institutionen: Kirchen, Spitäler und andere. Aber der Umfang der Schenkungen blieb weit hinter dem rasch anwachsenden Vermögen zurück. 1892 beschloß er, Organisation in dieses Spenden aufs Geratewohl hineinzubringen, und ließ sich ein wissenschaftliches Prinzip des Spendens ausarbeiten. Er hörte dann ganz auf, im kleinen zu geben, betrieb Wohltätigkeit en gros.

Jahre 1903 wurde unter dem sehr allgemeinen Namen General Education Board ein Institut für die Unterrichtung von Schwarzen geschaffen. Rockefeller aber meinte, »daß man die Erziehung von Schwarzen im Süden nur dann erfolgreich fördern kann, wenn man gleichzeitig auch die Erziehung der Weißen fördert«. 1907 erhöhte er seine Stiftung auf über 20 Millionen Dollar. Dann steckte er eine Menge Geld in medizinische Forschungen sowohl in Amerika selbst wie auch im Ausland. Und das Vermögen Rockefellers wuchs unentwegt weiter. Bereits sechs Jahre nach der ersten erfolgreichen Erdölbohrung in Amerika beherrschte seine Standard Oil Company den Energiemarkt. Am 29. Juni 1909 unterschreibt er eine Stiftungsurkunde unter dem Namen Rockefeller Foundation und stattet sie mit 50 Millionen Dollar aus Anteilen der Standard Oil Company aus. Der Zweck der Stiftung sei, »das Wohlergehen und die Kultur der Völker der Vereinigten Staaten, ihrer Territorien und Besitzungen sowie fremder Länder zu fördern durch die Erlangung und Verbreitung von Wissen, durch die Verhütung und Erleichterung des Leidens und durch die Förderung aller Faktoren des menschlichen Fortschritts«.

Als Privatmann hatte Rockefeller natürlich das Recht, von seinem Vermögen Gebrauch zu machen in der Weise, die ihm richtig erschien. Aber er wollte seine Stiftung als Körperschaft vom Senat der Vereinigten Staaten legalisieren lassen. Dies in einem Moment, da seine Standard Oil Company auf solch skandalöse Weise Gewinn machte, daß die Regierung Antrag auf Auflösung seines Konzerns beim Obersten Gerichtshof eingereicht hatte. Dazu schrieb der Generalstaatsanwalt an Präsident Taft: »Ist es angängig, daß in einem Augenblick, da der Staat durch seine Gerichte nach geeigneten Maßnahmen sucht, um die großen Vermögensanhäufungen Rockefellers aufzulösen, der Kongreß der Vereinigten Staaten durch eine gesetzliche Verfügung dazu beiträgt, eine den Namen Rockefeller tragende Institution zu schaffen und zu verewigen, die einen beträchtlichen Anteil dieses Vermögens besitzen und verwalten soll?« Als noch das Für und Wider im Kongreß diskutiert wurde, schlug John D. Rockefeller der Hauptstadt ein Schnippchen und ließ die Legalisierung durch den Bundesstaat New York durchführen.

Zu Kriegsanfang, 1914, hatte er der Stiftung 100 Millionen Dollar gegeben. Nach Kriegsende, 1919, schob er weitere 50 Millionen Dollar nach, und bis 1929 stieg die Stiftungssumme auf 240 Millionen Dollar. Das Geld ging zunächst vor allem in die Medizin zum Kampf gegen die Elefantiasis und die Malaria. Dann förderte die Stiftung die Ausbildung der Ärzte selbst. Die Auslese der Kandidaten erfolgte nach dem ermittelten Grad der Begabung. Dann ging das Geld in die Forschung für die Landwirtschaft, u. a. zur Schädlingsbekämpfung. Eine Kampfansage gegen den Hunger weltweit. Schließlich in die Sozial- und Gesellschaftswissenschaften. Nach 40 Jahren Tätigkeit hatte die Rockefeller Stiftung Kontakt mit 93 Ländern in der ganzen Welt aufgenommen.

David Rockefeller setzte die Tradition der Familie fort. Er kaufte der Chase Manhattan Bank Bilder für 25 Millionen Dollar und unterstützt die Gedächtnisstätten, die sich alle amerikanischen Expräsidenten einrichten, mit vielen Millionen. Die »library«, wie diese Gedächtnisstätten heißen, für Ronald Reagan bezahlten 15 seiner Freunde, darunter der Ölmagnat Armand Hammer, mit 10 000 Dollar pro Stifter.

Laut Stiftungsurkunde sollte die Rockefeller Foundation universal und unsterblich sein. Das zweite der beiden Attribute ist schon bald eingeschränkt worden, denn das eigentliche Ziel, bis in eine ferne Zukunft nur die Zinsen des Kapitals zu verwenden, mußte aufgegeben werden. Aber die Universalität, das Wohl der Menschheit der ganzen Welt, blieb ein ständiges Ziel der Stiftung. Vielen Millionen von Amerikanern aber bleibt John D. Rockefeller im Gedächtnis als der Mann, der das koloniale Williamsburg wiederaufbauen ließ. Dafür gab er, so ganz nebenbei, 68 Millionen Dollar aus. Williamsburg gehört heute zu den magnetischen Anziehungspunkten des Tourismus aus aller Welt.

Bis heute wird die Anhäufung von Reichtum in den Vereinigten Staaten eher bewundernd gesehen, solange die Reichen die Ärmeren an ihrem Wohlstand teilhaben lassen. So hat der Schauspieler Paul Newman den Gewinn aus seiner »Saucenproduktion« der Öffentlichkeit gestiftet, und sein Filmpartner Robert Redford baute eine Schauspielschule für begabten Nachwuchs. Bei der Erdbebenkatastrophe im Winter 1988 in Armenien haben viele reiche Amerikaner versucht zu helfen. So flog der Ölindustrielle Armand Hammer mit einer Million Dollar in bar und einem Flugzeug voll Hilfsmittel persönlich nach Eriwan. Die Reverenz vor dem Erfolgreichen geht auf das ausgehende 19. Jahrhundert zurück, als die Industrialisierung schon deshalb sagenhafte Reichtümer schuf, weil die Amerikaner nicht wollten, daß der Staat der Wirtschaft dreinredet. Nach einer Schätzung von 1892 besaßen damals etwas über 9 Prozent der Einwohner etwa 70 Prozent des Volksvermögens. Um den Einfluß, den der Reichtum und die Reichen auf die Gesellschaft ausübten, einzudämmen, erließ der Kongreß 1890 ein erstes Gesetz gegen die Konzernbildung. Aber es wurde häufiger gegen die Zusammenschlüsse von Arbeitnehmern als gegen Arbeitgeber angewandt.

Der anerkannte Jurist William G. Sumner schrieb in seinem Buch »Der absurde Versuch, die Welt neu zu erfinden«, daß die Ansammlung des Kapitals in den Händen weniger eher Gutes bewirke, da der Reiche, der andere unterdrückt, eine Seltenheit sei. Mäzene und Magnaten wie John D. Rockefeller, vor allem aber Andrew Carnegie, haben diese Teilung zwischen Arm und Reich mit dem Hinweis auf eine höhere Ordnung zu rechtfertigen versucht. Und in der Tat wird die Bildung von Reichtum in den Vereinigten Staaten im gesamten amerikanischen Jahrhundert als von Gott gesegnet betrachtet.

Wenn Reichtum also fromm sein kann, darf Religion umgekehrt auch reich sein. Die am schnellsten wachsende Glaubensrichtung in den Vereinigten Staaten in den achtziger Jahren ist gleichzeitig auch die reichste. Es sind die Mormonen oder »Gläubigen der letzten Tage«.

Kirchen und Kulte

Die Amerikaner glaubten nacheinander an den gestrengen Gott, an den gütigen Gott und an gar keinen Gott. Und die amerikanische Verfassung hat ihnen erlaubt oder ausdrücklich garantiert, daß sie alles das tun dürfen, ohne sich gegenseitig zu behelligen oder gar zu erschlagen. Zu Religionskriegen ist es in Amerika nicht gekommen, weil alle Arten von Religionen nebeneinander bestehen dürfen und keine eine Mehrheit besitzt. Jede einzelne genießt Minderheitenschutz. Den gestrengen Gott brachten 1620 die Puritaner aus Plymouth in England nach Plymouth in Neuengland. Noch bevor sie landeten, haben sie auf dem Schiff Mayflower einen Vertrag entworfen, der von 41 Männern unterzeichnet wurde. Die meisten von ihnen waren ihrem König loyal, stammten aus den unteren Ständen. Radikal war nur ihre Sehnsucht, ihre eigene unorthodoxe Form des Glaubens frei ausüben zu dürfen. Die Umstände ihres Lebens aber in der Neuen Welt zwangen sie, sich selber eine demokratischere Fassung zu geben. Ein Mehrheitswahlrecht und eine Absage an die religiöse Intoleranz, vor der sie ja geflohen waren. In diesem »Compact« von 1620, wie der Vertrag der Pilgerväter heißt, steckt zweierlei: sowohl der Keim für einen strengen Moralkodex bis zum religiösen Fanatismus nach innen als auch das Gebot der Toleranz und des gesellschaftlichen Pluralismus nach außen. Beide Linien ziehen sich durch die amerikanische Geschichte bis ins ausgehende 20. Jahrhundert.

Jener Gott, den Jonathan Edwards, ein Religionsphilosoph des 18. Jahrhunderts, kannte, »hält den Sünder über dem

Feuerofen an einem dünnen Faden, um den die Flammen des Zornes zucken. Jeden Augenblick können sie den Faden versengen und verbrennen.« Das andere Extrem vertrat Benjamin Franklin. »Das Wesen, das mir Existenz gab, hat mir Gutes erwiesen, und selbst seine Züchtigungen wurden mir zu Segnungen. Kann ich da zweifeln, daß es meiner sich auch künftig nicht nur hier, sondern auch im Jenseits freundlich annehmen wird?« Franklin gehört zu den Gründungsvätern der amerikanischen Nation. Und in der Menschenrechtserklärung von 1776 wird einerseits die Freiheit der Religionsausübung garantiert und andererseits die strikte Trennung von Kirche und Staat proklamiert. Es ist nicht von ungefähr, daß über 50 der 56 Unterzeichner dieser Erklärung wie Franklin Freimaurer waren und sämtliche Gouverneure der 13 Gründungsstaaten dazu. George Washington und 104 seiner 106 Offiziere waren Freimaurer – auch General Lafayette, der an der Seite Washingtons kämpfte und später die amerikanische »Erklärung der Menschenrechte« der französischen Nationalversammlung unterbreitet hat. Die Freiheitshelden in Südamerika glaubten ebenso an die Freimaurerei wie z. B. Simón Bolívar und viele seiner Feldmarschälle.

Freimaurerei geht auf die mittelalterlichen Dombauhütten zurück. Die Steinmetze der Gotik in London waren frei von feudaler Leibeigenschaft, »free masons«. 1717 schlossen sie sich zu einer Großloge zusammen. In ihrem Grundgesetz heißt es: »Ein Maurer ist verpflichtet, dem sittlichen Gesetz zu gehorchen, und wenn er die Baukunst recht versteht, wird er niemals ein gedankenloser Gottesleugner noch ein Freigeist ohne Religion sein.« Die Glaubensrichtung aber überlassen die Freimaurer dem einzelnen. Sie verpflichten sich, gute Menschen zu sein oder Männer von Ehre und gutem Ruf. Die Freimaurerei hat im Zeitalter der Aufklärung überall Wurzeln geschlagen. Das Geheimnis der Logen besteht darin, daß ihre Gespräche und Handlungen der Obrigkeit nicht bekannt wer den. Die aber schlug zurück.

Monarchie und Diktatur, Kommunismus und Nationalsozialismus haben die Freimaurerei immer bekämpft, und der Vatikan hat sie sogar verdammt. Der Gott der Freimaurer ist der große Baumeister aller Welten und läßt sie alle nebeneinander bestehen, solange sie dem göttlichen Bauplan entsprechen. Die amerikanischen Verfassungsväter wohnten unter einem gemeinsamen göttlichen Dach; den missionarischen Eiferern aber haben sie eine Absage erteilt. Der religiöse Fundamentalismus wurde damit keineswegs gebrochen. Im »bible belt«, einem territorialen Gürtel, der sich quer durch die Vereinigten Staaten zieht, lebt dieser Fundamentalismus fort, und eine ›moral majority‹, eine selbstproklamierte moralische Mehrheit, versucht immer wieder Einfluß auf die Politik zu nehmen. Aber selbst der konservative Präsident Ronald Reagan ließ sich von ihr nicht vereinnahmen, und einer der ihren, der Prediger Pat Robertson, unterlag als Präsidentschaftskandidat 1988.

Die USA blieben gleichzeitig ein Musterland der Freimaurerei. Präsidenten wie Theodore Roosevelt, Harry Truman und Gerald Ford waren Logenbrüder, der Flugpionier Charles Lindbergh genauso wie der Astronaut John Glenn, der Schauspieler Clark Gable genauso wie der Admiral Richard Burt. Heute widmet sich die Freimaurerei in Amerika aber mehr karitativen Aufgaben. Jährlich werden Millionen Dollar für Kranke, Alte und sozial Schwache gespendet. Freimaurer betreiben medizinische Forschungsstätten und Krankenhäuser. Ihre Lehre von der Gleichheit des Menschen wird aber immer wieder offensichtlich. Die größte Loge der Vereinigten Staaten, der »Benevolent and Protective Order of Elks«, hat sich im Oktober 1973 mit überwältigender Mehrheit für die Aufnahme von farbigen Amerikanern entschieden. Die Loge der Elks hat 2 182 Clubs in sämtlichen amerikanischen Bundesstaaten sowie in Puerto Rico und Manila.

Die Schwarzen haben allerdings auch schon lange für sich selbst die Freimaurerei entdeckt. So entstand kurz nach der Jahrhundertwende die Loge von Boley im Bundesstaat Oklahoma. Ihr Tempel ist das größte Gebäude in dieser ›ghost city‹ des Wilden Westens. Auch die Juden haben mit der B'nai B'rith eine eigene Loge.

Die Freimaurerei hat in der amerikanischen Geschichte deshalb eine so große Rolle gespielt, weil sie jegliche Art von religiösem Hader im Keim erstickt, gleichzeitig jedoch den Glauben an die göttliche Fügung erlaubt. Es ist auch deshalb ein typisch amerikanisches Phänomen, weil dahinter keine große Lehre oder Philosophie steht, sondern eine Anleitung zum täglichen ehrbaren und praktischen Tun. Religion auf handfeste Dinge zurückgeschraubt wie Kelle und Zirkel. Auch der Prediger Billy Graham ist ein Vertreter der »praktischen Anwendung« des Glaubens, wenn auch beileibe kein Freimaurer.

Mit der industriellen Revolution in Amerika und der damit verbundenen Zersetzung des sozialen Gefüges Ende des 19. Jahrhunderts suchten immer mehr Amerikaner Zuflucht in Kirchen, Kulten und Vereinen, um im Strom des Kapitalismus und des brutalen Daseinskampfes den moralischen Halt zu finden und eine Solidarität mit Gleichgesinnten. Henry Steele Commager schreibt in seinem Buch »Der Geist Amerikas«: »Die meisten Amerikaner, ausgenommen die Schwarzen, fanden von Anfang an auf dieser Welt mehr vom Paradies als vom Fegefeuer. Was immer sie auch gesagt und gesungen haben mögen, sie zogen dieses Leben dem im Jenseits vor, und wenn sie an den Himmel dachten, so stellten sie sich vor, daß dort eine amerikanische Verfassung in Kraft sein müsse.«

Die Trennung von Staat und Kirche in den USA verbietet eine statistische Erfassung der Bürger nach ihrer Konfession. Schon bei flüchtiger Bekanntschaft aber stellt sich im Zivilleben die Frage nach der ›denomination‹, nach der Glaubensrichtung. Staatliche Subventionen für Konfessionsschulen sind nicht erlaubt, Versuche in dieser Richtung führen immer wieder zum Parteienstreit. Hingegen ziehen viele Familien in der Erziehung ihrer Kinder solche Privatschulen den »public schools« vor.

Bei seiner Reise durch die Vereinigten Staaten im Jahre 1904 stellt Max Weber fest, daß trotz des ungeheuren Einwandererstroms nur etwa 6 Prozent der Amerikaner konfessionslos sind, und führt dies im wesentlichen auf drei Gründe zurück. Der Beitritt zu einer Religionsgemeinschaft bzw. die eifrige, auch kostenaufwendige Mitarbeit erleichtert den Übergang aus dem streng hierarchischen Gesellschaftsgefüge in der Alten Welt zum System der individuellen Freiheit in der Neuen. In der Sehnsucht, möglichst schnell Wurzeln in neuer Umgebung zu schlagen, »dazuzugehören«, reicht die Kirche eine helfende Hand. Schließlich erhöht die Mitgliedschaft in einer ehrbaren Gemeinde die persönliche Kreditwürdigkeit. Der Religionssoziologe Max Weber erwähnt als Beispiel, daß Patienten beim Arztbesuch die Adresse ihrer Kirchengemeinde angeben als Garantie für Zahlungsfähigkeit. Wenn heutzutage Bauspekulanten ein großes Terrain erschließen, bemühen sie sich meist um die Niederlassung einer in der Gegend vorherrschenden Konfession und errichten ihre Siedlung um eine Kirche herum – als Ausweis ihrer seriösen finanziellen Basis und ehrbaren Planung.

In einem freien, aber ungehobelten Land, das sie als geschichtslos auffassen, suchen Einwanderer oder Aufsteiger die Verankerung in einer Gruppe, sei es die religiöse Gemeinschaft, der Heimatverein, die Loge. Die Sehnsucht nach Zugehörigkeit hat in Amerika zu einer Flut von Gemeinschaften geführt, die mehr oder weniger eng geknüpft sind. Da die Gesellschaft aber offen ist, ja sogar stolz auf ihre Transparenz, gehört man auch ganz öffentlich zu eigentlich geheimen Trutzbünden wie der Freimaurerloge. In einer für das amerikanische Verbandsleben repräsentativen Stadt wie Newbury Port kommen auf 17 000 Einwohner 800 Clubs, Kirchen, Logen und Vereine. Vom Boy's Club auf der Grundschule oder den Boy Scouts über den Sportverein und die Greek Letter Society bis zu den Honoratiorenvereinigungen dient das Verbandsleben dem sozialen und kommerziellen Aufstieg. Um die Jahrhundertwende gehörte man zur Oberschicht, wenn man in den Ballsaal der Madame Astor eingeladen oder in die vornehme Society of Cincinnati aufgenommen wurde. An fast allen Hochschulen gibt es bis heute Wohnheime, die landsmannschaftlich organisiert sind und von Generation zu Generation in ein und derselben Hand bleiben.

Kirchen und Sekten dienen keineswegs nur der religiösen Erbauung und Führung, sondern auch der handfesten Promotion im Berufsleben. Die Kirchen der schwarzen Amerikaner haben dabei eine besondere Kohäsion. Sie dienen allerdings mehr dem geistlichen Trost als dem gesellschaftlichen Aufstieg. In der Gründerzeit waren die meisten Kirchen wegen der angloamerikanischen Übermacht protestantisch, heute hat die katholische Kirche wegen der starken Nachwanderung von Mexikanern eine numerische Mehrheit. In der Ausstrahlung und Wirkung auf Europa und die Außenwelt jedoch ragen jene Sekten und Glaubensrichtungen hervor, die als besonders amerikanisch gelten. Die einzige in den USA selbst geborene Konfession ist dabei die der Mormonen.

Angeblich erschien im Jahre 1823 der Engel Moroni dem Bauernjungen Joseph Smith und geleitete ihn zu einem Versteck mit goldenen Tafeln. Darauf war die Geschichte eines versprengten Stammes aus Israel aufgezeichnet, der schon vor Christi Geburt in Amerika eine große Zivilisation entwickelt hatte. Aus diesem Buch Mormon entnahm Smith auch den Auftrag, »The Church of Jesus Christ of Latter Day Saints« zu gründen und zu verbreiten.

Joseph Smith wurde 1844 bei der Glaubensausübung gelyncht. Sein Nachfolger Brigham Young führte die verfolgten Anhänger des Engels Moroni in den Wilden Westen. Der Zug der Mormonen in die Wüstenei am Salt Lake gehört heute zum Legendenschatz der Amerikaner. Ihr zähes Ringen mit der widrigen Natur und ihre Ausdauer gelten als beispielhaft für amerikanischen Pioniergeist. Ihre strahlende Stadt aus der Wüste, Salt Lake City, ist ein Symbol für den amerikanischen Traum.

Mit den Indianern haben die Mormonen gute Nachbar schaft gepflegt. In Konflikt mit dem Gesetz kamen die Anhänger des Engels Moroni, weil sie die Polygamie übten, teilweise wurden sie sogar als Gesetzlose von den US-Marshals gejagt. 1896 wurde das Mormonengemeinweisen unter dem Namen Utah ein Bundesstaat. Bis auf die Vielweiberei haben die Mormonen nicht von ihrem strikten Glauben gelassen. Im Gegenteil: Mit dem politischen Anschluß an die Nation nahm die »Kirche Jesu Christi der Heiligen der Letzten Tage« ihre Missionsarbeit über Utah hinaus auf.

»Der Mormonenglaube ist nicht einfach nur die Hingabe an eine Theologie oder eine Kirchenpraxis, sondern eine Gesellschaftsordnung«, sagt der Mormonenphilosoph Sterling McMurrin. Dieser Glaube verspricht nicht nur ein Leben nach dem Tode, sondern bettet seine Mitglieder in ein soziales Netz mit sehr irdischen Regeln, Vergünstigungen und Verpflichtungen. Unter einem Direktorium von »Zwölf Aposteln« verlangt die Kirche von ihren Gläubigen strenge Moral, große Familien, die Abgabe von mindestens 10 Prozent der Einkünfte und enge kirchliche Mitarbeit. Der Mormone raucht nicht, trinkt weder Alkohol noch Tee oder Kaffee und ist dem Luxus abhold. Dieser puritanische Zug, verbunden mit sehr einfachen Glaubenssätzen, wirkt magnetisch auf viele Menschen in einer stets komplexer und chaotischer werdenden Welt. Ihren größten Erfolg aber zeitigt die Kirche der Heiligen der Letzten Tage mit ihrem göttlich inspirierten, ja verordneten Gewinnstreben und der systematischen Förderung des menschlichen Geschäftssinns. Damit vereint dieser Glaube Kapitalismus und Religion in einer uramerikanischen Mischung, in dem für Lotterleben und Müßiggang kein Platz ist und für staatliche Eingriffe, aber auch gewerkschaftlichen Druck kein Verständnis herrscht.

Die derzeit am stärksten wachsende Hotelkette der Welt gehört der Mormonenfamilie Marriott. Sie zieht ihr Personal selbst heran und beteiligt langjährige Mitarbeiter am Gewinn. Viele deutsche Einwanderer haben es mit ihrer Disziplin bei Mamott weit gebracht. Ein Koch von der Mosel hat sich zum ›Food and Beverage Manager‹ hochgearbeitet und meint: »Man muß nicht Mormone sein, um bei dieser Glaubensgemeinschaft Lebenserfüllung zu finden.«

Erfüllung durch kommerziellen Erfolg: Die Kirchenspitze verwaltet neben dem Besitz ihrer einzelnen Mitglieder ein Wirtschaftsimperium, das sich inzwischen über 96 Länder der nichtkommunistischen Welt erstreckt. Es wird auf etwa 8 Milliarden Dollar geschätzt. Mit 6 Prozent Wachstum jährlich ist die Kirche auch erfolgreicher als ihre baptistischen und methodistischen Schwestern und attraktiver als die ebenfalls rigorosen Glaubensgemeinschaften der Amish und der Mennoniten.

Politisch schwingen die Mormonen auf der konservativen Welle mit. Sie wirken in den Geheimdiensten der Nation. Sie stellen Senatoren und Abgeordnete. Der Republikaner Orrin Hatch half konservativen Richtern zur Macht. Jake Garn war der erste Politiker, der mit im Space Shuttle flog. Dr. William de Vries hat das erste mechanische Herz eingepflanzt. David P. Gardner wurde Präsident der University of California, und Bruce Christensen übernahm PBS, den öffentlich-rechtlichen Rundfunk.

Mit etwa 2 Prozent der Bevölkerung üben die Mormonen

einen über ihre Zahl weit hinausgehenden Einfluß auf die Gesellschaft aus. Ihre Tempel wachsen in aller Herren Ländern, und deren kühner architektonischer Schwung stellt die neogotische Kathedrale in Salt Lake City mittlerweile in den Schatten. Wenn aber ein neuer »Senior« im Rat der Zwölf Apostel bestimmt wird, dann rückt Salt Lake City für die Gläubigen aus aller Welt ins Rampenlicht. Der 350 Stimmen starke »Mormon Tabernacle«-Chor sang vor 6 000 Anhängern im Allerheiligsten der Mormonen und vor noch einmal Millionen Fernsehzuschauern, als Ezra Taft Benson, ein früherer Landwirtschaftsminister in Washington, im November 1985 die absolute Autorität über eine einzigartige Institution erbte – »Gottes Einzige Wahre Kirche«, wie die Mormonen meinen. Das ist das Unamerikanische an ihnen, von Pluralität halten sie nichts.

Die Mormonen sind in der Ära Reagan bis in den Vorhof der Macht vorgestoßen. Der 40. Präsident der USA nahm Sendboten aus Salt Lake City in seinen Stab auf, unter ihnen den Meinungsforscher Richard Wirthlin. Zwei Großhotels der Marriott-Kette stehen fast an den Pforten des Weißen Hauses. Zu gar mancher Veranstaltung kam das Präsidentenpaar auf einen Sprung vorbei. Die Mormonen gehören auch zu den großzügigen ›fund raisers‹ und Stiftern, wenn es um eine moralische oder konservative Sache geht. Schließlich hat ihre Lehre von der Geldvermehrung als Gotteswille einen amerikanischen Nerv getroffen. Aber es liegt nicht in ihrer Doktrin, sich in der Politik in den Vordergrund zu spielen, noch läßt das die amerikanische Verfassung zu. Wenn die vielen und verschiedenartigen Konfessionen Einfluß ausüben, dann auf der eher neutralen Basis der allgemeinen Frömmigkeit über die ›denominations‹ hinweg.

Weil Religion Privatsache ist, wurde das Schulgebet – auch auf freiwilliger Basis – in einem Gerichtsurteil 1966 verboten. Die Gefahr sei zu groß, daß die jeweils vorherrschende Glaubensrichtung dabei den Glauben der Minderheiten majorisiere. Die Wiedereinführung des Schulgebetes ist aber in jedem Wahljahr ein heißes Thema. Die Kirchen der Nation suchen dabei seit langem nach einer »Formel«, die keine Richtung benachteiligt oder bevorzugt und etwa dem Eid auf die Fahne, wie er in allen Schulen üblich ist, nahekommt.

In fast allen Länderparlamenten ist eine solche Formel gefunden worden, und auf dem Kapitol in Washington wirkt ein Pfarrer auf Lebenszeit. Er eröffnet jede Sitzungswoche mit einem Gebet, das sich auch im Protokoll wiederfindet. Einige Auszüge: »Herr, überrasche die Abgeordneten mit einer produktiven Sitzungsperiode.« Oder: »Rette uns, Herr, vor der Unreife, die dem Ansehen des öffentlichen Amtes schadet, vor der Liebe zur Macht, die zu Mißbrauch und Arroganz führt und zu Korruption führen kann.« Der Kapitolgeistliche ist also mehr ein moralischer Mahner als ein Missionar. Er spricht mehr vom Diesseits als vom Jenseits, er hält sich auf dem Capitol Hill an die Bergpredigt.

Einmal in der Woche treffen sich Parlamentarier aller Konfessionen zu einem Gebetsfrühstück, und Präsidenten achten darauf, gelegentlich einem solchen »prayers breakfast« beizuwohnen. Auch beim Präsidentenwechsel 1989 begann die Inaugurationsrede des neuen Mannes im Weißen Haus mit einem Gebet: »Himmlischer Vater, wir neigen unser Haupt und danken dir für deine Liebe. Mache uns stark, dein Werk zu verrichten, und bereit, deinen Willen zu hören. Denn uns wird die Macht weder gegeben, um unsere eigenen Zwecke zu fördern, noch, um uns einen Namen zu machen.«

Religiöse Demut und politische Machtentfaltung sind ein populärer amerikanischer Zwilling. Zur Grenzüberschreitung zwischen Staat und Kirche kommt es aber in der Regel nicht. Die Toleranz gegenüber der Meinungs- und Glaubensvielfalt ist auf beiden Seiten dieser Grenze zwar groß, aber nicht unendlich. Gesetzgeber und Glaubensführer beobachten wachsam die Ränder des Spektrums. Was als ungesetzlich, unmoralisch oder gar unamerikanisch erkannt wird, bekommt die Vergeltung der Gesellschaft zu spüren. Kommunisten im Lande hat man nicht nur ihre Umsturzgelüste, sondern auch ihre Gottlosigkeit vorgeworfen, religiösen Fanatikern nicht nur ihr Antichristentum, sondern auch politische Wühlarbeit. Black Muslims, Church of Scientology, Mun-Sekte und andere religiöse Randgruppen unterliegen konstanter Überwachung; bei Bhagwan Shree Rajneesh hörte die Geduld auf.

Der Sektengründer aus Indien hatte nach einer weltweiten Irrfahrt im amerikanischen Bundesstaat Oregon Fuß gefaßt. 1983 errangen seine Anhänger die Mehrheit im Gemeinderat des Ortes Antelope und tauften ihn um in Rajneeshpuram. In den Bergen von Oregon entstand eine Art Staat im Staate mit Bhagwan an der Spitze. Sein Meditationszentrum zog Jünger aus aller Welt an, die mit ihrem Fleiß und ihrem Geld Wohlstand nach Rajneeshpuram brachten. Meint denn auch Bhagwan: »Gesegnet seien die Reichen, denn ihnen gehört das Himmelreich bereits auf Erden.« Der Guru aus Indien verhöhnte Jesus Christus und Mohammed, verherrlichte die freie Liebe, legte sich eine Sammlung von Rolls-Royce zu und drangsalierte die umliegende amerikanische Nachbarschaft. Diese hatte in ihm längst schon den »Antichrist« erkannt, aber erst einige mysteriöse Todesfälle riefen die Behörden auf den Plan. Zu ihrer Überraschung übernahm Bhagwan die Schuld für Adolf Hitler und Iwan den Schrecklichen mit. Erst ein Paßvergehen diente 1985 als Vorwand für die Ausweisung des Gurus. Er verwaltet seine 100 Niederlassungen in aller Welt inzwischen von Indien aus.

»Dann werden in Indien also die Freiheit und die Menschenrechte höher geachtet als in den USA«, meinte eine amerikanische Bhagwanjüngerin. Sie ist die Frau des Filmproduzenten Al Ruddy, der den Mafiafilm »Der Pate« gemacht hat. Den Sektengründer aus Indien lassen die Amerikaner jedenfalls nicht einmal als Paradiesvogel am religiösen Himmel fliegen.

Schmelztiegel USA?

Der Amerikaner betrachtet sich als ein absolut unabhängiges, frei entscheidendes Individuum. Und in der Tat gibt es kaum ein Staatswesen, das seinem Bürger nicht nur soviel Freiheit läßt, sondern auch zu soviel Selbstverantwortung verpflichtet wie das amerikanische. »Sowenig Staat wie möglich« war die Parole Washingtons in der Zeit der industriellen Revolution Amerikas – was durchaus zu Darwins Theorie vom Überleben der Stärkeren paßt. Warum sollte man auch die Schwächeren stützen, wenn nur die Starken den Fortschritt garantierten? In der Ära Reagan sollten die Lehren von wenig Staat und möglichst viel Eigenverantwortung wiederaufleben. Deshalb wurde der 40. Präsident der Vereinigten Staaten auch beschuldigt, mit den Methoden von gestern an die Probleme von heute herangegangen zu sein. Offensichtlich hat seine Geisteshaltung eine Mentalität der Mehrheit widergespiegelt, sonst wäre Reagan nicht so populär geworden.

Diesem »rugged individualism« des einzelnen steht die Uniformität gegenüber, mit der sich Amerikaner in der Welt dar stellen. Die Anpassung auch der Neuzuwanderer an den amerikanischen Lebensstil ist in Tempo und Umfang gleichermaßen erstaunlich. Auf dem Fließband des American way of life versuchten und versuchen Neuamerikaner, so nahtlos wie möglich sich in den Gesellschaftsstrom einzupassen. Das Gegensatzpaar von Individualismus und Konformismus begleitet die Entwicklung der amerikanischen Gesellschaft bis heute.

Die Parole vom »Schmelztiegel« wurde 1909 in einem

kleinen Theaterstück von Israel Zangwill erstmals verwendet. In »Melting pot America« meint Zangwill: »Schmelztiegel ist das erlösende Wort. So kann die Gleichheit erhalten werden, die Demokratie das alleinseligmachende Prinzip bleiben. Alle Menschen, die in die Staaten kommen, sollen ihre schlechten Eigenschaften ablegen, vor allem natürlich den Nationalstolz und die damit verbundene Verachtung anderer Nationalitäten. Nur ihre guten Eigenschaften sollen sie mitbringen, sollen sie einschmelzen, und das daraus Entstehende ist dann eben Amerika.«

Die USA waren und sind ein Einwanderungsland. Aber das Bild von der menschenfreundlichen Nation, die alle Elenden und Unterdrückten, alle Freiheitsuchenden und Verfolgten mit offenen Armen aufnimmt, traf nicht zu, nachdem das Wort vom Schmelztiegel geprägt worden war, und schon gar nicht vorher. Die Pilgerväter haben nach ihrer Landung in Massachusetts ihre Gewehre gegen jeden gerichtet, der ihnen nicht aufs Haar glich. Die Pflanzer im Süden wollten keine freien Arbeitnehmer, sondern Sklaven. Die Engländer wollten Neuengland, die Chinesen wollten Chinatown, die Italiener Little Italy. Die jeweils frisch Angekommenen mußten sich bei den Alteingesessenen einen Platz erkämpfen, nur um den Nachwanderern dann selber feindselig zu begegnen. Nach Nordkalifornien kamen die Russen, im östlichen Oregon blieben die Basken mit ihrer Sprache und ihren Schafen unter sich. Nach St. Augustine, in die älteste nordamerikanische Stadt, zogen die Einwanderer von den Balearen, speziell aus Menorca. Die Schweizer scharten sich in North Carolina um ihr Bern, und die Deutschen schufen sich eine Heimat aus Liederkränzchen, Turnvereinen und Bierhallen.

Wenn die Siedler in Neuland vorstießen, igelten sie sich ein, oft eine Familie gegen die andere, eine Sippe gegen die nächste. Wenn die Siedlungen zu Dörfern wurden, setzte sich eins gegen das andere ab. Wenn aus Provinzen Staaten wurden, grenzten sie sich mit Zöllen und Gesetzen vom Nachbarn ab. In den Arbeitervororten der neuen Industriestädte im Nordosten gaben sich die Immigranten in Schüben die billigsten Plätze wie in einer Stafette ab. Iren an Deutsche, die an Griechen, an Slawen, an Juden – die jeweils aufgestiegene ethnische Gruppe schaute von oben herab auf die Nachrückenden.

Als bis Mitte des 19. Jahrhunderts zwei Millionen Iren vor der Hungersnot zu Hause flohen und 1,5 Millionen Deutsche aus politischen und wirtschaftlichen Gründen nach Amerika strömten, empfing sie auch Abscheu. Philip Hone, Bürgermeister in New York, nannte sie »schmutzig, unbeherrscht und unzivilisiert«. Die nächste Einwanderungswelle zwischen 1860 und 1890 war doppelt so groß und schuf das Arbeitspotential für die amerikanische industrielle Revolution. Die dritte Welle war noch mächtiger und Alteingesessenen verdächtiger.

15 Millionen kamen zwischen 1890 und 1914. Sie wurden von den mittlerweile assimilierten und etablierten Iren und Deutschen mit Verachtung wahrgenommen. 80 Prozent dieser Neuankömmlinge waren nicht mehr Nordeuropäer, sondern Sizilianer und Griechen, Bulgaren und russische Juden, die vor den zaristischen Pogromen flohen; von der renommierten Zeitschrift *Atlantic Monthly* wurden sie als eine wilde Horde von Wolga und Tatarensteppe beschrieben, die ungezügelt in Amerika Einlaß findet. Es war aber auch die Zeit, in der Emma Lazarus den historischen Willkommensgruß für die unterdrückten Menschen aus aller Herren Länder dichtete, der auf der Freiheitsstatue im Hafen von New York geschrieben steht. Das Jahr, das alle Einwanderungsrekorde bisher brach, war 1907. Damals kamen zu den 87 Millionen Einwohnern der Staaten 1,3 Millionen hinzu. Das war wiederum zwei Jahre bevor Israel Zangwill sein Theaterstück vom ›melting pot‹ zur Aufführung brachte.

An den Schmelztiegel Amerika dachte niemand, sondern

jeder nur an sich. Daß aus den Rassen, Klassen und Farben aus aller Welt überhaupt eine Nation werden konnte, hatte wohl vor allem damit zu tun, daß keine Minderheit groß genug war, um die andere zu unterjochen. Das Gefühl der gemeinsamen Überlegenheit gegenüber dem Rest der Welt kam mit dem politischen und wirtschaftlichen Erfolg nach dem Ende des Bürgerkrieges und vor dem Eintritt in die europäische Auseinandersetzung.

Israel Zangwill hat das Wort »Schmelztiegel« aber verfrüht und überidealistisch gebraucht, wofür die Minderheit der Juden, der er angehörte, selber Beispiel gab. Zum einen blieben die amerikanischen Juden stärker noch für sich als andere Volksgruppen – zum anderen hatten sie unter jenen zu leiden. Und die schon eingebürgerten Juden, meist deutscher Abkunft, wollten zunächst mit dem jüdischen Zustrom aus Osteuropa nichts zu tun haben. Dieser Abstoßmechanismus innerhalb und außerhalb der ethnischen Gruppen und die nie aussterbende Sorge, einen weiteren Einwandererschub würde die Nation nicht verkraften, sperrte schon 1882 die Chinesen aus und führte 1917 zu einem neuen Einwanderungsgesetz, das allen Analphabeten den Zugang verwehrt, so wie allen Asiaten mit Ausnahme der Filipinos. 1924 kam eine Klausel hinzu, die jedem Land außerhalb der westlichen Hemisphäre eine Menschenquote vorschrieb, über die hinaus keine weitere Immigration erfolgen durfte. Dieser »National Origins Act« richtete sich besonders gegen Ost- und Südeuropa.

Der Zusammenbruch der Wall Street und die nachfolgende Depression machten Amerika vorübergehend unattraktiv für Einwanderer aus aller Welt. Doch trotz Arbeitslosigkeit und wirtschaftlichen Niedergangs war dies eine Zeit der Konsolidierung. Die meisten Immigranten der Jahrhundertwende und vor allem ihre Kinder waren inzwischen amerikanisiert. Ethnische Vorurteile beginnen zu schwinden. 80 Prozent der Amerikaner zweiter Generation heiraten über ethnische Grenzen hinweg. Unter den Asiaten sind es allerdings nur 15 und erst in der dritten Generation 50 Prozent.

1942 werden die Nisei, Amerikaner japanischen Ursprungs, in Lager gesteckt. Um so verbissener schlagen sich jene Nisei, die an die Front durften, für ihre neue Nation. Auf der Flucht vor Hitler-Deutschland und -Österreich verstärkt eine kleine, aber wertvolle Gruppe die geistige und schöpferische Kraft der Nation. Walter Gropius brachte die Bauhausarchitektur, Arnold Schönberg die Zwölftonmusik, Thomas Mann seine Dichtung, George Grosz seine Malerei; Bruno Walter, Albert Einstein, die Spitzen der Geisteswissenschaften, der Künste und der Technik geben sich in den USA ein Stelldichein. Anders als im Ersten Weltkrieg betrachten die Amerikaner den Aufbruch in den Zweiten Weltkrieg als nationale Sache, und Präsident Franklin Delano Roosevelt beschwört seine Landsleute: »Manchen Generationen wird vieles gegeben. Von anderen Generationen wird vieles erwartet. Unsere Generation hat eine Verabredung mit dem Schicksal.« Tatsächlich wird im Weltkrieg der Vielvölkerstaat zur Schicksalsgemeinschaft. Millionen Menschen mußten aus Europa flüchten, weil die Alte Welt unfähig war, sie zu erhalten. Die schöpferische Kraft dieser Menschen, die in Europa versandet wäre, entfaltet sich in den USA zu höchster Blüte. (Und was manche deutschen Einwanderer anbetrifft, die nach dem Ende des Hitlerregimes kamen: Auch Entnazifizierung war eine Art Amerikanisierung.)

Die Begegnung von Bodenschätzen und Geistesgaben verwandelt Amerika in eine Supermacht, und die gemeinsam gesehenen Aufgaben machen aus vielen Minderheiten eine große Mehrheit. Fast hätte sich schon im Krieg und in den goldenen fünfziger Jahren danach der Schmelztiegelprozeß vollenden lassen. Aber im überfallartigen Zustrom aus Lateinamerika erlebt die Nation eine neue Herausforderung. Sie erwehrt sich zunächst mit Gesetzen, die den Zustrom bremsen sollen, dann mit Aktionen wie der »Operation Wetback«. Dabei wurden von 1953 bis 1955 über zwei Millionen illegal zugewanderte Mexikaner über die Grenzen zurückdeportiert.

Im Jahre 1965 jedoch modifiziert Präsident Johnson das Einwanderungsgesetz, das Westeuropäern den Vorzug gab, und öffnet Amerikas Pforte für die Dritte Welt. Auch wenn jedem Land offiziell nur 20 000 Einwanderer pro Jahr zugestanden werden, verändert sich die Bevölkerungszusammensetzung in den folgenden 25 Jahren drastisch. Skeptiker sehen darin einen »Drittweltisierungsprozeß« der Nation. Andere erkennen gerade im Zustrom aus dem »anderen Amerika«, von Mexiko, den Westindischen Inseln und den Nationen jenseits der mittelamerikanischen Landbrücke, einen »Amerikanisierungsvorgang«. Die Mexikaner werden zu Chicanos, die Südamerikaner zu Latinos und alle spanisch sprechenden Einwanderer zu Hispanics. Sie machen fast 50 Prozent der Einwanderungsquote aus und folgen den klassischen Regeln der Neuankömmlinge: harte Arbeit für wenig Lohn, Arbeit auch, die andere etablierte Gruppen nicht leisten wollen, dann sozialer Aufstieg und das Nachholen der Familienmitglieder, die zunächst zu Hause geblieben waren, schließlich fühlbarer Einfluß der jeweils heimischen Kultur auf die amerikanische Zivilisation. Heute dominieren die Hispanics gerade in jenen Landesteilen, die einst Spanien und Mexiko gehörten, wie Texas, Arizona, Kalifornien und Florida. Ihre Latin Quarters säumen aber auch so nördliche Städte wie Chicago, Hartford in Connecticut und natürlich New York. In Kalifornien machen die Hispanics Ende der achtziger Jahre 34 Prozent der Bevölkerung aus, in Texas 21 Prozent, in New York 11 und in Florida 8 Prozent.

Viele Anglos, die Nachfahren englischer Einwanderer, sehen in dieser stillen Invasion die Aushöhlung amerikanischer Werte, und viele Konservative halten diesen Zustrom für die Speerspitze der revolutionären Veränderung, die aus dem Süden droht. Aber die Hispanics sind keineswegs eine geschlossene Gruppe. Alteingesessene Latinos aus der Konquistadorenzeit schließen sich von den Chicanos ab, die über den Rio Grande strömen. Flüchtlinge vor Fidel Castro wollen mit der »linken« Landarbeiterbewegung des Cesar Chavez in Kalifornien nichts zu tun haben. Während gegen die Zuwanderung aus Puerto Rico kein Gesetz greifen kann, weil die karibische Insel US-Commonwealth-Status genießt, versuchte das Parlament mit dem »Simpson-Mazzoli Act« dem Strom aus Mexiko einen Riegel vorzuschieben. Danach sollen illegale Grenzgänger, die schon länger in den USA leben, nachträglich die Staatsbürgerschaft erhalten; dafür dürfen Firmen und Farmen bei Strafen keine »Schwarzarbeiter« mehr beschäftigen. Die 3 000 Kilometer lange Grenze zu Mexiko bleibt dennoch porös. Zum einen, weil die totale Verriegelung zu aufwendig wäre, zum anderen, weil ein Menschenstau auf der mexikanischen Seite schnell zum revolutionären Potential werden könnte. Um so angelegentlicher ist Washington an der Schaffung von Arbeitsplätzen in Mexiko selbst interessiert. Schließlich gehört Mexiko in den Rahmen eines von vielen Präsidenten während des 20. Jahrhunderts erwogenen Planes, die Nationen Nordamerikas enger zusammenzubinden. Die Arbeitskraft Mexikos, die Seewege der Karibik, der Flankenschutz Mittelamerikas und die Bodenschätze Kanadas zu einem Potential vereint, würde den USA einen weiteren Schub über das Jahr 2000 hinaus verleihen. Die Schaffung eines Binnenmarktes mit Kanada im Jahre 1989 wird sicherlich diese beiden Nationen einander noch näherbringen – auch wenn Kanada ein anderes bevölkerungspolitisches Konzept verfolgt. Dort gilt nicht der Schmelztiegel, sondern das friedliche Nebeneinander der ethnischen Gruppen. Es drückt sich in besonderen Ministerien für die Athapasken und Eskimos, für die französischen und englischen Kanadier und nochmal extra für die französischsprachigen Zuwanderer aus der Dritten Welt aus.

Die von Ronald Reagan propagierte Idee eines »North American Accord«, einer Art nordamerikanischer Zusammengehörigkeit und Zusammenarbeit, wurde von der Regierung Bush weiterbetrieben. Während die Amerikaner in ihren kanadischen Nachbarn die engsten Freunde auf der Welt sahen, lehnten sie die Öffnung nach Süden und in die Karibik ab. Der Prozeß der Demokratisierung in den lateinamerikanischen Staaten führte zu einer Annäherung. Die Beziehungen der USA zu diesen Ländern werden heute hauptsächlich von Wirtschaftsfragen und dem Drogenproblem bestimmt.

In der Phase der Formierung der Nation wurden gesellschaftliche Konflikte nicht gelöst, sondern vermieden, indem man vor ihnen Reißaus nahm – einfach durch geographische Distanzierung, zunächst in die unbesiedelte Weite, dann durch den Zug in die ›suburbia‹. Jetzt muß Washington über Einwanderungsklauseln für politische Flüchtlinge zum Spannungsabbau beitragen. 1980 kamen 10 000 Kubaner, teilweise aus Castros Gefängnissen, nach Florida und zerbrachen zum Teil an der eisernen Abwehr jener Kubaner, die schon in den sechziger Jahren in den USA Zuflucht gesucht hatten. 1988/89 sickern Tausende von Menschen aus Nicaragua in Florida ein – es sind Contras, die ihren Kampf gegen das sandinistische Regime in ihrer Heimat aufgeben und nichts anderes gelernt haben, als ein Gewehr zu bedienen. In einer Volksabstimmung, die mit den Präsidentschaftswahlen 1988 verbunden war, forderten Mehrheiten in Florida und Arizona das Verbot des Spanischen als zweite Landessprache. In den beiden Bundesstaaten wurde auch eine Sonderhilfe für die neuen Flüchtlinge abgelehnt. Sie sollten sich »the hard way« in die amerikanische Gesellschaft hineinkämpfen, getreu der Parole vom Überleben und Aufstieg der Tüchtigen und einer aktiven Amerikanisierung. – Seit dem Amtsantritt der Bush-Administration 1989 werden Asylanten aus Mittelamerika wieder verstärkt abgeschoben.

Eine Minderheit hat es sich jedoch zur Aufgabe gemacht, die Armen und Unterdrückten jenseits des Rio Grande aufzunehmen – wenn es sein muß, auf illegale Weise. Weil der Führer dieser Amnestiebewegung beim Einschleusen solcher Flüchtlinge gegen Gesetze verstieß, wurde er vor Gericht gestellt. 1983 hatte Jack Elder eine Flüchtlingsorganisation gegründet, die er »Sanctuary Movement« nannte. Sie hat über 200 Stützpunkte und an die 2 000 Untergruppen. Die Flüchtlinge, vornehmlich aus Lateinamerika, werden mit Bussen und Untergrundbahnen über das Land verteilt und in Kirchen oder anderen Verstecken untergebracht. Jack Elder konnte für seine Bewegung viele finanzkräftige Gönner finden, er verfügt über einen öffentlichen Fonds, mit dem eingesperrte illegale Einwanderer unterstützt oder vor Gericht verteidigt wer den können. Oft werden Einwanderungsbehörden von Jack und den Seinen an der Nase herumgeführt. Der Staat hat sich mit einer saftigen Anklage gerächt, auch wenn die Freiheitsstrafe von bis zu 30 Jahren nur eine Drohung war und Elder mit einer Geldstrafe von 28 000 Dollar davonkam.

Aber viele Gemeinden haben sich dieser Amnestiebewegung angeschlossen, und von New York bis New Mexico haben Landesregierungen ihre Staaten zu freien Aufnahmezonen erklärt. Das Bekenntnis zur Bevölkerungsvielfalt einerseits und zum Streben nach Vereinheitlichung andererseits durchzieht weiter die Geschichte der Immigration.

Im Jahre 1982 löste die Aufnahme von 150 000 Vietnamesen, die sich im Krieg zu den amerikanischen Verbündeten bekannt hatten, eine Einwanderungswelle aus. Schon vorher waren Koreaner nach einem anderen amerikanisch geführten Krieg in die USA gewandert. Filipinos genießen sowieso ein Sonderrecht, seit die USA um die Jahrhundertwende das Inselreich den Spaniern abgetrotzt hatten. In den achtziger Jahren werden die Asiaten zur wirtschaftlich am stärksten wachsenden Minderheit in den USA. Ihre technische Fertigkeit und ihre Ingenieursphantasie geben paradoxerweise das massivste Bollwerk ab im Konkurrenzkampf Amerikas mit den Mächten Asiens. Die Nationen am Pazifik oder, wie die Kalifornier sagen, am »pacific rim« setzten zum Sturm auf die amerikanischen Märkte an. Skeptiker malen ein schwarzes Bild vom Ausverkauf Amerikas an Asien. Aber gerade diese pazifische Verflechtung hat das amerikanische Wirtschaftsnetz in Zeiten des Dollarverfalls und des Haushaltsdefizites gehalten. Während der hispanische Einfluß auf den technischen Fortschritt disproportional niedrig ist, nehmen die Amerikaner asiatischer Abkunft einen ungewöhnlich hohen Einfluß auf die künftige wissenschaftliche Entwicklung der USA. An den Spitzenuniversitäten des Landes wuchs die asiatische Studentenschaft von 1976 bis 1986 sprunghaft an, in Harvard von 3,6 auf 10,9 Prozent, in Berkeley von 8 auf 18,6 Prozent. Für die Talentsucher der großen Firmen entpuppt sich gar jeder fünfte Kandidat als Amerikaner asiatischer Herkunft.

Die Koreaner und Chinesen, die Vietnamesen und Filipinos benötigen traditionell eine lange Anlaufzeit vor der Einmündung in den amerikanischen Gesellschaftsstrom. Aber auch hier trägt die junge Generation Jeans und ißt Hamburger, trägt Digitaluhren und fährt General Motors. Nicht über die amerikanische Geisteshaltung, sondern über den American way of live, nicht über die Philosophie, sondern über die täglichen Gebrauchsgegenstände, über materielle Dinge läuft dieser Amerikanisierungsprozeß.

In den siebziger Jahren droht der Schmelztiegel an einer Gegenbewegung zu scheitern. Ihr Stichwort ist »new ethnicity«, die bewußte Rückwendung zu völkischen Traditionen, wie sie die Vorfahren einst nach Amerika mitbrachten. Der Stolz auf die ursprüngliche Herkunft ersetzt die Suche nach möglichst rascher und reibungsloser Integration in die US-Gesellschaft. Die Griechen in Boston, die Polen in Chicago, die Sikhs in Phoenix erwecken alte Tänze zu neuem Leben, bauen Kirchen und Tempel im heimischen Stil und servieren Speisen nach alten Rezepten. Gerade der amerikanischen Küche tut diese Anreicherung durch die Speisezettel aus aller Welt gut.

Im Wahlkampf 1988 spielen die Kontrahenten bewußt ethnische und rassische Werte und Eigenarten gegeneinander aus. Aber die oft militant verfochtenen Theorien vom immerwährenden Bestand sozialer Formen und auch die Ghettoisierung der Volksgruppen, wie sie im Stadtplan von Los Angeles so sichtbar wird, verlieren wieder an Eigenschwere. Ein neuer Prozeß der Amerikanisierung setzt ein, wie ihn der Schriftsteller John Steinbeck einmal mit den Worten beschrieben hat: »Zuerst gab es Amerika nicht. Jahrhunderte der Arbeit, des Blutvergießens, der Einsamkeit und Angst schufen dies Land. Wir bauten Amerika, und der Prozeß machte uns zu Amerikanern, eine neue Züchtung, verwurzelt in allen Rassen, in allen Farben gefleckt, und eine scheinbare ethnische Anarchie. Dann, in ganz kurzer Zeit, war plötzlich unsere Ähnlichkeit größer als unsere Verschiedenheit – eine neue Gesellschaft, nicht groß, aber gerade durch unsere Fehler zur Größe bestimmt … pluribus unum.« Wie hart es ist, Amerikaner zu werden, und wie wertvoll, es zu sein, zeigt sich immer wieder.

Der Einwanderungsstrom kommt meist über die großen Städte. Sie sind die Tore ins Land. Aber gerade Los Angeles und New York sind eigentlich am wenigsten amerikanisch. In New York leben mehr Eremiten und Einzelgänger als in allen Wäldern und auf allen Bergen der Vereinigten Staaten zusammengenommen. In dieser Großstadt des Ostens ist Gastfreundschaft ein Fremdwort. Im Schachbrettmuster von Los Angeles, das die Hochstraßen ziehen, ertrinken Erwartungen an den großen Traum im Chaos des Alltags. Der Einwanderer gilt nichts, bevor er sich nicht Geltung verschaffen kann. Hat er die Staatsbürgerschaft erreicht, schützt kein Staat ihn besser draußen in der Welt als die Vereinigten Staaten von Amerika. Seit Ende des Vietnamkrieges bleibt Washington unerbittlich auf den Spuren der vermißten Soldaten. MIA, »missing in action«, ist nicht nur ein Begriff, sondern eine nationale Bewegung. Noch ein Vierteljahrhundert nach dem Kriege sind die Fährtensucher im staatlichen Auftrag oder auf eigene Faust auf geheimnisvollen Pfaden in Indochina unterwegs, um wenigstens die irdischen Überreste der verschollenen amerikanischen Staatsbürger heimzuholen. Die Nation, die 1776 die Menschenrechte auf ihr Panier geschrieben hat, schützt ihre Bürger bis über den Tod hinaus.

Die Amerikanisierung Amerikas zeigt sich im ausgehenden Jahrhundert allerorten, einzelne Vorläufer hat sie schon im vergangenen Jahrhundert gehabt.

Die schwarz-rote Minderheit

Als nach dem wirtschaftlichen Kahlschlag der neunziger Jahre und unter dem Druck der zugewanderten Massen aus Europa eine zweite Welle der Eroberung in den Wilden Westen brandete, blieben die farbigen Amerikaner dabei auf der Strecke, wurden sie zertrampelt unter den Rädern der Conestoga-Waggons – jener Planwagen, die deutscher Erfindungsgeist einmal in Pennsylvania erzeugt hatte –, mußten sie auch den Eisenbahnen und Autobahnen weichen, die das Land kreuz und quer zu durchziehen begannen. Die Mexikaner, gleich, ob zugewandert oder erstgeboren, wurden in die Hügel zurückgedrängt, siedeln bis heute in den Sangre de Christo Mountains oder gingen in die Plantagen, wo sie die Plätze der ehemaligen schwarzen Sklaven einnahmen. Die Schwarzen wiederum konnten dem Überdruck der weißen Mehrheit nicht standhalten, wechselten oft auf die andere Seite des Gesetzes, unterlagen zu Tausenden der Lynchjustiz der Weißen. Noch 1947 wurde ein Schwarzer von einem weißen Mob gelyncht. Die Indianer schließlich, die im »indian territory« zusammengefaßt waren und versuchten, einen Teil ihrer Kultur und ihres Besitzes zu wahren, wurden noch weiter zusammengedrängt. So entstand der Staat Oklahoma, was in der Sprache der Choctaw-Indianer »Land des Roten Mannes« heißt.

Die Eingliederung und der Wiederaufstieg dieser farbigen Minderheiten in die Gesellschaft geschah nur mühsam und vollzieht sich erst im ausgehenden 20. Jahrhundert. Schon vor der Cowboyzeit spielten Farbige eine Rolle in der Eroberung des Wilden Westens. So führte ein Mohr aus Marokko, ein Sklave namens Estevanico, die ersten Spanier zum Rio Grande zu den sagenhaften sieben Städten von Cibola, wo die Spanier Gold und Edelsteine vermuteten. Daß Kolumbus die Neue Welt entdeckt hat, ist Schulbuchweisheit. Die fünfhundertste Wiederkehr dieses Datums wird 1992 mit großem Pomp gefeiert – zur Empörung der Indianer, denn sie waren vorher da. Daß der erste Nichtindianer im Südwesten ein Schwarzer aus Afrika war, wird von der Geschichte verschwiegen. Ein farbiger Sklave namens York führte die berühmte Louis-and-Clark-Expedition in damals unbekanntes Indianerland im Norden. Sie nannten York den »black white man«, den schwarzen weißen Mann.

Die Gründerfamilien von Los Angeles waren zum großen Teil schwarz, und auch in Santa Fe ließen sich zunächst Schwarze nieder. Die Vaterfigur jedoch der schwarzen Cowboys von heute, legendenumwoben und hochverehrt, heißt Bill Pickett. Seine Geschichte ist eng verbunden mit dem Schicksal der 101-Ranch. Die »101« schickte 35 000 Rinder pro Jahr auf die Reise, hatte mitunter bis zu 1700 Männer beschäftigt und gab einmal im Jahr die größte Wildwestshow in Amerika, vergleichbar nur mit dem Zirkus des Buffalo Bill, des weißen Büffeljägers Bill Cody. Wenn die »101« zum jährlichen großen Derby rief, kamen die Besucher von weit her, um Bill Pickett zu sehen. Präsident Theodore Roosevelt war auf der »101« zu Gast, Johann Jakob Astor, William Randolph Hearst und John D. Rockefeller. Sie sahen auf der »101« Geronimo, den letzten Häuptling der Apachen-Indianer, und das ›round up‹, bei dem die Cowboys ihre früheren Fertigkeiten noch einmal aufleben ließen. Unter ihnen ist Bill Pickett einzigartig. Er fand nämlich eine Methode, den Stier niederzuringen, die ihm keiner später nachmachen konnte. Er packte ihn nicht bei den Hörnern, sondern biß ihm in die Oberlippe und zwang ihn damit zu Boden. 1908 gelang es ihm sogar, in Mexico City vor einer vollen Arena einen spanischen Kampfstier auf diese Art und Weise zu zähmen. Die weißen Einwohner von Fort Worth in Texas haben Bill Pickett im April 1980 ein Denkmal gesetzt, das einzige Monument für einen schwarzen Wildwesthelden.

Die Geschichten der schwarzen Cowboys sind meist nur in der mündlichen Überlieferung erhalten geblieben, werden von schwarzen Rodeoreitern von heute beim abendlichen ›cook-out‹, einer Art Picknick, erzählt.

Da ist die Geschichte von Arizona-Joe, der sich mit der Waffe immer für die Schwachen einsetzte, oder von Bose Icart, der ein »mustanger« war, ein Cowboy, der schneller als alle anderen einen Mustang zur Raison bringen konnte. Von Mary Fields, die eine Postkutsche chauffierte und so manchem Überfall mit dem Gewehr in der Hand standhielt. Oder von Charly Smith, der erst 1979 starb und damals angeblich 136 Jahre alt war. Charly kam als Kind mit einem der letzten Sklaventrecks aus Afrika, wurde in der texanischen Stadt Galviston bei einer Sklavenauktion verkauft und als Halbwüchsiger in die Freiheit entlassen. Er machte sich einen Namen auf den großen Viehtrecks, wechselte dann in das Lager der Gesetzlosen, ritt an der Seite des berüchtigten Bankräubers Jesse James. Später versuchte er Buße zu tun und trat einer schwarzen Baptistengemeinde bei.

In dem Wildwestfilm »Tomahawk« wird die Geschichte von Jim Beckwourth erzählt. Im April 1850 entdeckte Jim Beckwourth einen Paß durch die Sierra Nevada; er führte auch die erste Siedlerkolonne über diesen Paß, der heute nach ihm benannt ist. Er kämpfte mit der US-Kavallerie gegen die Indianer und an der Seite der Indianer gegen die Siedler. Er ging mit den Viehtrecks, streckte so manchen Widersacher zu Boden. Im Film »Tomahawk« wird Jim Beckwourth von einem Weißen gespielt. In Wahrheit war der Cowboy schwarz. Während die Geschichte der Schwarzen im Westernfilm einfach verschwiegen wurde, hatten die anderen Farbigen kein sehr viel besseres Los. Die Mexikaner wurden grundsätzlich als Großgrundbesitzer oder Banditen dargestellt, die Indianer als Feinde des weißen Mannes.

Um die Jahrhundertwende lebten einige hunderttausend Schwarze im Wilden Westen. Nach dem Ende der großen Viehtrecks versuchten viele zunächst dort zu siedeln. Boley zum Beispiel, wurde in Oklahoma als schwarze Stadt gegründet. Indianer vom Stamme der Creek stellten das Land zur Verfügung. 1911 zählte die Stadt bereits 4 000 Einwohner, gab es Kolonialwarenläden, fünf Hotels, sieben Restaurants, einen Juwelier, vier ›department stores‹, Versicherungen, eine Holzfabrik, eine Baumwollplantage, zahlreiche Kirchen, eine Schule, einen imposanten Freimaurertempel, eine Bank und sogar eine Zeitung. In den zwanziger Jahren wurde noch dazu Öl in der Nähe von Boley gefunden, eines der größten Felder im Bundesstaat Oklahoma.

Als der Boden leer gepumpt war, gingen viele Schwarze in den industrialisierten Norden. In den Jahren der Depression verließ noch einmal ein Schub von Einwohnern Boley. 180 junge Männer folgten dem Ruf von Chief Sam. Er führte an die zehntausend ehemalige Sklaven in den Kontinent ihrer Väter zurück, nach Afrika, in den Staat Liberia, die erste freie Republik auf dem schwarzen Erdteil. Boley aber verfiel so rasch, wie es besiedelt worden war.

Seit zehn Jahren jedoch erwacht die ›ghosttown‹ einmal im Jahr zu neuem Leben. Die Kinder von Boley kehren zurück. Die Geschäftsleute in New York und Chicago, die es zu etwas gebracht haben, Nachfahren der Cowboys aus Texas, Kansas und Oklahoma, und sogar einige Heimkehrer aus Liberia, die von Afrika enttäuscht sind. Die Leute von Boley, die paar, die dageblieben sind, nennen es das große »homecoming«. Boley und die Reste anderer Siedlungen in Oklahoma erinnern die Schwarzen daran, daß sie hier einmal gleichberechtigt lebten mit den Weißen, mit den anderen Amerikanern. Vor allem beim Rodeo ist Boley Anziehungspunkt für die Schwarzen von überall aus Amerika. Bei diesem sehr nationalen Sport zeigen die Cowboys von heute ihre Fertigkeiten, werfen das Kalb, ringen den Stier nieder oder zähmen den Mustang. Eben das, was ihre Vorfahren zur Zeit der großen Viehtrecks so gut beherrschten.

Cleo Hearn hat im Jahre 1968 die erste schwarze Cowboy-Vereinigung gegründet. Hearn arbeitet bei den Ford Werken in Dallas. Zwischen Dallas und Denver gibt es inzwischen an die 400 schwarze Cowboys, die von Rodeo zu Rodeo ziehen. Die Bewährungsprobe lockt sie und auch das Geld. Aber ihr Hauptmotiv ist der Stolz. So sagt Cleo Hearn: »Wir wollen das schwarze Erbe aufrechterhalten; der schwarze Cowboy hat eine wichtige Rolle gespielt in der Zeit der großen Viehtriebe, in der Geschichte des Wilden Westens. Wir wollen der Welt sagen, daß man uns nicht länger übersehen soll, unseren Anteil an der Geschichte und am Werden der Nation.«

Im Zuschnitt der Nation finden die lange benachteiligten Minderheiten nur in Segmenten, nur in kleinen Nischen ihren Platz. So durften Schwarze bereits ab 1882 als Ärzte praktizieren. Die Fähigkeit »to make the buck«, Geld zu machen, entscheidet mehr über eine erfolgreiche Eingliederung als etwa das angestammte Recht der Eingeborenen oder der nach Amerika Verschleppten. So arbeiten sich schwarze Sportler oder Sänger schneller in die Spitze vor als Handwerker oder Angestellte. Dem Konkurrenzdruck der kapitalistischen Gesellschaft halten sie nicht von selber stand. Geradezu unamerikanisch wirkt deshalb der lange passive Marsch der Bürgerrechtsbewegung unter Martin Luther King. Der Pastor aus Atlanta sagte einmal: »Ich höre viel von diesem sogenannten Schmelztiegel. Ich kann nur sagen, daß wir nicht eingeschmolzen worden sind.«

Aber Ende der achtziger Jahre regieren schwarze Bürgermeister in zehn amerikanischen Großstädten, darunter in Atlanta, einer Hauptstadt des Südens. Die Auburn Street, in der Martin Luther King geboren wurde und in der er gepredigt hat, heißt heute »Sweet Auburn«, nicht nur eine Erinnerungsstätte an die Bürgerrechtsbewegung der sechziger Jahre, sondern die Hauptstraße einer rührigen Gemeinde von schwarzen Mittelständlern. Und in Washington, der Hauptstadt der Vereinigten Staaten, ist die Mehrheit der Regierungsangestellten seit Präsident John F. Kennedy schwarz. Wobei das Wort schwarz eigentlich unzutreffend ist, denn es gibt kaum noch Bürger rein afrikanischer Abstammung. Die meisten sind längst in helleren Tönen gemischt und gefärbt. Aber die Bezeichnung »Negro« ist ihnen zu abfällig, und das Wort »coloured« erinnert sie zu sehr an den Apartheid-Staat Südafrika. Aber zum einen gilt ›black‹ als ›beautiful‹, schwarz als schön zum anderen ist es einfach, jeden schwarz zu nennen, der nicht weiß ist und einen Stich ins Braune hat. Das kann so weit führen, daß General Colin Powell, der Vorsitzende der Vereinigten Stabschefs im Golfkrieg, als Beispiel für den Aufstieg der Schwarzen gilt, obwohl man die negroiden Züge in seinem Gesicht wahrhaftig suchen muß. Auch Präsident Bush hat einen Schwarzen in sein Kabinett geholt.

Seit dem Sieg der Bürgerrechtsbewegung rühren die Vorurteile gegenüber den Schwarzen weniger aus der anderen Hautfarbe her, sondern aus dem sozialen Umfeld, mit dem viele von ihnen leben. Die Arbeitslosigkeit ist unter jugendlichen Schwarzen besonders groß, auch die Kriminalität. Die Familienverhältnisse sind oft besonders zerrüttet. Auch ist die Zahl der unehelichen Geburten hoch. 1987 ist die Zahl der Schwarzen, die unterhalb der Armutsgrenze leben, auf 30 Prozent angewachsen. 1968 waren es noch 28 Prozent.

Die Abneigung gegenüber Schwarzen ist dort besonders groß, wo sie in der verschwindenden Minderzahl sind, wo man sie so gut wie gar nicht kennt. Und die Gewöhnung an sie ist besonders hoch, wo sie schon seit Jahren die Mehrheit bilden, wie etwa in Washington, der Hauptstadt. Der

Vater der Nation hatte einst selbst 300 Sklaven. Aber in seinem Testament hat George Washington ihre Freilassung verordnet. Freigelassene und freigekaufte Sklaven haben sich schon immer von der Hauptstadt angezogen gefühlt, die Regierung lag in der Förderung der Schwarzen immer schon weit vor dem Rest der Gesellschaft. Abraham Lincoln hat einen Krieg unter anderem wegen der Sklavenbefreiung geführt. Präsident Wilson hat die Rassen-Gleichberechtigung in der Armee durchgesetzt, auch ein Gesetz zum gemeinsamen Schulbesuch von weißen und schwarzen Kindern kam aus Washington. Ronald Reagan schließlich hat zum Gedenken an den Mord an Martin Luther King einen Nationalfeiertag eingeführt.

Unter den farbigen Minderheiten haben die Schwarzen das Gewissen der Nation natürlich am meisten belastet, weil sie einst zwangsweise und in Ketten nach Amerika gebracht wurden. Die Schwarzen tauchten auch überall da auf, wo der weiße Mann war. Sie folgten notgedrungen den Spuren ihrer Herren, während man die Ureinwohner, die Roten, einfach in Reservate verwiesen hatte, wo sie möglichst wenig Unruhe stiften sollten. Schon früh in der Geschichte Amerikas ist es zu einer Verflechtung zwischen schwarzen und roten Amerikanern gekommen. Die Seminolen in Florida haben bereits um 1800 entlaufene schwarze Sklaven in die Reihen ihrer Krieger aufgenommen. Sie gaben ihnen einen eigenen Clan-Namen: der »Schlangenclan«.

Weil sie englisch sprechen konnten, wurden sie als Dolmetscher eingesetzt in den Verhandlungen mit den Truppen aus Washington. Als sie Florida nach ihrer Niederlage verlassen mußten, auf dem Marsch der Tränen ins ›indian territory‹, nahmen sie die schwarzen Seminolen mit, um sie vor erneuter Sklaverei zu schützen. Unter der Führung eines schwarzen Häuptlings haben sie 1880 noch einmal versucht, aus dem Indianerterritorium zu fliehen. Sie siedelten am Rio Grande, gründeten eine eigene Republik, kämpften auf der Seite der Mexikaner gegen die Vereinigten Staaten, nur um mit den Mexikanern zusammen geschlagen zu werden.

Andererseits kämpften die Schwarzen nach dem Bürger krieg in der 9. und 10. Kavallerie gegen die Apachen unter Geronimo und Victorio, gegen Sitting Bull von den Sioux-Indianern und gegen die Comanchen. Die Indianer nannten ihre schwarzen Gegner respektvoll »buffalo soldiers«, wegen der gekräuselten Haare auf dem Kopf. Bei den Rodeos von heute treten immer mehr schwarze Barden auf, die an die gemeinsame Geschichte erinnern. So singt Pan Handle Slim: »Als der Schwarze in großer Not war, reckte sich ihm eine rote Hand der Freundschaft entgegen. Seitdem verbindet uns der Regenbogen.«

Das ist eine Anspielung auf die Regenbogenkoalition aus farbigen Amerikanern, die dem schwarzen Präsidentschaftskandidaten Jesse Jackson 1988, wenn schon nicht zur Macht, so doch zu großem Einfluß und Ansehen verhelfen sollte. Jackson hat nicht nur die Schwarzen politisch mobilisiert, sondern auch ihre ethnischen Wurzeln betont. Reagan stammt aus Irland, Bush aus England und Dukakis aus Griechenland. Jesse Jackson aber galt als der Mann aus South Carolina. »Wir sind aber aus Afrika. Wir sind African Americans. Wir müssen versuchen, unsere Kinder gesellschaftlich höher zu stellen mit der Kraft ihrer kulturellen Herkunft.«

Zwanzig Jahre nach dem Mord an Martin Luther King konnten sich immerhin 20 Prozent der weißen Amerikaner vorstellen, einen Schwarzen an der Spitze des Staates zu sehen. Dazu sagte Kings Tochter Coretta: »Obwohl Amerika nicht ist, was es sein sollte, so herrscht doch berechtigte Hoffnung, daß die Dinge sich zum Besseren wenden.« Und wie ein Mahnwort aus überwundener Vergangenheit wirkt ein Gedicht, das der schwarze Dichter Langston Hughes im Jahre 1929 schrieb:

»Ich bin schwarz,

Schwarz wie die Nacht in Afrika.

Ich war ein Sklave, habe schon Julius Cäsars Tür gehütet.

Ich putzte die Schuhe von George Washington. Unter meinen Händen wuchsen die Pyramiden. Ich rührte den Mörtel für das Woolworth Building. Ich war ein Sänger, brachte den Blues von Afrika nach Georgia. Die Belgier haben meine Hände im Kongo abgehackt. In Texas haben sie mich gelyncht.

Ich bin schwarz und bleibe schwarz wie die Nacht in Afrika.«

Amerika versteht sich selbst als Wahrer der Menschenrechte weit über die nationalen Grenzen hinaus. Bei der Verteilung von guten oder schlechten Noten, von Wirtschaftshilfe oder Handelsboykott legt Amerika oft die moralische Elle an – Einhaltung der Menschenrechte als Maßstab für Politik. Damit hat Washington so manches Willkürregime in die Knie gezwungen. Aber oft fällt diese Politik wie ein Bumerang auf Washington zurück. Dann ist es aber weniger der Vorwurf der Rassendiskriminierung schwarzer Amerikaner, sondern der Mißhandlung der roten Ureinwohner. Dies trifft Amerikaner deshalb so schwer und nachhaltig, weil sich Europäer in Dichtung und Dokumentation schon früh der Sache des edlen Wilden angenommen haben. Heute würde man das »Einmischung in die inneren Angelegenheiten einer Nation« nennen. Von Karl Marx bis Karl May haben Ausländer das ungestüme Vordringen der Siedler und Pioniere, die meist selber noch im Ausland geboren waren, in Indianerland angeprangert.

Amerika hat sich aber erst wirklich seiner Ureinwohner angenommen, als auch ihre letzten Reste untertan gemacht waren. Der letzte, von den Weißen besonders unfair geführte Kampf am Wounded Knee im Jahre 1890 markierte denn auch den Wendepunkt in der nationalen Indianerphilosophie. Vorher schon hatten die Apachen und Comanchen, Winnetou und Sitting Bull, die Helden und die Romanhelden die

Herzen der Welt bewegt. Nach Wounded Knee begann die Integration der Indianer in die Welt der Weißen oder besser ihr Schutz vor dieser Welt. Die Indianer haben aber nur sehr allmählich selbst eine aktive Rolle in der Gesellschaft übernommen. Ihr Einfluß begann mit der Bewunderung des Siegers gegenüber dem Verlierer. 5 000 US-Soldaten waren nötig, um die letzten 17 Krieger des Apachenführers Geronimo im September 1886 zu fangen, und zehn Jahre zuvor hatten Sioux und Cheyenne am Little Big Horn dem General Custer eine vernichtende Niederlage bereitet. Noch in der Schlußphase der Auseinandersetzung bewies der Indianer dem Weißen seine Ebenbürtigkeit auch in hoffnungsloser Lage. Er nötigte dem Weißen Respekt ab. Indianische Tugenden fanden um 1890 vermehrt Platz in der US-Literatur, indianische Symbole wurden auf US-Münzen geprägt.

Die indianische Tragödie nahm Einfluß auf die zeitgenössische Kunst. »Der gebrochene Pfeil«, eine monumentale Skulptur eines weißen Bildhauers, wurde in unendlichen Variationen imitiert für Buchstützen, Briefbeschwerer und Sportpokale. Künstler der Jahrhundertwende wie Frederic Remington und Charles M. Russell malten nicht mehr das Feindbild des roten Mannes, sondern in sentimentalem Rückblick seine Harmonie mit der Natur und seine Versuche, an der Tradition festzuhalten. Das früheste Beispiel für die Selbstdarstellung des Indianers in seiner mißlichen Lage als Verlierer im eigenen Land geht auf das Jahr 1875 zurück. Etwa siebzig gefangene Cheyenne und Comanchen wurden damals in Ketten von Oklahoma nach Florida gebracht. In der Festung von St. Augustine fanden sie mit dem Kommandanten Richard Pratt einen eher gütigen als strengen Aufseher. Er ließ unter anderem an seine Gefangenen Papier und Feder, Tinte und Farbe verteilen. Sie malten Bilder von Heimweh und Einsamkeit, aber auch von Anklage und Mitteilungsbedürfnis. Sie trennten sich dabei von der zeremoniellen und formalisierten Piktographie ihrer Ahnen.

Aus der Gefangenschaft zurückgekehrt, blieben einige der Indianer künstlerisch aktiv, bemalten »Ghost-dance«-Hemden und Tipis, gaben ihre Fertigkeiten weiter. Schon um die Jahrhundertwende entstanden die ersten Malschulen. Während des Ersten Weltkrieges unterwiesen Walter Ufer und H. Sonnenschein in Taos Pueblo-Indianer, taten sich in Oklahoma einige junge Kiowa-Künstler zusammen, erhielten Navajo-Kinder Unterricht im Zeichnen. Heute gehören Indianer wie Fritz Scholder, Dan Namingha und Allan Houser zu den anerkanntesten und auch teuersten Malern in den USA.

Ansehen weit über die Vereinigten Staaten hinaus hat der Navajo R. C. Gorman erreicht, wobei die Initialen für Rudolf Carl stehen. Indianer haben eigentlich keine Vornamen. Sie haben sie sozusagen für die Weißen erfunden. Wenn Eltern beeindruckt sind von einer Person oder einer Gruppe, lassen sie sich davon in der Namensgebung beeinflussen. So hat das C im Vornamen des Navajo etwas mit Carl Schurz zu tun. Das war ein deutscher Einwanderer, der es in den Vereinigten Staaten bis zum Innenminister brachte und in dieser Funktion auch für Indianerangelegenheiten zuständig war.

Rudolf Carl Gorman übte sich zunächst in der traditionellen Sandmalerei seines Volkes. Schon als Halbwüchsiger ließ er sich von den Mexikanern beeinflussen, von Orozco, Rivera und Alfaro Siqueiros. Er diente später in der amerikanischen Marine und malte pazifische Motive, ging nach dem Wehr dienst nicht zu seiner Familie zurück, sondern machte das Malen zu seinem Beruf. Er gilt inzwischen als der Picasso oder Dalí unter den Indianern und hat in Taos eine ganze Malschule errichtet. Seine »Navajofrauen« werden überall in der Welt zu hohen Preisen gehandelt. 1986 kam er auch nach Deutschland und hat zunehmend Eingang in deutsche Galerien gefunden. Die Galeristin Christa Nuzinger hat ihm das Heidelberger Schloß gezeigt. Er war überhaupt nicht beeindruckt, sondern sagte: »Als dieses

Schloß gebaut wurde, ging in meiner Heimat gerade die große Zivilisation meiner Vorfahren, der Anasazi, zu Ende.« Wie viele Indianer verweist er mit dem Recht der Eingeborenen auf das Amerika vor Kolumbus. Stolz, nicht Schmach bestimmt heute das Bewußtsein vieler roter Amerikaner.

Die Eigenleistung der Indianer im künstlerischen Bereich hat sie auch einen gesellschaftlichen Platz erkämpfen lassen. Die Bauweise der Pueblo-Indianer, die sich wiederum auf die Anasazi, die Vorläufer in ihren Steinsiedlungen, beziehen wird überall im Südwesten von den anderen Amerikanern nachgeahmt. Ihre traditionellen Nahrungsmittel sind längst schon in die amerikanische Speisekarte übernommen worden und erleben in den achtziger Jahren des 20. Jahrhunderts eine eher modische Konsumbereitschaft. Das größte Familienfest in Amerika, »Thanksgiving«, gerät jedes Jahr zu einem indianischen Kochfestival vom Truthahn über das Maisbrot bis zum Kürbiskuchen.

Eine erste politische Integration erfolgte in den dreißiger Jahren mit einer Reihe von Gesetzen, die der Selbstbestimmung des roten Mannes dienten. Das herkömmliche Indianerbild wurde als europäische Erfindung erkannt und durch das Bild des »native American« ersetzt. Die Reservationen wer den teilweise zu »Staaten im Staate«, am erfolgreichsten von den Nachbarvölkern der Hopi und Navajo praktiziert, die allerdings untereinander im Dauerstreit liegen.

Politische Tragweite über die USA hinaus erhält das »American Indian Movement«. Diese Abkürzung, AIM, bedeutet außerdem Ziel. Und die langjährigen Führer von AIM versuchen, ihre Mitglieder auf einige gemeinsame Ziele festzulegen, Ansprüche aus der Vergangenheit einzuklagen, weitere Landnahme durch die Weißen zu verhindern und den Indianern mehr politisches Eigengewicht zu verleihen. Häuptling Russell Means hat AIM im Jahre 1973 bekannt gemacht mit einer spektakulären Aktion am Wounded Knee in South Dakota. In Erinnerung an das Massaker von

1890 hielt eine militante Gruppe von Indianern Bundestruppen aus Washington 71 Tage lang in Schach. Im Lichte der internationalen Aufmerksamkeit konnte Means damals die jahrhundertelange Verletzung indianischer Bürgerrechte deutlich machen – eine Art Durchbruch, wie ihn die Schwarzen im Kampf um die »civil rights« unter Martin Luther King erreicht hatten. AIM wurde damals von weißen Gruppen als eine radikal linke Organisation eingestuft oder mißverstanden. Deshalb stiftete eine Reise von Russell Means im Januar 1986 nach Nicaragua einige Verwirrung, wo AIM vehement gegen die Unterdrückung der mittelamerikanischen Indianer durch die linke Regierung der Sandinisten protestierte.

Mit auf dieser Reise war der kanadische Anwalt Clem Chartier vom »World Council of Indigenous People«. Die weißen Amerikaner mußten erstaunt feststellen, daß von ihnen unbemerkt die politische Organisation der Indianer weiter gediehen war und sich über die nationalen Grenzen der USA erstreckt hatte. Darüber hinaus knüpfen schon längst Vertreter der Ureinwohner in aller Welt Kontakte auf kultureller und humanistischer Ebene. Im Mai 1986 fand am Fuße der Sangrede-Cristo-Berge eine religiöse Zeremonie statt, die wohl in ihrer Vielfalt einmalig war. Der Häuptling des Pueblo San Juan in New Mexico hatte zu einem Friedensgebet eingeladen. Ort der Zeremonie war ein Tempel der Hopi-Indianer. Etwa 1500 Leute kamen in Anzügen oder Tennisschuhen, mit Turban oder Sari.

Die Sikhs, eine religiöse Gemeinschaft, die sich in Indien unterdrückt fühlt und in ihrem Fanatismus Gewalttätigkeit übt, kamen mit einer großen Delegation. Dazu buddhistische Mönche aus Vietnam und Kambodscha und die jüdische Kongregation Beth Shalom sowie ein Vertreter des Dalai Lama. Ein Chor aus der islamischen Moschee von Santa Fe und eine Gruppe von Azteken Tänzern aus Mexiko umrahmten die Gebetsstunde. Der spanischstämmige Gouverneur von New Mexico verurteilte dabei die Anwendung von Gewalt in Zentralamerika. »Wir sollten dort mit Brot und Butter helfen und nicht mit Bomben und Bataillonen.« Häuptling Peter Garcia aus dem Pueblo San Juan beendete die Zeremonie mit der traditionellen Maisgabe in alle vier Winde.

Das Schicksal der Cherokee und Delaware, der Apachen und Comanchen wiederholt sich heute in Süd- und Mittelamerika. Unerbittlich und ungehindert spüren am Amazonas und Orinoko Straßenbauer und Mineralogen, Händler und Journalisten die immer wieder »letzten« Wilden der Neuen Welt auf, zerstören dabei ihren Stammeszusammenhalt unbewußt oder zielstrebig. Seit die Scheinwerfer der Weltöffentlichkeit auf Nicaragua ruhen, bekommen auch die Indianer im Lande der Sandinisten ein Seitenlicht ab. Die Miskitos, Ramas und Sumos sind überhaupt nur wegen ihrer Abgelegenheit in den Sümpfen am Atlantik dem Schicksal der indianischen Hochzivilisationen entronnen. Die Managua-Indianer zum Beispiel, die an den großen Seen von Nicaragua Siedlungen mit 30 000 und mehr Einwohnern gebildet hatten, waren schon von den Spaniern ausgelöscht worden. Gegen die spanische Zentralgewalt setzten die Engländer einen Indianerstaat am Atlantik. Dieses Marionettenkönigreich der Miskitos, Sumos und Ramas ließ sich 1894 nicht mehr halten und fiel an Nicaragua. Das hat ihre Lebensweise zunächst weder berührt noch verändert. Nicaragua, halb so groß wie die alte Bundesrepublik und kaum besiedelt, konzentrierte sich auf einen Machtkampf im Inland, der im Grunde bis heute andauert, aber erst in den letzten zwanzig Jahren das Hinterland ergreift. In ihrer Suche nach Hilfstruppen haben die Kontrahenten von heute eine blutige Spur durch das Indioland am Atlantik gezogen.

Dabei wurde das kleine Volk der Ramas fast ausradiert, wurde das mit 10 000 Mitgliedern eher kampfstarke Volk der Miskitos dezimiert, wurden die friedlichen Sumos mit ihren 15 000 Stammesangehörigen vertrieben. Von ihren 35 Ortschaften blieben nur drei erhalten. Auf der Flucht vor der Gewalt fanden die anderen Sumos nur vorübergehend eine Heimstatt im Nachbarland Honduras. Eine Verfügung von 1984 zwang sie zur Rückkehr nach Nicaragua. Überall im Lande verteilt, wurden sie zwangsangesiedelt. Der ehemalige deutsche Botschafter in Nicaragua Götz von Houwald hat sich der Sache der Sumos angenommen. Er fürchtet einen kollektiven Selbstmord der entwurzelten Indianer, eine Verkümmerung im Selbstmitleid. Die UNO sieht er gelähmt durch den politischen Opportunismus, der sie lenkt. Von Houwald setzt letzte Hoffnung auf eine internationale Hilfsaktion jenseits der Vereinten Nationen und erhofft sich Anstöße durch AIM, das American Indian Movement.

Russell Means und andere Aktivisten waren schon mehrmals im Tiefland am Atlantik. Bei einer Erkundungsfahrt im Januar 1986, geführt von Brooklyn Rivera, einem Guerillero aus dem Miskitovolk, wurde er von einem Granatsplitter getroffen. Flugzeuge aus Managua hatten die Gruppe angegriffen und mehrere Begleiter getötet. Seitdem ist Russell Means übergegangen von der rein humanitären und finanziellen Hilfe zum Aufruf an seine roten Brüder in den USA, Krieger an der Seite der Miskitos in den Kampf um Nicaragua zu entsenden.

Noch ist nicht abzusehen, ob die Indianer in den USA diesem Appell folgen. Ein Pow Wow in Albuquerque, New Mexico, nannte in diesem Zusammenhang klangvolle Namen aus der Widerstandsgeschichte der nordamerikanischen Indianer wie Sitting Bull und Tecumseh. Die Erinnerung an den Medizinmann Popé ist noch lebendig, der im Jahre 1680 das Joch der Spanier für ein Dutzend Jahre abschütteln konnte. In unserer linearen Geschichtsauffassung mag dies weit zurückliegende Ereignis wenig Sinn machen. Aber für die Indianer treten Zeitbezüge weit hinter symbolischen Werten zurück.

Auf nationaler Ebene erkämpften sich die »native Americans« in den siebziger Jahren Gesetze, in denen die Stammesregierungen das Recht und die Mittel erhielten, ihr Schulwesen selber zu gestalten. Sie fordern auch Land zurück, das ihnen einst vertraglich zugesichert, aber nie zugestanden wor den war, obwohl sie qua Gesetz schon seit 1897 Land erwerben durften. Schließlich verlangen sie Wiedergutmachung für erlittenes Unrecht in Form von Unterstützung im Kampf gegen Arbeitslosigkeit und Alkoholismus. Alle großen Universitäten bieten heute begabten jungen Ureinwohnern freie Studienplätze, und an die Stelle der Verachtung des roten Mannes ist ein wenig Scham getreten über das Unrecht, das man ihm angetan hat.

Mit der Tendenz zur Selbstbestimmung des »native American« geht aber auch seine Abkapselung einher. Progressive Kräfte hadern mit den konservativen und ihrer Berührungsangst vor dem weißen Mann. Wie auch bei den schwarzen Amerikanern liegen Selbstbehauptung und Selbstfindung vor der Verflechtung und Verschmelzung mit dem Homo Americanus. Aber gerade im Südwesten, wo die roten Amerikaner alteingesessen sind, bahnt sich ein neues zwangloses Nebeneinander der Rassen an den Studien- und Fabrikationsplätzen an. An der »frontier«, wo sich einst die Nation bewährte, steht vielleicht die Wiege des neuen Amerikaners, der seine Ressourcen und seine Eigenschaften aus dem unerschöpflichen Pool des Vielvölkerstaates bezieht.

Neue Frauen in der Neuen Welt

Wenn die Amerikaner von Minderheiten reden, meinen sie nicht nur Nationalitäten und Rassen, sondern auch ›pressure groups‹, Interessengruppen, oder gesellschaftlich relevante Kräfte. In diesem Sammelsurium tauchen hoch auf der Prioritätenliste neben den Schwarzen immer wieder die Frauen auf. Dabei verfügen sie über eine absolute Mehrheit im Minderheitenstaat Amerika. Über 50 Prozent der Bevölkerung sind Frauen. Diese Mehrheit spiegelt sich aber nicht in der Zahl der politischen Ämter wider. Deshalb sprechen engagierte Frauenorganisationen vom »gender gap«. Das ist die unterschiedliche Behandlung der Geschlechter, die angebliche Mißachtung der weiblichen Selbstbestimmung durch die Männerwelt der Politik. Diesen Vorwurf machten die Feministinnen vor allem republikanischen Präsidenten, wie zuletzt Ronald Reagan. In der Tat haben die Demokraten Frauen in den Parteiorganisationen stärker gefördert. 1988 unterlag zwar eine Frau als Präsidentschaftskandidatin ihren demokratischen Mitbewerbern, das war Patricia Schröder aus dem Bundesstaat Colorado. Aber im Juli 1984 machten die Demokraten bei ihrem Parteikonvent in San Francisco eine Frau zu ihrer Vizepräsidentschaftskandidatin, Geraldine Ferraro. Die Abgeordnete aus Queens in New York wurde am 18. Juli 1984 per Akklamation berufen. In ihrer Dankesrede gibt Frau Ferraro selbst eine Antwort auf die Frage nach der Bedeutung ihrer Berufung: »Das hat mit dem amerikanischen Traum zu tun, so wie einst Kennedy das Zeitalter der Raumfahrt eingeleitet hat, so wie das Datum, an dem mit Sally Ride die erste

Frau in das All flog, oder so wie mit Jesse Jackson, der als erster Schwarzer sich um die Präsidentschaft bemüht hat.«

Ohne Zweifel war es Jackson mit seiner Regenbogenkoalition aus Farbigen und Frauen, der für Frau Ferraro den Weg in diese Nominierung mitgebahnt hat. Die Berufung einer Frau markiere einen weiteren Meilenstein auf dem amerikanischen Weg, jetzt gebe es keine Türen mehr, die den Frauen verschlossen bleiben könnten, so meint Geraldine Ferraro. Der Parteikonvent von San Francisco vermittelte mehrfach das Bild weiblichen Aufstiegs. Das Stadtoberhaupt ist eine Frau, aller dings die einzige Bürgermeisterin einer amerikanischen Großstadt. Die Jüdin Diane Feinstein stand übrigens ebenfalls als Vize zur Debatte. Martha Collins fungierte als Vorsitzende des Parteitages. Sie ist Gouverneurin von Kentucky. Außer ihr herrschen nur Männer über die 50 Staaten der USA. Mehr als die Hälfte der 4 000 Delegierten auf diesem Parteitag waren Frauen, wenn auch nur 5 Prozent der höheren öffentlichen Ämter im Lande von Frauen bekleidet werden. Das war 1984.

Ebenfalls in San Francisco fand 1920 schon einmal ein Parteitag der Demokraten statt. Damals gab es immerhin schon 58 weibliche Delegierte. Es war auch das Jahr, in dem die Frauen das allgemeine Wahlrecht neu erkämpften, über das sie übrigens vor der Gründung der Vereinigten Staaten einmal verfügt hatten. Als im 17. Jahrhundert das englische Recht von den Kolonisten über den Ozean gebracht wurde, hatten die Frauen nämlich verfassungsmäßiges Stimmrecht und machten auch davon Gebrauch. In der ursprünglichen Erklärung der Menschenrechte 1776 wird die Geschlechterfrage bei der Stimmberechtigung ausgelassen. Zwei Jahre später aber ergänzte der Bundesstaat New York seine Verfassung durch die Zufügung des Wortes männlich. Es folgte ein Staat nach dem anderen. New Jersey war 1844 der letzte, just zu der Zeit, als die Frauen zu einem neuerlichen Ansturm auf die männerbeherrschte politische Welt ansetzten.

In New York tagte 1848 die erste Frauenversammlung und verabschiedete eine »Declaration of Sentimentality«. Von New York aus breitete sich die Frauenbewegung über das ganze Land aus, bis schon 1866 eine nationale Organisation geschaffen war. In einer Petition mit 80 000 Unterschriften verlangten die Frauen die Wiedereinführung des Frauenstimmrechtes. Sie kamen dabei durch alle Instanzen bis zum Ober sten Gerichtshof; der aber entschied negativ, was das nationale Wahlrecht anlangt. Das hinderte einzelne Bundesstaaten nicht, das Frauenstimmrecht wiedereinzuführen.

In den bewegten neunziger Jahren des vergangenen Jahrhunderts waren es mit Colorado, Utah, Idaho und Montana Staaten des Westens, die den Frauen das kommunale Stimmrecht zugestanden. Das kommt nicht von ungefähr, denn in den rauhen Pionierstaaten waren die Frauen weit in der Minderzahl und wurden um so höher respektiert. Das galt nicht nur für die Damen aus gutem Hause, sondern auch für jene weiblichen Globetrotter, die es mit der Tugend nicht so ernst nahmen und in den Saloons und auf den kleinen Bühnen den Goldgräbern und Cowboys das Geld aus der Tasche holten. Gar manche Kurtisane ist mit dem erworbenen Reichtum später in einen sogenannten ehrenhaften Beruf gewechselt. Die Tänzerin Lola Montez etwa, nach ihrer Liebschaft mit König Ludwig I. aus Europa verjagt, hatte sich durch Amerikas rauhe Männerwelt getingelt und widmete sich später nur noch sozialen Aufgaben.

Der Kampf um die Gleichberechtigung entbrennt um die Jahrhundertwende vor allem an der Ostküste. Dabei geht es nicht nur um die Beteiligung an der politischen Macht, sondern auch um das Recht auf eigenen Besitz unter eigenem Namen und um den Anspruch auf gleichberechtigte Erziehung. Im Ersten Weltkrieg werden immer mehr Frauen in den Arbeitsprozeß eingegliedert. In den zwanziger Jahren gehen die Suffragetten auf die Straße, erregen ihre Demonstrationsmärsche durch New York, Chicago und Washington das Inter esse der Welt. Mit Eleanor Roosevelt tritt im Zweiten Weltkrieg die Präsidentenfrau aus dem Schatten ihres Mannes.

Eleanor Roosevelt war nicht nur First Lady, sondern enge Beraterin im Weißen Haus. Eine Tradition, die über Mamy Eisenhower, Betty Ford und Rosalynn Carter bis Nancy Reagan ungebrochen blieb. Woodrow Wilsons Frau hat zum Schluß sogar für ihn regiert. Jacqueline Kennedy hat Glanz und Kultur in die etwas verschlafene amerikanische Hauptstadt Washington gebracht.

Viel früher jedoch als in der Politik haben sich die Frauen in der Erziehung durchgesetzt. Wo immer sich im Verlauf der amerikanischen Jahrhunderte eine neue Gemeinde etablier te, gab es eine kleine Bibliothek und ein ›one room schoolhouse‹, ein Häuschen für die Kindererziehung, auch wenn es nur aus einem Raum bestand. Mit ganz geringen Ausnahmen waren es nicht Männer, sondern Frauen, die diese Pionier schulen leiteten.

Die erste Hochschule nur für Frauen wurde aber erst 1833 gegründet; es war das Oberlin College in Ohio. Dann folgte die Gründung einiger Frauenuniversitäten, deren Standard bis heute so konstant hoch blieb, daß man sie die sieben Schwestern von der »Ivy League« nennt, den (efeubewachsenen) Eliteuniversitäten. Eine dieser sieben Schwestern ist Wellesley Die Universität liegt in einer Hügel- und Seenlandschaft eine gute Autostunde von der Hafenstadt Boston entfernt. Die Architektur ist bis ins Detail englischen Vorbildern nachempfunden. Die Idee zu dieser Frauenuniversität kam von einem Mann. Aber Frauen haben Wellesley seit der Gründung im September 1875 gelenkt. Das Prunkstück, die Bibliothek, ist längst aus ihren neogotischen Nähten geplatzt. Ihre 60 000 Bände verhelfen Wellesley zum Ruf eines Lernzentrums mit Ausstrahlung auf ganz Amerika. Der erste Jahrgang von 1875 zählte 314 Mädchen. Aufsehen erregt hat aber damals nicht nur die Strenge und die Qualität ihrer Ausbildung, sondern das Konzept von »mens sana in corpore sano«, der Ausbildung nicht nur des Geistes, sondern auch des Körpers. Rudersport und Tennisspiel, Korbball und Turnen – Wellesley brach mit dem Vorurteil, daß Sport nur etwas für Männer sei. Dafür hat sich eine Tradition eisern bis heute gehalten, obwohl sie der Frauenemanzipation eigentlich zuwiderläuft. Ein gut bestandenes Examen wird auch mit einem »Hoopla« gefeiert, das ist ein Reifenrennen mit folgenschwerer Bedeutung für die Siegerin. Ihr wird nämlich prophezeit, daß sie als erste unter die Haube kommt. Die sieben Schwestern der »Ivy League« sollten beweisen, daß Frauen sehr wohl den Konkurrenzkampf mit Männern auf wissenschaftlichem und geistigem Gebiet aufnehmen können, ihnen sogar überlegen sind. Der feminine Ehrgeiz führte dazu, daß auch alle Lehrkräfte aus Frauen bestanden. Im ausgehenden 20. Jahrhundert haben sich die Vorzeichen geändert. ›Coeducational‹ ist jetzt die Devise, gemischte Klassen. Das Wellesley College war die letzte der sieben Schwestern, die auch Männer zulassen. Umgekehrt hat das Magdalen College in Cambridge als letzte reine Männeruniversität sich jetzt auch Frauen geöffnet. Nach 446 Jahren ist Penelope Bell die erste Frau auf diesem College.

Die lange Trennung in rein weibliche und rein männliche Universitäten hat auch damit zu tun, daß das Zeitalter der Prüderie in den Vereinigten Staaten erst spät zu Ende ging. Im puritanischen Hinterland der Vereinigten Staaten fühlten sich junge Frauen dem strikten Moralkodex der Vorväter verpflichtet. Bis tief ins 20. Jahrhundert hinein verfolgte sie das Scham- und oft das Schuldgefühl verbotener Liebe. Die Gesellschaft fand Mitte des Jahrhunderts einen Weg, die alten Moralvorstellungen beizubehalten und doch mehr Offenheit zwischen den Geschlechtern zuzulassen. ›Dating‹,

›necking‹ und ›petting‹ hießen die neuen Spielregeln. Das ›dating‹ ist die zwanglose Verabredung ohne weitergehende Absichten. Die Grenze liegt beim Schmusen.

Dann begann das intensive Studium des Sexualverhaltens der Geschlechter, kurz Sex genannt. Ein Modewort, das die Welt gierig übernahm. Berühmt wurde in diesem Zusammenhang der Kinsey-Report, eine Analyse der verklemmten Gefühlswelt der jungen Amerikaner. Nach der Sexrevolution beginnt die Auflehnung vieler Frauengruppen gegen die Darstellung der Frau als Lustobjekt. Damit ist nicht nur die Pornographie gemeint, sondern jede Art von Zurschaustellung weiblicher Attribute. Hollywood begann in den zwanziger Jahren mit dem Phantasiebild der Frau Geld zu verdienen. Die Pin-up-Girls, wie sie in jedem Soldatenspind hängen, wurden damals erfunden. Besonders hervorgetan hat sich ein Künstler namens Vargas. Er malte lange Beine, üppige Busen, blonde und brünette Haare und lange Augenwimpern. Er zeichnete damit das Wunschbild vieler junger Männer. 1921 gab es auch die erste Miss-Wahl in den Vereinigten Staaten. Ebenfalls ein erfolgreiches Exportprodukt in alle Welt.

Selbst die Cheerleaders, in Phantasieuniformen gesteckte Revuegirls, besonders bei Sportveranstaltungen, erregen Anstoß bei vielen Frauenverbänden. Sie haben inzwischen erreicht, daß das Wort Fräulein, Miss, aus der Mode gekommen ist. Da aber viele junge Mädchen nicht mit Mrs., nämlich Frau, angesprochen werden wollen, hat sich das Briefkürzel Ms. eingebürgert, statt Mrs. oder Miss.

Der Kampf gegen die Moral von gestern, für die Selbstbestimmung der Frau, war lang. Es ist der Weg vom Kreolinenrock zum Bikini, die Annahme von Gewohnheiten, die früher nur Männern vorbehalten waren, wie das Rauchen oder auch das Trinken in aller Öffentlichkeit und die Einführung der Automatik in die Küche. Gerade diese Veränderung hatte aber einen rein praktischen Hintergrund, nämlich die zunehmende Integration der Frauen in das Berufsleben. Mit der industriellen und mechanischen Entwicklung entstand eine ganze Generation von neuen Berufen, Frauenberufen – die Telefonistin, die Stenotypistin, die Cutterin im Filmschneideraum und ein immens steigender Bedarf an Verkäuferinnen. Die moderne junge Frau hat auch einen neuen Look, ein neues Aussehen. Das fiel im Jahre 1907 bereits dem Engländer Georg Bernard Shaw auf. Er schrieb: »Amerikanische Frauen sehen durchweg gut aus; aber sie sehen auch alle gleich aus.«

Wenn der Europäer um diese Zeit von der Berufstätigkeit der amerikanischen Frau hörte, so dachte er an die Frau im Anwaltstalar, in der Predigerrobe, die Ärztin und die Universitätsprofessorin. Aber wie Hugo Münsterberg in seinem Buch über die Amerikaner bereits im Jahre 1912 herausfand, gab es damals schon zwischen dem Atlantischen und dem Stillen Ozean 45 Lokomotivführerinnen, 91 Küsterinnen, 31 Liftfrauen, 167 Maurerinnen, 5 weibliche Lotsen, 190 Leihstallbesitzerinnen, 196 weibliche Schmiede, 625 Kohlengräberinnen, 3 Auktionatorinnen und 1320 berufsmäßige Jägerinnen. Dem guten Start folgte bald die Ernüchterung. In beiden Weltkriegen wurde die Frau als Arbeitskraft herangezogen und danach wieder entlassen. Die Arbeitslosenquote bei Frauen ist aber auch deshalb so hoch, weil nur bezahlte Arbeit in die Statistik aufgenommen wird, die Amerikanerin aber gerade in der unbezahlten Arbeit seit den Pioniertagen quantitativ und qualitativ hochstehende Funktionen in der Gesellschaft übernommen hat. Ob in Salons oder Gemäldegalerien, ob in historischen Gesellschaften oder bei den »Daughters of The American Revolution«, den Töchtern der amerikanischen Revolution, ob in der Wohltätigkeit oder in der Organisation von Festtagen, ob im Dienste einer politischen Sache oder eines ökologischen Anliegens – fast immer arbeiten Frauen umsonst. Wenn Sie gar aus den sogenannten Frauenberufen ausbrechen wollten, waren ihnen lange Grenzen gesetzt. Immerhin sind in den späten achtziger Jahren 7 Prozent der Managerpositionen im Lande von Frauen besetzt. Bei Unter haltung, Film und Fernsehen sind Frauen besonders stark im Vormarsch.

Im Laufe des amerikanischen Jahrhunderts sind die Frauen sicherlich auf der Gewinnerstraße. Zu einem großen Teil hat die amerikanische Frau Freiheit gewonnen, mit Männern auf gleichberechtigter Ebene zu konkurrieren. Aber psychisch und sozial lebt sie immer noch in einer Gesellschaft, die von männlichen Maßstäben dominiert wird. Nachdem Geraldine Ferraro 1984 im Team mit dem Präsidentschaftskandidaten der Demokraten, Walter Mondale, eine politische Niederlage hinnehmen mußte, bleiben Frauen in der Politik des Landes wahrscheinlich noch auf Jahre hinaus im zweiten Glied. Uramerikanische Demokraten sehen mit Verwunderung und Neid, daß ausgerechnet in Ländern der Dritten Welt, wo es mit der Frauenemanzipation noch längst nicht so weit her ist, Frauen die Regierungen übernommen haben, wie Indira Gandhi schon vor Jahren in Indien, Corazon Aquino auf den Philippinen oder Benazir Bhutto in Pakistan.

Viele amerikanische Frauenorganisationen sehen aber noch auf einem anderen Feld den endgültigen Test auf die Frage nach der Gleichheit der Geschlechter und auch auf die Frage nach der Vollendung der Menschenrechte. Die Feministinnen meinen damit das Recht der Frau auf ihren Körper, wie sie es nennen. Eleanor Smeal von der »feminist majority« nennt es sogar ein von der Verfassung garantiertes Recht. Es geht um die Frage der Abtreibung und um die Entscheidung des Ober sten Gerichtes, ob Leben bereits mit der Empfängnis beginnt oder erst, wenn sich der Fötus erkennbar gebildet hat.

1973 hatte der Oberste Gerichtshof die Abtreibung legalisiert. Kein Bundesstaat darf seitdem eine Schwangerschaftsunterbrechung bis zum dritten Monat untersagen. Seit Ende der achtziger Jahre gewannen jedoch die konservativen Richter am Obersten Gerichtshof die Mehrheit und auch der öffentliche Druck – vor allem der zum Teil gewaltbereiten organisierten Abtreibungsgegner – zielte auf eine Verschärfung der Abtreibungsregelung ab. Dennoch bestätigte 1992 in einem mit Spannung erwarteten Urteil eine knappe Mehrheit der Obersten Richter das grundsätzliche Recht auf einen Schwangerschaftsabbruch. Selbst einige von Reagan und Bush ernannte Richter – darunter Sandra O'Connor als einzige Frau – schlossen sich ihren liberalen Kollegen an. Unter der Präsidentschaft Clintons wird es weitere Versuche, das Abtreibungsrecht auf gesetzlichem Weg einzuschränken, wahrscheinlich nicht geben.

Der amerikanische Volksheld

Amerika ist nicht aus einem Volk hervorgegangen, sondern aus einer Vielzahl von Minderheiten. Dementsprechend sind amerikanische Volkshelden nicht tief in der Geschichte oder der Sage verankert, sondern wurden erst um die Jahrhundertwende als solche erkannt oder bestimmt. Sicherlich erinnert sich die Nation an die Pilgerväter und ihre Pioniertaten im 17. Jahrhundert. Washington und Lafayette, die Feldherren, sind eines vornehmen Platzes in der Erinnerung der Amerikaner sicher. Natürlich erfahren die Kinder in den Schulen von den Entdeckern Louis und Clark, von der heroischen Verteidigung der Mission Alamo gegen die Mexikaner durch David Crockett und James Bowie. Aber nicht die Eroberer und die Entdecker, nicht die Unabhängigkeitskämpfer, Jäger und Fallensteller, nicht die Pioniere des 17. und 18. Jahrhunderts nehmen den ersten Rang in der Heldengalerie ein, sondern der Cowboy wurde zum »all-American hero«, zum nationalen Vorbild.

Er ist der Amerikaner schlechthin. In ihm erkennt sich die Nation wieder. Mit ihm identifiziert der Rest der Welt Amerika. Wer sich mit dem Cowboy-Image schmücken kann, hat bis heute einen höheren Stellenwert in der Gesellschaft. Es gilt für Louis L'Amour, den Schriftsteller, der mit Wildwestgeschichten über 20 Millionen Auflage machte. Das gilt für Ronald Reagan, den Präsidenten, den man als den herausragenden Verfechter alter Pioniertugenden sah, obwohl er selber nur ein Cowboy-Darsteller war. Um die Jahrhundertwende schloß sich Theodore Roosevelt den »Rough Riders«(eigentlich »Zureiter«) an, die als Freischärler in den Krieg auf Kuba gingen, und John F. Kennedy nannte sein neues aufregendes Programm »The new frontier«, die neue Grenze.

»The significance of the frontier in American history«, die Bedeutung des Wilden Westens für die amerikanische Geschichte, wurde als erstes von Frederic Jackson Turner erkannt, einem bedeutenden Historiker, der in der Zeit des Cowboys eine Art Wasserscheide für die amerikanische Entwicklung sah. Er schrieb 1893: »Unsere frühe Geschichte besteht im Studium der europäischen Samen, die sich in einem amerikanischen Umfeld entwickeln. Zuviel Aufmerksamkeit wurde den germanischen Wurzeln gezollt, zuwenig den amerikanischen Faktoren. Dabei hat Amerikanisierung nirgendwo so schnell und effektiv stattgefunden wie im Grenzerleben des Wilden Westens. Die Amerikaner meinen mit Grenze etwas völlig anderes als die Europäer. Dort ist es eine befestigte Linie, die auch durch dichte Wohnviertel führen kann. In Amerika ist ›frontier‹ immer der Vorposten der Zivilisation. Und den Männern, die diese Grenze immer weiter vorwärts treiben, verdankt der amerikanische Intellekt seine besonderen Merkmale. Ungeschliffene Stärke kombiniert mit schlauer Neugier, dem erfinderischen Sinn, dem das Künstlerische komplett abgeht, energiegeladene Heiterkeit, die ungebändigte Kraftfülle, die wiederum Teil des Freiheitswillens sind. Das sind die Eigenschaften der Grenze.«

Der Historiker Frederic Turner hat die Bedeutung der großen Cowboyzeit erkannt, bevor sie zu Ende ging. Der Politiker Theodore Roosevelt verglich die Legenden der Grenze mit den Heldensagen in Deutschland, die Cowboys mit den Kreuzrittern und den Raubrittern. »Die haben sich in den Dienst der guten oder der bösen Sache gestellt mit der gleichen ungebärdigen Intensität. Sie hatten auch diesen Hang zur Grausamkeit, der im grimmigen Kampf gegen die wilde

Natur entsteht und der auch immer eine Zwillingsschwester des Heroismus ist.«

Amerikanische Schriftsteller haben sich schon um die Jahrhundertwende auf die noch so frischen Legenden aus dem Wilden Westen gestürzt. Im Westernfilm wurden die Heldensagen von der »frontier« nacherzählt und neu erfunden. Die Weiter entwicklung und Veränderung des Genres ist ein Spiegelbild der amerikanischen Gesellschaft und ihrer jeweiligen Befindlichkeit. The »Great Train Robbery« und der schon 1898 von der Edison-Company gedrehte Streifen »Die Bar von Cripple Creek« waren reine Action in primitiver Kulisse. Das Spektakel stand im Vordergrund. Das Kino nahm Anleihe beim Theater, oft bei der Schmierenkomödie. Tom Mix und Fuzzy entsprechen dem Muster von Held und Clown – sie haben kein Sendungsbewußtsein, sie liefern Kintopp. In den goldenen zwanziger Jahren und erst recht während der Depression suchte das Publikum Amüsement und nicht Problematik.

Mit dem Aufstieg des Westerns zum künstlerischen Film wird das Szenario realistischer und geraten die Helden lebensnäher. Es ist die Zeit der Gary Cooper, Henry Fonda und Montgomery Clift. Aber auch ihre schon etwas gebrochenen Charaktere entstehen auf der Schreibmaschine der Phantasie und nicht im Archiv des Wilden Westens. Im Zweiten Weltkrieg erfüllt der Western eine vaterländische Funktion. Audy Murphy und John Wayne reiten für die USA. Gerade John Wayne wird zur beherrschenden Kultfigur. Im großen Cowboymuseum von Oklahoma City ist ihm ein ganzer Saal gewidmet – als ob der Sattel, auf dem er durch das Kinoleben ritt, und das Schweißband in seinem Hut Westernwirklichkeit gewesen wären. Gerüchte halten sich auch hartnäckig, daß sich sowjetische Machthaber und südamerikanische Caudillos neue John-Wayne-Filme kommen ließen, um daraus Rückschlüsse auf eine mögliche amerikanische Außenpolitik zu ziehen. Die Kulissenstädte des Western sind für das Publikum inner und außerhalb der USA auch authentischer als die Originale in Kansas und Texas. Erst als die großartige Landschaft der »frontier« selber zum Hauptdarsteller wird, kommt es zu Überschneidungen von Schein und Realität. Nach dem Kriege erhält auch der ›underdog‹ eine Chance.

»Der Mann von Laramie« mit James Stewart ist ein Beispiel dafür. Skeptiker, kaputte Typen, sogar Negativhelden bevölkern die Bühne. Parallel dazu setzt eine kritische Rückbesinnung in der Nation ein, regt sich auch schlechtes Gewissen gegenüber den Unterlegenen und Verdrängten in den Cowboyjahren. Der Spätwestern schließlich setzt sich wieder über die Westernwirklichkeit hinweg, setzt Schwerpunkte an brutaler Gewalt, stiller Romantik und furchterregender Einöde, benutzt nicht einmal mehr die Originalkulisse. Die »frontier« ist plötzlich überall: in den kargen Hügeln Spaniens, dem Bergland Jugoslawiens und den italienischen Alpen. Der Wilde Westen geht endgültig in den Besitz der ganzen Welt über. Gleichzeitig aber scheint seine Attraktivität zu verlöschen.

Die junge Filmindustrie hatte nicht nur das Potential erkannt, das in der Eroberung des Wilden Westens steckt, sondern den Cowboy zum amerikanischen Volkshelden stilisiert. Die Überlieferung ist dabei der Dramatisierung zum Opfer gefallen. Die große Zeit des Wilden Westens wurde vom Kino so sehr in Beschlag genommen, daß die gewissenhafte Geschichtsschreibung nur eine geringe Chance dagegen hatte.

Auch haben sich keine großen Schriftsteller der Heldenzeit im Wilden Westen angenommen, sondern es waren Trivialautoren von Zane Grey bis Louis L'Amour, die die Nachfrage des Publikums befriedigt haben. Louis L'Amour hatte bis zu seinem Tode 1987 101 Bücher geschrieben und in 20 Millionen Auflage verkaufen können. Sheriffs wie Bud Masterson und Wyatt Earp wurden in ihren Tugenden und Leidenschaften so überhöht, daß die Wirklichkeit hinter der Fiktion immer weiter zurückblieb. Die Guten wurden edler gemacht und die Bösen grausamer dargestellt, als sie wohl wirklich waren. Die Frage nach Gut und Böse muß sich auch der Frage nach dem Spektakel und dem Erfolg unterordnen. So ist der ›outlaw‹, der Gesetzlose, keineswegs ein verachtenswertes Individuum, sondern er kann auch der einsame Kämpfer für eine moralische Gerechtigkeit sein, die jenseits des Gesetzes angesiedelt ist. Es ist auch deshalb so schwer, zwischen Wahrheit und Legende zu unterscheiden, weil die Helden und großen Gegner in der Zeit des Wilden Westens, nachdem sie ihre Rollen im wirklichen Leben gespielt hatten, diese gleich für ein größeres Publikum noch einmal nachstellten. So hat der Büffeljäger Bill Cody nach dem Feldzug gegen die Sioux-Indianer den großen Häuptling Sitting Bull in eine Show mit übernommen, die auf Tournee durch Amerika ging, später nach Europa, und überall großes Aufsehen erregte. Und als der tüchtige Cowboy Bill Pickett nicht mehr mit den großen Viehtrecks unterwegs war, da begann er seine Künste für ein zahlendes Publikum zu zeigen. Wie der Wilde Westen wirklich war, ist nur noch mühsam nachzuvollziehen.

Ob zwischen 1870 und 1890 wirklich 20 000 Menschen bei Schießereien zwischen Dallas und Denver umgekommen sind, ist genauso unbestätigt wie die gegenteilige Behauptung, daß nämlich in Dodge City und Abilene, dort, wo die Revolvermänner ihr Unwesen trieben, insgesamt nur hundert Duelle ausgetragen worden sind. Und die berühmte Auseinandersetzung am O. K.-Corral in Tombstone – Gegenstand vieler Filme – war nicht etwa die Regel, sondern eine große Ausnahme in der Geschichte des Wilden Westens.

Die Aufmerksamkeit der Amerikaner, mit ihnen der Filmproduzenten, richtet sich dabei auf ein kleines Segment in Zeit und Raum. Nach dem Bürgerkrieg erlebte der Norden der USA eine Hungersnot, waren im Süden große Landgüter verwahrlost und die riesigen Herden verwildert. Die Rinder schlugen sich in die Büsche und vermehrten sich in der Freiheit über die Maßen. Nach dem Bürgerkrieg 1865 gab es schätzungsweise dreieinhalb Millionen Rinder allein in Texas, die berühmten Longhorns. Man findet sie heute nur noch auf ›dude-ranges‹, auf Modellfarmen, die mehr der nostalgischen Erinnerung dienen als dem Lebenserwerb. Damals aber war das Vieh sozusagen Freiwild, gehörte demjenigen, der es einfing und mit seinem Brandzeichen versah. Die Herden wurden im Winter zusammengestellt, Aufbruch war meist im Frühjahr. Zunächst ging es quer durch Texas, und am Red River begann der beschwerliche Treck durch das ›indian territory‹, dem späteren Bundesstaat Oklahoma, bis nach Abilene und Dodge City in Kansas. Das Red-River-Crossing, die Furt über den Roten Fluß, sah die größte Rinderkonzentration aller Zeiten. Bis zu 20 Herden stauten sich hier; 1881 gingen 30 000 Longhorns über den Red River. Unterwegs setzten Viehdiebe, Banditen und Indianer den Cowboys zu. Viele ertranken in den Flüssen, mancher verlor sein Leben unter den Hufen einer wildgewordenen Herde. Nicht Hautfarbe oder Herkunft machte einen Cowboy aus, sondern seine Fähigkeit, mit dem Lasso genauso umzugehen wie mit dem Revolver.

Zum Cowboy gehört die standesgemäße Ausrüstung: der breite Hut, die hochschaftigen Stiefel, die Bandana, das Halstuch, das ausgeblichene Lederwams und natürlich und vor allem der Colt vom Typ Six-Shooter, auch Peacemaker, Friedensstifter, genannt. Der geniale Samuel Colt hatte schon zwei Generationen von Amerikanern mit Revolvern versorgt und war selbst schon gestorben, als der Revolver des Modells Single Action Army 1873 in Produktion ging. Vorher gab es nur Vorderlader, die sehr umständlich zu bedienen waren. Kein Gedanke an das blitzschnelle Ziehen, das nach der Legende von den ›gunmen‹, den Revolverhelden, geübt wurde. Aber auch die wenigen Sechsschüsser, die dann in den Wilden Westen gelangten, mußten hoch an der Hüfte in schützenden Holstern getragen werden. Der Mythos vom Colt hält sich dennoch so hartnäckig, weil er in das Bild vom tapferen Cowboy paßt und weil er eben ein »equalizer« war – ein Mittel, auch den Schwachen stark zu machen.

Die Rassen und Farben hatten keinerlei Vorurteile gegeneinander, und die meisten Männer lebten auf Zeit oder auf Dauer mit Indianerfrauen zusammen. Diese Verbindungen wurden erst als anstößig betrachtet, als weiße Frauen in zunehmender Zahl in den Westen kamen.

Die Zeit der großen Viehtrecks hat nur 25 Jahre gedauert, und es werden nicht mehr als insgesamt 40 000 Viehhirten mit den Trecks unterwegs gewesen sein. Dann schlossen die Eisenbahnen die Lücke zwischen Kansas und Texas. Im Jahre 1886 suchte eine Rinderkrankheit den Westen heim, die den Bestand etwa um die Hälfte reduzierte. 1887 starben in der großen Dürre wiederum ganze Rinderherden. Dennoch sank der Preis für die Longhorns immer weiter, und nach dem Zusammenbruch des amerikanischen Finanzmarktes 1893 gingen viele Cowboys in den Norden. Doch die Amerikanisierung Amerikas hatte begonnen. Nach dem Ende des Bürgerkriegs 1865 strömten die Millionen von Arbeitslosen und Glücksrittern in die Freiräume des Westens. Beim Viehtrieb und im Eisenbahnbau, im Goldrausch und in der Überlandpost arbeiteten schwarz und weiß und rot, jung und alt, Frau und Mann, Experte und Novize Seite an Seite an der Eroberung des Westens.

In diesem Prozeß waren aus Deutschen und Iren, aus Schwarzen und Weißen Amerikaner geworden. Nachdem die Herausforderung erfüllt, die größte Not überstanden war, zerfiel die Einheit und Brüderlichkeit in der Vielfalt wieder in ihre Einzelbestandteile. 1888 schrieb ein deutscher Einwanderer an seine Verwandten nach Hause: »Man sieht aus allem, aus jedem Stein, jeder Straße, daß die Verhältnisse noch unfertig sind, daß Amerika jetzt noch kein Volk hat, sondern Bewohner, und daß Jahrhunderte dahingehen werden, um ein harmonisches Ganzes zu schaffen.«

Die Geburt einer Supermacht

Die »Maine« war ihr Schicksal

Brot für die Kinder von Santa Maria des Rosario. Es wird das erste Stück das sie seit Wochen zu sehen bekommen. Jedes greift danach; zum Aufstehen sind sie zu schwach. Abgemagert, mit entstelltem Gesicht und aufgeblähtem Bauch sprechen ihre Augen eine deutlichere Sprache als alle Worte: Verzweiflung, Not und das Flehen um Hilfe. Sie kommt von einer alten Dame mit strengem Blick und ausdrucksvollem Mund. Vor einer Woche war sie nach Havanna gekommen, um zu helfen, getreu einer Organisation, die sie selber 1881 gründen geholfen hat: das Amerikanische Rote Kreuz. Clara Barton kann die flehentlichen Blicke der Kinder von Havanna nicht vergessen. Sie, die an Not gewöhnt war, verzweifelt an der Rücksichtslosigkeit der Mächtigen in Kuba. Im amerikanischen Bürgerkrieg hatte man sie »Engel der Schlachtfelder« genannt. Selbstlos hatte sie Hilfe für die Bedürftigen organisiert, die es bis dahin nicht gab. Nun hilft sie in einem anderen Land, wie selbstverständlich.

Und wie selbstverständlich präsentiert Amerika Hilfe anderer Art. Die »Maine«, modernstes Kriegsschiff der USA, fährt eine Woche später in den Hafen von Havanna ein. Um Amerikaner zu schützen, wie es amtlich heißt. Um Stärke zu zeigen und die Spanier einzuschüchtern, wie es Washington meint.

Spanien steht für Europa. Eine der erblichen Monarchien, die die Alte Welt (noch) beherrschen, kommt mit der Neuen Welt nicht zurecht. In Kuba scheiden sich die Geister. Man schreibt das vorletzte Jahr des 19. Jahrhunderts. Alte Herrschaftsstrukturen werden nicht mehr widerspruchslos hingenommen. In der Aufbruchstimmung einer heranwachsenden Industriegesellschaft begehren die Kolonien auf. Recht und Macht über den Willen der Völker zu stellen funktioniert nicht mehr. Aufklärung und Demokratie drängen nach vorn. Alte Strukturen erblicher oder geliehener Macht zerrinnen. Die Alte Welt verliert in der Neuen durch politische Selbstauflösung, Korruption und Ausbeutung. Das Alte wußte zu wenige Antworten auf Fragen einer anderen, einer neuen Zeit.

Revolution lag in der Luft. Auch auf Kuba. Und das benachbarte Amerika sympathisierte mit jenen, die aufbegehrten, mit den revolutionierenden Kubanern, die auf Selbstbestimmung drängten, gegen die Uneinsichtigen, die Vorgestrigen, als die die Spanier wirkten. Engagierte Amerikaner sorgen erst für Hilfe an die Kinder und dann – gezielt – mit einem Schlachtschiff. Also Hilfe anderer Art, im Kampf gegen die Spanier. Als am 15. Februar 1898 die USS »Maine« im Hafen von Havanna durch eine Explosion zerstört wird und sinkt, ist ein untrügliches Zeichen gegeben: Ein Jahrhundert beginnt, das das amerikanische heißt.

Die »Maine« war ihr Schicksal. 6683 Tonnen schwer, 328 Mann Besatzung, 1888 in New York-Brooklyn als eines der modernsten Kriegsschiffe gebaut. Stahl mit Dampfbetrieb. Das Zeitalter der Segelschiffe war endgültig vorbei. Der Koloß »Maine« sinkt im Flammeninferno von Havanna. 238 Seeleute und 28 Marines sterben. Weil man in Washington einen Kriegsgrund suchte, war von einer Außenbord-Explosion die Rede. Fast 90 Jahre später veröffentlicht Admiral Hyman G. Rickover, der legendäre Marineideologe, ein Untersuchungsergebnis über die Zerstörung der »Maine«. Unter Verschluß gehaltene Akten, Marineberichte, Expertengutachten, Zeugenaussagen und ein erster Geheimbericht lassen den populären Admiral zu dem Schluß gelangen: Die »Maine« wurde nicht durch eine Außenbordexplosion zerstört, sondern durch interne Überhitzung, wahrscheinlich im Kohlenbunker.

1898 will es die öffentliche und veröffentlichte Meinung der USA nicht wissen. Sie ist auf Krieg eingestimmt. Medien machen mobil. William Randolph Hearst und Joseph Pulitzer sind die Macher. Sie verkaufen Sensationen auf Druckpapier. Jeder versucht, den anderen zu übertrumpfen. Auflagen, Umsätze, Einfluß. Jedes Mittel ist recht, auch Kriegshetze. Sie paßt zum Stil der Zeit. Zuerst Säbelrasseln und dann schießen. Europäische Regierungen machen es immer wieder vor. Hart auftrumpfen lohnt sich in einer Zeit, in der die Welt – wie man glaubte – endgültig verteilt wird. Die USA sollten dabei nicht zu kurz kommen. Man fühlt sich nach dem Bürgerkrieg in der Erholungsphase: politisch handlungsfähig, wirtschaftlich nach der ersten Industrialisierungswelle gestärkt und militärisch einsatzbereit. Nach einem Kriegsgrund halten Washingtoner Strategen geradezu Ausschau. Der Zeitgeist gebietet Imperialismus.

Gute und böse Imperialisten

Teddy Roosevelt, der 26. Präsident der USA, will es den Europäern zeigen. Er, der auf Stärke und Einfluß setzt und vor Machtanwendung nicht zurückschreckt, ist nicht mehr bereit, die Überlegenheit der Alten Welt als gottgewollt hinzunehmen. Europäer sind ihm als Einwanderer, die niedrige Arbeiten verrichten, willkommen, nicht als Herrscher. Die nun in der Tat »Vereinigten Staaten von Amerika«, die den Bürgerkrieg und zwei Wirtschaftskrisen hinter sich gebracht hatten, sollen nicht zu kurz kommen, wenn die Welt – wie es scheint endgültig verteilt wird. Für ihn, dem Kämpfertyp, trägt der weiße Mann keine Bürde, sondern hat eine Chance. Zaudern und Zögern der Europäer kann dieser hartgesottene Präsident nicht verstehen, dekadente Arroganz der Europäer verwirrt Teddy Roosevelt.

Warum spricht der alte Kaiser in Wien davon, daß ihm »nichts erspart bleibt«? Wieso bringt der Kaiser in Berlin mit Säbelrasseln die Weltmeinung gegen sich auf? Mit welcher Begründung herrscht Großbritannien über ein Fünftel der Erde? Wie kann es geschehen, daß ausgerechnet ein russischer Revolutionär von München aus verbreitet, an der Kraft wissenschaftlicher Entdeckungen und an die Beherrschung der Natur zu glauben? Wladimir Iljitsch Uljanow, der Adelssohn, der sich seit dem Amtsantritt von Theodore (»Teddy«) Roosevelt im bayerischen Exil den Decknamen »Lenin« gab, beschäftigt erstmals aufmerksame Denker in Amerika. Instinktiv wenden sie sich gegen Lenins These, der Kapitalismus erfahre mit dem Imperialismus seine letzte Vollendung, danach sei der Absturz unvermeidlich.

Amerikaner vom Schlage eines Teddy Roosevelt halten sich für »Imperialisten mit Zukunft«, nicht angekränkelt von europäischen Selbstzweifeln. Sie trauen sich zu, den Europäern auch wirtschaftlich den Rang abzulaufen. Großbritannien, Deutschland und Frankreich liefern noch immer weit über die Hälfte der Weltwarenproduktion, während es die USA um die Jahrhundertwende knapp auf ein Viertel bringen. Schon zehn Jahre später zeigt sich: Die unternehmungslustigen Amerikaner konnten gleichziehen. 1913 bestreiten Europa und die USA jeweils gut ein Drittel der Weltproduktion. Stolz heißt es in amerikanischen Kommentaren, der eigene Wirtschaftsimperialismus habe sich ausgezahlt.

Teddy, das Weltwunder

»Wissen Sie, was mich in diesem Land am meisten beeindruckt hat?« berichtet ein europäischer Besucher nach einem Termin bei Präsident Roosevelt. »Die Niagarafälle und der Präsident der USA – beides große Wunder der Natur.« Kraftmensch Roosevelt sprach nicht wie spätere Präsidenten vom »amerikanischen Traum«, sondern von der »amerikanischen Wirklichkeit«. Eine Nation kontinentaler Ausmaße fühlt sich als der Magnet der ganzen Welt – stolz auf die erste Serie wissenschaftlicher Entdeckungen, vertrauend auf deren industrielle Nutzung (und auf die Bändigung der Trusts, die drohten, übermächtig zu werden). Beherrschung der Natur verstand sich von selbst. Um Interessen durchzusetzen, scheuten die USA auch vor Krieg nicht zurück, vor allem wenn sie glaubten, für eine rechte und gerechte Sache einzutreten.

Wie Machtdenken des ersten Roosevelt fortwirkt, ist in der *Washington Post* vom 13. April 1988 nachzulesen. »What Teddy Roosevelt would have done«, läßt das Blatt in Zusammenhang mit der Inhaftierung eines Amerikaners in Spanien einen Leserbriefschreiber fragen. »Es ist unerhört, daß ein amerikanischer Bürger in einem spanischen Gefängnis festgehalten wird und weitere Haft zu erwarten hat, obwohl überwältigende Beweise seine Unschuld zeigen. Teddy Roosevelt würde einen Kreuzer im Hafen von Barcelona vor Anker gehen lassen und ein Bombardement der Stadt ankündigen, wenn die Freilassung nicht sofort vollzogen würde.«

»Wir« schreiben Präsident Monroe und die Expräsidenten Jefferson und Madison anno 1823, also am Beginn des politischen Biedermeier, »haben niemals irgendeinen Anteil an den Kriegen gehabt, die die europäischen Mächte in ihren eigenen Angelegenheiten geführt haben. Und es entspricht nicht unserer Politik, uns daran zu beteiligen.« Mit dieser Doktrin, die den Namen des begabten Monroe trägt, sollen Interessen abgeklärt werden. Seitdem fühlen sich alle 41 Präsidenten der USA mehr oder weniger daran gebunden. Als die Monroe-Doktrin entstand, hielten die Amerikaner, die sich Anfang des 19. Jahrhunderts schließlich noch immer als Revolutionäre betrachteten, von der heiligen Allianz der Monarchen Österreich-Ungarns, Rußlands und Preußens reichlich wenig. Wesentlich mehr beeindruckte die Väter der Monroe-Doktrin jedoch die Konsolidierungsfähigkeit eines Metternich, ein Gleichgewicht der Kräfte mit Geschick herstellen und mit Härte wahren zu können. In seinem Stil und in seiner Systematik wollten sie ähnlich Dauerhaftes begründen. Dabei konnten sie nicht einmal ahnen, daß die Metternichsche Ordnung fast ein Jahrhundert Bestand haben würde.

Als überzeugter Imperialist nahm der erste Roosevelt auf dieser Grundlage den wichtigsten Teil seiner Außenpolitik in Angriff, den Bau des Panamakanals. Dabei geht er mit aller gebotenen Härte vor. Er – und kein anderer – entscheidet, daß der Kanal durch den Isthmus von Panama gebaut wird und nicht durch Nicaragua. Er sorgt für amerikanische Dominanz. Sieht er doch neben anderem die Chance, den Kauf Alaskas von Rußland, der den amerikanischen Steuerzahler über 7 Millionen Dollar gekostet hat, nach heutiger Sicht eine geradezu lächerlich geringe Summe, erst so recht nutzbar zu machen. Damals war lediglich von Holz und Versorgungsfahrten durch den Kanal die Rede, nicht von Öl. Kolumbien, zu dem die geplante Kanalzone gehörte, trickste Roosevelt aus. Als der Senat von Kolumbien sich weigert, den Überlassungsvertrag zu ratifizieren, den Washington wünscht, sorgt Roosevelt über Vertrauensleute für Revolution am Isthmus. Gleichzeitig veranlaßt er großzügige Investitionen. Er habe Korruption und Machtmißbrauch bekämpft und Wortbruch verhindert. Diese erste Zentralamerikapolitik Washingtons, die auch Rechte der Europäer mißachtete, ist kein Ruhmesblatt. 1903 meinte die *New York Times* zur Kanal-Affäre, die USA hätten den »Pfad des Skandals, der Schande und der Ehrlosigkeit« beschritten.

In Washington, wo nichts so zählt wie Durchsetzungsvermögen, wurde noch zu Theodore Roosevelts Lebzeiten über ihn diese Anekdote herumgereicht: Er betritt den Himmel und geht Petrus mit der Bemerkung an, der Begrüßungschor sei doch wohl etwas schwach geraten. Daraufhin wird ihm der Auftrag zur Reform übertragen. Was er denn so brauche? Tausend Tenöre, tausend Sopranisten, tausend Baritone. »Und was ist mit den Bässen?« Roosevelt: »Die Bässe singe ich.«

In Europa gehen die Lichter aus

Vier Tage nach der Wiederwahl Woodrow Wilsons klingt in der Wiener Hofburg das »Habtachtkommando« des kaiserlichen Wachbataillons dumpf und verhalten. Zum letztenmal grüßen sie ihren Kaiser. Dem Mann, der Österreich-Ungarn 68 Jahre lang regiert und der sich immer als der höchste Beamte seines zerklüfteten Vierzehn-Völker-Staates empfunden hatte, erwies die Welt die letzte Ehre. Der deutsche Kaiser, der sich für das Scheitern der blutigen Offensive von Verdun mitverantwortlich fühlte; der Sultan von Istanbul, der an dem Erfolg der Mittelmächte als Türke zu zweifeln begann, und das letzte aristokratische Aufgebot der Alten Welt.

»Zerstört Österreich-Ungarn«, hatte es fast gleichzeitig auf Flugblättern geheißen, die auch noch nach Ende des amerikanischen Wahlkampfes, also nach dem 8. November 1916, in New York, Washington und San Francisco verteilt wurden. Unter den 435 Abgeordneten des Repräsentantenhauses waren es fast cin Viertel, die sich den 14 Nationalitäten verpflichtet fühlten, die in der Doppelmonarchie lebten. Die Ungarn, die Polen, die Tschechen und die Slowaken bauten darauf, daß der Slogan des Wilson-Lagers »He kept us out of War« die längste Zeit gegolten hatte. Mit dem Sieg des Demokraten Wilson über den Republikaner Charles Evans Hughes verlor die Neutralitätsidee in der amerikanischen Öffentlichkeit zusehends an Einfluß. Als seine Gespräche mit dem Deutschen Reich stockten und unmittelbar nach der Wahl vom November 1916 scheiterten, geriet der redliche Wilson in eine persönliche Krise. Der

Mann, der gottesfürchtig und korrekt handeln wollte und von der unverrückbaren Richtigkeit seiner eigenen Friedensideale überzeugt war, mußte erkennen: Der Krieg ist der Stärkere. Wie Kaiser Franz Joseph in Wien oder der britische Außenminister Sir Edward Gray (»In Europa gehen die Lichter aus«) sah er, der Humanist und frühere Universitätspräsident von Princeton, keine andere Wahl. Er führte sein Land in den Krieg. Wilson, Prototyp des WASP, des »White Anglosaxon Protestant«, sah sich in der Weltpolitik wiederholen, was er, der teils professionell, teils amateurhaft vorging, bei innenpolitischen Widersachern erfahren hatte: »Sie glaubten nicht, daß ich meinte, was ich sagte. Und ich glaubte, sie meinen, was sie sagen.«

Als es dann zu spät war, rutschte Amerika in einen 31 Jahre währenden Krieg in Europa, nämlich von 1914 bis 1945. In den ersten Jahren von Weltkrieg Nummer eins hatte Wilson in bester pazifistischer Tradition geglaubt, sein Land aus dem Waffengang heraushalten zu können. »Die Grundlage der Neutralität ist nicht Indifferenz«, formulierte er, der mit literarischem Ehrgeiz jedes eigene Wort abzuwägen pflegte. Als die Katastrophe in Europa ihren Lauf nahm, hoffte er, den Amerikanern einimpfen zu können, daß »die Basis der Neutralität Verantwortung für die Menschheit ist. Sie steht für Unbestechlichkeit im Geist und in der Beurteilung.« Stärke, so Wilson, der 28. und wohl intellektuellste US-Präsident seit Lincoln, gipfelte in der Selbstverpflichtung, der Welt als Vermittler zu dienen, nicht als Herrscher.

Neutralität ist also nicht Unzuverlässigkeit, Charakterlosigkeit, Zwischenträgerei oder schlicht Feigheit. Was mußte da alles in der Alten und in der Neuen Welt noch geschehen, um überlegte Worte eines amerikanischen Präsidenten, der – wie Wilson – Historiker, Jurist und Nationalökonom war, ein halbes Jahrhundert später in amerikanischen Ohren so anders klingen zu lassen.

In den achtziger Jahren empfinden Amerikaner Neutralität als etwas Zweifelhaftes, wenig Kalkulierbares. Viele Washingtoner Strategen sehen sie eigentlich als etwas Unerwünschtes.Österreich hat dies nach dem Zweiten Weltkrieg erfahren, wie andere neutrale Staaten in kritischen Situationen. Was Wilson als unverrückbares Zeichen der Weltoffenheit ansah, wird Neutralen am Ende des Jahrhunderts als Charakterlumperei angelastet.

Ein Pazifist zieht in den Krieg

An einem kalten Januartag des Jahres 1917 meldet die *Chicago Tribune:* »Deutsche hacken in Flandern Kinderhände ab.« Voll Entsetzen und zutiefst enttäuscht schlägt die Stimmung um. So etwas hatte man den Deutschen, die über Jahrzehnte den Amerikanern Kultur und Zivilisation anboten, nicht zugetraut. Ob es wahr war oder nicht – in der aufgeregten und aufgeladenen Atmosphäre einer amerikanischen Öffentlichkeit, die vom Krieg in Europa überrascht, überfordert, zunächst jedenfalls verwirrt war, blieb zur Prüfung keine Zeit. Der psychologische Schock wurde zur Politik, und viele waren ein weiteres Mal daran interessiert, daß sich die USA engagieren und sei es mit und im Krieg.

Alles Deutsche wurde verbannt. Kein Unterricht mehr in Deutsch, kein Gottesdienst. Selbst in Familien, die seit ihrer Einwanderung zu Hause immer nur Deutsch gesprochen hatten, empfahl sich über Nacht Englisch. Aus Vorsicht. Flotte Publizistik erinnerte die Amerikaner, die mehrheitlich immer noch gegen einen Kriegseintritt eingestellt waren, daran, daß zwei deutsche Diplomaten unter Spionageverdacht ausgewiesen wurden und daß es deutsche Saboteure gewesen sein sollten, die »Black Tom«, das Munitionslager im Dock von Jersey City, angeblich hatten hochgehen lassen. Der Schaden wurde auf 40 Millionen Dollar veranschlagt.

Dazu kam der totale U-Boot-Krieg mit militärischen und wirtschaftlichen Schwierigkeiten der Engländer und der Franzosen.

Auf Krieg umgestiegen zu sein hat Jahrzehnte des amerikanischen Jahrhunderts bestimmt. Der abrupte, ideologisierte Wechsel der USA von missionarischer Neutralität zu Selbstdarstellung »durch Krieg« war auch einem Winston Churchill unheimlich: Amerika hätte sich um seine eigenen Dinge kümmern und nicht am Ersten Weltkrieg teilnehmen sollen. Ohne amerikanischen Kriegseintritt hätten die Alliierten im Frühjahr 1917 mit Deutschland Frieden gemacht. »Wenn wir«, so schreibt Churchill, Sohn einer Amerikanerin, »den Krieg hätten beenden können, wäre Rußland nicht zusammengebrochen mit der Folge des Kommunismus, Italien hätte sich den Faschismus gespart, und Deutschland hätte nicht den Vertrag von Versailles zu unterschreiben brauchen, der den Nazismus in Deutschland inthronisiert hat.«

Was hat nun Amerika in das Abenteuer des Ersten Weltkrieges gestürzt? Die abgehackten Kinderhände? Eine Million Tote in der Marneschlacht? Oder der Druck der Rüstungsindustrie? (Daß in einem heißen Krieg mehr verdient wird als zu Zeiten des kalten Krieges, der Neutralität oder des Friedens, wird oft behauptet, wurde aber nie bewiesen.)

Zwanzig Jahre nach dem Eintritt der USA in den Ersten Weltkrieg führte eine Spezialuntersuchung im amerikanischen Kongreß auch nicht weiter. Fünfzig Jahre später zeigt das Beispiel von Japan, Korea, Singapur und vor allem Europa: Krieg ist nicht der Vater aller Dinge, Frieden ist ertragreicher, wenn die Gesamtumstände stimmen, die Stimmung nicht allzusehr manipuliert wird.

Man schreibt das Jahr 1917. Im Raum Nummer 40 der britischen Admiralität zu Whitehall fängt der Dechiffrieroffizier gelangweilt ein Telegramm der Obersten Deutschen Heeresleitung an den Präsidenten von Mexiko, Venustiano

Carranza, ab. Der Offizier konnte nicht wissen, daß er ein historisches Dokument verfügbar macht. Mexiko solle im Falle eines Krieges zwischen den USA und Deutschland an die Seite der Mittelmächte treten. Dafür werde das Deutsche Reich Mexiko helfen, Texas, Arizona und New Mexico von den USA zurückzuerhalten.

Das Telegramm, vom deutschen Außenminister Zimmermann entworfen, wurde am 1. März der amerikanischen Presse zugespielt. In Washington schrillten die Alarmglocken. Europäische Mächte vor der eigenen Haustür? Ausgeschlossen. Wilson war ein weiteres Mal von Berlin enttäuscht. Hatten die Deutschen wirklich die Monroe-Doktrin nicht verstanden? Der Präsident traute dem Code-Brecher der britischen Admiralität jedenfalls mehr als ein Vierteljahrhundert später Josef Stalin dem Gesinnungstäter Richard Sorge. Der Zeitungsjournalist (und Spion) hatte im Jahr 1942 von Tokio aus der Sowjetunion Planung und Datum des deutschen Einmarsches in Stalins Reich zugespielt.

Im Land der unbegrenzten Möglichkeiten

Mit der ihm eigenen Energie und Konsequenz überwand Wilson 1917 seine Enttäuschung. Extrem, wie amerikanische Politiker handeln können, stellte er sich und sein Land, das eigentlich unvorbereitet war, total auf Krieg um. Mit Erfolg. Zum erstenmal zeigte Amerika unter Kriegsbedingungen, daß es wirklich ein Land der »unbegrenzten Möglichkeiten« war. Aus dem Stand wurde eine Kriegswirtschaft organisiert, eine Millionenarmee aufgestellt, während Europa überanstrengt, überfordert, ausgepowert und in sich zerstritten in die Katastrophe stürzte.

Am 12. Dezember 1917 erscheint der *Manchester Guardian* mit einer Weltsensation. Er veröffentlicht die geheimen Rückversicherungsverträge, die die europäischen Monarchen in den letzten Jahrzehnten geschlossen hatten. Rußland sollte sich an Polen schadlos halten, das Deutsche Reich durch Landnahme im Osten und im Westen vergrößert werden und Österreich-Ungarn mit kleineren Staaten rund um die Donau unter dem Stichwort Mitteleuropa einen wirtschaftlich-militärisch und außenpolitisch einheitlichen Großraum schaffen. Die Indiskretion stammte aus Rußland, von Lenin. Er, der jahrelang im Café Odeon in Zürich Zeitung gelesen und gelassen beobachtet hatte, mit welchen Ränken die Westeuropäer Politik zu machen belieben und was es mit den Beeinflussungsmethoden in der amerikanischen Politik auf sich hat, zielte mit seiner Indiskretion auf »das Selbstbestimmungsrecht der Völker«.

Lenin und seiner Revolution zutiefst mißtrauend, gab Wilson nach der Zeitungsmeldung den Auftrag, ein eigenes Weltprogramm in vierzehn Punkten aufzulisten. Das Selbstbestimmungsrecht sollte nicht von den Bolschewiken international in Anspruch genommen werden können. Mit der Losung Selbstbestimmung kann sich eine Revolution, so Lenins Berechnung, an den alten Herrschaftsstrukturen weltweit rächen. Wußte doch der Führer der russischen Revolution um den Ausspruch von Kaiser Wilhelm II. gegenüber ratlosen Beratern, wie denn wohl Frieden zu machen sei: »Da muß ich nur mit Vetter Nikolaus und mit Vetter George in Verbindung treten, und Europa ist gerettet.« Der Zar war tot, der König von England machtlos, Europa im Chaos.

Die Batterie B des 129. Artilleriebataillons der National Guard von Missouri zählt zu den ersten amerikanischen Einheiten, die 1917 mit den Deutschen Feindberührung haben. Es war in der Nähe von Camp Coetquidan. Amerikanische Infanterie gräbt sich ein. Artillerieschutz. Der Hauptmann der Batterie behält zunächst für sich, daß er erfolgreich auf dem Gebiet einer alten Basis Napoleons tätig geworden war. Sein Name: Harry S. Truman, 28 Jahre später 33. Präsident der Vereinigten Staaten von Amerika. Europa zu helfen war ihm allezeit ein Anliegen.

1918. Zwei Millionen amerikanische Soldaten sind als Expeditionskorps in Frankreich eingesetzt. Ihr Befehlshaber ist John Pershing, der Haudegen, der noch zwei Jahre vorher mit 5 000 Reitern eine Strafaktion gegen Mexiko unter General Pancho Villa für Washington erfolgreich durchgeführt hatte. Es war eine der letzten Kavallerieaktionen der modernen Kriegsgeschichte. Nach Frankreich bringt General Pershing den American way of life mit, den »Komfort«. Er baut ein »little America« hinter der Front, mit Trockenei, Corned beef und Crackers, mit Munition und Kanonen, Flugzeugen und Tanks. Nicht Menschen sollten die Schlachten gewinnen, sondern das Material. Doch die Soldaten werden auch hier ins Feld geschickt. Unter den frischen, unverbrauchten amerikanischen Einheiten stehen auch Deutschstämmige. Sie kommen aus Wisconsin, vor allem aus Milwaukee. Bei Reims, in einer der Vernichtungsschlachten, liegen sie hessischer Kavallerie gegenüber. Um jeden Fußbreit wird gekämpft. Wochenlang. Tausende Sterben. Sie zählen zu den 20 Millionen Toten des Ersten Weltkriegs. Als er zu Ende ist, registrieren die 29 amerikanischen Divisionen 112 432 Tote und 230 074 Verwundete.

Sechs Jahre später. Alle genießen den Frieden, der für sie mehr ist als die Abwesenheit von Krieg. Verwandte treffen sich aus Milwaukee und aus Hessen. Seit Generationen sind sie eng verbunden. Nur zögernd kommt man auf den Krieg zu sprechen. Schließlich stellen sie fest, 1918 aufeinander geschossen zu haben, am selben Ort, am selben Tag.

»Das Land wünscht, daß nichts geschieht«

Well, little girl«, meinte ein erleichterter Präsident Wilson zu seiner Frau, »es ist erledigt. Obwohl niemand so recht zufrieden ist, möchte ich doch hoffen, daß wir in Versailles einen gerechten Frieden geschaffen haben. Nun ist alles in Gottes Hand.«

440 Artikel, darunter Artikel 231, der die einseitige Kriegsschuld Deutschlands festlegt, umfaßt dieser Versailler Vertrag. Um das Dokument wurde monatelang gerungen. Es wird zum Schema der Behandlung von Deutschland wie von Österreich-Ungarn (im Vertrag von Saint-Germain), und es schafft das Klima, in dem ein Adolf Hitler die Unzufriedenheit nutzen, Haß säen und Gewalt ausüben konnte: Gebietsabtretungen, Reparationen, Armeebeschränkungen, für Rumpfösterreich (Clemenceau: »Autriche, c'est la reste«) nach dem Verlust der Doppelmonarchie in der Folge ein Anschlußverbot an das Deutsche Reich. Dazu die Gründung des Völkerbundes.

Der Versailler Vertrag – ein Dokument der Rache und der Versteinerung. Jedenfalls kein Neuanfang. Gewiß: Frankreich konnte sich gegenüber Deutschland, das zweimal angegriffen hatte, revanchieren. Großbritannien hingegen erfuhr die ersten Demontageversuche seines Weltreiches, vor allem in Indien. In Rußland siegten die Bolschewiken im Bürger krieg und bildeten den Nationalitätenstaat Sowjetunion mit dem totalitären Anspruch der Weltherrschaft.

In Deutschland und in Österreich fühlte sich ein verwirrtes Bürgertum nach dem Ende der Monarchien verraten und verkauft, die Arbeiterschaft, die Wilsons Versprechen auf

Selbstbestimmung auch für sich wörtlich genommen hatte, hereingelegt, und die Elite ererbter Machtteilnahmen beraubt. Was als Frieden und Befriedung angesehen wurde, erwies sich als trügerisch. Die Welt stand zwar am Ende eines Kriegs, aber erst am Anfang eines Umbruchs. Was Jahrhunderte gegolten hatte oder respektiert worden war, hatte sich überlebt. Wer weiß den Weg aus der Katastrophe eines Weltkrieges?

So bestimmt und zwangsläufig die Entwicklung nach dem Zweiten Weltkrieg im Bewußtsein eines Sieges über die Hitlerdiktatur und bald drauf der unvermeidlichen Spaltung in West und Ost war – nach dem Ersten Weltkrieg fehlten Realitätssinn und Vision. Die USA hätten die Chance gehabt, weltpolitisch einzusteigen. Sie verpaßten sie. Selbst die vierzehn Punkte Woodrow Wilsons entsprangen schließlich einer Reaktion, nicht einer Aktion.

Diplomaten, die in Versailles in Regimentsstärke verhandelt und den Monstervertrag politisch umzusetzen hatten, trösteten sich im Angesicht wachsender Schwierigkeiten mit diesem Witz: Wilson begegnet Petrus im Himmel. Petrus fragt ihn, ob er jener amerikanische Präsident sei, der versucht habe, mit seinen vierzehn Punkten zum Ende des Krieges und zum Beginn »ewigen Friedens« beizutragen? »Ja.« Daraufhin Petrus, ob ihm, Wilson, klar sei, was daraus geworden sei? Wilson erwidert: »Ich würde raten, zur Erde zu gehen und nachzuschauen, was die dort aus den Zehn Geboten gemacht haben.«

Völkerbund als Paradebeispiel

Von der Idee, eine Art Weltregierung samt Weltparlament zu schaffen, in der es nur noch gerecht und mit rechten Dingen zugeht, hielt Wilson zunächst wenig. Schon deshalb, weil sie von England stammte. Trotz kriegsbedingter Partnerschaft spielte auch damals wieder das tiefsitzende Mißtrauen zwischen Amerikanern und Engländern eine Rolle, wie es den Beziehungen unter Verwandten gemäß ist. Als er die Möglichkeit sah, ein Austragungsforum für internationale Streitfragen aller Art zu kreieren, war Wilson unversehens für den Völkerbund Feuer und Flamme. Er wußte zu nutzen, was Experten höchsten Ranges seit Herbst 1917 im Gebäude der Geographic Society von New York in Sachen Friedensordnung hin und her gewälzt hatten. An Analysen, Alternativen und Lösungsvorschlägen für die Beilegung von Krisen war kein Mangel. Das Allheilmittel hieß Kompromiß, die Würze Selbstbestimmung. Durch den Völkerbund wollten die USA auch den Deutschen und Österreichern einen ehrenvollen Frieden bieten.

Ungarn, Tschechen, Kroaten oder Serben meldeten schon gegen diesen Denkansatz Bedenken an. Ihnen ging es weniger um internationale Fairness als darum, ihre Träume von unabhängigen Nationalstaaten Wirklichkeit werden zu lassen, den »Völkerkerker« Österreich-Ungarn endlich zu sprengen. Zunächst übersah Wilson den Einfluß dieser ethnischen Gruppen auf dem Kapitol zu Washington. Von der Friedenskonferenz in Versailles zurückgekehrt, bekam er schließlich die ganze Zähigkeit des Widerstandes zu spüren. Zum Wunsch des Establishments der Neuenglandstaaten, aus internationalen Händeln endlich wieder herausgehalten zu werden, kamen die nationalstaatlichen Forderungen der ethnischen Gruppen. So konnte es nicht mehr wundernehmen, daß der Versailler Vertrag samt Völkerbundidee im Kongreß scheiterte. Auf dem Kapitol scherte man sich nicht darum, daß eine Welt im Umbruch eigentlich auf die Führungsfunktion der USA angewiesen war. Der Rückzug von der Weltpolitik wurde dem kränkelnden Wilson abverlangt. Der Präsident scheiterte außenpolitisch, und die amerikanische Provinz triumphierte.

»Das Land wünscht, daß nichts geschieht.« Und es geschah nichts. Nach dem Abenteuer eines großen Krieges fand eine besondere Art der Amerikanisierung Amerikas statt. Nach drei Millionen gefallenen Soldaten allein auf alliierter Seite, direkten Kriegskosten der Alliierten von 145 Milliarden Dollar, säumigen Schuldnern der USA in aller Welt, nach Wilsons redlich gemeintem Kreuzzug für die Demokratie, den viele in der Welt mißverstanden oder mißverstehen wollten, nach Reformen, die viele Amerikaner in den falschen Hals bekamen, und nach all den Einschränkungen des Krieges schien es möglich, mit einem einfachen Slogan amerikanischer Präsident werden zu können: »Back to Normalcy«. Warren Gamaliel Harding und Calvin Coolidge, beide Republikaner, gelang dies. Nach dem Tod des gedankenreichen Woodrow Wilson schaffte mit Harding ein Journalist einer Provinzzeitung aus Ohio den Sprung ins Oval Office. Eigentlich wollte er nie Präsident werden.

Wie ein einseitiges Liebesverhältnis gestalteten sich die Beziehungen zwischen der Alten und der Neuen Welt in den zwanziger Jahren. Deutsche, Österreicher, mit Abstand Engländer und noch weiter distanziert Franzosen sahen in allem Amerikanischen – was Wirtschaft und Lebensstil anbelangt Garanten eines erfolgversprechenden Wiederaufstiegs aus den Wirren des Krieges. Erst später und als es vielfach zu spät war, erkannten mehr und mehr europäische Politiker, daß der Rückzug der USA in provinziellen Isolationismus einem Pendelschlag entspricht, der regelmäßig eintritt. Mag sein, daß Calvin Coolidge, immerhin Präsident von 1923 bis 1929, dies erkannte -und schwieg.

Des Präsidenten Schweigsamkeit kam nach innen einem Toleranzpatent und nach außen einem Rückzug aus der Weltpolitik gleich. Frieden war erreicht. Amerika schickte sich an, mit sich selber beschäftigt zu sein, das Leben zu genießen und von anderen dabei möglichst in Ruhe gelassen zu werden. Wenige interessierte in der Neuen Welt, daß sich der Völker bund in Genf an soliden Schweizer Gestaden niederließ, daß die Reparationslast den Deutschen und Österreichern (letzteren wurde sie mangels Masse erlassen) nach der Schmach des verlorenen Krieges die Pein galoppierender Geldentwertung auferlegte, daß sich der Freistaat Irland von Nordirland trennte (und damit das britische Empire weiter schwächte), daß mit Mussolini der erste Faschist losmarschierte und (1923) Hitlers Marsch zur Feldherrnhalle in München scheiterte, daß es einen Generalstreik in Großbritannien und (1927) sozialistisches Aufbegehren mit Bürgerkrieg in Wen gab.

Die Lindbergh-Story

Nur ein einziges Mal während der zwanziger Jahre reichte es zwischen der Alten und der Neuen Welt zu mehr als zu einem »Gleichklang der Seelen« im Wettbewerb um besseres Leben. Ein junger Flieger, der sich als Pilot der Postverwaltung beim damals noch riskanten Transport von Luftpost verdient gemacht hatte, startete vom Roosevelt-Flugfeld auf Long Island in einem kleinen einmotorigen Flugzeug, »The Spirit of St. Louis«, um ohne Instrumente allein Richtung Osten loszufliegen.

33 Stunden und 30 Minuten später landete der Flugpionier in Paris. Charles A. Lindbergh wurde zu einem Helden. Diesseits und jenseits des Atlantiks begriff man nur allmählich, daß die Welt mit dieser Tat etwas näher zusammenrückte. Amerikanisch ist dann die Tragik, daß sein kleines Kind geraubt und ermordet wurde. Bruno Richard Hauptmann wurde als Täter 1936 hingerichtet. Seine Witwe hat jahrzehntelang seine Unschuld beteuert. Und wie vor dem Ersten Weltkrieg, als antideutsche Gefühle geweckt wurden,

verhielt es sich vor dem Zweiten Weltkrieg. Der Name Hauptmann und die Assoziation mit allem Deutschen hat das Vorurteil einer ganzen Generation von Amerikanern beeinflußt. Emotionale Duplizität mit katastrophalem Ausgang.

Das noble Experiment

Besucher Washingtons können oberhalb von Georgetown einen herrschaftlichen Sitz samt Geschichte besichtigen. Dumbarton Oaks. Ein Dollar Eintritt pro Person. Entgegen landläufiger Meinung zeigt dieser Ort, daß und wie sich historische Vorgänge wiederholen. Am Beispiel von Völkerbund und Vereinten Nationen. Redliche Absicht, saubere Vorgaben von Völkerrechtlern, bemühte Politiker und skrupellose Taktiker. Macht gegen guten Willen. Obwohl der Völkerbund gescheitert ist, wird mitten im Zweiten Weltkrieg etwas Ähnliches gewagt. Zyniker meinen, eine neue Weltorganisation aufbauen hieße, (fast) alles zu vergessen und (fast) nichts dazuzulernen.

In Dumbarton Oaks wurde vom 1. August bis zum 7. Oktober 1944 aus 682 überwiegend amerikanischen Expertisen die Charta der Vereinten Nationen abgeleitet. Fleißarbeit von Experten der USA, der Sowjetunion, Großbritanniens und Chinas. Sie bemühten sich, Denk- und Konstruktionsfehler der Vergangenheit zu vermeiden. Sie waren von der Idee fasziniert, doch noch einmal einen großzügigen Rahmen für eine einzige Welt zu schaffen. Die Stichworte hießen Selbstbestimmung, Ende des Kolonialismus, Management von Krisen zwischen einzelnen Staaten und eine internationale Autorität, die den Ursachen und Spannungen nachgeht, in Krisengebieten für Ordnung sorgt und im Konfliktfall Krieg verläßlich verhindert. Jede Zeile also amerikanischer Idealismus. In Dumbarton Oaks manifestierte er sich so unbefangen und unverbraucht, als ob es die Erfahrung des Völkerbundes nicht gäbe.

Um die Integrationsidee »Völkerbund« zu ruinieren, bedurfte es gar nicht der Selbstdemontage mit Austritten von Costa Rica (1927), Brasilien (1928), Deutschland und Japan (1933), Italien (1937), Chile (1938), Peru (1939) und des Ausschlusses der Sowjetunion wegen ihres Angriffes auf Finnland (1940). Die Zeit war nicht reif für Internationalismus. Man trug Nationalismus wie einen Hosenträger gegen Instabilität in Wirtschaft und Gesellschaft. Bis in die neunziger Jahre währt der Kampf dieser Maxime internationaler Ordnung.

Als es um Krieg und Frieden, um Klassenkampf oder demokratische Zivilisation ging, zeigte sich beim Völkerbund, was es bedeutet, wenn zwei heranwachsende Weltmächte abseits stehen: die USA und die Sowjetunion. Schon im Ansatz mußte der Versuch der als »heimatlos« verdächtigten Genfer Bürokraten, die den Völkerbund betrieben, scheitern, den Krieg als Mittel politischer Auseinandersetzung einfach auszuschalten. Die Welt war weit entfernt von derlei Selbstdisziplin. So wurde der Zweite Weltkrieg auch aus diesen Gründen unvermeidlich, durch die Umstände gleichsam vorprogrammiert.

Als die Waffen schwiegen, schlug Symbolik noch einmal zu. Während sich die neue Weltorganisation Mitte der vierziger Jahre dort einzurichten begann, wo inzwischen die wahren Gewichte der Welt anzutreffen waren, nämlich in der Neuen Welt, in New York, wurden zu Genf, in der Alten Welt, die Agenden des Völkerbundes endgültig geschlossen. Was vom Bund blieb, war ein Marmorpalast. Leer. Da Politiker und Diplomaten nicht zugeben können, abergläubisch zu sein, wird der Genfer Völkerbundpalast seitdem von den Vereinten Nationen benützt.

Mit Präsident Roosevelt legten die Sieger des Zweiten Weltkrieges ihren Ehrgeiz darein, vor der Geschichte verpflichtendere Erblasser zu sein als Woodrow Wilson, der verkannte Idealist. Die Vereinten Nationen sollten über ihre

Erstfunktion herauswachsen können, den Sieg über die Achsenmächte Deutschland, Italien, Japan, Ungarn, Rumänien und Bulgarien völkerrechtlich abzusichern. Eine verläßliche Friedensordnung und angewandte Fairness zwischen Staaten und Völkern sollte in ein Schiedsrichtersystem eingebaut werden, dessen Regeln alle Welt anerkennt.

Washington setzte sein ganzes Gewicht für die Erneuerung des noblen Experiments »Weltordnung« ein. Nach außen, um Zänkereien die Spaltungschance zu nehmen, die seinerzeit den Völkerbund ruiniert hatten. Nach innen gegenüber einer mehrheitlich unentschlossenen eigenen Öffentlichkeit ging und geht es darum, durch eine ideelle Neubestimmung herauszustellen, was denn eigentlich unter Isolationismus zu verstehen und dann zurückzudämmen sei.

Den demokratischen Präsidenten Roosevelt und Truman fiel es – wie den meisten Amtsnachfolgern im Oval Office leichter, negativ als positiv zu definieren. Isolationismus bedeute nicht die Trennung Amerikas von der Welt. Was bedeutet dies positiv? Nach dem Ersten Weltkrieg, nach dem politisierten Rückzug aus völkerrechtlichen Verpflichtungen (nicht jedoch aus der Finanzwelt, die zuerst die »goldenen Zwanziger« zu finanzieren und dann die Reparationen und Kriegsschulden zu regeln hatte), zeigten sich die USA nach dem Zweiten Weltkrieg lernfähig. Auf dem Gipfel der Macht, bravourös erklommen, konnte es keine Rückkehr mehr geben zum Kleinstaatisolationismus, in dem Provinzialismus den Ton angibt. Moderne Zeiten erforderten moderne Methoden des Zusammenlebens. Auch Amerika konnte nicht umhin, sich zu integrieren. Aus den Vereinigten Staaten von Amerika als Verfassungsrahmen wurde eigentlich erst nach dem Zweiten Weltkrieg ein gemeinsamer Markt. Amerikaner zeigten dabei keine Angst vor Größe. »Freiheit« wurde für sie mehr als ein Traumgebilde. Sie begannen zu verstehen, daß darin eine eigenständige Kraft steckt, die moralisch überzeugt, politisch stärkt und wirtschaftlich überlegen macht. Den anderen Nationen lebten die Amerikaner nach den vierziger Jahren gelegentlich kategorisch vor, wie sie ihre Ideale von Staat und Gesellschaft umzusetzen wünschten.

Sie waren Europa voraus – und sie wußten es. Gegenüber »der« Welt fühlten sie sich moralisch überlegen. Politisch glaubten sie das Recht zu haben, anschaffen zu können. Fast ein Drittel der Kosten der Vereinten Nationen zu bezahlen war in den vierziger Jahren in den USA weitgehend unumstritten. Man konnte es sich leisten, und man wollte es. Anders also als in den achtziger Jahren, wo Washington mit der Zahlung von Hunderten von Millionen Dollar Beitragsleistung im Rückstand blieb. Auch dies geschah absichtlich. Die UN-Hauptquartiere in New York, Genf und Wien sowie die UN Teilorganisationen in Paris oder Rom erschienen den Amerikanern überbürokratisiert, teilweise korrumpiert, ineffektiv und inflexibel.

Bezeichnend für das Spannungsverhältnis zwischen der westlichen Supermacht und der Weltorganisation: die Bevölkerungspolitik. Den Konservativen von Washington sind Programme der Familienplanung (die die Abtreibung nicht ausschließen), wie sie in den achtziger Jahren vorgegeben werden, zu progressiv. Weil amerikanische UN-Delegierte von Abgesandten der Dritten Welt überstimmt werden, reagiert das Weiße Haus ein weiteres Mal im Stil amerikanischer Innenpolitik. Unbotmäßigen wird der Brotkorb höher gehängt – wie etwa US-Bundesstaaten, die es versäumen, das Alkoholverbot für Jugendliche gesetzlich auf 21 Jahre heraufzusetzen. Bundeszuschüsse für den Straßenbau werden gekürzt oder gestrichen. Erziehung durch Strafe international wie national.

Amerikaner und der Rest der Welt

Die Beziehung USA – UN wirft ein bezeichnendes Schlaglicht auf die Beziehungen der amerikanischen Welt zum »Rest der Welt«. Als der Idealismus des zweiten Anlaufes für eine Weltorganisation erneut im Gestrüpp der Nationalstaaten, des auslaufenden Kolonialismus und des auftrumpfenden Kommunismus hängenblieb, wurde es bald vielen Amerikanern zuviel. In der Außenpolitik reagiert man in der Neuen Welt nur allzuoft kurzfristig und ungeduldig – wie Aktionäre einer Publikumsgesellschaft, die den Vorstand nach Quartalsgewinnen und nicht nach mehrjährigen Konzepten beurteilen. Kurzatmige Reaktionen dieser Art stehen in einem eigenartigen Gegensatz zu der Geduld und Perspektive, mit der die amerikanische Gesellschaft in den Dimensionen ihrer eigenen Geschichte zu denken und im Rhythmus von hundert oder zweihundert Jahren zu argumentieren pflegt.

Im Fall der Vereinten Nationen stellte sich zwar bald die Selbsterkenntnis ein, daß das Ideal von einer einzigen Welt wegen der Ost-West-Spannungen kurzfristig nicht zu verwirklichen ist. Auf lange Sicht schlug die Stimmung in den USA aber erst um, als die Mehrheit der schließlich über 170 Mitgliedsstaaten den Philosophien der Dritten Welt freien Lauf ließen: Antikolonialismus und Verdammung der USA als Hauptmacht des rücksichtslosen Imperialismus. Die Mehrheit der Amerikaner verschloß sich in den sechziger und siebziger Jahren der simplen Formel, die Vereinten Nationen seien zwar keine Idealkonstruktion, aber wenn sie nicht vorhanden wären, müßte man sie als Ausgleichsgetriebe erfinden. Zu groß war das Ausmaß der Enttäuschung über vergessene Hilfsbereitschaft und zu lang die Liste politisierter Einseitigkeiten – etwa in der Menschenrechtsfrage, wo sich die Dritte Welt und zeitweise die sozialistischen Staaten gegen Israel und Südafrika wandten, jedoch Menschenrechtsverletzungen ganz anderer Art übersahen oder in der UN-Maschinerie Wahrheitsfindungen austricksten. Straflager in der Sowjetunion galten vielen Amerikanern, für die Menschenrechtsfragen ein Anliegen sind, als Beweis für die doppelte Moral innerhalb der Vereinten Nationen, ebenso wie das Verhalten gegenüber dem internationalen Terrorismus oder den Massenmorden in Indochina.

Zu Recht oder zu Unrecht machte eine breite US-Öffentlichkeit die Weltorganisation mitverantwortlich dafür, daß zwei Grundprobleme des 20. Jahrhunderts ungelöst und gefährlich blieben – der Ost-West-Konflikt und das Nord-Süd-Verhältnis. Diese Amerikaner fühlten sich einfach verkannt.

Ihr Verständnis für friedenserhaltende Maßnahmen der UN schwand zusehends. Weil sich amerikanische Politik unter dem Aspekt Menschenrechte ungeniert in innere Angelegenheiten anderer Länder einmischt, wurde auch die Selbstbeschränkung der UN auf Beziehungen von Staat zu Staat nicht und immer weniger verstanden. Im Koreakrieg von 1950 bis 1952 war der UN-Auftrag an die amerikanischen Streitkräfte gerade noch recht. Als die UN anderswo schlichtend eingriff, standen die USA abseits: Indonesien 1945 bis 1949, Griechenland 1944 bis 1950, Nahost seit den vierziger Jahren, Kongo 1964, Zypern seit den fünfziger Jahren. Erst Ende der achtziger Jahre, als sich die Supermächte auf eine neue Entspannungsphase geeinigt hatten, war die Weltorganisation auch den Amerikanern wieder willkommen: im Persischen Golf, in Indochina, im südlichen Afrika, im Kampf gegen den Hunger.

Für amerikanische Kinder, die nach New York reisen, zählt ein Besuch des Hauptquartiers der Vereinten Nationen zum Standardprogramm. Daß sie dabei von einer Welt in die andere wechseln, wird ihnen oft erst nachträglich bewußt. Vor dem Wolkenkratzer am East River sorgt die Verkehrsampel Ecke First Avenue und 45. Straße für Übergänge. Draußen Weltstadt, drinnen Abgeschiedenheit. Nachdem die Schulklasse die Sicherheitswache passiert hat, deren Mannschaften sich traditionsgemäß aus vier Dutzend Ländern rekrutieren, erzählen ihnen wohltrainierte Fremdenführer – auf Wunsch in jeder gängigen Sprache – im Untergeschoß des 38stöckigen Verwaltungsgebäudes von der eigenen Welt der Vereinten Nationen: Hungerhilfe, die staunen macht; Erziehungsprogramme, die geräuschlos funktionieren; Entwicklungshilfe im Interesse der Nehmerländer; Abrüstung als ein Traum, der doch noch Wirklichkeit werden könnte. Dazu werbewirksam das Gefühl, daß hier die Großen der Welt zusammenkommen können. Den Kindern wird von trauter Harmonie, von Frieden und Fortschritt erzählt. Tausende Beamte, die wegen Beitragsrückständen mit schöner Regelmäßigkeit um ihr Gehalt fürchten müssen, wissen es besser: Die Weltorganisation steht und fällt mit ihrer Glaubwürdigkeit. Sie muß damit leben, daß einmal das eine Land an ihr zweifelt, einmal das andere, und daß es glücklicher Umstände bedarf, um ihre Möglichkeiten voll wirksam werden zu lassen.

Zweimal haben die USA in Weltorganisationen ihre Hoffnungen investiert. Nach dem Scheitern des Völkerbundes haben sie sich nicht entmutigen lassen. Die Vereinten Nationen, in Amerika erdacht und in die Tat umgesetzt, entwickelten sich zwar anders, als ihre Gründungsväter glaubten und es die jeweilige Washingtoner Politgarnitur für brauchbar hielt. Selbst in Phasen der Selbstabkoppelung der USA von den Händeln anderer reichte jedoch das internationale Potential aus, um den Öffnungsprozeß fortzuführen, die Weltorganisation am Leben zu erhalten. In ihrem weltpolitischen Überlebenstraining waren und sind die Vereinten Nationen von den Pendelschlägen amerikanischer Stimmungen und amerikanischer Interessenswahrnehmung abhängig.

Hitler und Roosevelt

Es sind 27 Millionen Menschen arbeitslos. 15 Millionen in Europa, 12 Millionen in den USA. In Deutschland sind 43 Prozent der arbeitsfähigen Bevölkerung ohne Beschäftigung, noch mehr in Österreich. 1931/32 erlebt die Welt eine Wirtschaftskrise ungeahnten Ausmaßes.

Die Depression wird zu ihrem Schicksal. Sie versuchen es zuerst in der Hauptstraße von Tampico in Illinois, 849 Einwohner – mit einer Gemischtwarenhandlung. Sie scheitern. Die Mutter der Familie, protestantisch, puritanisch, religiös, nimmt in Chicago einen neuen Anlauf. Wieder kein Erfolg. Sie ziehen noch siebenmal um. Dem Vater bleibt der Wunsch verwehrt, Eigentümer eines Schuhgeschäftes zu sein. Er wird Vertreter. Ausgerechnet am Beginn der Depression. Der erschöpfte Familienvater beginnt zu trinken und stirbt. Tod eines Handlungsreisenden. Es ist der Vater von Ronald Reagan.

Ein Leben lang antwortet Reagan auf die Frage, was ihn am meisten beeindruckt habe: »Die Depression, die Verzweiflung eines Landes.«

Mitten in der Krise betreten zwei Akteure die Szene, die sie bald nahezu vollkommen beherrschen. Franklin D. Roosevelt und Adolf Hitler. Am 30. Januar 1933 ernennt Reichspräsident Paul von Hindenburg Adolf Hitler zum Kanzler des Deutschen Reiches. Am 3. März 1933 wird Franklin Delano Roosevelt als 32. Präsident der Vereinigten Staaten von Amerika vereidigt. Beide sterben fast gleichzeitig. Roosevelt am 12. April, Hitler am 1. Mai 1945. Eine der gewaltigsten und gewaltsamsten Auseinandersetzungen der Geschichte liegt dazwischen und die Entfaltung zweier grundverschiedener Politiker: Kräftemessen zwischen Freiheit und Unfreiheit, zwischen Demokratie und Diktatur, zwischen Zivilisation und Unmenschlichkeit. Eine Zeitenwende. 55 Millionen Menschen müssen sterben.

»Wir«, schreibt Hitler in »Mein Kampf«, »wollen Frieden, begründet durch das siegreiche Schwert eines die Welt in den Dienst einer höheren Kultur nehmenden Herrenvolkes.« Hinter diesem Schwulst werden die wahren Absichten des »Führers« bereits deutlich. Das Buch Hitlers hat freilich kaum einer, auf den es ankam, gelesen.

»Wenn ich den Charakter unseres Volkes richtig verstehe«, formuliert Roosevelt in seiner Vereidigungsrede, »so haben wir es jetzt und mehr denn je mit Abhängigkeit voneinander zu tun; wir können nicht einfach nur nehmen, wir müssen auch geben; uns bleibt nichts anderes, als vorwärtszugehen. Wie eine trainierte und loyale Armee haben wir uns diszipliniert der guten Sache zu widmen.« Was er als Gouverneur des damals größten amerikanischen Bundesstaates, New York, innenpolitisch gelernt hatte, wußte Roosevelt in Washington, das von der Weltwirtschaftskrise wie gelähmt war, entschlossen umzusetzen: »Das einzige, was wir nach meiner Meinung wirklich zu fürchten haben, ist die Furcht.«

Washington und Berlin. In den düsteren Tagen des Jahres 1933 trennte sie mehr als die Regie der Machteinführung. Für Hitler wird ein Fackelzug durch das Brandenburger Tor veranstaltet. Oben Siegeszeichen, unten Fackeln, dazwischen ein Spiel, das auf die Hoffnungen vieler Deutscher spekuliert. Verbände der Nationalsozialistischen Deutschen Arbeiterpartei (NSDAP) salutieren dem ehemaligen Gefreiten des Ersten Weltkrieges. Demokratisch gewählt und an die Macht gelangt, hält sich Hitler fürs erste an Spielregeln der (vielen Deutschen zweifelhaften, weil undurchschaubaren) Demokratie. Der Kampf gegen die deutsche Krise beginnt mit einer Koalitionsregierung. In Wirklichkeit geht es um die Alleinherrschaft. Dr. Josef Goebbels, Hitlers begabt-diabolischer Reichspropagandaminister, offenbart wenige Tage vor der sogenannten »Machtergreifung«: »Haben wir die Macht, dann werden wir sie nie wieder aufgeben, es sei denn, man trägt uns als Leichen aus unseren Ämtern heraus.« Zwölf Jahre später geschah es.

Bei seiner Amtseinführung wiederholte Roosevelt den Ehrenkodex verfassungstreuer Präsidenten, bereit zu sein, im Rahmen verfassungsgemäßer Pflichten jene Maßnahmen vor zuschlagen, die für eine »geschlagene Nation in der Mitte einer geschlagenen Welt notwendig sind«. Gewaltmonopol gegen Gewaltenteilung.

Im Weißen Haus, das Roosevelt von dem oft unterschätzten Herbert Hoover (einem an sich begabten Wirtschaftsfachmann) mitten in der Krise übernommen hatte, herrscht erstaunliche Selbstsicherheit. Am Tag der Amtseinführung gönnt sich Roosevelt ein Mittagsschläfchen. Dann sieht er sich vom Portikus des Weißen Hauses aus die Parade an, die üblicherweise für neue Präsidenten veranstaltet wird. 640 geladene Gäste bittet er anschließend zum Tee. Dabei macht eine Anekdote die Runde. Der junge Roosevelt habe mit seinem Vater die Hauptstadt besucht, wie es in guten amerikanischen Familien so üblich ist. Als prominente New Yorker werden sie zu Präsident Cleveland vorgelassen. Im Oval Office legt der Präsident die Hand auf den Kopf des kleinen Franklin: »Junger Mann, ich habe einen ungewöhnlichen Wunsch für dich, den eigentlich kein anderer vorbringen kann. Ich wünsche dir, niemals Präsident der Vereinigten Staaten von Amerika zu werden.« Roosevelt wurde als bisher einziger Präsident zweimal wiedergewählt und hinterließ nach zwölf Amtsjahren tiefe Spuren in der Geschichte.

Der Mann im Rollstuhl verstand es wohl wie kein anderer Präsident, das eigenartige Washingtoner Machtsystem bei der Durchsetzung seiner Politik zu nutzen. »Wenn er mit der Kinderlähmung fertig wurde, wird er auch mit der Präsidentschaft fertig«, hieß es schon in den krisengeschüttelten Anfangstagen im allezeit geschwätzigen Washington. Er stoppte die Bankenkrise und mutete mit dem New Deal – mit mehr Staat und erstmals gewollter Staatsverschuldung zum Zwecke der Arbeitsbeschaffung – dem Land eine wahre Flut von neuartigen Gesetzen und ungewohnten Verwaltungen zu. Für 1,6 Millionen Jugendliche wurden Arbeitslager eingerichtet. Mit dem Civilian Conservation Corps (CCC) wollte man der Jugendarbeitslosigkeit begegnen. Derlei Disziplinierung lag zwar im Zeitgeist, überraschte aber doch viele Amerikaner, die sich gern individualistisch und staatsfern geben und von kollektiven Organisationen wenig halten.

Um das Millionenheer der Arbeitslosen mit Nahrung, Kleidung und Unterkunft zu versorgen, wurde in Washington eine eigene Verwaltung eingerichtet. Diese Civil Works Administration (CWA) beschäftigte zeitweise über vier Millionen Menschen. Die CWA veranlaßte in großem Stil öffentliche Aufträge vor allem beim Bau von Brücken, Bahnen und Staudämmen. Kleinbetriebe wurden aus Steuermitteln subventioniert, um Jobs zu schaffen. Finanziert wurde der New Deal durch Schuldverschreibungen des Staates, die Verringerung des Goldgehaltes des Dollar auf 50 Prozent und schließlich mit Ersatz dieses Goldes durch Silber. Der Goldpreis wurde erstmals gesetzlich festgelegt, und zwar auf 35 Dollar pro Unze. Der ärgsten Not der Bauern und der kleinen Hausbesitzer begegnete die Roosevelt-Administration durch Zinssubventionen. Farmer erhielten Mindesteinkommen garantiert, Umschuldungen erfolgten von Staats wegen. Die Tennessee Valley Authority (TVA) wurde als Paradeunternehmen öffentlicher Gemeinwirtschaft als Gesellschaft für Stromgewinnung, Dammbau, Bewässerung und Umweltschutz aus dem Boden gestampft (fünf Jahrzehnte später mußte dieser Staatsbetrieb mit über 7 000 Angestellten und Arbeitern fast ein Drittel der Belegschaft entlassen, die auf die Sicherheit des Gemeineigentums vertraut hatten).

Vom totalen Staat europäischen Zuschnitts waren die USA freilich noch weit entfernt. Hier ein Mann mit den Eigenschaften eines überzeugten Demokraten, dort eine Gesellschaft, die im Elend zu ersticken drohte. Robert Musils Roman »Der Mann ohne Eigenschaften« wurde zum Zeitzeichen der Instabilität und des verratenen Optimismus. Roosevelt hingegen war sich der wirtschaftspolitischen und gesellschaftspolitischen Verbindungen zu Europa sehr wohl bewußt. Die Neue Welt – so meinte er – werde der Alten Welt zeigen, daß man mit einer Krise auch ohne totalen Staat fertig werden kann und daß die Amerikaner, die ihre Revolution bewußt hinter sich gebracht hatten, Europa überzeugende Alternativen zu bieten in der Lage sind.

»Guter Nachbar« gegenüber Lateinamerika

Im Gegensatz zu seinem Onkel Teddy Roosevelt setzte Franklin D. Roosevelt auf Respekt vor Nationalstaaten und begnügte sich mit moralischer Führerschaft in der westlichen Hemisphäre. Alle sollten gleich sein – freilich manche »gleicher«, nämlich die Amerikaner.

Immerhin: 1934 verzichteten die USA auf Interventionsrechte in Kuba, wie sie in der kubanischen Verfassung festgehalten worden waren. US Truppen wurden aus Haiti und 1935 aus Nicaragua zurückgenommen, 1936 das Interventionsrecht in Panama gestrichen und 1938 Mexiko das Recht auf Ölexploration zugestanden, 1940 der Dominikanischen Republik die Zollhoheit übergeben. Die Philippinen, unter Roosevelt dem Ersten im amerikanisch-japanischen Krieg wie Kuba, Puerto Rico und Guam europäischem Einfluß entzogen, erhielten 1934 Unabhängigkeitszusagen (die dann 1946 eingelöst wurden).

Für Politstrategen in Washington vollzog sich diese Großzügigkeit alles andere als selbstlos. Die USA bastelten an einem System von Staaten, um auf deren Loyalität vertrauen zu können. Grund: die Aggressionen in Europa und Asien. Die Invasion der Mandschurei durch Japan (1931) stellte sich als ein Zeitzeichen heraus, das auch auf der amerikanischen Seite alarmierte. Zunächst wurde protestiert und vor weiterer Gewaltanwendung gewarnt. Als Aggression für US-Diplomaten einen scharfen Geschmack erhielt, sorgten sie dafür, daß Japan aus dem Völkerbund ausgeschlossen wurde, obwohl die USA gar nicht Mitglied waren. Als es dann 1937 zu einem zunächst unerklärten Krieg zwischen Japan und China kam, formierte sich in Washington die China-Lobby Sie signalisierte Gefahr im pazifischen Becken. Schon 1938 versorgten die USA über eine mühselige Landverbindung in Burma China in seinem Kampf gegen Japan.

Aus amerikanischer Sicht hieß die Klammer zu Europa »Aggression«. Hitlers Systematik wurde im Weißen Haus schon Mitte der dreißiger Jahre genauer verfolgt als in der amerikanischen Öffentlichkeit. Die Olympiamannschaft der USA marschierte zwar (wie auch die Sportler anderer Länder) bei der Eröffnung 1936 im Olympiastadion von Berlin am »Führer und Reichskanzler« mit dem Hitlergruß vorbei, und drei Jahre später erklärte *Time Magazine* den deutschen Diktator zum »Mann des Jahres«. Intern jedoch war Roosevelt schon geraume Zeit auf Kollisionskurs zu Hitler. »Die Epidemie der Gesetzlosigkeit breitet sich aus«, meinte er am 5. Oktober in Chicago. »Ich schlage vor, diese Länder unter Quarantäne zu stellen.« Was man sich darunter vorzustellen hatte, ließ Roosevelt in seiner Quarantänerede offen; vielleicht wußte er es selbst noch nicht genau.

Roosevelts Rechnungen gingen auf. Nach vier Jahren zäher Verhandlungen mit dem Kongreß erhielt er erstmals eine Milliarde Dollar zur Modernisierung und Erweiterung der amerikanischen Marine genehmigt. Wußte die Regierung Roosevelt von einer Sitzung in der Reichskanzlei am 5. November 1937? Oberst Hoßbach protokolliert die Anwesenheit der Oberbefehlshaber der einzelnen Waffengattungen und von Reichskriegsminister General von Blomberg: »Der Führer stellte einleitend fest, seine nachfolgenden Ausführungen seien das Ergebnis eingehender Überlegungen und der Erfahrungen seiner viereinhalbjährigen Regierungszeit. Zur Vermehrung der Volksmasse und Vergrößerung des Herrschaftsraumes um einen geschlossenen germanisch-deutschen Rassekern könne es zur Lösung der Raumnot nur den Weg der Gewalt geben. Es sei sein unabänderlicher Entschluß, die Lösung möglichst frühzeitig zu vollziehen; sie solle mit der blitzartigen Zerschlagung Österreichs und der Tschechoslowakei beginnen.«

Die Quarantänerede Roosevelts und das Hoßbach-Protokoll über Hitlers Eroberungsabsichten stellt die Geschichte zwar in einen zeitlichen Zusammenhang. Den Zeitgenossen aber konnten die Konsequenzen erst allmählich bewußt wer den.

Bezeichnend war, wie die amerikanische Außenpolitik auf den Fall Österreich reagierte. Gar nicht. Lediglich Mexiko protestierte gegen den Anschluß. Die Sowjetunion folgte einige Monate später. Auch um die Iden des März 1938 war man in der Neuen Welt mit sich selbst beschäftigt. Für Funktion und Möglichkeiten eines unabhängigen Österreich in diesem Teil der Welt fehlten amerikanische Denkansätze. Auch rächte und rächt sich, daß in der typischen Washingtoner Atmosphäre, wo Einfluß und Einflußnahme allezeit legitim sind und Vertrauenswerbung einem langdauernden

Aufbauprozeß entspricht, Österreich über keinerlei Rückhalt verfügte. Noch aus der Kaiserzeit stammend, hatten es die Tschechoslowakei und Ungarn besser. Ihr Ansehen Ende der dreißiger Jahre gründete sich also nicht nur darauf, daß die Tschechoslowakei mit 1,5 Millionen Soldaten damals als das am besten gerüstete Land Europas galt.

In Amerika beeindruckte vielmehr die Prager Selbstdarstellung, man habe den »Völkerkerker Österreich-Ungarn« hinter sich gebracht und lasse der »Diktatur der Habsburger« eine wirklich funktionierende Demokratie mit maximalen Menschenrechten folgen. Tschechische Interessen wurden durch Landsleute in New York oder Chicago, slowakische Interessen durch Intellektuelle in Washington und Kalifornien wirksam ausgespielt. Für stimmenwerbende US-Politiker schien es ratsam, auf diese »ethnischen Gruppen« Rücksicht zu nehmen. Spitzenpolitiker wie Eduard Benes oder Jan Masaryk verstanden es, einen klaren Vorsprung gegenüber anderen Europäern auszunützen. Mit Österreich als Ständestaat konnten amerikanische Demokraten jedenfalls weit weniger anfangen als mit der tschechoslowakischen Spielart von Vorzeigedemokratie. Auch schwang in Washington mit, daß Österreich als alter Kriegsgegner angesehen wurde. Tschechen und Slowaken galten dagegen als »befreit« und die Tschechoslowakei als ein schützenswertes Produkt der Vertragssysteme von Versailles und Saint Germain. So wirkten die vierzehn Punkte von Präsident Wilson noch 20 Jahre später nach. Diesmal auf dem Weg der Gewalt, denn diese Umstände ergaben den Stoff, aus dem Nationalismus gebraut werden kann.

Roosevelt, von isolationistischen Beratern umgeben, folgte dem Rat des britischen Premierministers Neville Chamberlain und appellierte an Hitler, »Gewaltanwendung im Interesse der Menschlichkeit zu unterlassen«. Für die USA bot er einen Nichtangriffspakt über zehn Jahre an. Hitler reagierte nicht einmal. In Washington rätselte man geraume

Zeit, was von Hitlers Arroganz zu halten sei. Ob Deutschland auf weitere Aggression verzichtet hätte, wenn die USA und Großbritannien härter, entschlossener und mit militärischer Abschreckung reagiert hätten? Nach dem Krieg meinte dazu Generalfeldmarschall Keitel im Nürnberger Kriegsverbrecherprozeß: »Das Deutsche Reich wäre nicht nach Prag marschiert. Wir waren militärisch nicht stark genug.«

Ein Gigant zeigt, was er kann

Der Katastrophe zweiter Teil. Ein neuer Weltkrieg. Die USA werden im Spannungsfeld zwischen einer kriegskritischen Bevölkerung und einer ernüchterten Führung weltpolitisch zum zweitenmal gefordert. Unter Roosevelt nehmen sie die Herausforderung an und werden zur Weltmacht.

»In der Menschheitsgeschichte kommen Zeiten, wo man bereit sein muß«, diktiert Präsident Roosevelt seiner Sekretärin. Es ist Sonntag, der 3. September 1939. In diesen Minuten läuft das Ultimatum ab, das Großbritannien und Frankreich dem Deutschen Reich gestellt haben. Drei Tage vorher hatte Adolf Hitler in der Berliner Kroll-Oper unter einem riesenhaften goldenen Reichsadler seinen Einmarsch in Polen proklamiert: »Seit 5 Uhr 45 wird zurückgeschossen.« Aus dem »Fall Weiß«, Deckname für den deutschen Überraschungsangriff auf Polen, wurde der Zweite Weltkrieg. Drei Tage später mußte Hitler erfahren, daß er sich grundlos über den deutschen Kaiser lustig gemacht hatte, weil der Monarch im Ersten Weltkrieg das Entstehen einer zweiten Front nicht verhindern konnte. Nun drohte Hitler ein Zweifrontenkrieg.

Roosevelt läßt sich vom Oval Office in den kleinen Nebenraum der offiziellen Empfangshalle des Weißen Hauses fahren. Man erhebt sich. Er grüßt, plaudert hier, erwidert dort. 22 Uhr 20. Auf einem einfachen Tisch vier Mikrofone, eine Leselampe, ein Krug mit Wasser, ein Glas. An der Wand Radioausrüstungen. Einige Journalisten warten, Freunde des Hauses, Gäste. Sie nehmen auf unbequemen

Klappstühlen Platz. 22 Uhr 25. Dem Präsidenten werden Notizen gereicht. Techniker überprüfen das Mikrofon. 22 Uhr 29. Roosevelt drückt seine Zigarette aus. Nervosität schwindet. Er setzt sich aufrecht. Ein Ansager ruft in die Mikrofone: »Ladies and Gentlemen, the President of the United States.« Roosevelt wendet sich derart 26mal in seinen zwölf Amtsjahren an die Amerikaner. 50 Millionen und mehr hören ihm zu. Ein Rekord an Seelenmassage.

Roosevelts Seelenmassage

»My friends«, pflegt FDR anzuheben. Er spricht gedämpft, eindringlich, direkt – wie mit einem guten Freund. In der Sprache des Mannes von der Straße. Wie auf den Beginn des Krieges reagieren? »Es wird nun allmählich klar, daß kein Frieden einen höheren Wert besitzt als Frieden mit dem Schwert.« Als die Mikrofone abgeschaltet sind und der Präsident mit den Gästen noch über die Gefahren für Amerika plaudert, fragt einer, ob eine Verteidigung des amerikanischen Kontinents notwendig sei? »Lesen Sie die Zeitungen der letzten fünf Jahre.« FDR wollte – wie so oft – seine These gegenständlich machen, daß es jetzt um die Neugestaltung der Welt ging und zugleich um die Abwehr von Aggression durch Diktaturen: die Angriffe Japans auf die Mandschurei und auf China, der Überfall Italiens auf Äthiopien (wo gegen Roosevelts Willen Firmen weiter Treibstoff an das Regime Mussolinis lieferten), der brutale Bürgerkrieg in Spanien, der Anschluß Österreichs, die »Zerschlagung der Tschechoslowakei« mit internationalem Einverständnis (Neville Chamberlain, der britische Premier: »Ich glaube, der Frieden unserer Zeit ist gerettet«) oder der auf zehn Jahre angelegte Nichtangriffspakt zwischen der Sowjetunion und dem Deutschen Reich (mit dem geheimen Zusatzprotokoll der vierten Teilung Polens und der Überlassung von Finnland, Estland, Lettland, Litauen an die Sowjetunion). Eine Liste des Verderbens, selten so lang.

Roosevelt wußte genau, daß die amerikanische Öffentlichkeit Ende der dreißiger Jahre von Krieg eigentlich noch immer nichts wissen wollte. Sie realisierte nicht, daß in Europa und Asien Hurrastimmung oder Kriegsangst umgingen. Eine gefährliche Mischung der Instabilität. In Berlin und Tokio jedenfalls verstand man die Stimmung anzuheizen oder Andersdenkende einzuschüchtern. Krieg wurde systematisch vorbereitet. Seit 1934 wurde in Deutschland von der Reichsregierung zur Auflage gemacht, bei Neubauten Luftschutzkeller anzulegen, Butter war in Deutschland seit 1936 rationiert, Benzin in Japan seit 1937. Unter Hermann Göring wurde mit Vierjahresplänen die Rüstungsindustrie organisiert und lokalisiert; »Werbet von Mund zu Mund für den Reichsluftschutzbund«, hieß es für 12,6 Millionen Mitglieder dieser Selbstverteidigungsorganisation, die Anfang 1939 die ersten Luftschutzübungen mit totaler Verdunkelung inszenierte. Gleichzeitig liefen die Propagandamaschinen der totalitären Staaten mit Slogans wie »Neuverteilung des Rohstoff- und Siedlungsraumes in der Welt« auf Hochtouren.

Das American First Committee mobilisierte dagegen, daß sich die USA in einen Weltkonflikt hineinziehen lassen. Dieses Komitee und die hinter ihm stehenden starken isolationistischen Kräfte sahen die USA in der Rolle des distanzierten Vermittlers, nicht jedoch als Beteiligten. Ideologische Auseinandersetzungen, so unamerikanisch, wie sie sich darstellten, hätten den Amerikaner eigentlich nicht zu kümmern. Steuerzahlergeld solle Washington einsetzen, um eigene Sozial- und Wirtschaftsprobleme zu lösen, und nicht, um aufzurüsten. Bei Kriegsbeteiligung drohe dem Durchschnittsamerikaner eigentlich nur Schaden. Roosevelt sah sich also einer ähnlichen Argumentationskette gegenüber wie Woodrow Wilson oder später Ronald Reagan.

Dann: Aufgeregte Berichte über den »Blitzkrieg« der Deutschen in Polen werden veröffentlicht. Kluge Leitartikler befassen sich mit dem »Sitzkrieg« der Franzosen und Engländer hinter der Maginot-Linie im ersten Kriegswinter 1939/40. Währenddessen muß Roosevelt vorsichtig sein. Ihm waren zwar die weiteren Aggressionspläne Deutschlands und Japans bekannt. Als gewiefter Politiker aber wußte dieser Präsident: Gegen Mehrheitsstimmungen der eigenen Bevölkerung läßt sich in einer Demokratie das Ruder nicht herumwerfen. Roosevelt wartete und vertraute auf einen der vielen Pendelschläge, die die Geschichte und Geschicke Amerikas bestimmen, diesmal vom Pazifismus zur Kriegsbereitschaft.

Unbeirrt von der pazifistischen Grundströmung, gab FDR im ersten Halbjahr 1940 Bereitschaftsbefehle. Bis »short of war«, bis an die Grenze des Krieges, sollten die USA gehen. Zunächst ergab eine Bestandsaufnahme, daß die USA so gut wie entmilitarisiert waren. Wie nach jedem Krieg hatten sie Abrüstung vertrauensselig auch 1919/20 ernst genommen. Von 17 Kavallerieregimentern beispielsweise, die im Ersten Weltkrieg mehr und mehr auf gepanzerte Fahrzeuge umgerüstet worden waren, existierten auf dem Papier noch 14. Tatsächlich war der Mannschaftsstand in den zwanziger und dreißiger Jahren systematisch verringert worden auf zuletzt 1 000 Offiziere und 10 000 Mann. Die Speerspitze der Armee war verkümmert, die Masse abhanden gekommen.

Unter dem Eindruck von Hitlers Kriegserfolgen konnte Roosevelt auf ein umfassendes Rüstungsprogramm drängen. Die Schwierigkeit dabei war, daß nicht nur amerikanische Streitkräfte aufzustellen und auszurüsten waren, sondern auch Frankreich und vor allem Großbritannien sofortige Hilfe benötigten. Die Wiederauflage eines totalen U-Boot-Krieges durch Hitler – noch eine Parallele zu Weltkrieg I – veranlaßte Washington zu einem schnellen »Geschäft« mit

London: 50 alte US-Zerstörer gegen Stützpunkte. Roosevelt überrundete mit Hilfe der eigenen Internationalisten die Vorbehalte der Isolationisten. Wie beim New Deal veranlaßte er eine ganze Serie von Beschlüssen. Schnell eine Milliarde für die Teilstreitkräfte, zwei Wochen später eine weitere Milliarde, einen Monat danach fünf Milliarden und dann noch einmal sieben Milliarden Dollar. Bei 14 Milliarden Dollar blieb es bei weitem nicht. Bis 1945 investierten die USA in »Frieden durch Krieg« – wieder eine Parallele zum Weltkrieg I – 370 Milliarden Dollar

Geplant wurde mit einer Systematik, die für amerikanische Verhältnisse ungewöhnlich ist. Melde- und Wehrpflicht für 21- bis 35jährige und großzügige Organisation einer Rüstungsindustrie. Als Roosevelt, den viele zunächst für einen charmanten Zigarettenraucher hielten, als Jahresproduktion an Kampfflugzeugen die Zahl 50 000 nannte, wurde er zunächst als Phantast bezeichnet. Hermann Göring, säbelrasselnder Oberbefehlshaber der deutschen Luftwaffe, meinte zu dieser in aller Öffentlichkeit geführten US-Diskussion, er wolle »Meier« heißen, wenn wirklich der Himmel in fünf Jahren schwarz sei über Deutschland. In Washington, wo der New Deal seine Durchschlagskraft zu verlieren drohte, wurde jedenfalls flugs auf Rüstung umgeplant. Und Roosevelt erhielt einen schicksalsträchtigen Brief. Er stammte von Albert Einstein.

Die Bombe

Wer glaubt, dem amerikanischen Präsidenten Wesentliches mitteilen zu sollen, tut sich nicht leicht, an ihn heranzukommen. Mit dem »wichtigsten Geheimnis unserer Zeit« bemühten sich Albert Einstein und seine Freunde zunächst über Charles Lindbergh. Vergeblich. Dann suchten sie Kontakt über einen von Roosevelts Wirtschaftsberatern, Alexander Sachs. Wochenlang lag der Brief Einsteins, in dem der Nobelpreisträger den Weg zur Atombombe wies, auf Sachs' Schreibtisch. Als der Krieg in Europa unvermeidlich und die Aggressionsgelüste der Nazis offenkundig wurden, drängten Einsteins Freunde. Am 11. Oktober 1939, einem Mittwoch, wurde Sachs schließlich ins Oval Office vorgelassen.

Wie sollte er, der viel von Konjunkturphasen, aber so gut wie nichts von Physik verstand, dem Präsidenten klarmachen, was die Wissenschaft der Politik anbot: im Kampf für die Demokratie das gewaltigste Massenvernichtungsmittel aller Zeiten zu entwickeln. In monatelangen Vorbereitungen des Präsidententermines hatten sich die Atomphysiker auf Anekdotisches geeinigt, um Roosevelt einzustimmen: Ein junger Erfinder habe Napoleon einen Brief geschrieben. Darin verspricht er, Schiffe zu bauen, die ohne Segel bei jedem Wetter in der Lage sind, England anzugreifen und ganze Armeen Frankreichs auf das Inselreich zu transportieren. »Schiffe ohne Segel? Aber was«, erwiderte Napoleon, »weg mit diesen Phantastereien.« Der Erfinder, den Napoleon abblitzen ließ, war Robert Fulton, ein Amerikaner. Er hat die Dampfschifffahrt erdacht und dann auch bis zum wirtschaftlichen Erfolg durchgesetzt.

Roosevelt verging das übliche Lächeln, als ihm Alexander Sachs die Erkenntnisse der Physiker erläuterte. Es handele sich um Freisetzung und Nutzung bisher unvorstellbarer Energiereserven des Atoms. Roosevelt: »Soll dies heißen, daß uns die Nazis mit so etwas in die Luft jagen wollen?« Der Überbringer des legendären Briefes bejahte verabredungsgemäß. Im Oval Office konnte man nicht wissen, daß Hitler schon Jahre vorher der Vorschlag gemacht worden war, Kernspaltung rüstungswirtschaftlich zu nützen und zu einer Einsatzwaffe zu gestalten. Der Führer winkte mehrfach ab. Kernspaltung sei Sache »jüdischer Physiker«. Da könne nichts draus werden.

Roosevelt begriff. Er entschied sofort. Die Physiker ließ er wissen, Amerika werde alle Kräfte einsetzen, um eine Atombombe zu bauen. Was früher dreißig bis vierzig Jahre dauerte, nämlich wissenschaftliche Erkenntnisse technisch ausreifen zu lassen, sollte in vier Jahren gelingen. Die Welt erhielt eine neue apokalyptische Dimension.

In Washington standen am Anfang Zögern, Zweifel und Intrige. Das Uran-Komitee, das Präsident Roosevelt nach dem Einstein-Brief einsetzte, drohte im bürokratischen Gestrüpp der US-Hauptstadt hängenzubleiben. Edward Teller, wie mehrere andere Physiker und Mathematiker ungarischer Jude aus einer Budapester Eliteschule, konnte es kaum fassen. Um ganze 6 000 Dollar als Erstzahlung für Isoliermaterial mußte wochenlang gerauft werden. Es dauerte ein Jahr, bis es zu geregelter Zusammenarbeit von Wissenschaftlern der amerikanischen mit jenen der britischen Seite kam. Die Briten waren Monate voraus. Doch was den Engländern nach den schweren militärischen Rückschlägen auf dem Kontinent und nach dem Rückzug von fast 40 000 geschlagenen Mann aus Dünkirchen fehlte, war nicht nur die industrielle und finanzielle Kraft, sondern auch der Optimismus.

Geld, Schwung, Mut

Amerika bot, was gebraucht wurde: zwei Milliarden Dollar, die Breite wissenschaftlicher Institutionen, qualifiziertes Personal, industrielle Kapazitäten und Unternehmergeist, der lediglich der Motivation bedurfte. Daß es fast ein Jahr dauerte, um die Atomprogramme Großbritanniens und der USA im »Manhattan Project« zusammenzuspannen, hat europäische, vor allem deutsche Städte vor dem Schicksal von Hiroshima und Nagasaki bewahrt. Wäre die amerikanische Atombombe früher, »rechtzeitig« vor dem Zusammenbruch Hitler-Deutschlands verfügbar gewesen, so hätten die USA und Großbritannien wohl nicht gezögert, diese Vernichtungswaffe gegen deutsche Ziele einzusetzen.

Erst der japanische Angriff auf Pearl Harbor im Dezember 1941 sorgte für Aktion. Amerika, der Industriegigant, spannte an. Die Stimmung hatte umgeschlagen, das Abseitsstehen erledigte sich von selbst. Deutschland eroberte Dänemark, Norwegen und besiegte kurz darauf Holland, Belgien, Luxemburg und Frankreich. Viele Deutsche glaubten, nun sei der Krieg vorbei. Göring nannte Hitler den »größten Feldherrn aller Zeiten«, und in Berlin glaubte man, damit rechnen zu können, die »Schlacht um England« in wenigen Wochen zu gewinnen. Winston Churchill verstand es, die Widerstandskraft der Engländer zu erhalten: »Wir werden kämpfen, wenn nötig, jahrelang, wenn nötig, allein.« Betroffen von der Not der »Verwandten«, besannen sich mehr und mehr Amerikaner auf die gemeinsame Vergangenheit. Roosevelts Wort kam an, daß »die USA das Arsenal der Demokratien« seien.

Für Europäer wurden Terrorangriffe nach 1940 zum Alltag, während Amerikanern allmählich klar wurde, daß sich ihr Land auf die Dauer aus der weltumspannenden Auseinandersetzung nicht heraushalten konnte. Dabei begann sich materielle Hilfe der USA erstmals bemerkbar zu machen. Die deutsche Luftwaffe konnte die sogenannte Schlacht um England nicht gewinnen. Die Gefahr einer Landung auf der Britischen Insel schwand, zumal sich Hitler anschickte, »die russische Lage zu bereinigen«. Er sprach davon, ein Vernichtungskampf solle das »soziale Verbrechertum der Sowjetunion« ausrotten. Als der Druck erstmals wich, formulierte Churchill: »Niemals in der Geschichte menschlicher Kämpfe sind so viele so wenigen so sehr verpflichtet gewesen.« Er meinte die Hilfe aus Amerika.

Roosevelt erkannte, daß die Zeit zum eigenen Handeln gekommen war. Fachte doch das Deutsche Reich den Krieg wirklich zu einem Weltbrand an. Es kam zum Dreimächtepakt Deutschland, Italien, Japan. Hitler versuchte, Türken, Araber, Kurden und Schiiten, ja Inder einzuspannen. Über seine Absichten gegenüber der Sowjetunion ließ er seine Bündnisgenossen im unklaren. So schloß der japanische Außenminister Yosuke Matsuoka im Sommer 1941 auf dem Rückweg von Berlin in Moskau mit der Sowjetunion sogar noch einen Neutralitätsvertrag ab. Umsonst.

Auf eine Direktbeteiligung der USA von dem Japaner angesprochen, meinte Hitler, ein Krieg gegen die USA sei ihm zwar unerwünscht, er habe ihn jedoch in seine Rechnung »schon einkalkuliert«. Als dann im Spätherbst 1941 Geheimdienstberichte aus Tokio ergaben, daß ein großer japanischer Flottenverband mit mehreren Flugzeugträgern und Schlachtschiffen japanische Häfen verlassen hatte, erwartete ein Teil der Experten im Weißen Haus und im Marineministerium, diese Armada ziehe nach Singapur oder in Richtung Philippinen.

Am Sonntag, dem 7. Dezember, greift Japan, das noch Stunden vorher in Washington verhandelt hatte, Pearl Harbor an. Ein Großteil der amerikanischen Pazifikflotte wird vernichtet (13 Kriegsschiffe versenkt bzw. unbrauchbar gemacht), über 2 000 Mann sterben. Am nächsten Tag erklären die USA Japan den Krieg. Drei Tage später vollführen Deutschland und Italien den Gegenzug und erklären den USA den Krieg.

Der Haß auf »die Japs« erreicht nach dieser sicherheitspolitischen Kettenreaktion, die in ihrer diabolischen Zwangsläufigkeit Millionen biederer Amerikaner überrascht, einen nie dagewesenen Höhepunkt. Über 110 000 amerikanische Staatsbürger japanischer Herkunft werden festgenommen, abtransportiert, in Lager verbracht, teilweise enteignet und bis gegen Kriegsende festgehalten. Wider besseres Wissen und ohne je Beweise zu erbringen, wurde behauptet, daß Amerikaner japanischer Herkunft unzuverlässig und Spione seien. 45 Jahre später erst hat sich der Kongreß als Vertretung des amerikanischen Volkes für diese »Schmach« entschuldigt und sich zu einer symbolhaften Wiedergutmachung durchgerungen: 20 000 Dollar für jeden überlebenden Japanoamerikaner.

Die Schmach hatte freilich noch eine andere Dimension. Japan trieb in der ersten Kriegsphase die amerikanischen Streitkräfte nur so vor sich her. Sie nahmen Hongkong, Guam, Singapur, Niederländisch-Indien (das heutige Indonesien), Burma, unterbrachen die Landverbindung zu China (die Regierung Tschiang Kai-schek erhielt über burmesische Landwege Gesamthilfen im Wert von 500 Millionen Dollar) und zwangen den Oberbefehlshaber der alliierten Streitkräfte, Douglas MacArthur, vorübergehend nach Australien auszuweichen. General Tojo, Japans Premier, der nach dem Krieg von einem alliierten Gericht zum Tode verurteilt und hingerichtet wurde, setzte bereits auf Gesamtsieg. Japan wollte nicht nur die Aleuteninseln Attu und Kiska erobern (tatsächlich das einzige US Territorium, das Japan besetzte), sondern zumindest auch Hawaii (was im Krieg unerreichbar blieb, vollzog sich im Frieden: Japaner kaufen Hawaii dank eines günstigen Wechselkurses gleichsam auf). 1941/42 erlitt die amerikanische Marine schwerste Verluste, sie gewann jedoch in der kombinierten See- und Luftschlacht von Midway die Initiative zurück, bevor dann in der »größten Seeschlacht aller Zeiten«, in der Schlacht im Golf von Leyte, das Kriegsglück endgültig gewendet werden konnte. Japan verlor 3 Schlachtschiffe, 4 Flugzeugträger, einen Kreuzer, 9 Zerstörer – den Kern seiner Marine. US-Verluste: 3 Flugzeugträger, 3 Zerstörer und ein Torpedoboot. Die US-

Marine blieb intakt und einsatzfähig. Japan war militärisch erstmals geschlagen wie Deutschland in Stalingrad.

Der pazifische Krieg war für die USA »unser Krieg«. Belastender, schwieriger, risikoreicher als der europäische. Dies trägt dazu bei, daß das »pazifische Becken« bis in die Gegenwart das politische Fühlen und Denken ganzer Generationen von Amerikanern bestimmt.

Der europäische Kriegsschauplatz wirkte dagegen »übersichtlicher«, wenn auch politisch gewichtiger. Nachdem im November 1942 bereits 40 000 amerikanische und britische Soldaten in Marokko und in Algerien gelandet waren und zum Sieg über das Afrikakorps (Kapitulation von 250 000 deutschen Soldaten in Tunis) beigetragen hatten, gewann die alliierte Koalition allmählich die Oberhand: Stalingrad fällt und wird am 2. Februar 1943 zur tragischen Wende. 176 000 Mann amerikanischer und britischer Verbände landen am 6. Juni 1944 als »Operation Overlord« in der Normandie und erfüllen damit den Wunsch von Marschall Stalin nach einer zweiten Front. Die Rote Armee drängt die deutschen Truppen Schritt für Schritt zurück. Schließlich erwiesen sich die Alliierten an allen Fronten als überlegen. Die Führungsrolle der USA ist unbestritten. 1944 erreicht die amerikanische Industrieproduktion 235 Prozent des Vorkriegsstandes. Aus dem »Arsenal der Demokratie« wurde eine riesenhafte Nachschubbasis im Kampf gegen die Achsenmächte. Ein Gigant zeigt, was er kann.

Neben der konventionellen Massenproduktion war Amerika – nicht zuletzt durch Einwanderung von Intelligenz – in der Lage, mit Nuklearphysik Neuland zu beschreiten. Die Universität Chicago baute den ersten Nuklearreaktor, der im November 1942 fertiggestellt wurde. Zur Entwicklung der Gasdiffusion entstand in Oakridge im US-Bundesstaat Tennessee eines der größten geschlossenen Gebäude der Welt, 800 Meter lang, 17 200 Quadratmeter unter Dach. Die Produktion von Uran begann in Hanford im US-Bundesstaat

Washington. In den Wäldern von Los Alamos, nördlich von Santa Fe, in New Mexico, arbeitete von 1943 an ein Geheimlaboratorium größten Ausmaßes. Hier liefen alle Fäden zur Entwicklung der Bombe unter General Lesley A. Grove zusammen, einem alten Pionieroffizier, und Prof. Robert Oppenheimer, einem genialen Organisator. In einmaliger Atmosphäre ein einmaliger Auftrag. Jeder motivierte jeden. Die Leute von Los Alamos legten ein wissenschaftliches Tempo vor, wie es in der Geschichte wohl noch nie erreicht worden war. Rund 30 000 Experten arbeiteten zum Schluß in Dutzenden von Standorten quer durch die USA für Los Alamos. Unter ihnen auch der deutschstämmige Klaus Fuchs. Als prominentes Mitglied der britischen Mission überblickte er die Gesamtentwicklung der Bombe. Sein Wissen hat er später der Sowjetunion zugespielt. Der Gesinnungstäter als Spion, der später in die Kälte, in die DDR ging.

Fürs erste freilich wurde Geheimhaltung erstaunlich konsequent durchgehalten. Selbst im durchlässigen Washington wußte ein Dutzend Geheimnisträger für sich zu behalten, was rund um »die Bombe« wirklich geschah. Wo sonst dem Verbleib jedes Dollars parlamentarisch nachgegangen wird, konnte die Verwendung von Milliarden Dollar für das »Manhattan Project« jahrelang absolut diskret behandelt werden noch in den achtziger Jahren ein oft benütztes Beispiel für parlamentarische Vertrauenswürdigkeit.

»Wir haben die schrecklichste Bombe in der Geschichte der Welt entdeckt«, schreibt Harry S. Truman, der 33. Präsident der USA, am 12. Juni 1945 in sein Tagebuch. Der gläubige Selfmademan, der niemals eine Universität besucht hatte, vergleicht diese Entwicklung mit einer biblischen Geschichte.

Die Bombe sei wie das vernichtende Feuer im Tal des Euphrat. Ahnungsvoll und wie zur Selbstbestätigung schreibt Truman dann: »Ich habe dem Secretary of War,

Mr. Stimson, erklärt, daß sie auf militärische Ziele, auf Soldaten und Seeleute zu richten ist und nicht auf Frauen und Kinder.« Die Toten von Hiroshima und Nagasaki zeigen, daß sich die Militärmaschine über den Auftrag ihres Oberbefehlshabers hinweggesetzt hat.

»Es war ein herrlicher Tag ...«

In Washington wird wieder einer jener erdrückend schwülen Sommertage registriert, als General Grove im Old Executive Building an der Einsatzplanung arbeitet. Zuerst bedient er sich einer kleinen Karte, die ganz Japan zeigt. Dann läßt er sich per Kurier von der National Geographic Society eine Generalstabskarte bringen. Telegramm an General Spaatz, den Oberkommandierenden der Luftwaffe im Pazifik: »Die 509. Gruppe, 20th Air Force wird die erste Spezialbombe bis zum 3. August je nach Wetterlage auf eines der Ziele einsetzen: Hiroshima, Kokura, Niigata und Nagasaki.«

Dr. Nichihiko Hachija, ein Hausarzt in Hiroshima, schreibt am 6. August 1945: »Es war ein warmer, herrlicher Tag. Die Straßenbahn zum Einkaufszentrum war überfüllt. Tausende von Soldaten übten eine Parade. Fliegeralarm. Dann kam eine einzelne B-29. Plötzlich ein Blitz, gleich danach Hitze, möglicherweise nur ein Zehntel von einer Sekunde.«

Alles wird im Umkreis von 800 Metern vernichtet. Bis zu 1 600 Metern ist die Zerstörungskraft der Bombe fast ebenso stark. Mauern des einzigen Steingebäudes überstehen. Die Verbrennungen an Menschen reichen bis zu 3 200 Metern Umkreis, die radioaktive Verseuchung geht weiter.

Über 140 000 Tote werden in Hiroshima gezählt, 163 263 Verletzte und Vermißte. Der Uranbombe von Hiroshima folgt fünf Tage später über Nagasaki – ein Ersatzziel, das aufgrund der Wetterbedingungen im letzten Moment ausgesucht worden war – eine Plutoniumbombe. 74 000 Tote und 40 000 Verletzte werden registriert.

Das Kriegsende kam durch eine – letzte – Fehleinschätzung des japanischen Hauptquartiers. Dort glaubte man, daß die USA noch über eine größere Zahl von Atombomben verfügten und daß diese in den allernächsten Tagen auf andere Ziele eingesetzt werden könnten, vor allem auf Tokio. Tatsächlich waren zu diesem Zeitpunkt überhaupt nur noch zwei Bomben einsatzbereit. Sie sollten am 13. und 16. August abgeworfen werden. Inzwischen gab der Kaiser auf, gegen den Rat seiner engsten Mitarbeiter. Er, gottähnlich, wandte sich über das Radio an die Japaner. Zum erstenmal hörten sie seine hohe Stimme: »Wir müssen das Undenkbare denken.«

Triumph und kalter Krieg

Das Jahr 1945 brachte nach dem totalen Krieg den totalen Triumph für die Weltmacht Amerika. Die Kriegsziele waren erreicht, die Achsenmächte niedergekämpft, eine neue Weltorganisation geschaffen, und aller Welt war gezeigt, zu was diese Vereinigten Staaten fähig sind.

Stand einem Zeitalter des Friedens nichts mehr im Weg? War der qualvolle Wandel »der anderen«, vor allem der Europäer, vom Obrigkeitsstaat zu etwas Neuem, das sich Demokratie oder Pluralismus nennt, denkbar? Blieb Diktatur à la Hitler nur ein transitorischer Zustand, ein grauenhaftes Zwischenspiel voller zerstörerischer Extreme? War die Macht der Alten Welt gebrochen? Konnte Amerika endlich durch Machtzuwachs honoriert erhalten, was es seit Generationen angestrebt hatte: eine heile Welt, wo jeder jeden mag? Oder erschöpfte sich Triumph auf amerikanisch darin, die Boys nach Hause zu holen (wie es Roosevelt Stalin für die nächsten zwei Jahre angekündigt hatte)? Konnten sich Amerikaner anschicken, endlich den Frieden zu genießen, der mehr schien als die Abwesenheit eines Schießkrieges? Oder wurden andere Rechnungen aufgemacht: vom Mißlingen des totalen Staates, vom Scheitern der Diktatur, vom Ende des Sendungsbewußtseins und von der Demaskierung der Gewalt und der Willkür? Hatte Churchill ein weiteres Mal recht, wenn er Washington signalisierte, nun, da Deutschland erledigt und dort aufzuräumen sei, »heißt das wirkliche Problem Rußland«? Viele Fragen, zu wenige Antworten.

In bester Laune bittet Sam Rayburn zum Drink. Der

mächtige ›Speaker‹ des Repräsentantenhauses, ein machtbewußter Routinier aus Texas, tauscht sich mit Harry S. Truman, dem Vizepräsidenten, aus. Diesmal sei das Haus besser bestellt als nach dem Ersten Weltkrieg. Ohne Amerika gehe gar nichts mehr in der Welt. An diesem 12. April 1945 wird Truman zum Telefon gerufen. Er möge unverzüglich ins Weiße Haus kommen. Dort wird er in die Privatgemächer der Roosevelts im ersten Stock geleitet. »Harry«, sagt Eleanor Roosevelt und legt den Arm um seine Schulter, »der Präsident ist tot.« Truman, unvorbereitet, schweigt einen Augenblick, dann faßt er sich gegenüber der Witwe: »Kann ich irgend etwas für Sie tun?« Eleanor Roosevelt, ihr Leben lang eine starke Frau, schüttelt den Kopf. »Gibt es etwas, was wir für Sie tun können? Denn Sie sind es, der nun Hilfe braucht.«

Oft unterschätzt, konnte Truman nur ahnen, welche Herausforderungen auf ihn als 33. Präsidenten der USA zukommen würden. Die Frau des verstorbenen Präsidenten, später eine begeisterte Verfechterin der Vereinten Nationen, wußte aus jahrelanger Partnerschaft mit Franklin D. Roosevelt: Der Sieg über Hitler war nicht das Ende eines historischen Prozesses, sondern der Anfang. Amerika mußte erst noch beweisen, die Funktion der Weltmacht voll auszuüben, um dabei der vielen Spaltungsgefahren im Inneren und Äußeren Herr werden zu können.

Ein Hauptmann als Präsident

Truman, der aufrechte Mann aus dem Mittleren Westen, wäre gern sein Leben lang Senator geblieben. Lediglich unter den Umständen einer Kriegskoalition von Demokraten und Republikanern hatte er bei der Wahl des Jahres 1944 die Vizepräsidentschaftskandidatur angenommen: Das Erbe eines Roosevelt anzutreten ging in der Sicht vieler

›Washingtonians‹ über die Kräfte des »Krawattenhändlers aus Missouri«. Zum Meditieren war jedoch keine Zeit. Truman zögerte nach Roosevelts Tod keine Minute. Der Krieg war zu Ende zu führen. Der neue Präsident mag sich an seine eigene Zeit als Hauptmann der Artillerie in der Schlacht von Meuse-Argonne anno 1918 erinnert haben. Damals waren über eine Million Soldaten der USA beteiligt. Nach der Schlacht waren 120 000 tot oder verwundet. Durchhalten.

Truman, Patriot und Realist, erinnert sich, das legendäre Foto von Joe Rosenthal aus Iwo Jima gemeinsam mit Roosevelt betrachtet zu haben. Es zeigt, wie die amerikanische Fahne von Marines über der kleinen, strategisch wichtigen Pazifikinsel im Vorfeld Japans gehißt wurde. Roosevelt und Truman konnten nicht wissen, daß es gestellt worden war. Dennoch kündet es vom Tod der 20 000 Marines; über die Hälfte der beteiligten Soldaten waren auf Iwo Jima gefallen. Das Foto, das so viele Amerikaner erschütterte, ließ Präsident Truman Pläne unterstützen, ein Denkmal zu errichten. Heute zählt es, neben dem Heldenfriedhof von Arlington bei Washington gelegen, zum Standardprogramm für Besucher der amerikanischen Hauptstadt.

Roosevelt hatte Truman zwar nicht in alles eingeweiht. Der Präsident und der Vizepräsident wußten jedoch, daß der Feldzug in Europa praktisch beendet, Hitler am Ende und die ganze Kraft auf, den Kampf gegen Japan zu konzentrieren war. Der neue Präsident kannte den Preis. Die Zahl der gefallenen Gls stieg täglich und erreichte bald 400 000. Außenpolitisch stellten sich erste Zweifel ein, ob die Anti-Hitler-Koalition mit Stalins Sowjetunion auch für den Frieden taugt.

Polen gab auch Truman die Gelegenheit zum außenpolitischen Kräftemessen. Marschall Stalin wurde in internen Berichten der amerikanischen Botschaft, vor allem von George F. Kennan, unterstellt, Polen mit anderen osteuropäischen Staaten unter Führung der Sowjetunion zu einem Block unter rein kommunistischer Herrschaft formieren zu wollen. Im Weißen Haus begann man an den Zusagen des Kreml zu zweifeln, in Polen wie in der Tschechoslowakei und in Ungarn, Rumänien, Bulgarien demokratische Verhältnisse im westlichen Sinn möglich machen zu wollen.

Wjatscheslaw Molotow erschien in Washington. Ihm, dem sowjetischen Außenminister, sagten einflußreiche Präsidentenberater wie Charles Bohlen, Robert Lovett und Dean Acheson die Politstrategie nach, den Krieg zwar gemeinsam gewinnen, die Amerikaner aber den Frieden verlieren lassen zu wollen. Es gehe um den alten Traum der Herrscher Rußlands, in der Mitte Europas ihre Macht zu etablieren.

Harry S. Truman ist also gewappnet, als er vierzehn Tage nach dem Tod Roosevelts Molotow empfängt. Der neue Präsident drängt den alten Außenminister, sich an getroffene Vereinbarungen zu halten. Mit erhobener Stimme erklärt Truman Molotow, daß die Vereinigten Staaten von Amerika niemals zustimmen oder tatenlos beiseite schauen werden, wenn Polen von Stalin vereinnahmt werde. »Ich«, berichtet der verdutzte Molotow anschließend, »bin noch nie in meinem Leben derart behandelt worden.« Nachgegeben hat Molotow freilich nicht.

Man hatte ihm vergeblich bedeutet, daß die Sowjetunion den USA Entscheidendes schulde. Leistungskraft und Lieferbereitschaft der Amerikaner seien es gewesen, die im Kampf gegen Hitler die große Wende herbeigeführt hätten, bevor noch ein einziger amerikanischer Soldat seinen Fuß auf kontinentaleuropäischen Boden setzte. Molotow wurde schon in diesen Geburtsstunden des kalten Krieges entgegengehalten: Der amerikanische Steuerzahler hat aus freien Stücken über 50 Milliarden Dollar lockergemacht, um Waffen und Gerät für den Krieg gegen die Achsenmächte bereitstellen zu helfen. Über die Hälfte ging zwar an Großbritannien, vor allem in Form von Schiffen. Mit weit über 10

Milliarden Dollar Leih- und Pachtlieferungen wurde die Sowjetunion jedoch der zweitgrößte Kunde.

Im fernen Alaska künden nur noch einige Grabsteine von dieser Zeit besonderer Zusammenarbeit. In Nome, einer Goldgräberstadt: ein Hotel, Reste eines ehemaligen Opernhauses, ein paar Dutzend Wellblechhäuser, sonst nichts als Staub und kahle Erde. Nebenan schürft ein Bagger nach Gold, in den vierziger wie in den achtziger Jahren. Abseits des Flugplatzes von Nome eine verrottete Landepiste. Von hier aus wurden Anfang der vierziger Jahre die Flugzeuge – schätzungsweise 12 000 – aus den Pacht- und Leihlieferungen der USA an die Russen übergeben. Seitdem alles vorbei ist, wer den immer wieder Fotos herumgereicht. Sie zeigen, wie die Verbindungsoffiziere des russischen Versorgungsstabes mit amerikanischen Mädchen tanzen. In Nome wird erzählt, daß ausgerechnet hier, am kalten Ende der Welt, die großen Drei 1945 zusammenkommen sollten, um über die Zukunft der Welt zu beraten. Ein Konferenzbau aus Holz war sogar schon errichtet.

Auf Stalins Wunsch traf man sich dann nicht im tristen Alaska, sondern in zaristischer Atmosphäre auf der üppigen Krim. Roosevelt und Churchill kamen Onkel Joe ein weiteres Mal entgegen – der todkranke amerikanische Präsident Roosevelt, noch immer gutgläubig, und der mißtrauisch gewordene Premier seiner Majestät, Churchill. Sie reisten nach Jalta, die Welt konnte aufgeteilt werden. Truman, damals noch machtloser Vizepräsident, hatte bereits seine Bedenken.

Scheidung in Potsdam

Josef Stalin wird auf dem Bahnhof von Potsdam an einem strahlenden Julitag des Jahres 1945 feierlich begrüßt. Ehrenkompanie, Generalität. Der »rote Zar« wirkt abgespannt.

Auf dem Weg nach Potsdam, wo die Sieger über die Zukunft Deutschlands und Europas befinden wollten, hat er eine Herzattacke gehabt. Die Konferenz mußte verspätet beginnen. Um dem Generalissimus etwas Freundliches zu sagen, meint der amerikanische Botschafter Averill Harriman, es müsse für Stalin doch befriedigend sein, unter diesen Umständen in Berlin zu sein. Der Russe wehrt brüsk ab: »Zar Alexander brachte es bis Paris.« Als ob es sich um die selbstverständlichste Sache der Welt handele, daß Rußland nun zwei Drittel der europäischen Landmasse beherrscht.

Nach außen wurde die Potsdamer Konferenz – wie Dutzende Veranstaltungen ähnlicher Art – als Erfolg dargestellt. Auf Schloß Cäcilienhof, wo sich die großen Drei über zwei Wochen lang täglich zusammensetzten – für internationale Konferenzen ungewöhnlich lang –, zogen schwere Konflikte herauf. Einzelbeispiele führten zur Grundfrage, wer die Führungsrolle in der Welt übernimmt. Mangels Antworten wurde immer mehr vertagt oder den Außenministern zugeschoben. Jeder hatte sein Lieblingsthema, keiner gab nach.

Präsident Truman hatte sich auf »Internationalisierung der Wasserwege« kapriziert: Rhein, Donau, Dardanellen, Suez- oder Panamakanal sollten für freie Schiffahrt verläßlich verfügbar sein. Stalin wehrte Festlegungen ab. Man habe Wichtigeres zu tun (daß Freiheitsversprechen am Beispiel der Schifffahrt die ozeanorientierten Amerikaner immer wieder zu risikoreichem Engagement verleiten, konnte der Kreml vier Jahrzehnte später am Beispiel des Persischen Golfs erfahren). In Potsdam versuchte Truman eine Schiffahrtspassage im Schlußkommuniqué zu landen. Das käme im Kongreß gut an, dessen Zustimmung zu internationalen Organisationen und Verpflichtungen der 33. Präsident der USA ebenso brauchte wie der 28. Truman warb für Existenz und Finanzierung der Vereinten Nationen wie seinerzeit Wilson für den Völkerbund. Er wollte am amerikanischen Isolationismus nicht scheitern wie einer seiner Vorgänger.

In Potsdam bittet Truman Stalin in der Schiffahrtsfrage schließlich um einen persönlichen Gefallen. Stalin hört zu, schaut schon etwas ärgerlich, daß ihn Truman so direkt angeht, wartet die sonst übliche Übersetzung gar nicht erst ab, sondern sagt zunächst: »Njet«, um auf englisch anzufügen: »No, I say no.« Der amerikanische Präsident ist zunächst verblüfft (weil Stalin zum erstenmal zu erkennen gibt, daß er Englisch versteht und, wenn er will, auch spricht), dann enttäuscht, schließlich wütend. Dies kann ein weiterer Ansatz geworden sein für den kalten Krieg.

Um das Gleichgewicht der Macht, das ein Gleichgewicht des Schreckens wurde, kämpften die beiden Supermächte schon bald mit allen ihnen zu Gebote stehenden Mitteln: die Sowjetunion mit dem Anspruch auf »Weltrevolution«, der jahrzehntelang aufrechterhalten wurde, die USA zunächst im Vertrauen auf eigene Redlichkeit und auf ihr Atomwaffenmonopol. Vordergründig ging es um Einflußsphären, tatsächlich darum, daß sich die USA und die Sowjetunion nicht genierten, die übrige Welt fallweise als Geisel zu nehmen. Entspannt wurde, wenn es einmal der Sowjetunion, ein anderesmal den USA und gelegentlich beiden Supermächten gemeinsam behagte. Ebenso rücksichtslos wurde (und wird) angespannt, wenn es den Interessen der Großen entsprach (oder entspricht).

Kalter Krieg verwirrt oder nimmt den klaren Blick. Nicht zuletzt im Lager der Hauptakteure. In Washington wie in Moskau hat es Jahrzehnte gedauert, um zu erkennen, inwieweit historische Mechanismen wirken, was es mit simpler Interessenwahrung und was es mit der Politik als Kunst des Möglichen auf sich hat. Erschreckend dabei ist die Eigendynamik einer solchen Auseinandersetzung. Geschlossene Gesellschaften wie die sowjetische plagen sich jahrzehntelang mit »Revisionismus« herum. Schübe von Liberalisierung, einmal kurzlebig, ein anderes Mal halbherzig, erreichen zwar neuerdings Tiefenwirkung in ideologisch-politischem

Neuland, die Allüre der Großmacht aber bleibt. Europäer suchen nach einem eigenen Standort, nach Identität und Profil. Sie möchten durch Integration erreichen, als einheitliches Ganzes zun handeln, mit einer Stimme sprechen zu können. Es nimmt nicht wunder, daß das Auftreten der Großmächte Aversionen weckt, vor allem wenn natürliche Interessen gegeneinanderstehen. So meint der Präsident der Kommission der Europäischen Gemeinschaften Jacques Delors, ein gelernter Europäer und überzeugter Franzose: »Amerikanische Regierungen halten in der einen Hand die Bibel und in der anderen einen Revolver.«

Und die Amerikaner? Ihre Politmacher und Vordenker schwanken zwischen oberflächlicher Politkosmetik und tiefgründigen Selbstzweifeln, zwischen Hurrapatriotismus und Verzichtpolitik, zwischen lauerndem Abwarten und polterndem Aktivismus. Den Pendelschlag markieren Extreme – Konservativismus und Fortschrittsglaube, beides absolut. »Isolationisten« und »Internationalisten« bewegen sich in diesem Umfeld. Die einen halten amerikanisches Tun und Lassen allezeit für moralisch richtig, politisch weise und wirtschaftlich fair. Die anderen, die fortschrittsgläubigen Amerikaner, leugnen die eigene Identität und finden andere anderswo besser, das Eigene erscheint ihnen von A bis Z reformbedürftig. Der Durchschnittsamerikaner steht meist staunend abseits.

Wettkampf der Systeme

Das Register der Zeit des kalten Krieges von den vierziger Jahren bis in die achtziger ist lang: Vierteilung des Deutschen Reiches in Westdeutschland, Ostdeutschland, Berlin und durch Wiederherstellung eines unabhängigen Österreich; kommunistische Machtübernahme in der Tschechoslowakei; Militarisierung des Ostblocks; Eingriffe der Supermächte in Nahost; Korea und seine Teilung; Berliner Mauer; Ideologisierung der Dritten Welt; Militarisierung des Westblocks; Ungarn 1956; Kuba; Vietnam; Angola und das südliche Afrika; Nicaragua, Politisierung der Ölkrise der siebziger Jahre; Afghanistan; Persischer Golf.

Gewaltige Umstände. Sie sind auf einen erbarmungslosen Wettkampf der Systeme zurückzuführen. Die schwelende Auseinandersetzung zwischen Kapitalismus und Kommunismus ist es, die das Geschehen jahrzehntelang bestimmte. Was dem kalten Krieg seine Härte, Schärfe und Länge verschaffte, war die Waffenungleichheit im ideologischen und militärischen Sinn. Einmal fühlte sich der eine stärker, einmal der andere. Ganze Generationen von Politikern, Diplomaten und vor allem Politologen und Historikern haben an der Frage herumanalysiert, wie es zu dieser Verkrampfung kommen konnte, wer schuld, wer verantwortlich, wer zur Rechenschaft zu ziehen ist.

Bald zeigte sich, was hinter ideologisch verbrämter Taktik steckte: die Angst der Sowjetunion, von den »Kapitalisten« eingekreist zu werden, und die Befürchtung der USA, die trickreiche Besitznahme Osteuropas durch den internationalen Kommunismus sei nur ein erster Schritt, dem die Einvernahme Westeuropas und dann – früher oder später – die »Weltrevolution« folge. Vor diesem Hintergrund lieferten sich in Westeuropa und in Amerika ehrgeizige Ideologen Schattenboxen. Wer war der ärgste kalte Krieger? Wer hat sich zuerst im Kreml lieb Kind gemacht? Pazifismus und Militarismus feier ten fröhliche Urständ. Und jeder warf dem anderen vor, er versündige sich am Frieden und versuche, den jeweils anderen hereinzulegen.

Daß der »Faktor Zeit« auch in der Geschichte des kalten Krieges eine besondere Rolle spielen kann, belegt ein Ausspruch von Maxim Litwinow, Kommissar für Auswärtige Angelegenheiten von 1919 bis 1939 und sowjetrussischer Botschafter in Washington während des Zweiten Weltkrieges. Er meinte nach 1945: »Warum habt ihr Amerikaner nicht früher unseren Aktionen auf dem Balkan und in Osteuropa widersprochen? Ihr solltet das Jahre früher getan haben. Nun ist es zu spät.«

»Der kalte Krieg soll beendet werden«, empfahlen Ende der achtziger Jahre im Zeichen des Tauwetters zwischen Washington und Moskau Experten beider Seiten in einer gemeinsamen Studie über Ursachen und Wirkungen der Spannungen zwischen Ost und West. Prof. Georgi Arbatow, ZK-Mitglied und einer der engsten Berater von Generalsekretär Michail Gorbatschow, und Dr. Arthur M. Cox, langjähriger Ostexperte der Central Intelligence Agency (CIA), erklären, jahrzehntelang habe die Welt zu leiden gehabt. Nun sei die Zeit gekommen, politisch zusammenzuarbeiten. Ohne Kooperation der Supermächte sei eine solide Entspannung undenkbar, Abrüstung unmöglich.

Das Verhältnis Europa-USA hat der kalte Krieg zeitweise stark bestimmt (was manchem im Kreml nur recht gewesen sein mag). Phasen des Zusammenrückens folgten Phasen der Entfremdung. Atlantisch versteht man munter zu streiten, wenn es um den Wert der Währungen, um andere wirtschaftliche Vorteile oder um einen Ausgleich der Verteidigungslastengeht. Dabei hat es mit einer schwungvollen Bewegung, mit viel Hoffnung und Modernität begonnen, nämlich mit dem Marshallplan.

Der Marshallplan, eine Spitzenleistung

Eine europäische Geschichte, eine amerikanische Spitzenleistung. Es beginnt in einer Kammer des Reichsfinanzministeriums in Berlin. Dort waren Beweise gestapelt worden, daß überzogene Forderungen der Sieger nach dem Ersten Weltkrieg entscheidend dazu beitrugen, Deutschland und Österreich – staatliche oder gesellschaftliche Strukturen, die keiner wollte – zu überfordern und für einen totalen Polizeistaat Hitlerscher Prägung reif zu machen.

Josef Berolzheimer weiß um diese politischen und moralischen Folgen verfehlter Finanzpolitik. Franke, Jude, in seiner Jugend deutscher Patriot, dekorierter Teilriehmer im Ersten Weltkrieg, Schüler von Adolf Weber in München, wird der engagierte Bayer im Berliner Reichsfinanzministerium zum Mitgestalter des horizontalen Finanzausgleichs – eines systematischen Ausgleichsgetriebes zwischen einzelnen Regionen unterschiedlicher Wirtschafts- und damit Steuerkraft. Berolzheimer wird als Experte gebraucht, bis Ende der dreißiger Jahre geduldet.

Dann kommt die Gestapo. Wie für Hunderttausende nach den »Nürnberger Gesetzen«. Als Jude Verhaftung, Konzentrationslager Buchenwald. Seine Frau, selber nicht Jüdin, findet über Münchner Freunde Zugang zur streng religiösen Mutter des Reichsführers SS, Himmler. Das Flehen der Frau hilft. Berolzheimer wird aus dem Konzentrationslager entlassen, darf ausreisen. Die Berolzheimers werden 1938 auf die deutsch-österreichische Quote in die USA hereingelassen. Verwandte hatten das sogenannte Affidavit zustande gebracht, eine Art Finanzhaftung in Höhe von 15 000 Dollar pro Person. Als sie ankommen, wirkt das Gift politischer Propaganda. Die jüdischen Verwandten wenden sich ab, als sie erfahren, daß Frau Berolzheimer Christin ist.

Allein auf sich gestellt, mit humanistischer, deutscher Bildung, zwar perfekt in Latein und Griechisch, aber mit bescheidensten englischen Sprachkenntnissen, beginnt er als Nachtportier in Manhattan. Armut und Knappheit ringsum. Er durchleidet das Schicksal vieler Immigranten. Die alte Heimat unter Druck verloren zu haben, ohne die Möglichkeiten der neuen erfassen zu können. Auch als deutscher Jude hatte man es nicht leicht. Im Krieg war deutsch sein allein schon verdächtig. Wie im Ersten Weltkrieg empfahl es sich nicht, deutsch zu sprechen.

Die meisten Amerikaner wußten oder verstanden nicht, daß durch Hitler im deutschen Namen eine unbarmherzige Völkerhatz organisiert und der größte Völkermord vorbereitet wurde. Holocaust war so gut wie unbekannt. Selbst Präsident Roosevelt bezweifelte lange Zeit Nachrichten über die Verfolgung der Juden in Europa. Wie alle Flüchtlinge galten auch deutsche Juden als sogenanntes Sicherheitsrisiko. Verfolgte konnten andererseits Unkenntnis und Desinteresse der Amerikaner schwer begreifen. Für sie zählte es zum Wunder ihres Lebens, davongekommen zu sein. Irgendwie nach Portugal zu gelangen, von einem verständnisvollen amerikanischen Konsulatsbeamten früher oder später ein amerikanisches Einreisevisum zu erhalten und von Verwandten, Freunden oder Hilfsorganisationen die Reise bezahlt zu bekommen. Der Clipper wurde zum Symbol der Freiheit, ein Clipper Ticket machte sie zu reichen, weil freien Menschen.

Seppl Berolzheimer, inzwischen Joe genannt, zählte zu den Glücklichen. Er fand Anschluß, Verständnis, Arbeit und die Chance mitzugestalten. Ökonomen der Washingtoner Regierung erkannten sein Wissenspotential. Er war mit von der Partie, als es um eine wachstumsorientierte Finanzpolitik für die Zeit nach dem Krieg ging. Er wußte präzise, wie Hilfe zur Selbsthilfe in einer geordneten Geldwelt zu finanzieren war.

Bevor die Finanzoperation noch einen Namen hatte – später sollte sie Marshallplan heißen –, war klar: Fehler der Zeit nach dem Ersten Weltkrieg sollten sich nicht wiederholen. Daher wurde ein finanztechnisches System kommunizierender Röhren installiert, um den Wiederaufbau in Europa möglichst inflationsfrei anzukurbeln. Natürlich sollte dies auch Exportchancen für die US-Industrie eröffnen. Die USA zahlen, die Empfänger bringen »Gegenmittel« auf, bedienen US-Kredite jedoch im eigenen Land, so daß der Urkredit sich selber nährt. Stabile Finanzen statt Inflation, Staatsverschuldung, Steuererhöhung, Spekulation und Reparationen. Washington plante für diesen Transfer zunächst 4 Milliarden Dollar. Schließlich wurden es 12 Milliarden an 14 Länder. Die Wirkung sollte enorm sein, in Europa jedenfalls überproportional effektiv – vor allem im Vergleich zu zwanzig Jahren US-Auslandshilfe klassischen Stils. Diese 56 Milliarden Dollar »Hilfe« an alle Welt entsprachen einem Fünftel des amerikanischen Volkseinkommens des Jahres 1950. Milliarden, die nicht wie der Marshallplan eingesetzt wurden, versickerten rund um die Welt.

Für ein Jahrhundertwerk wie den Marshallplan wollte Washington zunächst nicht grünes Licht geben. Wie Finanzminister Morgenthau konnten sich einflußreiche Politiker von traditionellen Vorstellungen von Schuld und Sühne nicht lösen. Der Sieger habe Schäden und Aufwendungen vom Besiegten erstattet zu erhalten. Deutschland sollte zum »Agrarland« degradiert werden. Clemenceau, der Präsident Wilson in Versailles zum Verfechter einer unbedachten Rachepolitik gemacht hatte, beeinflußte noch zwanzig Jahre später die Denkweise in mancher Washingtoner Amtsstube. Gesiegt haben am Ende die Verfechter moderner Finanzpolitik. Weltbank, Währungsfonds, den Dollar als Leitwährung mit Gold im Rückhalt – das versprach der jungen Weltmacht USA auch wirtschaftliche Vorteile. Amerikaner, an Absatzwirtschaft gewöhnt, begannen auch Besiegte als Kunden zu schätzen. Lange bevor ein Ludwig Erhard eigenständige Wirtschaftspolitik betreiben konnte, bastelten unbefangene Washingtoner Experten an der Grundlage dessen, was später unter »Wirtschaftswunder« lief.

Demokratie auf amerikanisch

Die Zeitenwende hat viele Zeugen. George F. Kennan, von 1944 bis 1946 amerikanischer Geschäftsträger in der Sowjetunion, war einer der ersten, der auf US-Seite den fortdauernden Expansionsdrang des Kreml erkannte. Im Spaso-Haus, dem Sitz der amerikanischen Botschaft, faßte er unmittelbar vor der Potsdamer Konferenz in einem langen Telegramm seine Beobachtungen zusammen. Der feinfühlige Diplomat glaubte, entdeckt zu haben, daß die Sowjetunion das amerikanische Vertrauen in eine einzige Welt, in Frieden, Abbau des Kolonialismus und Abrüstung als ausnützbare Schwäche der zur Weltmacht aufgerückten USA einschätzte. Stalin betrachte »Demokratie auf amerikanisch« als unvereinbar mit Machtpolitik. Den Westen halte er für dekadent und die westliche Gesellschaft in ihrer blinden Sehnsucht nach Frieden und bloßem Wohlergehen unfähig zu Führung und zu Wandel. Einer straff geführten kommunistischen Bewegung – Kennan über Stalin – eröffne sich eine historische Chance, weltweit die Oberhand zu gewinnen.

1947 zum Chef der Planungsstabes des State Department aufgerückt, wird Kennan zum außenpolitischen Vordenker der westlichen Abwehrstrategie, »Containment« genannt. Stalins Expansion sollten die USA eindämmen, indem sie Ländern wirtschaftlich helfen, die vom Kommunismus bedroht oder von Moskau als Übernahmeobjekte auserkoren sind. Notfalls sollte die westliche Supermacht nicht zögern, Machterweiterungen der Sowjetunion mit »gemäßen Mitteln« zu unterbinden. Mit Macht sollte also verhindert werden, daß aus dem kommunistischen Staat die östliche Supermacht Sowjetunion wird. Jahrzehntelang, praktisch für die Dauer des kalten Krieges, hat diese Containment-Philosophie Kennans fortgewirkt. Die Truman-Doktrin entspricht diesem Abwehrdenken. Ihren ersten Anstoß erhielt sie freilich nicht in Europa, sondern in Asien.

China wurde kommunistisch. Der Sieg Mao Tse-tungs über Tschiang Kai-schek belegte Kennans These. Sowjetrussische Hilfe vervielfachte Maos Überlegenheit gegenüber einem verbrauchten System. Selbst der umsichtige George Marshall konnte den Abfall des Reiches der Mitte nicht mehr verhindern. In der amerikanischen Öffentlichkeit war man nach dem Sieg über Japan an einem weiteren Engagement in Asien desinteressiert. In Moskau kalkulierten kommunistische Strategen diese Stimmung und setzten mit asiatischer Denkweise nach: Kapitalisten zeigten besondere Begabung, sich mit zweifelhaften Freunden einzulassen.

Zum erstenmal wurde der Weltmacht USA am Beispiel Chinas vorgeführt, wie schwer es ist, die richtigen, die unanfechtbaren Alliierten zu finden, und wie sehr es schaden kann, sich mit »falschen Freunden« zu identifizieren lassen. Mit dem Sieg Maos wurde in Rotchina vorgeführt, was später auch in Korea und Vietnam zu gefährlichen Engagements der USA führte und die Amerikaner in der Tat manchmal auf die »falschen Leute« setzen ließ.

Expansiver Kommunismus

Prag, 24. Februar 1948. Lawrence Steinhardt, der amerikanische Botschafter, kabelt unter »vertraulich« an das State Department: »Es war Feigheit.« Stalin hatte die Tschechoslowakei genommen. Wie konnte geschehen, daß dieses europäische Kernland, das die Entente bis 1939 als Stützpfeiler ansah, gleichgeschaltet wurde? Eine Koalition aus

Bürgerlichen und Kommunisten wurde fünf Tage lang unter Druck gesetzt. Präsident Eduard Benes und Außenminister Jan Masaryk, die während des Krieges eine Exilregierung in London geführt hatten, leisteten, so der US-Botschafter, nur hinhaltenden Widerstand. Anders als andere, wo die Rote Armee dominierte, wie etwa in Finnland, in Ostösterreich oder im Iran. In der Tschechoslowakei sind zum Zeitpunkt der kommunistischen Machtübernahme nach verläßlichen Schätzungen 500 sowjetrussische Soldaten stationiert.

Am Schluß der Krisenverhandlungen treten zwölf Mitglieder der Prager Regierung »freiwillig« zurück. Präsident Benes resigniert, Außenminister Masaryk begeht Selbstmord. Washington ist konsterniert. Mit einer solchen kalten Machtübernahme hatten selbst die pessimistischsten Analytiker des gerade erst beginnenden kalten Krieges nicht gerechnet.

Hatte Stalin auf Schwäche des Westens gesetzt? Die »anderen« in gutem Glauben abrüsten lassen? Wußte der Kremlchef durch Spionage gar, daß das amerikanische Atombombenmonopol nur noch theoretisch bestand? Tatsächlich verfügten die US-Behörden über angereichertes Material für bestenfalls zwölf Atombomben. Einsatzbereit war keine einzige. Und das Weiße Haus hatte zunächst davon keine Ahnung. Über Nacht gab Präsident Truman den Befehl, die Atomwaffenbestände innerhalb von sechs Jahren auf 400 zu bringen. Der Kongreß zog mit. Furcht vor der Expansion des Kommunismus begann sich auszubreiten.

Hat Unterbewaffnung der USA dazu beigetragen, daß die Sowjetunion ein halbes Jahr später mit der Blockade West-Berlins zur nächsten Tat schritt? Oder spekulierte »Onkel Joe« im Kreml damit, daß die USA im Wahljahr 1948 mit sich selbst beschäftigt sind? Stalin unterschätzte Truman, der sich nach dem Tod Roosevelts erstmals selber zur Wahl stellte. Wurde der gewiefte Kremlherrscher gar Opfer seiner eigenen Propaganda von westlicher Dekadenz, indem er die

Widerstandskraft von über zwei Millionen Berlinern unterschätzte, die erst vier Jahre vorher den Hitlerkrieg und danach Jahre der Entbehrungen überstanden hatten?

Testfall Berlin

Während in Berlin durch die Blockade wieder die Lichter ausgingen, wurde Washington von der Konsequenz überrumpelt, mit der die Sowjetunion vorging. Es dauerte zwölf Tage, bis das amerikanische Außenministerium gegen die »Verkehrsbehinderung« protestierte. Erst einen Monat nach Blockadebeginn berief Präsident Truman eine Sondersitzung des National Security Council in das Weiße Haus ein. Die Analyse des Außenministeriums besagte, die Währungsreform in den drei Westzonen habe nur den letzten Anstoß für die Sowjetunion geliefert, das Deutsche Reich endgültig zu spalten. Moskau versuche, Berlin seiner eigenen Besatzungszone einzuverleiben. Zunächst wird beschlossen, zur Abschreckung 60 moderne Langstreckenbomber vom Typ B-29 nach Großbritannien zu verlegen. Für den Einsatz von Atombomben geeignet, fehlt es freilich an diesem modernsten Abschreckungsmittel. Intern wußte man, daß es sich nur um eine Schau handeln konnte.

Washington hatte Moskau über Mittelsmänner wissen lassen, an einem offenen Krieg nicht interessiert zu sein. Der Kreml signalisierte ähnliches. Beratern des US-Präsidenten war dennoch klar, daß in Berlin Abwehrbereitschaft und Glaubwürdigkeit des Westens auf dem Spiel standen. Das Freiheitsversprechen der USA galt. Alle Welt sollte es wissen (wie später auch beim US-Engagement in Vietnam).

Wie lange jedoch konnte die Berliner Bevölkerung durchhalten? War sie technisch überhaupt zu versorgen? Das Weiße Haus drängte auf eine Luftbrücke, wie sie vom amerikanischen Militärgouverneur in Deutschland, General Lucius D. Clay, vorgeschlagen worden war. Die Joint Chiefs of Staff, die schon vorher einen Entsatz auf dem Landwege für problematisch erklärt hatten, meldeten wieder Bedenken an: Die Versorgungswege seien zu lang, ungeschützt, US-Soldaten gefährdet, ein Waffengang unvermeidlich. Truman entschied für Clay. Den Präsidenten ließ auch kalt, daß es in Wahlzeiten für Kandidaten gefährlich werden kann, unter ausländischem Druck Geld amerikanischer Steuerzahler für Aktionen in Übersee einzusetzen. Die Entscheidung hat Truman nicht geschadet. Er wurde, wenn auch knapp, jedenfalls überraschend, gewählt. Mit der Standfestigkeit der Berliner und dem Organisationstalent des Militärs hatte die Weltmacht USA ihre erste Bewährungsprobe in »Friedenzeiten« zu bestehen. Die Luftbrücke transportierte nach Anlaufschwierigkeiten im Dezember 1948 bereits 4 500 Tonnen täglich, im Frühjahr 8 000 Tonnen. Fast eine Million Berliner Familien wurden wochenlang aus der Luft versorgt. Im Mai 1949 gab Moskau nach.

Weltpolitisch hatten die Ereignisse in der Tschechoslowakei sowie in und um Berlin wahrlich dramatische Folgen. Die North Atlantic Treaty Organization, die NATO, entstand. Im Frühjahr 1949 wurde der Vertrag vom US-Senat mit 83 gegen 3 Stimmen ratifiziert. Anders als beim Völkerbund entschied sich eine klare Mehrheit auf dem Kapitol für Weltoffenheit und für Selbstverteidigung gegenüber kommunistischer Vorwärtsstrategie. Dem militärischen Triumph der USA mit dem Sieg über Hitler folgten in Europa eindrucksvolle Erfolge der Konsolidierung und durchschlagende Beweise, daß und wie die westliche, die demokratische Gesellschaft erneuerungsfähig ist. Stalin verlor mehrfach. Erst Nach-Nachfolger wie Michail Gorbatschow zogen daraus einige Konsequenzen der Erneuerung nach innen und der Kooperation nach außen.

Zunächst freilich ging die Strategie des Marschalls im Kreml auf. Durch Landnahme herrschte er in Mitteleuropa wie vor ihm kein Zar. Strategisches Denken ideologisch geschulter Mitarbeiter, die den »Vaterländischen Krieg« als einen Sieg Rußlands darzustellen verstanden, setzte sich gegenüber der improvisierenden Art unbekümmerter Amerikaner durch, die von Tag zu Tag taktierten und im übrigen auf Fairness ihres Gegenübers vertrauten. So prallten zwei Mentalitäten aufeinander. Die sowjetrussische Strategie erlag der Versuchung, die militärische Niederlage des Deutschen und des Japanischen Reiches wie eine klassische revolutionäre Situation zu werten: Zerstören und Auflösen, um neu und anders zu verfahren. Auf westlicher Seite überwogen besatzungstechnische Fragen gegenüber politischer Strategie. Demilitarisierung, Demokratisierung, Entnazifizierung wurden weniger durchdacht als die Frage, wie lange Besatzungstruppen in welchen Gebieten verweilen sollten. Im State Department fürchteten die wenigen Langzeitdenker, daß es nach einem siegreichen Krieg innenpolitisch und gegenüber dem Kongreß schwer verständlich zu machen sein würde, amerikanische Soldaten weiterhin in Europa stationiert zu lassen.

Jahre bevor Churchill den Begriff »Eiserner Vorhang« als Vollzug der Trennung Europas prägte, zeigte sich, daß in Moskau gute Polit-Schachspieler am Werk sind. Sie hatten die Aufteilung Deutschlands und auch Österreichs in Besatzungszonen seit Jahren vorbereitet. Im Westen hingegen wurde auf Expertenebene zum Beispiel auch darüber gestritten, wie der Fall Österreich zu behandeln sei. Eine einzige britische Besatzungszone? Eine einzige amerikanische Besatzungszone? Mehrere Besatzungszonen? Oder ein Donaustaat, bestehend aus Süddeutschland und Österreich? Militärregierung oder Selbstverwaltung? Da sich diese Auseinandersetzungen – wie im Westen nun einmal üblich – offen, jedenfalls leicht zugänglich abspielten, wurde es der östlichen Führungsmacht leichtgemacht, ihre nächsten Züge zu planen und auszuführen. Zu dieser Beobachtung paßt, daß Moskau allen Ehrgeiz darein setzte, nicht nur Berlin mit eigenen Truppen zuerst zu erreichen, sondern auch Wien, d. h., militärisch perfekte Tatsachen zu schaffen, die dann politisch zu nützen sind.

Als der Krieg zu Ende ging, bestand Moskau, scheinbar pedantisch, auf Erfüllung von Verträgen und Vereinbarungen, die die westliche Seite, kaum hatte sich das Kriegsglück gegen die Achsenmächte gewandt, in vorweggenommener Siegerlaune großzügig und unbedacht unterschrieben hatte: Amerikanische Panzer mußten vor Dresden umkehren, Magdeburg wieder räumen und auch Prag der Roten Armee überlassen. Wie zufällig traf die Frontlinie der 7. US-Armee unter General Patton auf die Lipizzanerpferde der Wiener Hofreitschule. Von Oberst Podhajski waren sie »vor den Russen« nach Westen geschickt worden. Patton ließ die Pferde retten. Die 2. britische Armee war bis Wismar vorgedrungen und mußte an die Elbe zurückgenommen werden. Auf der anderen Seite bestand Stalins Rußland darauf, Berlin und Wien zu kontrollieren und auch Vertragsdetails zu verwirklichen, wie etwa die Besetzung des Mühlviertels nördlich der Donau oder des Burgenlandes (was den Sowjettruppen die Kontrolle der Tschechoslowakei und Ungarns und den eigenen Nachschub erleichterte).

Das Konzentrationslager Mauthausen, das in Oberösterreich nördlich der Donau liegt, war nicht nur Stätte des Holocaust, sondern auch Ort des Zusammenpralls zwischen Amerikanern und Russen. Die 2. Division der 3. US-Armee hatte in den letzten Kriegstagen einen Spähtrupp östlich von Linz über die Donau setzen lassen. Was er ausmachte, war das Grauen eines Konzentrationslagers. Über 80 000 lebten dort noch, mehr als 30 000 waren umgekommen. Fassungslos und zutiefst aufgewühlt berichteten die jungen GIs Oberst Richard Seibel. Ihren Bericht wollte er nicht glauben. Niemand hatte ihn, einen verdienten Frontoffizier, auf ein Konzentrationslager vorbereitet. Nach dem ersten Schock begriff der couragierte Offizier, was den Politstrategen in Washington entgangen war: Auf der Grenzlinie zwischen West und Ost standen auch noch nach dem Zusammenbruch des Hitlerreiches Schicksale auf dem Spiel. Oberst Seibel wurde gewissermaßen zum Kommandanten des Konzentrationslagers, bevor Mauthausen aufgelöst wurde. Und er verteidigte das Lager gegen sowjetische Besitzansprüche. Die befreiten Insassen konnten Mauthausen, das in der sowjetischen Besatzungszone lag, Richtung Westen verlassen.

Vorwärts, nicht rückwärts

Als die Waffen schwiegen, hielten Versäumnisse und Unwägbarkeiten die Bevölkerung in Mitteleuropa nicht davon ab, für den Westen zu optieren. Dies geschah instinktiv und vorbehaltlos, voll Vertrauen, daß demokratische Verhältnisse jenen Freiheitsraum verschaffen, auf den sie unter Hitler hatten verzichten müssen. Viele hatten »mit den Füßen« gegen den Kommunismus votiert, nämlich durch millionenfache Flucht. Sie träumten von Amerika. Der American way of life sorgte – bewußt oder unbewußt – für eines der Lebenselixiere in Not und Verzweiflung. Alle lebten in vergleichbarer Lage, am Rande der Existenz. Hauptsache überleben. Für Auftrieb und Antrieb sorgte die Hoffnung, daß es nur besser werden konnte. Die Parole hieß »Vorwärts«, nur nicht nach rückwärts schauen.

Die Planer der Westalliierten hatten das Ausmaß der Katastrophe zuerst unterschätzt, dann waren sie im Angesicht des Elends der Millionen überfordert. Luftaufnahmen von zerstörten Städte, wo oft kilometerlang kein Haus mehr stand, konnten das wahre Elend nicht vermitteln. Erst drängende Rückfragen verantwortungsbewußter Frontoffiziere, wie jene von Oberst Seibel aus Mauthausen, zeigten unvermittelt: Es fehlte dem Sieger an Informationen, an Problembewußtsein und an Lösungskonzepten.

Im Spannungsfeld von Innen- und Außenpolitik erlebte die westliche Führungsmacht zum erstenmal, was es heißt, Nummer eins zu sein in der Welt. Dem Ruhebedürfnis im Inneren Amerikas stand der Lösungsbedarf in Übersee gegenüber. Die Führungsposition der USA war zwar fürs erste nicht bestritten, aber auch nicht per se garantiert. Eigene Ideale durchzusetzen oder andere zu ermuntern, ihnen zu folgen, gelang nicht mit jener Selbstverständlichkeit, mit der Washington etwa Bundesgesetze im Süden oder im Mittleren Westen der USA durchsetzt. Die Rivalität der Sowjetunion und der Abbau des Kolonialismus hielten Washington mehr in Atem, als es erwarten konnte. Dabei war erstaunlich, daß es keinen Rückfall in den Isolationismus gab; Verstrickungen in die Welthändel empfanden mehr und mehr Amerikaner dennoch als unbequem. Sie hatten noch nicht gelernt, daß Weltmacht sein auch einen Preis hat.

Moskau hatte sich mit der Routine seiner Geheimdienste und nach dem Schema der Nachrevolutionszeit im eigenen Land präzise darauf vorbereitet, in seiner Besatzungszone die Macht zu übernehmen und auf Jahrzehnte zu etablieren. Beispiel Deutschland: Am 21. April 1946 marschieren Tausende durch die zerstörte Innenstadt von Berlin. Ein Marschblock Sozialdemokraten, ein Marschblock Kommunisten. Auf dem freien Platz an der Spree vereinigen sie sich. Aus der Sozialdemokratischen Partei Deutschlands, SPD, und der Kommunistischen Partei Deutschlands, KPD, wird die SED, die Sozialistische Einheitspartei. Auf diese »Einheitsfront der antifaschistisch-demokratischen Parteien« hatte man im Zentralkomitee der KPdSU jahrelang hingearbeitet. Andere Länder sollten folgen.

Freiheit, kein leerer Wahn

Was in Prag und Budapest gelang, mißlang in Wien, in der Bundesrepublik und im westlichen Europa. Die bloße Anwesenheit der Amerikaner wirkte Wunder. Dagegen hatten die Politstrategen in Moskau geglaubt, die Mehrheit der Bevölkerung in den europäischen Staaten wähle unter dem Eindruck des Elends kommunistisch oder folge kommunistischen Parteien und ihren Stellvertretern. Moskau hatte die Wider stands- und Überlebenskraft demokratischer Ideen im westlichen Sinn unterschätzt. Diese Kraft geriet europäisch im ureigensten Sinn. War doch die Abwehr jedweden Totalitarismus nach der Hitlerzeit tief verankert. In Washington begann sich herumzusprechen, daß die Auseinandersetzung mit Moskau nicht nur mit Dollars geführt wird, sondern mit Ideen und Idealen. Hatte sich doch beim Durchschnittseuropäer ein verläßliches Gefühl eingestellt, durch eine offene Gesellschaft liberaler Orientierung (im eigentlichen Sinn des Wortes) an humanistische Freiheitsideale anknüpfen zu wollen.

Das Grundgesetz der Bundesrepublik Deutschland, die ihre Bezeichnung aus den Vereinigungsidealen des Deutschen Bundes ableitet, war zwar als Organisationsrahmen für einen provisorischen Staat angelegt. Bei seiner Gestaltung zeigte sich jedoch bald, daß eine solche Verfassung Dauercharakter für einen demokratisch-freiheitlichen Staat bieten muß. Vom Wiedervereinigungsvorbehalt bis zum Rechtsschutz des einzelnen, vom Föderalismus bis zur Koordination zwischen Bund und Ländern gerät das Grundgesetz deutsch. Daß die westalliierten Militärgouverneure diese Verfassungsidee, die vom Parlamentarischen Rat angenommen war, zu genehmigen hatten, geriet schon damals zu reiner Formalität. Konrad Adenauer hatte das andere Deutschland politisch mit erfolgreichem Selbstbewußtsein vorgelebt. Die Parteiendemokratie hatte in den Ländern ihre ersten Bewährungsproben hinter sich. Der Bund in Bonn vermochte die drei westlichen Besatzungszonen zu vereinen und die Bundesrepublik bald zu einer Attraktion werden zu lassen. Dem Wirtschaftswunder folgte das politische Wunder.

Sonderfall Österreich

Österreich, seit der Moskauer Außenministerkonferenz von 1943 als Sonderfall gewertet, zeigte am Beispiel seiner Verfassung, daß Land und Volk die Chance der Einheit und der Selbständigkeit ergriffen. Was Hans Kelsen nach dem Zusammenbruch der Monarchie 1920 als Verfassung der jungen Republik Österreich niedergeschrieben hatte, erwies sich in der Mitte des Jahrhunderts als unbestrittenes Rahmenwerk für eine rein westliche Orientierung. Ihre erste Bewährungsprobe erlebte die Verfassung noch Ende der vierziger Jahre. Planspiele einer Teilung Österreichs nach deutschem Beispiel scheiterten sowohl an dieser Rechtsordnung als auch an dem Einheitswillen der Österreicher. Für Kelsen, der nach Amerika auswandern mußte und während des Zweiten Weltkrieges und danach Professor an der Berkeley University in Kalifornien war, wurde es zu einer befriedigenden Bestätigung, daß seine Lehre vom reinen Recht dazu beitrug, die zweite österreichische Republik zu stabilisieren. Immer wieder wird die österreichische Demokratie an der Verfassung von Hans Kelsen gemessen, der Recht von allen ideologischen, politischen, psychologischen und anderen wesensfremden Elementen rein halten wollte. So eigenständig die Väter der Verfassungen von Österreich und

Westdeutschland wirkten, so ungewöhnlich ist der Beitrag der USA zur Rechtsreform in Japan.

Ein Kaiser und ein General

Sie wirken wie Riese und Zwerg: der Mann aus Little Rock in Arkansas und der Mann aus Tokio, der General der amerikanischen Besatzungsstreitkräfte und der Kaiser von Japan. Sie trennen Welten, und sie vereint der Wille, den Krieg zu über winden. Um die Zusammenarbeit zwischen dem Kaiser und General Douglas MacArthur ranken sich Legenden. Tatsache ist, daß MacArthur, den die Japaner am Anfang des pazifischen Krieges vor sich hergetrieben und der sie schließlich besiegt hat, das Inselreich wie ein später Samurai-Ritter regiert. Nicht mit starker Hand, sondern indirekt. Und um den Kaiser schart sich eine Führungselite, die zu einem Neuanfang bereit ist. Der amerikanische General sorgte dafür, eine ganze Kaste japanischer Generäle auszuschalten und als Kriegsverbrecher aburteilen zu lassen. Die Rückkehr zu freien Wahlen und einem Zwei-Kammer-System wurde möglich. Mit dem ihnen eigenen Fleiß übernahmen japanische Demokraten die Anregungen und Anstöße aus dem Hauptquartier MacArthurs. Unter dem stolzen General gab es dabei keine Militärregierung wie in Deutschland. MacArthur und seine Mitarbeiter beschränkten sich darauf, mit »Anregungen« einzuwirken. Die Ausführung lag von Anfang an bei Japanern. General MacArthur war dabei stark genug, Washington vor perfekte Tatsachen zu stellen. Sein ziviles Aufbauwerk gelang erstaunlich schnell und glatt: Rechtsreform, Regierungsreform, Bodenreform, Familienreform und Wirtschaftsreform. Behende ergriff eine junge Führungsschicht Japans die Chance, den Anschluß an moderne Zeiten endgültig und unwiderruflich zu schaffen. 40 Jahre später ist Japan eine Wirtschaftsweltmacht. (Zu

MacArthurs Tragik zählt, daß ihm nirgendwo so nachgetrauert wurde wie in Japan, als er wegen Eigenmächtigkeit im Koreakrieg – Vormarsch nach China und Einsatz von Atombomben – von Präsident Truman, der auf dem Primat der Politik gegenüber den Militärs bestand, gefeuert wurde.)

»Es handelt sich um den seltenen Fall, wo der Eroberte mit dem Eroberer zufrieden ist«, diese Bemerkung von Konrad Adenauer gegenüber der *New York Times* (21. März 1960) offenbart noch ein ganz neues Spannungsfeld für die USA als Weltmacht. »Made in Germany« und »Made in Japan« fordern »Made in USA«, zuerst wirtschaftlich, dann finanziell, schließlich politisch. Die junge Supermacht mußte in der zweiten Hälfte des 20. Jahrhunderts erfahren, was es heißt, in der Mitte zwischen ungleichen Partnern wie Europa und Asien zu operieren. Geographie und Waffentechnik zählen nicht mehr. Ozeane schützen schließlich ebensowenig wie Atombomben. We Deutschland, jahrhundertelang zwischen Frankreich und Rußland eingekeilt, wird nun Amerika zu Rundumdenken eine Macht in der Mitte gedrängt. Die amerikanische Demokratie folgt jedoch ihrem eigenen Rhythmus, sie reagiert, statt zu agieren.

Antikommunismus, Antiamerikanismus und das neue Denken

Kommunisten im State Department

Denken in Antikommunismus begann typisch für Washington: auf dem Kapitol zuerst – wie beiläufig – eine Bemerkung, daß dieser und jener von jenem dies und das wisse. Beim Lunch in einem der Spesenlokale Rückfrage bei einem Insider, ob er schon gehört habe, daß ... Ein Telefonat ins Weiße Haus, eine Party bei einem bekannten Rechtsanwalt, ein Besuch im Country Club, eine laute Bemerkung auf dem Flug nach New York. Niemand weiß noch so recht, woher, wohin, für wen, gegen wen, und schon spitzen eifrige Reporter die Ohren. Sie werden auf diesen Senator und jenen ›Congressman‹ angesetzt. Ist die Stimmung erst so richtig angeheizt, bittet man einen bekannten Kommentator zum Spaziergang: »Wissen Sie eigentlich, wie viele Kommunisten im State Department arbeiten? 205.« Als dann immer noch nichts erfolgt, tritt man vor Kameras und Mikrofone: »Schluß mit diesem Landesverrat.« Washington ist um einen Skandal reicher.

Mit einer solchen Ankündigung sorgte Joseph McCarthy, den seine Freunde Joe nannten, für gehörigen Wellenschlag. Kaum hatten die Abendnachrichten den Verdacht des Senators aus Wisconsin im Februar 1950 quer durch den amerikanischen Kontinent verbreitet, schwoll die Welle des Mißtrauens an. Ist der diplomatische Dienst der westlichen Führungsmacht wirklich kommunistisch unterwandert? Sind Spione allerorten am Werk? Wird der Durchschnittsamerikaner durch kommunistische Propaganda ›Made in Hollywood‹ verführt und verwirrt? Sind Kommunisten – als

Linksliberale getarnt – in Amerika unterwegs, um der Verbreitung ihrer Ideologie in aller Welt dienlich zu sein?

Wie ein Strafrichter führte sich der erzkonservative Republikaner McCarthy auf. Im Stil der Zeit machte er aus seinen Hearings eine antikommunistische Schau mit Tricks, Fallenstellereien, Schreiarien und Vorverurteilungen. Im Mittelpunkt standen verdächtigte Beamte aus Washington, Filmleute aus Hollywood, Geschäftsleute von der Wall Street. Robert Kennedy, der spätere Justizminister, meinte auf dem Höhepunkt der Untersuchungen, die amerikanische Zuschauer monatelang in Atem hielten: McCarthy wollte Schuldgeständnisse haben und suchte so lange, bis er etwas vorzeigen konnte. Kennedy arbeitete einige Zeit mit McCarthy zusammen. Und wie so oft im Pendelschlag lief sich der McCarthyismus plötzlich tot. Die Senatoren selber setzten dem Treiben ihres Kollegen ein Ende. Der Schaden war erheblich, mit den Konsequenzen hatte die amerikanische Politik noch lange zu tun.

Vietnam und Berlin

Hysterie kann auch Politik machen. Selbst John F. Kennedy konnte sich einer solchen Stimmung in Washington nicht entziehen. Im National Security Council wurde dem jungen Präsidenten geraten, in Vietnam, wo ein Dutzend Berater wie auf verlorenem Posten wirkten, militärisch entschiedener einzusteigen. Als dann im Frühjahr 1961 die Landung in der Schweinebucht auf Kuba, vom Geheimdienst vorgeschlagen, schmählich scheiterte und der Mißerfolg Kennedy angelastet wurde, glaubte er, gegensteuern zu müssen. Memorandum 52 des National Security Council riet zu stärkerem Engagement der USA in Übersee, um ihre Glaubwürdigkeit bei einmal gegebenen Verteidigungsversprechen zu untermauern und »um eine kommunistische Beherrschung Südvietnams zu verhindern«.

»Ich sage Ihnen voraus, daß sie Schritt für Schritt in einem grundlosen militärischen Morast versinken«, sagte der Staatspräsident jenes Landes, das in Indochina eine seiner schwersten Niederlagen hat hinnehmen müssen, Charles de Gaulle. Kennedy ließ sich nicht abhalten. 79 000 GIs waren die erste Kampfgruppe der USA, Hunderttausende sollten folgen. 58 000 kehrten nicht mehr zurück. Der Vietnamkrieg hat die USA mehr Kraft, Geld und Prestige gekostet als jede andere Selbstbehauptung. Über fast zwei Jahrzehnte rutschte das Selbstvertrauen der Amerikaner in bisher unbekannte Tiefen. Die Bilder der Toten transportierten das Grauen jenes Krieges über das Fernsehen täglich in jeden amerikanischen Haushalt. Der Vietnamkrieg, politisch halbherzig geführt und militärisch als Guerillakampf im Dschungel praktisch nicht zu gewinnen, kostete die Weltmacht Amerika fast zwei Jahrzehnte ihrer Glaubwürdigkeit.

Kennedys Engagement ist freilich nicht nur auf simplen Antikommunismus im Stil Joe McCarthys zurückzuführen. Am 13. August 1961 wurde die amerikanische Weltmacht mit dem Bau der Berliner Sperrmauer von der anderen, der sowjetischen Weltmacht frontal gefordert. In einer Region der Welt, wo »Kapitalismus« und »Kommunismus« direkt aufeinander stoßen und in Krisenzeiten Kompromisse unmöglich machen, wurde das Freiheitsversprechen der Amerikaner zum zweitenmal auf eine harte Probe gestellt. Zuerst mit der Luftbrücke und nun mit dem Versuch, West-Berlin wie ein Eiland einzumauern. In Washington fühlten sich die Antikommunisten bestätigt.

Präsident Kennedy mußte endgültig davon Abschied nehmen, amerikanische Politik von Tag zu Tag und als überhastete Reaktion auf Vorgaben anderer zu betreiben, anstatt mit dem langen Atem der Geschichte, also nach imperialen Konzepten zu agieren. Dem Ostblock, wirtschaftlich und im

Lebensstandard dem Westen unterlegen, ist die unpopuläre Errichtung der Mauer wohl nicht nur eingefallen, um die Flucht von Deutschland nach Deutschland zu unterbinden. Der brutalen Selbstisolierung Ostdeutschlands stand der Westen fassungslos gegenüber. Washington war ratlos – wie Jahre vorher beider Blockade. Berlin blieb dennoch Symbol des Überlebens. Der kalte Krieg indes wucherte weiter. Nach Korea nun Vietnam, Laos, der Kongo und schließlich durch Kuba eine direkte Konfrontation zwischen den USA und der Sowjetunion. Unter Kennedy versuchten die USA jedoch mit politischen Ideen, mit der »Allianz für den Fortschritt« den Kommunismus aus der eigenen Hemisphäre herauszuhalten und der erwachenden Dritten Welt mit dem Peace Corps beizustehen.

Fidel Castro, der enttäuschte Pro-Amerikaner aus gutem Haus, der sein Heil im Kommunismus suchte, wagte sich weit vor. Russische Raketen auf Kuba. Kennedy verlangte ihren Rückzug. Gegenüber Nikita Chruschtschow ging er bis an den Rand des Krieges. Amerika begann zu begreifen, daß Weltmacht sein Risiko bedeutet und Opfer verlangt. Um so erleichterter war die amerikanische Überflußgesellschaft, daß ihr der junge Präsident die Plage eines Waffenganges erspart und das nationale Selbstbewußtsein gestärkt hatte. Allerdings um den Preis wuchernden Antiamerikanismus. Keine Organisation wußte darüber so peinlich genau zu berichten wie die Central Intelligence Agency (CIA).

Ohne allen konspirativen Verdacht

Wenn über Washington Ostwind weht, führt die Einflugschneise zum National Airport den Potomac entlang. Für Dutzende von Zivilflugzeugen, die im Sinkflug zunächst auf Rosslyn zusteuern, wird rechts mitten im Wald ein moderner Bürokomplex mit großen Parkplätzen sichtbar: das

Hauptquartier der Central Intelligence Agency in Langley, einem Virginia-Vorort von Washington. Im Hof des CIA-Hauptquartiers befindet sich ein Bronzedenkmal. Es stellt einen 21jährigen jungen Mann dar, gekleidet wie ein Bürger aus der Zeit vor der Französischen Revolution, aufrechte Haltung, Füße gefesselt: Nathan Hale. Er, der erste amerikanische Spion, der im Unabhängigkeitskrieg bei den Engländern für die Revolutionsarmee von General George Washington auskundschaftete, gilt als Nationalheld. Hale wurde in New York hingerichtet.

Was die Spionageorganisation der USA 200 Jahre später treibt, zählt selbst im geschwätzigen Washington zu den brav gehüteten Geheimnissen. Dennoch geschieht es regelmäßig auf Cocktailpartys, von einem intelligenten Gesprächspartner beim üblichen Visitenkartenaustausch gedruckt vorzufinden, daß er für die CIA tätig ist. Innerhalb Amerikas geht der CIA nahezu aller konspirativer Verdacht ab, der sie, wie andere Geheimdienste, draußen in der Welt umgibt. Vom Verdacht unlauterer oder unsauberer Methoden ist im Washingtoner Politbetrieb weit weniger die Rede als von Zweifeln an Effektivität, Verläßlichkeit und Originalität. So mußten Sprecher des Weißen Hauses vor laufenden Fernsehkameras eingestehen, daß »Intelligence Results« aus dem Iran auch nach mehr jährigen Bemühungen unzureichend und daher nicht repräsentativ sind.

Für die allgemeine und erfolgreichere CIA-Tätigkeit andernorts gilt die Standardformel: »No comment.« Bemerkenswerterweise schirmt sie nicht nur die jeweilige Administration ab, sondern seit Mitte der vierziger Jahre auch den Kongreß. Auf dem Kapitol zählen die Kontrollgremien für die CIA zu Ehrenposten, um die sich prominente Parlamentarier bemühen. So bleibt die Öffentlichkeit auf allgemeine Verlautbarungen angewiesen. Dazu zählt eine Geschichte der CIA in Fotos von John Patrick Quirk, in Jugoslawien gedruckt. Auf 256 Seiten wird die CIA-Vergangenheit dargestellt, gewürzt mit einzelnen Erfolgsstorys: die Widerstandsbewegungen im Zweiten Weltkrieg, die Wiedereinsetzung des Schah, das Brechen komplizierter Codes oder Geschichten einzelner Spione. Dazu Sammeln und Auswerten von Informationen. Beschäftigtenzahl? Angeblich 25 000. Budget? Vermutlich eine halbe Milliarde Dollar. Ausstattung? Für Außenstehende erstklassig, für Kenner eher bescheiden, vor allem im Vergleich mit dem KGB. In einer demokratischen Gesellschaft fällt es einem Geheimdienst ohnedies schwer, seiner Funktionsbezeichnung Ehre zu machen.

Auch bei der CIA bleibt eine Grauzone von Verdacht und Vermutung. So wird Antiamerikanismus nicht zuletzt von Gerüchten um die CIA genährt. Es zählt nun einmal zu den unvermeidlichen Konsequenzen jeder Spionagetätigkeit, mit den Gesetzen des Ziellandes in Konflikt zu geraten. Beteiligte Amerikaner schmerzt freilich, daß diese Konfliktsituation im Falle der CIA weit häufiger und ausdauernder auf Kosten amerikanischen Ansehens geht als bei Geheimdiensten anderer Länder. Geld, Waffen, Gegenspionage, Auskundschaften, Menschenhandel und Geheimdienstoperationen, die auch vor Mord oder Todesfolgen nicht zurückschrecken, zählen weltweit zum »Handwerkszeug« dieser Branche. In vielen Ländern wird jedoch geglaubt, nur bei der CIA gelte, daß der Zweck die Mittel heiligt. Im eigenartigen Public-Relations-Wettbewerb holt die CIA auch international gegen Ende der achtziger Jahre wieder etwas auf. Kenner führen dies darauf zurück, daß dieser amerikanische Geheimdienst (es gibt noch vier andere) auf Informationsanalyse wieder mehr Wert lege als auf martialische Operationen (wie gegen Salvador Allende und Fidel Castro oder gegen Nicaragua mit der Verminung von Häfen).

Der beste Geheimdienst ist jener, dessen Operationen geheim bleiben – eine Binsenwahrheit, die im Informationszeitalter nicht gerade einfach zu beherzigen ist. So bleibt die Liste von Behauptungen, Vermutungen, Verdächtigungen und Unterstellungen lang: ob und wie Wahlen in europäischen Ländern nach dem Zweiten Weltkrieg beeinflußt wurden; ob Politiker, Journalisten, Beamte, Militärs und Wirtschaftsexperten auf der ›pay role‹ der CIA standen (oder stehen); ob und wie Informanten und Vertrauensleute in diesem oder jenem Land, vor allem im ehemaligen Ostblock und in China, tätig sind; wie weit bei Guerillabewegungen und Terroranschlägen mitgemischt wird; und wie die CIA militärische Operationen vor bereitet hat, etwa in Zentralamerika oder Asien. Der Verdacht erstreckt sich auch auf den Waffen- und Drogenhandel, das »Waschen« schmutziger Gelder über eigene Firmen, eine internationale »Connection« eingeschlossen.

Geheim wie der Dienst auch sein mag, sein jeweiliger Chef steht im Brennpunkt des öffentlichen Interesses. Wenn er Präsident werden will, wie im Falle von George Bush, der 1976/77 CIA-Direktor war, bringt das beim Durchschnittsamerikaner Pluspunkte, während Nichtamerikaner zu altem Verdacht neuen schöpfen.

An William Joseph Casey, CIA-Direktor von 1981 bis 1987, schieden sich die Geister. Geheimdienstler der ersten Stunde, als die Vorgängerorganisation der CIA, das Office of Strategic Services (OSS), noch in der hochherrschaftlichen Villa auf der E-Street Nummer 24-30 zu Washington untergebracht war, war Casey von London aus während des Zweiten Weltkrieges erfolgreich. Er ging durch die harte Schule des Geheimdienstes im Krieg. Später erfolgreicher Geschäftsmann, organisierte er 1980 den Wahlsieg von Ronald Reagan im Präsidentschaftswahlkampf. Er verstand die CIA auch als Waffe, als Instrument der Außenpolitik eines demokratischen Landes. In der ideologischen und praktischen Auseinandersetzung sollte die CIA für Waffengleichheit mit ideologischen oder politischen Rivalen sorgen. Geheimdienstoperationen gehörten für Casey zum selbstverständlichen Instrumentarium. Der kenntnisreiche Jurist ließ dann seine Leute auch bei Operationen gewähren, die zwar nicht die CIA direkt, doch ihren Direktor indirekt einbezogen: Verkauf von Waffen an den Iran und die Umleitung der Erlöse an die Guerillakämpfer gegen das sandinistische Nicaragua. Die sogenannte Iran-Contra-Affäre, die Präsident Reagan nur dank seiner ungebrochenen Popularität politisch heil überstanden hat, war innerhalb der CIA ebenso umstritten wie außerhalb.

Eine Ironie des Schicksals ist es, daß die Ruhigstellung der CIA im Sinne einer glatteren Tätigkeit vom Chef einer Organisation erreicht wurde, die gelegentlich als interne Widersacherin der CIA angesehen wird, nämlich das Federal Bureau of Investigation (FBI). Der mächtige Langzeitchef des FBI, Edgar Hoover, hat jahrelang daran gearbeitet, FBI und CIA zu fusionieren. Detailkenntnis über das Privat- und Geschäftsleben der Hauptakteure von Washington (selbst US-Präsidenten wagten es normalerweise nicht, diesem FBI-Boss zu widersprechen oder gar ihn abzusetzen) genügten Hoover freilich nicht. Er mischte munter mit. Urinstinkten von Gewaltenteilung folgend, entschieden sich Präsidenten wie Verantwortliche auf dem Kapitol für »divide et impera« und ließen Hoover gewähren, über 40 Jahre lang.

Nach den stürmischen Casey-Jahren wechselte William Webster als Chef vom FBI zur CIA. Mit stiller Wirksamkeit verstand er es innerhalb kurzer Zeit, die CIA in den USA aus Verdächtigungen und Streit herauszubringen. So konnte der Dienst, dessen Hauptaufgabe im Ausland liegt, an Wirksamkeit weltweit wieder gewinnen – und mußte, wie es sich gehört, über Erfolge schweigen.

Die goldenen Fünfziger

Die fünfziger Jahre, zumindest so »golden« wie die zwanziger, zeigen die Weltmacht USA in der biederen Rolle des Treuhänders, umgeben von Gegensätzen.

Josef Stalin ist tot. In Korea schweigen die Waffen. Die drei westlichen Besatzungszonen Deutschlands werden zur selbständigen Bundesrepublik. Österreich erhält seinen Staatsvertrag und zahlt dafür einen hohen Preis. Ungarn probt den Aufstand und vertraut vergeblich auf Hilfe des Westens. Die Marines marschieren nach Beirut. Tibet wird kommunistisch. Und Amerika? Es übt Wohlstand. Zwischen Atlantik und Pazifik wird der eigene Frieden aus möglichst vollen Zügen genossen. Amerika wird zwar nicht isolationistisch, aber – ein weiteres Mal – egozentrisch: Nach dem Babyboom »entdeckt« man die Umwelt; der St.-Lawrence-Strom wird ausgebaut; Mittelstand manifestiert sich mit eigenem Häuschen, jedem sein Badezimmer und fürs Fernsehen einen ›family room‹; für und wider Rassentrennung wird Stimmung gemacht; Bildung ist »in«; eine Gesellschaft, die vor Zufriedenheit nur so strotzt (und soziale Ungerechtigkeiten gern übersieht), interessiert außenpolitisch gerade noch, daß Fidel Castro vor ihrer »Haustür« auf Kuba ein kommunistisches Regime einrichtet. Mittelstand ergibt Mittelmaß, auch in der großen Politik. »Niemand hat ein Monopol auf die Wahrheit«, sagt Präsident Dwight D. Eisenhower, der Kriegsheld, der sich im Oval Office des Weißen Hauses wie ein höchstrangiger Versorgungsoffizier fühlt.

Weltpolitik und Weltwirtschaft ließ man nahezu ungerührt

an amerikanische Gestade plätschern. Europas Erholung von der größten Katastrophe seiner Geschichte wurde bestaunt wie ein Sportereignis. Die Regenerationsfähigkeit der Alten Welt empfand man in der Neuen Welt bald als Selbstläufer. Von erschwerten Bedingungen der Teilung dieses Europa in Ost und in West wollte man wenig wissen, die keimende (west-)europäische Integration stößt von Beginn an auf Unverständnis. Gelassen lehnte man sich zurück und schob im Weißen Haus, im State Department und in den damals schon rührigen Denkfabriken jede historische und politische Verantwortung von sich. We bei den Römern, die auf dem Höhepunkt ihrer politischen Macht die kulturelle Überlegenheit der Griechen selbstbewußt ertrugen und sich meist mit Kopien zufriedengaben, entwickelte sich auch das atlantische Verhältnis. Ganz selbstverständlich quittierten andererseits »die« Europäer, daß sich »die« Amerikaner nach dem Zweiten Weltkrieg dauerhaft in der Alten Welt engagieren (und als Garanten 20 000 bis 30 000 Gls samt modernsten Waffen in Europa stationieren). Für die amerikanische Außenpolitik wurde die NATO mehr als nur ein Produkt des kalten Krieges. In und mit der NATO konnte man zeigen, wie international die USA sein können.

Man richtete sich also auf beiden Seiten des Atlantiks häuslich ein, empfand den üblichen Familienstreit um Leistung und Gegenleistung, Dollar und Wirtschaftsvorteile als unter halb der Schmerzgrenze. Menschen eines Landes mit kontinentalen Ausmaßen, die es sich leisten können, viermal im Leben umzuziehen und ganz neu anzufangen, entwickeln eine andere Mentalität als etwa die Europäer mit ihrem Bedürfnis nach Langzeitplanung, Beständigkeit und Nestwärme.

Konrad Adenauer haben diese atlantischen Mentalitätsunterschiede zu schaffen gemacht. Als gewiefter Taktiker verstand es der große alte Mann aus Rhöndorf, sich und seinesgleichen in Europa auf das kurzfristige Denken und schwer kalkulierbare Handeln der USA einzustellen. Keine Probleme hingegen bereitete Adenauer, die USA als westliche Führungsmacht anzuerkennen. Ihm ging es in der Auseinandersetzung mit dem Kommunismus um Macht. Wer sie hatte, sollte sie einsetzen. Die Souveränität seines Landes war Adenauer ebenso Mittel zum Zweck wie die Vereinigung Europas. Wie kein anderer deutscher Bundeskanzler konnte er sich mit US-Präsidenten darauf verständigen, daß eine Wiedervereinigung Deutschlands unter den obwaltenden Umständen zu vertagen ist. Washington zog mit und kalkulierte den Nutzen, deutsche Tüchtigkeit wiedereinsetzen zu können, auch militärisch.

Wien, Schaufenster des Westens

Ein eindrucksvoller politischer Erfolg bot sich den USA an einer geopolitischen Nahtstelle – wo vier in einem Jeep fahren … Der Film vom »Dritten Mann« machte Durchschnittsamerikaner überhaupt zum erstenmal mit den Problemen eines Landes vertraut, das durch den Krieg mehr gestraft war als jedes andere in Europa, auf dessen Territorium über zwei Millionen Soldaten standen, als 1945 die Waffen schwiegen, das nach wie vor vierfach besetzt war und sich dennoch seine staatliche Einheit zu basteln und zu bewahren verstand: Österreich. Nach dem Tod Stalins eröffnete sich allen Beteiligten die Gelegenheit, am Beispiel eines kleinen Staates mit großer Ausstrahlung das vorzuführen, was später unter »Entspannung« lief. Über 270mal war fast zehn Jahre lang über einen Staatsvertrag für Österreich – nicht über einen Friedensvertrag, denn das Land galt als »befreit« und nicht als »besiegt«verhandelt worden, ohne daß man sich einig werden konnte. Jahrelang hatte sich Moskau der Rückgabe der Unabhängigkeit an die Österreicher widersetzt. Dies geschah wohlwissend, daß Wien als ein Schaufenster des Westens bei Ungarn, Tschechen, Polen oder anderen auch drei Jahrzehnte nach Ende des Kaiserreiches über eine unverwechselbare Anziehungskraft verfügte. Auch konnte sich mancher russische General nicht vorstellen, auf erzielten Bodengewinn und eingespielte Nachschubwege zu verzichten.

Washington schwankte in der Österreich-Frage. Die deutsche Frage hatte Vorrang, Österreich erschien nebensächlich. Eleanor Dulles, die Schwester des Außenministers, kämpfte jahrelang als Austrian Desk Officer im amerikanischen Außenministerium um Beachtung und Würdigung Österreichs. Für sie, die wesentlich dazu beigetragen hatte, die Luftbrücke nach Berlin zu organisieren, ging es um Geopolitik. Und um Zusammenarbeit mit einem Land, dessen Bevölkerung eindeutig und verläßlich proamerikanisch, jedenfalls prowestlich eingestellt war. Als die Idee aufkam, Österreich »nach dem Muster der Schweiz« für neutral zu erklären, winkte Washington zunächst ab.

Im Außenministerium und im Weißen Haus wußte man mit »Neutralität im Sinne von Militärbündnissen« nichts anzufangen und betrachtete die Idee als eine verkappte Ausdehnung des Einflusses der Sowjetunion. Schwarzweißdenken der jungen Planer in der Hauptstadt des Landes also, das in seiner kurzen Geschichte fünfmal Neutralität geübt und zweimal sogar durch Gesetze festgeschrieben hatte. Erst nach Abschluß des Staatsvertrages, noch 1955, sprach sich auch in Washington herum, daß mit einem neutralen Land westlichen Zuschnitts exemplarisch Politik zu gestalten war, ohne das Kräftegleichgewicht in Europa zu verändern. Bald stellte sich heraus, daß Wien mit seiner funktionierenden Demokratie ein eigenes Wirtschaftswunder zustande brachte, dessen Schaufensterfunktion für westliche Effektivität in diesem Teil Europas wirkt und damit an die historische Funktion Österreichs anknüpfte.

Wirtschaftswunder auf japanisch

»Go West« liefert eine andere Erfolgsgeschichte des amerikanischen Jahrhunderts. Um nach Westen zu ziehen, muß man dem Osten den Rücken zudrehen. Mit dem Blick auf Japan und das »pazifische Becken« verfährt die amerikanische Gesellschaft gegen Ende des 20. Jahrhunderts wie hundert oder mehr Jahre davor im eigenen Land. Europa wird uninteressant, Asien reizt.

Ein wiedererstarktes Japan bringt zwar Unbequemlichkeiten im Wirtschaftsverkehr mit sich; was das Inselreich geschaffen hat, imponiert gleichzeitig mehr und mehr Amerikanern. Sie fahren japanische Autos. Sie fotografieren mit japanischen Kameras. Sie benützen japanische Fernsehgeräte und Chips. Wie Europäer? Der Unterschied liegt darin, daß sich die USA zunehmend auch als pazifische Macht fühlen. Diese emotionale Asien-Neigung unter den »oberen Zehntausend« der USA hat Tradition. Es zählte schon immer zur feinen Lebensart, Asiatica zu sammeln, Landhäuser chinesisch einzurichten, japanische Gärten anzulegen, in asiatischer Literatur und Musik bewandert zu sein und sich unter Kaisern und Königen einen persönlichen Favoriten auszusuchen. Asiatische Sammlungen in den führenden amerikanischen Museen stammen fast ausnahmslos von jenen einflußreichen Asienfreunden, die es sich leisten konnten, ein Leben lang zu sammeln und dann das Ergebnis – steuerbegünstigt auf dem Spendenwege – einer immer wieder erstaunten Öffentlichkeit zugänglich zu machen.

Der Durchschnittsamerikaner entdeckte Asien im Krieg. Im Pazifik fühlte er sich militärisch weit mehr gefordert als in Europa. Obwohl Hunderttausende GIs hier ihr Leben lassen mußten und weil die beiden Atombomben auf Japan die Moral in den USA alarmierten, mischte sich bald zum Siegergefühl Respekt. Im Falle Japan kam hinzu, daß diese geschlossene Kultur mit der ungebrochenen Tradition in ihrer Übertragung auf die Bedürfnisse einer modernen Industrie- und Dienstleistungsgesellschaft jene Faktoren mitbringt und weiterträgt, die Amerikanern vielfach abgehen: Fleiß, handwerkliche Tüchtigkeit, Sparsamkeit, Firmenloyalität und – trotz dauerhafter Erfolge und wachsenden Lebensstandards – Bescheidenheit. So wird der Aufbauerfolg Japans mit der Restauration unter den Meiji in der Mitte des 19. Jahrhunderts verglichen.

Man ist in den USA zwar stolz auf Captain Perry, den unbefangenen Abenteurer, der 1854 dem japanischen Kaiserreich dazu verhalf, für westliche Zivilisation zugänglich zu werden. Ende des 20. Jahrhunderts ist jedoch kaum ins Bewußtsein gedrungen, daß es die Besatzungspolitik unter General MacArthur war, die mit verständnisvollen Rahmenbedingungen eine der erstaunlichsten Erfolgsstorys der Welt schuf. Gegen Ende des Jahrhunderts bleibt der westlichen Führungsmacht nichts anderes übrig, als sich mit der Wirtschaftsweltmacht Japan zu arrangieren. Ohne japanische Finanzhilfe läßt sich Ende der achtziger Jahre der amerikanische Staatshaushalt nicht ausgleichen. Die USA werden zum Finanzvasallen Japans. Amerikaner belastet die späte Abhängigkeit.

Japaner hingegen wissen und würdigen, daß sie ihren Wiederaufstieg der Großzügigkeit der Sieger von 1945 und der Einsicht von Besatzungsoffizieren verdanken, die ihre Traditionen nicht zerschlagen, sondern vielmehr mit amerikanischen Rahmenbedingungen vermählt haben. Japans Rechtsordnung und Rechtsdenken, anfangs stark von Deutschland geprägt, ermöglichten nach dem Sieg der Amerikaner von 1945 eine dauerhafte Demokratie. Wirtschaftlich orientierten sich die Japaner vornehmlich nach Amerika, kulturell nach Europa. Wenn die Wiener Philharmoniker ein Japangastspiel mit Beethovenprogramm zur jährlich wiederkehrenden Tradition werden lassen und dabei in amerikanischen Städten Station machen, vollendet sich der Kreis von Geben und Nehmen.

Kennedy, Nixon, Carter

In hundert Jahren – was mögen dann gefällige Zeitgenossen in der Rückschau am amerikanischen Jahrhundert bezeichnend finden: Edisons Glühbirne und das Zeitalter der Erfindungen? Das Auto? Die Atombombe? Zwei Weltkriege und ein kalter Krieg? Sieg über Hitler? Oder Watergate und Vietnam? Die »grüne Revolution« oder die Abrüstung?

Ein tragischer Held steht am Anfang der Antwort. John F. Kennedy, mit 43 Jahren der jüngste amerikanische Präsident und der erste Katholik in diesem Amt, versprach den Aufbruch zu »new frontiers«: Durch Kraft und Moral wollte er Amerika zur Nummer eins machen, riskierte um Raketen auf Kuba einen Weltkrieg und verteidigte Berlin (»Ich bin ein Berliner«). Im Inneren blieben Reformen der Administration der tausend Tage stecken. Die tödlichen Schüsse von Dallas (22. November 1963) unterbrachen eine aktivere Sozialpolitik, die dann Lyndon B. Johnson mit hemdsärmeliger Intelligenz in die »Great Society« umzuwandeln versuchte. Gute Ansätze, schlechte Ausführung.

Vietnam, wo im Herbst 1963 »nur« knapp 17 000 Amerikaner als Militärberater standen, dominierte die amerikanische Politik immer mehr. Eine bezeichnende Begebenheit: Präsident Kennedy will Vizepräsident Johnson zum Besuch mehrerer asiatischer Länder, vor allem von Vietnam, überreden. Als sich der sonst nicht gerade uncouragierte Johnson weigert, Saigon, wo das Chaos herrsche, zu besuchen, meint Kennedy zu ihm: »Mach dir keine Sorgen, wenn dir etwas geschieht, dann werden wir dir das größte Begräbnis in

Austin bescheren, das Texas je sah.« Später war es dann Johnson, der den Einsatz in Vietnam erhöhte. Ihn wieder abzubauen sollte qualvoll lange dauern. Nachfolger Nixon und seinem genialischen Außenminister Kissinger gelang dies erst, als allgemein ein Entspannungsexperiment gewagt wurde. Als die letzten amerikanischen Truppen, entsprechend dem Waffenstillstandsabkommen, Vietnam am 29. März 1973 verlassen, ist die westliche Supermacht zwar um ein militärisches Problem ärmer, jedoch um ein Syndrom reicher. Es nagt am Selbstbewußtsein der Amerikaner und verbreitet weltweit das Gift des Antiamerikanismus.

Der Abbauprozeß amerikanischen Ansehens wird unter dem Stichwort »Watergate« beschleunigt. Der Einbruch in die Wahlzentrale der Demokratischen Partei kostet Präsident Nixon, der seine Mitarbeiter zu schützen und die Tatsachen zu verschleiern trachtet, 1974 die Präsidentschaft. ›Washingtonians‹ baden gleichsam in dem Skandal. Führungsqualitäten der Amerikaner werden ausgerechnet zu einem Zeitpunkt in Frage gestellt, wo Nixon (»der begabteste Außenpolitiker aller Präsidenten«) mit der Entspannung im Ost-West Verhältnis, mit der Öffnung Rotchinas und mit Hilfe an die Dritte Welt seine Konzeptionsfähigkeit unter Beweis zu stellen hat. Den Triumph, einen Präsidenten, der es mit der Wahrheit nicht genau nimmt, gefeuert zu haben, versteht man am anderen Ende der Welt nicht, am allerwenigsten im Kreml. In Europa hingegen breitet sich die Stimmung aus, es sei höchste Zeit, sich von der Führung eines skandalumwitterten Amerika, das eigenen Moralansprüchen nicht mehr genüge, loszusagen.

Antiamerikanismus – die Geschichte einer Trennung

Antiamerikanismus sitzt tiefer als Vorbehalte zwischen Nachbarn in Europa. Durch vordergründige Erlebnisse allein ist er nicht zu erklären. So können deutsche Reisende, aus einem Jumbo-Jet auf dem Flugplatz von Miami entladen, erleben, als Grundstücksspekulanten mit Schwarzgeld angesehen zu werden, die Amerikanern die Preise für Zweitwohnungen in Florida verderben. Umgekehrt erfahren amerikanische Touristen auf dem Rückflug von Europa, daß ihre Hilflosigkeit mit zehnerlei Währungen in ihrem Portemonnaie von mitreisenden Europäern als Beweis mangelnder Bildung verspottet wird. Oder: Der Einwanderungsbeamte auf dem John-F.–Kennedy-Flugplatz von New York, selber einst Flüchtling vor Hitler, beschuldigt einen einreisenden Österreicher, der in seinem Paß mehrere Visa hat, er müsse ein Nazi oder ein Kommunist sein. Der Einreisende ist selber ein Verfolgter.

Antiamerikanismus zeigt schon durch seine Beständigkeit, daß es sich um mehr handeln muß als um eine modische Erscheinung – etwa um Kritik am politisch-ideologischen Standort eines US-Präsidenten oder um kulturelle Arroganz der Europäer gegenüber amerikanischen Fernsehserien wie »Dallas« oder »Dynasty«.

Beide Seiten sind in der Tat Gefangene ihrer Geschichte. Bereits im Zeitalter der Aufklärung begann man sich auseinanderzuleben. Europa und Amerika haben zwei Jahrhunderte lang verschiedene Wege eingeschlagen, um den Menschen aus seiner »selbstverschuldeten Unmündigkeit« (Immanuel Kant) zu befreien. Die Amerikaner glauben, den Kulturverfall der Europäer durch gesunden Menschenverstand überwinden zu können. Die Europäer setzen auf das Recht der mitfühlenden Seele und zweifeln an automatischer Wohltätigkeit des Fortschritts. Im amerikanischen Denken schlägt das Vertrauen in Naturrechtssätze von der Gleichheit und in die Gewaltenteilung aller (John Locke) durch, während Europäer der mathematischen Gesetzmäßigkeit mehr oder weniger mißtrauen und zu Kompromissen zwischen göttlicher Offenbarung und staatlicher Festlegung neigen. Schon philosophisch haben Grundbegriffe wie »Verhältnismäßigkeit« oder »Gewaltenteilung« verschiedenartige Stellenwerte. Ähnlich verhält es sich mit zweierlei Zugang zu Grundrechten wie »Leben«, »Freiheit«, »Eigentum«, »Streben nach Glück«. Amerikaner neigen dazu, diese Werte auf sich selber zu beziehen, Europäer auf die Gesellschaft. So wirkt es geradezu logisch, daß im amerikanischen Denken die Überzeugung fortwirkt, im Grunde seien alle Menschen gleich und gut. Europäisches Denken ist auf Vernunft und Erfahrung ausgerichtet. An glückbringenden Reformen zweifelt man in der alten Welt und läßt Zynismus bis zur Selbstdemontage Raum. Durchgängiges Vertrauen in die Interessen der Einzelperson entspricht der aufklärerischen Geisteshaltung auf amerikanischer Seite, während auf europäischer Seite dies nur als ein transitorischer Zustand gewertet wird, um feudalistische und andere Privilegien früherer Jahrhunderte zu überwinden und für unsere Zeit einen Kontrakt anzustreben, der der Gesellschaft Vorrang vor dem einzelnen verschafft. Bei soviel geistesgeschichtlicher Unterscheidung kann Antiamerikanismus eigentlich nicht mehr wundernehmen.

Ohne Antiamerikanismus, der – wie man sieht – tief sitzt, wäre psychologische Entfremdung im atlantischen Verhältnis undenkbar. Die Beständigkeit dieser Antibewegung deutet auf vielerlei Wurzeln hin. Da ist zunächst die antidemokratische Komponente. Gewaltenteilung, auf einer revolutionären Verfassung wie der amerikanischen fußend, die sich immerhin seit zweihundert Jahren nahezu unverändert bewährt hat, ist in ihrem angelsächsischen Pragmatismus anderen Politordnungen schwer zugänglich. Es ist ja wohl auch kein Zufall, daß die Präsidialverfassung der USA nirgendwo in der Welt Nachahmung findet – obwohl oder weil der Präsident wie ein demokratisch gewählter »Kaiser auf Zeit« wirkt. Daß sich der Washingtoner Machtbetrieb vom parlamentarischen System fundamental unterscheidet, entgeht kritischen Betrachtern oft. Sie begnügen sich mit der oberflächlichen Feststellung, daß es wohl einer (gefährlichen?) Machtzusammenballung gleichkommt, wenn der amerikanische Präsident gleichzeitig Staatsoberhaupt, Regierungschef und Oberkommandierender der Streitkräfte ist. Systemfremdheit erklärt auch das weitverbreitete Mißtrauen in die Herrschaftsstrukturen der USA mit ihren Abhängigkeiten, Finanzmanipulationen und oft extremen Ausgleichsmechanismen, wo an Nahtstellen Skandale herausquellen. Hinzu kommt der historisch bedingte Mentalitätsunterschied.

Amerikaner sind gleichsam immer unterwegs, Europäer immer zu Hause. Das Einwanderungsland Amerika hat es mit seinen Freiheitsidealen verstanden, Anpassungsbereitschaft der Auswanderer ins Positive zu wenden. Erfolg macht eifersüchtig, vor allem wenn der Größere über Anziehungskräfte verfügt, die den Kleinen schwächen.

Patriotismus wird so zum einigenden Rahmen der Amerikaner, Nationalismus zum verbindenden Element der Europäer und Asiaten. Dies alles gilt persönlich, psychologisch, religiös, wirtschaftlich und nicht zuletzt im Verhältnis zwischen den Staaten. Wenn dann das große Amerika sich eine Blöße gibt, gehört nur noch massenpsychologische Mechanik dazu, um jenes antiamerikanische Klima anzuheizen, das mit schöner Regelmäßigkeit zu registrieren ist. Auch ein Pendelschlag.

Schicksalsjahr 1968

Als die Soldaten vor dem vietnamesischen Dorf My Lai den Befehl ihres jungen Oberleutnants Leutnant William (Rusty) Calley jr. ausführen, können sie nicht wissen, was sie tun. Sie stürmen einfach, wie sie es gelernt haben. Was sich zwischen strohbedeckten Hütten bewegt, wird beschossen. Als sich nichts mehr rührte, gehen sie in aufgelöster Marschordnung vor. Wieder Schüsse, Gegenangriff, Feuer. »Dorf vernichtet«, meldet der Oberleutnant über Walkie-talkie. Was er zunächst nicht meldete, war der Tod von über hundert Zivilisten, überwiegend Frauen und Kinder.

My Lai wurde zum Menetekel sinnlos gewordener Gewalt. Die Nachrichtenagenturen meldeten das Kriegsdetail unter »Massaker«. Das amerikanische Fernsehen sprach freilich zuerst von vietnamesischen Opfern, dann von amerikanischen Verlusten. Auf einer Massendemonstration in New York skandierten Studenten und andere junge Leute: »Hey, hey, hey, LBJ, how many kids did you kill today?« (Lyndon B. Johnson, wie viele Kinder hast du heute wieder getötet?)

Der Nachfolger John F. Kennedys begann zu zweifeln. Ist es richtig, am Beispiel Vietnams Standfestigkeit und Vertragstreue der westlichen Supermacht durch den Einsatz von einer halben Million amerikanischer Soldaten sich und aller Welt beweisen zu wollen?

Das US-Hauptquartier in Saigon kabelt ein weiteres Mal: »Wir können und wir werden gewinnen.« Das Verteidigungsministerium zögert. Analyse nach Analyse wird erstellt, nicht zuletzt, um den allezeit mißtrauischen (weil oft düpierten) Kongreß zu beruhigen. General Omar Bradley, einer der stillen Helden des Zweiten Weltkrieges, meint auf einer Sonder sitzung im Weißen Haus, eine Public-Relations-Offensive sei notwendig. Einflußreiche Kreise müßten für den Vietnamkrieg gewonnen werden, um den – mehrheitlich kritischen – Medien entgegenzuwirken. Als ob der General die grassierenden Zweifel am Selbstverständnis der Supermacht ausräumen könne – ein Problem, das mehr als dreißig Jahre lang wesentliche Entscheidungskapazitäten der US-Hauptstadt beansprucht hatte. Bradley, ganz Militär alter Schule: »Die Moral der Truppe ist hoch. Die Männer bekommen dreimal in der Woche Eiscreme.« Und wie beiläufig fügt er an, nur zwei schwarze Soldaten hätten sich mehr für die Aufstände zu Hause interessiert als für ihren Einsatz gegen den Vietcong.

1968 war auch für die USA ein Schicksalsjahr. Die allgemeine Anerkennung für die Tapferkeit schwarzer Soldaten, die glaubten, durch patriotischen Einsatz mehr Bürgerrechte erreichen zu können, wurde auf eine harte Probe gestellt; Martin Luther King jr. wird am 4. April 1968 in Memphis im US-Bundesstaat Tennessee hinterrücks ermordet. Am Tag darauf greifen Rassenunruhen in Washington, Detroit, Chicago und Los Angeles um sich. Große Teile der US-Hauptstadt werden niedergebrannt.

»Make love, not war!« stand anno 1968 auf Spruchbändern der Universität Berkeley zu lesen. Dabei war die Studentenrevolte keineswegs harmlos. Der Funke der Kulturrevolution war von Rotchina übergesprungen. Zum erstenmal erschien die amerikanische Gesellschaftsordnung ihres Fortschrittsglaubens beraubt. Entschlossene Minderheiten bekämpften diese Ordnung offen und unbarmherzig. Vietnam und die Rassenfrage luden das Klima der Gewalt auf. Der Durchschnittsamerikaner verkroch sich in sein Heim. Aus Furcht und aus Ablehnung gegenüber Schwarzen zogen die Weißen millionenfach aus den Citys in die Vororte. Dort herrschte Ruhescheinbar.

Tödliche Schüsse scheuchten ein weiteres Mal auf. Senator Robert Kennedy, der begabte Bruder des ermordeten Präsidenten, war das nächste Opfer. Er hatte soeben die kalifornischen Vorwahlen gewonnen. Ein Symbol verblutet.

Gewalt triumphierte auch international. Russische Panzer beenden den »Prager Frühling« am 20. August gewaltsam. Hemisphäre, diesmal die kommunistische, ist alles, Menschlichkeit nichts. Erstarrte Strukturen obsiegen ein weiteres Mal. Washington ist ratlos. Die westliche Supermacht ist wieder wie gelähmt. Für Präsident Lyndon B. Johnson, der Amerika am liebsten wie ein »Big Daddy« regiert hätte, war das Zusammentreffen von Vietnamkrieg, Studentenrevolte, Aufständen der Schwarzen und Prager Frühling zuviel. Averell Hamman schreibt später über ihn: »Lyndon B. Johnson hätte einer der größten Präsidenten der USA werden können.« So war er nur ein Zwischenpräsident, ein überforderter Texaner, der international kaum Spuren hinterlassen hat.

Weltraum und Intelligenzija

Eigenartiges Piepsen reißt Amerika aus einer Illusion. Die regelmäßigen Zeichen stammen vom ersten Satelliten, der von Menschenhand in eine Umlaufbahn um die Erde gebracht worden war, vom 83 Kilo schweren sowjetrussischen »Sputnik«. Diese Premiere vom 4. Oktober 1957 traf die größte Industrienation der Welt an einer ihrer empfindlichsten Stellen, nämlich ihrer Wettbewerbsfähigkeit und ihrem Prestige. Wie konnte es geschehen, daß ein anderes Land – und ein kommunistisches dazu – die USA überrundet und dies im Weltraum aller Welt vorführt? Bis dahin war das Selbstgefühl industrieller Überlegenheit in einem Land solide begründet, das 1869 als erstes die Schreibmaschine entwickelt hat, 1874 die erste elektrische Straßenbahn, 1876 das Telefon, 1879 die Glühlampe oder 1881 den Mähdrescher. Nummer eins zu sein war Statussymbol, Selbstbestätigung und entsprach – bis Sputnik – unbestrittener Überlegenheit.

Seine erste Einbuße mußte dieses Gefühl hinnehmen, als ein Fernaufklärer der amerikanischen Streitkräfte mehr zufällig »fündig« wurde. Im August 1949 stellte der findige Beobachter eines Aufklärers an einer Wolkenbildung fest, daß das gesichtete Gebilde von einer Atomexplosion herrühren mußte. Nach dieser Information über den langen Draht kam man im Washingtoner Verteidigungsministerium damals zu dem Schluß, daß die Sowjetunion das Atomwaffenmonopol der USA – schneller als erwartet – gebrochen hatte.

Im Rennen um die Führung im Weltraum gaben die sowjetrussischen Wissenschaftler ihren amerikanischen Kollegen noch einiges mehr zu raten auf. Der erste Mensch im Weltraum war am 12. April 1961 Juri Gagarin. Alan D. Shepard jr. folgte kurz darauf als erster Amerikaner am 5. Mai 1961. John Glenn machte anschließend mit seiner ersten Erdumkreisung Furore. Valentina Tereskowa sorgte 1963 als erste Frau im Weltraum für Schlagzeilen, so wie Alexej A. Leonow mit dem ersten Weltraumspaziergang.

Zur sowjetischen Überlegenheit hieß es damals in Washington: »Wir haben die falschen Generale gefangen.« Damit wurde auf Experten aus Deutschland angespielt. Ihnen war in Peenemünde 1943 mit dem erfolgreichen Start ballistischer Trägerraketensysteme mit neuen Transportmitteln der Durchbruch gelungen. Nach Kriegsende versuchten alle vier Siegermächte, sich den Wissensstand dieser Experten zu sichern. Sie wurden kurzerhand interniert und abtransportiert.

Wernher von Braun, der »Vater« des US-Raumfahrtprogramms, arbeitete in Huntsville im US-Bundesstaat Alabama mit einem ganzen Stab seiner Mitarbeiter aus Peenemünde. Jahrelang plagte er sich (wie seinerzeit Teller beim Bau der Atombombe) mit der Washingtoner Genehmigungsbürokratie herum. Ein typisches Beispiel dafür, wie in einer demokratischen Gesellschaft jeder gegen jeden arbeitet, solange es keinen Konsens über ein Ziel gibt, das alle akzeptieren: Im Wettbewerb um neue Waffensysteme stritten die Teilstreitkräfte um Millionen und Milliarden. Obwohl es erst seit 1947 überhaupt ein einheitliches Verteidigungsministerium gab, mit dem die traditionellen Rivalitäten der Teilstreitkräfte, ihrer Minister und Generale beendet werden sollte, herrschte Chaos.

Jeder wollte der erste sein. Kein Ministerium und keine Teilstreitkraft hatte jedoch das erforderliche Wissen und/

oder die erforderlichen Geldmittel. Hinter einzelnen Projekten standen einzelne Firmen oder Firmengruppen. Ihre Interessen ließen sie im Washingtoner Genehmigungsbetrieb durch Lobbyisten vertreten. Diese bearbeiteten ihrerseits Senatoren und Abgeordnete sowie deren einflußreiche Stäbe auf dem Kapitol. Firmen-, Branchen- und Regionalinteressen, die Belange der Streitkräfte und schließlich die des Präsidenten kreuzten sich – wie so oft, wenn es in Washington um Geld, Geschäft und politische Macht geht. Längst war den Beteiligten klar, daß Weltraum nicht nur Geschäft, sondern auch Geltung bedeutet. Da praktisch alle zwei Jahre gewählt wird, werden viele Hände aufgehalten.

Die Reise auf den Mond

Unter dem Eindruck, daß die Sowjetunion den ersten Mann in den Weltraum bringen konnte, beauftragte Präsident John F. Kennedy seinen Vizepräsidenten, sich der Weltraumproblematik anzunehmen. Lyndon B. Johnson, ein Politprofi mit jahrzehntelangen Erfahrungen mit Washingtoner Gebräuchen, wirtschaftete großzügig drauflos, dank guter Verbindungen zur heimischen, zur texanischen Luftfahrtindustrie. Dies geschah sichtlich nicht zu seinem eigenen Nachteil. Immer wieder war und ist von Bestechung die Rede. Beweise fehlen, wie so oft.

Oval Office, 20. April 1961. Präsident Kennedy: »Haben wir eine Chance, die Sowjets zu schlagen, indem wir ein Laboratorium in den Weltraum bringen? Oder indem wir einen Menschen auf den Mond und wieder zurückbringen?« Johnson bejahte, und ein paar Tage später verkündete Kennedy das Apollo-Programm: »Wir bringen einen Mann auf den Mond, bevor dieses Jahrzehnt zu Ende ist.« Fünf Milliarden Dollar jährlich flossen aus amerikanischen Steuergeldern in die National Aeronautics and Space Administration (NASA). Der Schuß auf den Mond kostete insgesamt 100 Milliarden Dollar.

1969 war das Ziel erreicht. Die ersten Amerikaner, Neil Armstrong und Edwin Aldrin, landeten am 21. Juli 1969 auf dem Mond. Sechs Jahre später vereinigten sich amerikanische und sowjetische Astronauten bzw. Kosmonauten im All. War die Weltraum-Welt damit heil? Keineswegs. Nach 25 gelungenen Starts explodiert im Februar 1986 Space Shuttle »Challenger« beim Start. Sieben amerikanische Astronauten sterben. Über zwei Jahre steht das amerikanische Programm still, während die Sowjetunion weitermacht. Im amerikanischen Fall hatte sich gerächt, ein einziges System unter der Federführung einer einzigen Institution zu entwickeln, nämlich Space Shuttle der (regierungsamtlichen) NASA. 1987 starteten die Sowjets 85 Satelliten, die USA acht.

Wissenschaftlicher Stillstand war von militärischem Stillstand begleitet. Und wieder bewegten sich die Amerikaner im anderen Extrem: Selbstzweifel, Hoffnungslosigkeit, hysterisch bejammerte Unterlegenheit. Tatenlos mußten sie mit ansehen, wie die Sowjetunion ihrerseits daranging, den Weltraum zu kommerzialisieren und zu industrialisieren. US-Privatfirmen vertrauten sich dem erstmals zugänglich gemachten Raketensystem der Sowjetunion vom Typ »Proton« an. Was jahrzehntelang unmöglich erschien, daß amerikanische Satelliten vom Weltraumbahnhof Baikonur mit sowjetrussischen Raketen gestartet werden, wurde Wirklichkeit. Mangels eigener Transportmöglichkeiten müssen Amerikaner in den sauren Apfel beißen. Eine schwere Schlappe. Sie wird durch Erfolge der Europäer mit ihrer Ariane-Rakete nur noch deutlicher. Um so größer fällt die amerikanische Erleichterung aus, als Space Shuttle im Oktober 1988 mit einer erfolgreichen Mission die US-Zwangspause beendet.

Während das US-Verteidigungsministerium nach wie vor Angst hat, der Sowjetunion Einblick in hochwertige amerikanische Technologie zu bieten, zeigte sich Moskau großzügiger. Westliche Auftraggeber konnten – unüberwacht – Transporte in den Weltraum mit dem sowjetischen System Proton gegen »freie« Währung vornehmen lassen. Das verfeinerte, möglicherweise allzu komplizierte amerikanische System stand indessen jahrelang still, mit dem vor der Space-Shuttle-Katastrophe fast alle benachbarten Planeten – Ausnahme Neptun und Pluto – besucht worden waren. Spät erst gab Washington nach und ließ neben der NASA auch private Firmen für den Weltraumtransport zu.

Jimmy Who?

Wie ein begabter, gebildeter Atomphysiker im Räderwerk der Washingtoner Politik verschlissen und damit auch international brüskiert wird, zeigt das Schicksal von Jimmy Carter. In keinem anderen Land ist es so sehr die Personenstruktur des Präsidenten, die Politik, Geschichte und Geschichten ausmacht, wie in den USA.

Teddy Roosevelt verstand die Welle des jungen Imperialismus um die Jahrhundertwende zum Krieg gegen Spanien zu nutzen. Woodrow Wilson brachte es durch Zusammenarbeit mit der einen und dann mit der anderen Interessengruppe fertig, zuerst für die Neutralität und dann für den Eintritt in den Ersten Weltkrieg zu agieren. Franklin D. Roosevelt mobilisierte die Angst vor einer fortdauernden Wirtschaftskrise, um sein Programm vom New Deal, von mehr Staat, den sonst so individualistischen Kongreßmitgliedern »abzutrotzen« und in imperialer Manier Hitler besiegen zu helfen. Truman nutzte den Antikommunismus, um den Marshallplan großzügig finanzieren zu lassen. Kennedy weckte das Gefühl der Amerikaner, auch etwas für die Gemeinschaft tun zu müssen. Johnson versuchte sich erstmals an Sozialpolitik nach europäischem Muster. Nixon dachte mehr als alle anderen in außenpolitischen Kategorien und scheiterte am hausgemachten Watergate-Skandal.

Allen gemeinsam ist, daß sie mehr oder weniger generalstabsmäßig daran bastelten, Wiederwahlinteressen der Senatoren und Mitglieder des Repräsentantenhauses mit den jeweiligen Agenten »ihrer« Administration zusammenzuspannen: die Banken bei der Staatsfinanzierung, die Tabakbauern beim Rauchverbot, die Bauern beim Getreideexport, die Automobilarbeiter beim Einfuhrschutz.

Das Heer der Rechtsanwälte, Lobbyisten und Journalisten wurde je nach Bedarfslage mobilisiert, korrumpiert oder infiltriert. Aus dem Inland wie aus dem Ausland. Washington lebt von wechselnden Koalitionen, die allezeit von Interessen und meistens von Stimmungen bestimmt sind. Nationales unterscheidet sich da nicht von Internationalem. Die Zukunft der Sojabohnenbauern kann dabei ebenso wichtig sein wie der Verbleib der 250 000 US-Soldaten in Europa. Jimmy Carter blieb diese Realität fremd. Als dann Ajatollah Khomeini die Welle des Fundamentalismus auslöste und 54 Geiseln in der amerikanischen Botschaft in Teheran nehmen ließ, war die Administration Carter mit ihrem Latein so gut wie am Ende. Ein gedemütigtes Amerika sehnte sich nach besseren Zeiten.

»Die Geschichte wird über den 39. Präsidenten gnädiger urteilen als seine Zeitgenossen«, meinen Carter-Anhänger, die die Unentschlossenheit weniger störte als seine innerbetriebliche Liberalität. Daß Carters Beiträge unvollständig gerieten, ist bezeichnend für diesen bemühten Mann. Beispiel: das Nahostabkommen von Camp David, ein Dreierakkord zwischen USA, Israel und Ägypten, das den Weg zu einem Teilfrieden in dieser Krisenregion ebnete. Umstände und Personen wie Präsident Sadat und Menachem Begin halfen dem bescheidenen Carter, der ein Leben lang um Akzeptanz ringt – sei es auch nur als Hobbytischler, der als pensionierter Präsident Stühle anfertigt, die für soziale Zwecke meistbietend versteigert werden.

Der Fundamentalist Carter wurde von anderen Fundamentalisten ausmanövriert. Nicht nur in der Geiselaffäre von Teheran, sondern überhaupt in der tragischen Verstrickung der USA mit Nahost. In dieser Schicksalsregion fällt es der amerikanischen Außenpolitik besonders schwer, den Weltpolizisten zu spielen. Wie oft hat Washington versucht, es allen recht zu machen und gleichzeitig Israel, dem Außenposten westlicher Demokratie in einer unberechenbaren Umwelt voller politisch-religiöser Spannungen, die Stange zu halten. Nie waren die ethnischen Bindungen zwischen den Juden Amerikas und dem jüdischen Staat so eng wie heute.

Lange bevor um Mitternacht vom 13. auf den 14. Mai 1948 das Mandat auslief, das der Völkerbund Großbritannien für Palästina übertragen hatte, also schon vor der Geburtsstunde des Staates Israel, trug das Verhältnis zwischen Amerikanern und Juden den Stempel des Besonderen. In den USA, wo heute über sechs Millionen Amerikaner ihrem jüdischen Glauben mit stolzem Bewußtsein folgen (gegenüber vier Millionen bedrängten Juden in der Sowjetunion und gut 2,5 Millionen jüdischen Einwohnern in Israel), hat auch die amerikanische Gesellschaft mit den Spannungen zwischen Orthodoxen, Traditionalisten und Reformern zu leben gelernt. Ihre engagierte Auseinandersetzung um den rechten Weg des Glaubens hat in einem Staat absoluter Religionsfreiheit wie dem amerikanischen die Integration der Wellen von jüdischen Einwanderern in keiner Phase behindert. So wie die Aufteilung Palästinas 1922 übersehen oder unterschätzt wurde, verhielt es sich freilich auch mit der tödlichen Systematik der Verfolgung unter Hitler.

Das ganze Ausmaß der rassistischen Vernichtungspolitik gegenüber dem jüdischen Volk wurde auch den meisten Amerikanern erst nach Ende des Zeiten Weltkrieges bewußt. Selbst danach ist die normalerweise recht tolerante amerikanische Gesellschaft vor Antisemitismus nicht gefeit. In den Zentren der Macht freilich verstehen die jüdischen Organisationen inzwischen, ihren Einfluß geltend zu machen. Im Washingtoner Sprachgebrauch heißt es, die »jüdische Lobby« zähle zu den einflußreichsten von ganz Amerika.

Das Verhältnis zwischen Amerikanern und Juden hat sich über Jahrzehnte ausgeprägt: Übernahme der Verantwortung von Großbritannien, dessen wechselvolle Politstrategie im Nahen Osten jahrzehntelang mit einer Mischung aus Neid und Mißtrauen verfolgt wurde; das schlechte Gewissen einer moralisch entrüsteten amerikanischen Öffentlichkeit, nachdem sich die ganze Brutalität des Holocaust offenbarte; Respekt vor jüdischen Siedlern und der Organisationskraft des Staates Israel samt seinen militärischen Leistungen und die Unterstützung Israels als Außenposten der westlichen Demokratie in einer turbulenten Weltregion.

Aus diesen speziellen Gründen ergibt sich eine besondere Beziehung, die Schwankungen der Alltagspolitik überdauert und über Jahrzehnte zu einem unverrückbaren Bestandteil politischer Wirklichkeit der USA geworden ist. Keine andere Religionsgemeinschaft vermag in diesen Kernbereich vorzudringen.

Daß sich die andere Supermacht überhaupt auf einen Abrüstungsversuch mit der Begrenzung atomarer Interkontinentalraketen (SALT 2) einließ, zählt zu den schwer erklärbaren Wundern der Carter Zeit. Was zwischen diesem Präsidenten und Generalsekretär Breschnew 1979 in Wien als Vertrag unterschrieben wurde, scheiterte freilich – wieder – am Senat zu Washington. Ein weiteres Mal schwang das Pendel bereits in die andere Richtung. Als Präsident ist Carter mit der amerikanischen Webart des Machtgleichgewichtes nicht fertig geworden. Ihm – und schließlich auch der Sowjetregierung – blieb nur übrig, so zu tun, als ob … als ob die Welt, an deren Besserung dieser Präsident inbrünstig glaubte, heil wäre. Sie war es jedoch nicht, noch lange nicht.

Ein Platz im Buch der Geschichte

Der Kameramann von Kamera 5 fühlte sich benachteiligt. Zu ebener Erde konnten die hohen Herrschaften doch wohl nur vorbeigehen. Seine Kollegen im ersten Stock erwarteten die schönen Gelegenheiten. Und dann kam doch alles ganz anders. Der Mann von Nummer 5 schoß die Bilder seines Lebens. Auf der breiten Treppe des Kreml-Palastes kommen sie langsam, jedoch locker herunter, eingehängt. Rechts Nancy Reagan. Michail Gorbatschow hatte ihr galant über die ersten Stufen geholfen. Dann hängte er sich bei der First Lady aus Washington richtig ein. Raissa Gorbatschowa sieht das und hängt sich bei Ronald Reagan ein. Wie gute Freunde, die etwas geschafft haben, schreiten sie strahlend auf Kamera Nummer 5 zu.

Das Protokoll, minuziös und minutenweise seit Wochen ausgearbeitet, schreibt: Der Generalsekretär der KPdSU verabschiedet den Präsidenten der Vereinigten Staaten. Als die Diplomaten beider Seiten diese Vorausdisposition trafen, konnten sie nicht ahnen, daß der Abrüstungsgipfel von Moskau in einer derart lockeren und ungewöhnlich vertrauensvollen Atmosphäre über die Bühne gehen würde. Vorsichtshalber hatten sie vereinbart, daß die eigentliche Abschiedszeremonie mit gehöriger Feierlichkeit im Katharinensaal des großen Kreml-Palastes stattfindet. Dabei blieb es dann auch. Die Reagans und die Gorbatschows hielten sich brav an das Protokoll. Doch sie benahmen sich wie nach Abschluß eines Superdeals und strahlten.

Hinter Formeln wie »sachliche Verständigungen über weitere Abrüstung«, »Regionalkonflikte« und »zweiseitige Zusammenarbeit« verbergen sich tatsächlich politische Sensationen. Im Großen verabreden die Großen, den kalten Krieg, den sie über vier Jahrzehnte gegeneinander führten, zurückzunehmen und sukzessive zu beenden. Nach außen ging es »nur« darum, den Vertrag über Kurz- und Mittelstreckenraketen endgültig unter Dach und Fach zu bringen. Nachdem Reagan und Gorbatschow jedoch schon am zweiten Konferenztag einen zunächst nicht geplanten gemeinsamen Spaziergang über den Roten Platz unternahmen, war auch äußerlich klar: Mit der ersten wirklichen Abrüstung im Sinne der gegenseitig kontrollierten Vernichtung von Mittelstreckenraketen wurde eine neuartige Entspannungsphase eingeleitet: Rückzug der Sowjettruppen aus Afghanistan nach neun Jahren; Beendigung des acht Jahre alten Krieges Iran-Irak (mit über einer Million Toten die blutigste Auseinandersetzung seit dem Zweiten Weltkrieg) durch Einschaltung der Vereinten Nationen, die die Supermächte unterstützen; Rückzug der amerikanischen Marine aus dem Persischen Golf nach 40 Jahren; Entspannung im südlichen und im nördlichen Afrika sowie in Indochina. Washington und Moskau gaben gleichzeitig grünes Licht für intensiven Austausch von Jugendgruppen, Touristen, Studenten, Wissenschaftlern, Wirtschaftlern, Politikern.

Das »größte Entspannungsexperiment aller Zeiten« konnte beginnen. Selbst Andrej Gromyko, jahrzehntelang als sowjetischer Außenminister auf unversöhnlichem Härtekurs, konnte man, wie seit Jahren nicht mehr, lachen sehen. Als er, damals noch Staatsoberhaupt der Sowjetunion, den amerikanischen Präsidenten auf dem Flugplatz verabschiedete, klopfte er Reagan auf die Schulter, und die Musikkapelle des Ehrenbataillions der Sowjetarmee spielte schwungvoll »Stars and Stripes«.

Aufrüstung und Abrüstung erweisen sich gegen Ende des 20. Jahrhunderts als Spiegel der Gesellschaft und ihrer wahren politischen Interessen. Auf amerikanischer Seite zeigen sich tief verankerte Elemente der Volksmentalität. Da ist das gespaltene Verhältnis zu Gewalt und Recht. Sich und eine gerechte Sache zu verteidigen erscheint den meisten Amerikanern nicht nur Recht, sondern Pflicht. Die Waffe ist dabei nicht zuletzt Ausdruck des Status, Gerechtigkeit eine Funktion verläßlicher Rechtsordnung. Diese stützt sich auf konkrete Einzelfälle, nicht auf immerwährende Prinzipien. Inneramerikanische Denk- und Verhaltensweisen werden auf inter nationale Verhältnisse übertragen. Da die meisten Amerikaner davon überzeugt sind, in und mit einer mustergültigen Demokratie zu leben, erscheint es ihnen nur logisch, dem Verhalten eines Gegenspielers nicht tatenlos zuzusehen, sondern sich zu wehren. Militär ist nur ein Teil dieser Wehrbereitschaft, Motivation und Zweckmäßigkeit der andere.

George Washington, der Oberkommandierende der amerikanischen Befreiungsstreitkräfte, konnte den bunten Haufen rebellierender Untertanen seiner britischen Majestät nur zusammenhalten und zum Erfolg führen, weil er zweierlei zu verbinden verstand: Motivation zum unverzüglichen Handeln gegenüber europäischer Herrschaft mit der Einsicht, daß militärische Disziplin unumgänglich ist, und die Engländer zu besiegen. Unabhängigkeit, das politische Ziel, konnte militärisch mit dieser Freiwilligenarmee aus zunächst 4 000 und später 90 000 Mann nur erreicht werden, weil der Gegner, das stehende Heer, als Inbegriff europäischer Unterdrückung und monarchistischer Aggression angesehen wurde. War der Sieg erst errungen, entfiel das Bedürfnis für Militär. Für den Hausgebrauch der jungen amerikanischen Republik war es nicht nötig, und von der übrigen Welt trennten sie zwei Ozeane, damals absolute Sicherheitsgarantie. Es wurde abgerüstet.

Mit diesem amerikanischen Verhaltensschema plagen sich bis heute die ›Washingtonians‹, obwohl sie sich längst dem Zugzwang ausgesetzt haben, der aus der Funktion als Weltmacht herrührt. Nach wie vor möchten es viele bei der Grundeinstellung belassen: Militär nur im Notfall, mit begrenzter Verteidigungsaufgabe und improvisierter Ausstattung. Nach einem Krieg »die Boys nach Hause zu schikken« war und ist populär. Erfahrungen mit dem Bürgerkrieg von 1861 bis 1865 haben dieses pazifistische Schema noch verstärkt. Da war die Berufstruppe im Norden, samt Freiwilligen eine 500 000-Mann-Armee. Ihnen standen 40 000 überwiegend freiwillige Südstaatler gegenüber. Über 20 000 starben. Nach diesem Krieg, der das Land ausgeblutet hatte, folgte eine lange Phase des Isolationismus und Pazifismus. Militär galt als verdächtig, zivil sein war alles.

Weltmacht ohne Doktrin

Im Zeitalter des aufblühenden Imperialismus hatte selbst der energiegeladene Teddy Roosevelt alle Mühe, Vorbehalte gegenüber Militärs zu überwinden. »Flagge zeigen« zu müssen wurde zwar eingesehen. Es sollte aber möglichst nicht geschossen werden. So weist der Krieg gegen Spanien operettenhafte Züge auf. Man engagierte sich ganz gern politisch, nicht jedoch militärisch. Bis weit in das 20. Jahrhundert hinein fehlt eine klare Verteidigungsdoktrin. Neutralität erschien als der bequemere Weg. Zweimal mußte Washington den Amerikanern eine Kehrtwendung und den Kriegseintritt plausibel machen. Nach dem Ersten Weltkrieg wird – eingedenk früherer Verwicklungen – die US-Armee von über zwei Millionen auf kaum mehr als 120 000 Mann abgerüstet.

Erst allmählich verbreitet sich die Erkenntnis, daß eine Großmacht militärisch und waffentechnisch schlecht einem Verhaltensmuster folgen kann, das aus der Zeit des Vorderladers stammt: improvisiert verteidigen und dann schnell wieder nach Hause gehen. Anders läßt sich nicht erklären, daß die Industrienation, die das Auto und das Flugzeug entwickelt hat, zunächst glaubte, ohne organisierte Luftwaffe auskommen zu können. Selbst im Zweiten Weltkrieg, wo 12 Millionen Amerikaner als Wehrpflichtige unter Waffen standen, konnte man sich zunächst von kurzfristigen Dispositionen nicht lösen. Dann allerdings kam die Kriegsmaschine auf Touren.

Im Vertrauen darauf, daß nun »ewiger Frieden« ausbricht, mit dem Blick auf die Verständigung zwischen den USA und der Sowjetunion und vor allem im Vertrauen auf die Vereinten Nationen, wird der Mannschaftsstand der US-Armee bis 1947 auf 1,3 Millionen Mann, also um etwa 90 Prozent, verringert. Ganz so selbstlos wie nach dem Ersten wurde nach dem Zweiten Weltkrieg freilich nicht abgerüstet. Traditionellen Vorstellungen verhaftet, vertraute man zwar noch immer auf Sicherheit, die die Ozeane bieten. Im übrigen verließ man sich aber auf das Atomwaffenmonopol (das kurz danach von der Sowjetunion gebrochen wurde). Tausende ausrangierter Bomber, die in der trockenen Luft der Wüste von Nevada und Arizona als (nicht rostende) Zeitzeugen gestapelt werden, künden dennoch vom redlichen Abrüstungswillen. Wurde doch Präsident Trumans Mißtrauen gegenüber russischer Expansion à la Stalin militärstrategisch fürs erste kaum umgesetzt.

Außer Kontrolle der Supermächte

Bittere Erfahrungen in Korea, Vietnam, Nahost, ja schließlich Europa zeigen, daß altbackene Theorien vom Krieg nicht mehr ausreichen. Guerillas, Terroristen, unerklärte Militäraktionen haben dazu geführt, daß es seit Ende des Zweiten Weltkrieges mindestens drei Dutzend kriegsähnliche Verwicklungen mit Millionen Toten gab. Also keine traditionellen Waffengänge mehr mit feierlichen Kriegserklärungen, klaren Fronten und einer gewissen Ritterlichkeit. Dazu kommen Stellvertreterkriege, Bürgerkriege und eine Mischung von alledem. Die Supermächte wirken dabei einmal als Antreiber, einmal wie Getriebene. Immer häufiger verlieren sie die Kontrolle. In den ersten Jahren des kalten Krieges wurde ihnen das über haupt nicht bewußt. Sie waren auch militärisch auf Konfrontation eingestellt, also miteinander beschäftigt. Anderswo in der Welt wurden sie vor vollendete Tatsachen gestellt.

Unterhalb der Atomschwelle sind die Supermächte alles andere als super. Ihr Gleichgewicht des Schreckens läßt sich jedenfalls nicht automatisch von einer Generation auf die andere übertragen. Gegenseitige Abschreckung verliert auf Dauer ihre Wirkung. Und die Kosten der Aufrüstung wachsen ins unermeßliche. Sowohl die offene Gesellschaft der USA als auch die bisher geschlossene Gesellschaft der Sowjetunion zeigten im Laufe der Jahre immer weniger Neigung, die wachsende Rüstungslast ohne Murren zu tragen. Krieg war doch nicht immer und überall »Vater aller Dinge«, zivile Bedürfnisse und der Ruf nach politischer Phantasie führten zu neuem Denken.

Die Abrüstungsphase zwischen den beiden Supermächten, wie sie von Reagan und Gorbatschow eingeleitet wurde, ist alles andere als Zufall, vielmehr logische Folge veränderter Verhältnisse und unausweichlicher Sachzwänge der Wirtschaft wie der Technik. Reagan und Gorbatschow zeigen, daß Churchill doch nicht recht hatte, als er in seinem Resümee des Zweiten Weltkriegs schrieb: »Die menschliche Tragödie erreicht ihren Höhepunkt nach all den Anstrengungen und Opfern von Hunderten von Millionen Menschen und trotz des Sieges der guten Sache. Wir haben dennoch nicht Frieden und Sicherheit gefunden. Wir hängen mehr als vorher von dem Übel ab, das wir glaubten überwunden zu haben.«

Die nächste Generation hat die Chance, das Übel des Fehlverhaltens doch noch zu überwinden.

Das Ende der Reagan-Ära und ein neuer Anfang

»One more term«, noch eine Amtsperiode, riefen Reagan-Fans im Wahlkampf 1988. Ronald Reagan wäre mit seinen 78 Jahren als amerikanischer Präsident ein drittes Mal gewählt worden, hätte ihm nicht sein großes Vorbild, Franklin D. Roosevelt, die Möglichkeit genommen. Weil FDR dreimal wiedergewählt wurde und dies gegen das Erneuerungsempfinden der amerikanischen Elite verstieß, sollte es bei einer einzigen Ausnahme bleiben, die unter Kriegsumständen eingeräumt wurde. Die Verfassung, die auf einen Ausgleich der Kräfte ausgerichtet ist, verbietet seitdem eine zweite Wiederwahl. Triumph im Verzicht.

Den meisten Amerikanern waren acht Jahre Reagan nicht genug, anders als einer Mehrheit der Kaste der Politiker, der Medienmacher und jener, die von Anfang an dem Schauspieler aus Hollywood politisch-ideologisch mißtrauten. Als Person freilich konnte Reagan unter diesen amerikanischen Kontrahenten bis zum Schluß ebenso auf Sympathie bauen wie unter seinen Politpartnern im Ausland. Hier zeigt sich ein doppeltes Phänomen. Als Sportsleute wissen Amerikaner zwischen Person und Einsatz zu unterscheiden. Und dem Ausland gegenüber hat dieser 40. Präsident mehr als die meisten seiner Vorgänger vorgeführt, was Pragmatismus auf amerikanisch bedeuten kann: zuerst gegen Defizite und dann Rekordverschuldung des Staates, zuerst gegen Abrüstung und dann die erste Waffenvernichtung. In allem steckt eine weitere Erklärung für die frappierende Wandlungsfähigkeit der USA.

Amerika ist allezeit im Umbruch, Amerika bricht immer wieder auf. Amerikaner vollziehen politisch, was in der Luft liegt. Dies ist eines der Geheimnisse für die Funktionsfähigkeit ihrer Demokratie. Im durchlässigen System wächst immer wieder etwas nach, spätestens alle vier Jahre bei Präsidentenwahlen. Nur zu oft kann dabei geschehen, daß die breite Masse der Amerikaner – Nixon hat sie einmal zutreffend »schweigende Mehrheit« genannt – unbefangen und unbeirrt anders votiert, als das politische Establishment hofft und die politisierenden Medien prophezeien. Innenpolitik, also das, was den Stimmbürger unmittelbar angeht und was er selber glaubt, mit seiner Entscheidung beeinflussen zu können, wiegt dabei im amerikanischen Präsidialsystem nahezu alle Außenpolitik auf.

Wie Amerika immer wieder an seine eigene Lebensart erinnert werden möchte, hatte auch der Wechsel vom wohlmeinenden, jedoch sauertöpfischen Jimmy Carter zum gutgelaunten Ronald Reagan gezeigt. Wieder einmal war eine Wende gefragt. Der sympathische 69jährige, zweitklassiger Hollywood-Schauspieler, sorgte als erstklassiger Politiker aus der kalifornischen »Provinz« für Neuorientierung. Mit Schwung und Ideen wurde Schwarzsehern à la Carter der Kampf angesagt. Wie über Nacht gewann Amerika seinen alten Schwung zurück. Nicht, daß Probleme so schnell gelöst worden wären. Aber mit einem Einfachrezept von »weniger Staat« und »mehr Bürgerinitiative« sammelte Reagan zuerst im Wahlkampf und dann – zum eigenen Erstaunen – auch international Pluspunkte. Was Wohlbehagen der Schutzbefohlenen ausmacht, hatte er als Gewerkschaftsvorsitzender und als Gouverneur von Kalifornien erfahren. Auf der Bühne der Politik verstand er es meisterhafter, die Szene zu beherrschen, als in seinen B-Movies. Mit »Familie«, »Fleiß«, »Nachbarschaft«, »Frieden und Stärke« hielt Reagan politisch acht Jahre durch. Dabei war er kein Freund von ideologischen Skrupeln oder Expertendenken. Er war einfach der rechte Mann zur rechten Zeit. Er trat auf, wie es sich Durchschnittsamerikaner wünschen – präsidentiell –, und er hatte Erfolg. Auch das wünschen sie sich.

Zum erstenmal seit Teddy Roosevelt, also seit 80 Jahren, wagte es wieder ein Präsident, in Grundfragen kompromißlos vorzugehen. Wie vor ihm Wilson, Franklin Roosevelt oder Kennedy setzte Reagen auf »Zeitgeist« – und gewann. Sein Einsatz, auf den er zwei Jahrzehnte hingearbeitet hatte, war hoch, aber er zahlte sich aus. Nicht nur für ihn. Zuerst eine Steuersenkung, dann ein Wirtschaftsaufschwung und gleichzeitig Staatsverschuldung und Handelsbilanzdefizit. Wenn das kein Pragmatismus ist? Reagan, als bürgerlich, reaktionär, jedenfalls rechts verdächtigt und oft verteufelt, exerzierte Keynesianismus wie selten in der modernen Wirtschaftsgeschichte.

Acht Jahre Reagan geben auch eine Teilantwort auf die Frage, warum es in Amerika keinen Sozialismus gibt. Präsidenten, die ihre Macht ideologisch unbekümmert einmal »links«, einmal »rechts« einsetzen; eine Gesellschaft, die ihrerseits mehr mit Religion und Rassismus, mit Karriere und materiellen Vorteilen als mit Ideologie im Sinn hat; und eine offene Gesellschaft ohne wirkliche Oberklasse, vielmehr mit der Chance für jedermann, über Reichtum zu Ansehen und dem zu gelangen, was die Amerikaner gegenüber jedem europäischen Zyniker ungerührt als »persönliches Glück« bezeichnen – da bleibt wenig Raum für Klassenbewußtsein, pauschale Lösungen und staatliche Umverteilung. Soziale Fragen möchte die meisten Amerikaner individuell und nicht kollektiv gelöst sehen. Motto: »Wer arm ist, ist selber schuld.«

Für Europa brachte die Reagan-Ära zwar gesellschaftspolitische Anstöße wie Steuersenkung, »deregulation«, Privatisierung und Bürgerinitiative. Gleichzeitig nabelte sich aber das moderne Amerika vom alten Europa ab. Selbst konservativen Amerikanern sind viele und ist vieles in Europa zu konservativ und erstarrt. Europäischer Konservativismus wirkt auf sie verwaschen, oberflächlich, unzuverlässig und unredlich. Wer in Amerika zur Elite zählt, bevorzugt klare Verhältnisse. Wer besser ist, mehr leistet, soll oben sein. Daß Europäer einerseits der Losung »weniger Staat« folgen, andererseits aber bei jeder Gelegenheit nach dem Staat rufen, verwirrt Amerikaner mehr denn je. Leistet der Staat etwas, so bewundern sie das dennoch. Sozialleistungen in Europa erheischen Respekt; Washington beginnt über breitere Mischformen staatlicher und privater Vorsorge nachzudenken.

Dennoch hat es Reagan geschafft, die Linksliberalen diesseits und jenseits des Atlantiks zu verblüffen. Er wollte sie ideologisch mit den sogenannten Reaganomics austricksen, und es gelang ihm. Allerdings überdeckte seine Popularität schwere und wachsende Mängel: im Erziehungswesen, unter den Minderheiten, gegenüber berufstätigen Frauen. Im Reaganschen Weißen Haus konnte man schließlich die spürbare Unzufriedenheit in amerikanischen Landen nicht mehr verstehen. Und gekränkt hat dort immer wieder, daß man sich über Reagan international lustig machte.

Freilich: In der zweiten Amtszeit Reagans bewegte sich das Pendel erstmals wieder in die andere Richtung. Aus der Selbstverständlichkeit, mit der eine zufriedene Gesellschaft ihren Wohlstand konsumierte, erwuchs kritisches Potential. 20 Prozent Analphabeten, unzureichende Weiterbildung, gebremste oder verschlampte Produktivität, versäumte Fortschritte der Wissenschaft, ungelöste Sozialprobleme, unter schätzte Bedeutung der ethnischen Minderheiten und Zweifel an forcierter Rüstung. Reagan zeigte in seinen letzten Amtsjahren Verschleißerscheinungen. Ideen fehlten, Erfolge wurden seltener, Gefolgsleute machten sich davon. Das System hielt zuletzt vor allem dank Reagans ungebrochener Popularität und Vitalität.

Der Neubeginn im Verhältnis zwischen den Supermächten brachte dem tatendurstigen Reagan ein letztes »Hurra«. Der Mann, der auszog, um die Welt durch Stärke das Fürchten zu lehren, legte die Waffe beiseite und streckte die Hand zur Versöhnung aus. Ein weiteres, ein letztes Mal war Ronald Reagan unterschätzt worden. Denn spätestens seitdem es ihm und seinem sonst so ungleichen Gesprächspartner in Moskau, Michail Gorbatschow, gelang, seriöse Schritte zur Abrüstung zu tun, ist ihm, dem heimatlos gewordenen Bürgerlichen aus Kalifornien, sicher, was er wohl in stiller Stunde angestrebt hat – ein Platz im Buch der Geschichte.

Sein Nachfolger George Bush zog die Siebenmeilenstiefel der Gesellschaftsveränderung aus. Er wollte konsolidieren, ein »gentle America« schaffen, eine Nation, die mit sich in Harmonie lebt. Tatsächlich jedoch setzte sich unter seiner Regierung der wirtschaftliche Niedergang fort – nicht zuletzt daraus resultierte seine Abwahl. Die Gräben zwischen den Gruppen mit unterschiedlichem Einkommen und verschiedener Hautfarbe waren noch tiefer geworden.

Mit der Wahl Bill Clintons erfaßte das Land eine Aufbruchstimmung. Er war angetreten, die Spaltung in der Gesellschaft zu überwinden. Seine Vision bezog erstmals alle Bevölkerungsgruppen ein, und er lebte die Gleichberechtigung zwischen den Geschlechtern selbst in der Praxis vor.

USA & Company

»The roaring twenties«: Anfang und Ende der Gründerzeit

Applaus. Die Kreuzung von Park Avenue und 49. Straße im New Yorker Stadtteil Manhattan ist hell erleuchtet. Luxuslimousinen. Tausende schauen zu. Opernsänger? Filmstars? Oder ausländische Potentaten? Was unter verwöhnten abgebrühten New Yorkern Aufsehen erregt, ist diesmal der personifizierte Industrieerfolg der Neuen Welt.

Zwei alte Herren steigen aus. Blitzlichter. Aus dem Applaus wird Ovation. Prominente treten ehrfürchtig zurück. Henry Ford begleitet Thomas Edison zum Galadiner. Sie sind Ehrengäste, wie Harvey Firestone, der Pionier der Reifenindustrie, Walter Chrysler, der Autobauer, Thomas Lipton, der Teekönig, und George Eastman, der Vater der Massenfotografie. Sie werden als Pioniere der amerikanischen Industrie gefeiert.

An diesem 24. Oktober 1928 möchte die Neue Welt aller Welt ihre Überlegenheit zeigen. Als Spätkommer der Industrialisierung demonstrieren die Vereinigten Staaten von Amerika, daß sie nicht nur für Bauern, Goldgräber, Spekulanten und Eisenbahnmagnaten ein Land unbegrenzter Möglichkeiten bieten. Auch beim Ersatz menschlicher Arbeitskraft durch Maschinen soll es Amerika besser haben. Edison, Ford oder Eastman werden – wenn sie es nicht schon waren – an diesem unbeschwerten Oktobertag zu Symbolfiguren. Sind doch die USA dabei, Europa industriell den Rang abzulaufen. Gegen Ende der goldenen Zwanziger, mitten in ungezügelter Lebensfreude diesseits und jenseits des Atlantiks zeigt sich: Europa bietet zwar die Grundlagen an Tradition, Erfahrung und Forschung, die

USA jedoch lassen im Umsetzprozeß zuerst die Briten und dann die Kontinentaleuropäer hinter sich. Amerikanische Überlegenheit gerät erst in Gefahr, als diese Umsetzfähigkeit wieder schwindet. Dies sollte fast ein halbes Jahrhundert später geschehen.

Im Triumphgefühl dieses Oktobertages von 1929 sind sich die ehrwürdigen Industriekapitäne, ihre Bewunderer und die, die draußen vor der Tür stehen, in dem Gefühl einig, daß es ohne einen Edison kein Licht und kein Telefon, kein Radio und kein Kino gäbe, ohne Ford kein Auto für die Massen und ohne Eastman keine Fotografie für jedermann (und kein Massachusetts Institute of Technology, MIT, für das er die finanzielle Grundlage schuf).

Edison, Ford, Eastman oder Chrysler war an der Wiege gewiß nicht gesungen worden, Elektrizität brauchbar und preiswert zu machen und das Fließband, den Fotofilm oder den Kompressionsmotor zu erfinden. Sie alle sind Kinder von »homesteaders«, Farmern, die ihre Betriebe schlecht und recht als Familienunternehmen führten. Diese biedere Lebensform war es, die das erste amerikanische Jahrhundert, also die Jahre bis 1880/1890, bestimmte. In dieser bäuerlichen Zeit zählte mehr denn je der Pioniergeist. »Go West« hieß es für Millionen von Einwanderern. Für sie wurden zwei Drittel des gesamten Staatsgebietes vermessen und in große rechteckige Verfügungsgebiete aufgeteilt. Alle sollten gleich und gleich groß sein – wie in einer riesigen kontinentalen Kommune. Wald war zu roden, Land umzupflügen, Selbstversorgung zu organisieren: eine riesige Übung im Überleben.

Schon bald stellte sich heraus, daß die vom Staat gegen eine geringe Gebühr überlassenen Gebiete zu klein vermessen waren, um rentabel bewirtschaftet werden zu können. Die erste Konzentrationswelle – auf bäuerlicher Basis – fand statt. Tüchtige konnten expandieren, ließen die Selbstversorgungswirtschaft bald hinter sich. Auf Einzelfarmen spezialisierten sie ihre Produktion und organisierten behende ein Transportsystem zu den großen Verbrauchsgebieten. Zuerst östlich, dann westlich des Mississippi entwickelten sich bald neue Anbautechniken. Arbeitskräfte waren knapp, die Arbeitskosten hoch, tüchtige Bauern riefen bald nach Mechanisierung. Dynamik und Anpassungsfähigkeit wurden auch zu einem Teil ländlicher Mentalität. Noch um die Jahrhundertwende, als über 45 Millionen Amerikaner auf dem Land und über 30 Millionen in der Stadt wohnten, prägte Kolonisation das Bild der amerikanischen Provinz. Einzelfarmen und irgendwo, wo sich die rechtwinkligen Verkehrslinien der Landnahme geometrisch kreuzten, ein Haus des Sheriffs, ein Post Office und ein General Store. Jenes typische Bild eines amerikanischen Kreuzweges entstand: hier eine Kirche, dort eine Tankstelle, das Ganze verbunden durch Freileitungen für Strom und Telefon. Nur im Süden war der Druck der Mechanisierung, etwa bei der Baumwollerzeugung, geringer. Lange Zeit halfen dort Sklaven. Das übrige Land jedoch regierte Pioniermentalität. Sie hat sich teilweise bis heute erhalten: Stolz auf Selbständigkeit, Vertrauen auf Leistungsfähigkeit, Anpassungsfähigkeit, Wirtschaften in großem Stil.

Produktivität als Verheißung

Ohne Technik, ohne forcierten Einsatz der Maschine hätte Amerika nicht das erreicht, was es heute darstellt. Die Industrialisierung lenkte die amerikanische Mentalität in neue Richtungen. Der erste Durchbruch gelang mit der Weltausstellung von Philadelphia im Jahr 1876. Zum hundertsten Geburtstag ihres bis dahin bäuerlich orientierten Kontinents pilgerten fortschrittsgläubige Farmer zu Hunderttausenden nach Philadelphia. Was sie dort bewunderten, hatte mit Landwirtschaft weniger zu tun als mit Industrie: Dampflokomotiven, Drehbänke, Sämaschinen und die ersten Verbrennungsmotoren. Ein waches Bürgertum erkannte die Chancen, die etwa in einer zentralen Kraftmaschine für einen eigenen Maschinenpark lagen. Was heute Automation heißt, war damals erste Verheißung zur Produktivität. Arbeiter, die knapp waren, konnten durch den »eisernen Sklaven«, durch die Maschine, ersetzt werden. Und zum erstenmal präsentierten sich Werkzeugmaschinen amerikanischer Bauart, die es in Leistung und Präzision mit europäischen Konkurrenzprodukten aufnehmen konnten. Doch noch bestimmte Großbritannien die Industriemärkte.

Amerika war damals ein Land, das Kapital importierte, überwiegend Ersparnisse und Rücklagen der Europäer. In der Neuen Welt war schneller Geld zu machen als in der Alten, zum Beispiel beim Bau von Eisenbahnen. Von 1880 bis 1900 wurde das Streckennetz auf über 30 000 Kilometer verdoppelt. Ein Kontinent rückte enger zusammen. Wie selbstverständlich begehrten größere Märkte größere Serien. Junge Industrien eines offenen Marktes kontinentaler Ausmaße verlangten nach neuen Formen finanzieller und organisatorischer Bewältigung. Der Gewinn wurde zum Zuchtmeister der Industrialisierung. Es wurde notwendig, Arbeit zu teilen, zu verteilen, zu kontrollieren, zu kalkulieren und zu minimieren.

Arbeitsabläufe wissenschaftlich durchsichtig zu machen gelang zum erstenmal um die Jahrhundertwende Frederick W. Taylor. Er »zerlegte« die Abläufe, machte sie meßbar und vergleichbar.

Arbeit maßgeschneidert

Taylors Unterfangen, den Vorgang »Arbeit« durch Vermessung zu versachlichen, das auch noch Ende des 20. Jahrhunderts fortwirkt, empfanden die Arbeiter und ihre heranwachsenden Organisationen zunächst als Ausgeburt disziplinierender Sklavenschinderei. Die Arbeitgeberseite sträubte sich dagegen, objektive Berechnung an die Stelle unumstößlicher Intuition des Chefs treten zu lassen. Schließlich war es Taylors Erfolg, der entschied. Daß sich der Staat bei derlei heraushielt und -hält, war und ist einer der gravierenden Unterschiede zwischen der Alten und der Neuen Welt.

Wie anders geriert doch Europa. In dieser altehrwürdigen Kulturlandschaft, jahrhundertelang bestimmt von Militärstraßen der Römer, gelang es nur mühsam, die Beherrschungsformen der erblichen Monarchie mit dem angestammten Monopol der Verteilung oder Verwaltung der Macht unter seinesgleichen hinter sich zu lassen, dem Geist der Zeit Raum zu verschaffen, den Erfordernissen einer freieren Industriegesellschaft gerecht zu werden. Descartes, Kant oder Hegel standen Pate, wenn es um Teilung der Macht ging. In der Neuen Welt wurde Aufklärung gelebt. Ihr Mittel hieß »Wirtschaft«, ihr Antrieb »Technik«, ihr Maßstab »Gewinn«.

Marx gegen Ford

Karl Marx gegen Henry Ford. Der Revolutionär und der Sozialreformer schufen Grundpositionen einer Auseinandersetzung, die Jahrzehnte und mehr beeinflußten. Der eine glaubt, daß sich Kapitalismus überlebt, gesellschaftspolitisch gleichsam von selbst erledigt. Der andere geht mit sozialen Taten gegen Festlegungen der Kaste der Reichen und Mächtigen an. Eckwerte eines Jahrhundertproblems.

Europäer denken, Amerikaner handeln. Hinter solch einer vereinfachenden Formel stecken Verhaltensmuster, die in keinem Bereich des amerikanischen Lebens so durchschlagend wirken wie in der Wirtschaft und die deutlich wie auf keinem anderen Gebiet den Unterschied zu Europa markieren. So war es beispielsweise für Henry Ford ein Teil positiven Klassenkampfes, durch höhere Löhne Arbeiter in die Lage zu versetzen, das, was sie produzieren, auch kaufen zu können. Als er im Jahre 1914 den Mindestlohn auf fünf Dollar pro Tag erhöhte (und damit mehr als das Doppelte des damaligen Durchschnittslohnes zahlte), erklärten ihn Leute seinesgleichen zum verachtenswerten Außenseiter, während die damals jungen Gewerkschaften nichts anderes darin sahen als eine Falle.

Auch Unternehmer in Europa empfanden es schlicht als unverständlich, durch freiwillige Lohnerhöhungen breiten Massen die Segnungen der Technik zugänglicher zu machen. Elektrisches Licht zu benützen, Autos zu besitzen und/oder zu benützen wurde in der Alten Welt ebenso als Privileg einer Oberschicht empfunden wie der Einsatz von Maschinen zur Gewinnmaximierung. Für die andersartige

Mentalität der Amerikaner hatte man wenig Verständnis. Vieles davon gilt heute noch. Wie kann man unternehmerische Aktivität oder den Einsatz von Maschinen, ja die Umsetzung von immer neuen wissenschaftlichen Erkenntnissen einfach als moralische Pflicht ansehen? Warum mehr und Neues wagen, wenn man mit dem Alten sein Auskommen hat? Weshalb der Gesellschaft freiwillig etwas abtreten, überlassen, zurückgeben gar, wenn der Staat – in seiner europäischen Allmacht – nimmt, wo immer er kann, und behindert, wo es nur geht? Für Europäer vertraute Fragen, für Amerikaner unverständlich. Ihr Drang nach Glück ist für sie nicht nur ein theoretisierender Auftrag ihrer Verfassung, sondern moralische Pflicht an sich. Selbstbestätigung erfüllt sich dabei nicht in Ausübung wirtschaftlicher Macht, sondern in Anerkennung geschriebener und vor allem ungeschriebener Gesetze. So erklärt sich, daß die Steuermoral in den USA allgemein hoch, Steuerhinterziehung jedenfalls weit mehr ist als ein Kavaliersdelikt. Die Androhung von Strafen, etwa in der Wettbewerbsordnung, reicht oft schon aus, um amerikanische Unternehmen in der Regel auf den Pfad marktwirtschaftlicher Tugend und Gesetzestreue zurückzuführen. Gilt doch Fairneß als Demokratiebeweis, Gesetzestreue als Patriotismus, Unkorrektheit als unentschuldbarer Verstoß gegen Sitte und Anstand, den die Buschtrommeln jeder Branche innerhalb kürzester Zeit quer durch den amerikanischen Kontinent verbreiten. Im Geschäftsverkehr über den Atlantik spielt diese unkonventionelle Mentalität des Wirtschaftens oft eine größere Rolle als Paragraphen, Steuervorschriften oder Zolltarife. Mit dem gewissen Unterschied zu arbeiten und fertig zu werden ist eine Jahrhundertaufgabe. Wer sie meistert, gewinnt, die anderen scheitern an der Dualität der Denkweisen und Handlungsschemen.

Mentalität hin, Unterschied her – in einem bleiben sich Amerika und Europa gleich: Für den zivilisierten Umgang mit Arbeitnehmern haben sie Jahrzehnte benötigt. Als vor der Jahrhundertwende 75 000 Chinesen nach Kalifornien gebracht wurden, um die Kärrnerarbeit des Baus der Eisenbahn quer durch den unwirtlichsten Teil des Kontinents zu leisten, wurden viele von ihnen regelrecht verfolgt. Für Kulis hatte man nichts übrig. Da hatten es Einwanderer aus Nord- und Mitteleuropa doch leichter, die in der ersten Hälfte des letzten Jahrhunderts nach Amerika gekommen waren, um Hungersnöten, Revolutionen und Hoffnungslosigkeit zu entfliehen. Sie kamen als Siedler. Sie überstanden Wirtschaftskrisen, wie jene von 1856, leichter als die später in Millionenzahl eingewanderten, meist ungelernten Industriearbeiter aus Ost- und Südeuropa. Die Depression von 1893 erhöhte die Spannungen in dieser Einwanderungsgesellschaft, die damals und heute wie ständig unterwegs wirkt. Über 5,5 Millionen Einwanderer in den achtziger, 4 Millionen in den neunziger Jahren und über 8 Millionen in den ersten Jahren des 20. Jahrhunderts veränderten Amerika. Aus dem Bauernland wurde eine Industrienation. Alteingesessene fürchteten um ihren Lebensstil, ethnische und religiöse Gruppen gönnten sich gegenseitig weder Möglichkeiten noch Fortkommen, und arme Einwanderer sahen sich bei Arbeitskämpfen dem Verdacht ausgesetzt, als Streikbrecher aufzutreten. Gewerkschaften hatten es unter diesen Umständen schwer. Nach einem Jahrhundert kommen sie an Organisationsstand, Einfluß und Macht europäischer Arbeitnehmervertretungen noch immer nicht heran.

Lohnmaschinen und/oder Serviceorganisationen?

Gewerkschaftlich trennten die Arbeitnehmerorganisationen in Europa und Amerika Welten. Europäische Gewerkschaften kämpften seit dem vorigen Jahrhundert sozialistisch, dem Klassenkampf, lange Zeit der Abschaffung des Privateigentums und der Beteiligung an den Produktionsmitteln verpflichtet. US-Gewerkschaften wirkten jahrzehntelang als Lohnerhöhungsmaschinen mit proletarischem Klassenbewußtsein. Erst in den achtziger Jahren dieses Jahrhunderts öffnen sie sich als Serviceorganisationen.

Warum in Amerika kein »Sozialismus« europäischen Zuschnitts existiert, beschäftigt Gelehrte im 19. wie im 20. Jahrhundert. Tatsache ist, daß Arbeiterparteien über den Status von Sekten und Minderheiten nicht hinausgerieten. Intellektuelle, selber oft von der Sozialistenfrage bedrängt und um verbindliche Antworten verlegen, zählen zum harten, freilich verschwindend kleinen Kern gelebten Sozialismus. Nimmt es wunder, daß eine Gesellschaft wie die amerikanische, die Geschichte, Nation und Lebensweise zweihundert Jahre lang als revolutionär empfindet, keinen Zusatzbedarf an Revolution und ideologisch bestimmten Veränderungen der Gesellschaft entwickelt? Kann es überraschen, daß sich Amerikaner gegenüber Ideologieimport aus Europa immun fühlen, weil viele von ihnen amerikanische Eigenarten nur dann als neu und eigenständig empfinden, wenn sie nicht »europäisiert« sind.

»Der« amerikanische Arbeiter empfindet sich normalerweise nicht als Proletarier, sondern als Fachmann, dem der Aufstieg offensteht – wenn er nur will. Der amerikanische Mittelstand erweist sich in seiner Selbstzufriedenheit, die oft eine Form der Bescheidenheit darstellt, gegenüber Radikalisierungen unzugänglich. Die amerikanische Oberschicht lehnt, wie die europäische, Sozialismus für sich selbst naturgegeben ab, empfindet ihn – wie teilweise etwa die Kennedys – als Surrogat für eine Übergangsphase, keinesfalls aber als Endziel. Kein Zufall also, daß die Neue Welt den Wechsel von der Agrar zur Industriegesellschaft und später von der Industrie- zur Dienstleistungsgesellschaft ohne sozialistische Verwindungen geschafft hat.

Weisen also die USA ein Defizit an sozialdemokratischem Gedankengut auf? Gar Nachholbedarf im europäisch-amerikanischen Vergleich? Die meisten Amerikaner sehen Freiheit, Gleichheit und Gerechtigkeit, längst vor der Französischen Revolution »amerikanisiert«, in ihrem Land gesellschaftspolitisch anders, vor allem konsequenter umgesetzt. Die Freiheit des Bürgers, zu tun oder zu lassen, was er will, und sich nach keiner Obrigkeit richten zu müssen, empfinden viele als »sozial auf amerikanisch«; daß sich die Gleichheit in freigehaltenen Möglichkeiten ausdrückt, befriedigt die meisten Amerikaner mehr als gleichmachender Schutz des Kollektivs. Gerechtigkeit mißt man in der Neuen Welt zuallererst an anerkannter Leistung und bewiesenem Erfolg und nicht vorenthaltener Teilhabe. Gewinn ist nicht anrüchig, und jene, die ihn persönlich oder wirtschaftlich nicht zustande bringen, sind »selber schuld«, kein Haftungsfall für die Gesellschaft. So hält sich ein tiefsitzender Vorbehalt gegen großzügige Sozialleistungen des Staates.

Daß die amerikanischen Gewerkschaften im Vergleich zu den europäischen weit weniger politisch und ideologisch agieren, kann nicht erstaunen. US-Arbeitnehmerorganisationen fanden und finden sich mit der vorgegebenen Gesellschaftsordnung weitgehend ab. Ihnen geht es darum, die wirtschaftlichen Verhältnisse der Arbeitnehmer zu verbessern. Amerikanische Gewerkschaftler können die tiefschürfenden europäischen Prinzipienstreitereien, etwa um Mitbestimmung, kaum nachvollziehen. Für sie ist der Arbeitgeber »Gegner«, zu Partnerschaft und Mitverantwortung ungeeignet. Gemeinsam freilich war und ist den Gewerkschaften diesseits und jenseits des Atlantiks das Kampfmittel des Streiks.

Um den Achtstundentag wurde auch in den USA jahrelang gekämpft. In Chicago, wo Politik gelegentlich gewaltsam betrieben wird, kommt es 1886 beim Haymarket-Aufruhr zu einer Entladung, die das Land erschüttert. Durch eine Explosion werden sieben Polizisten und vier Arbeiter getötet. Vier »Anarchisten« werden verdächtigt, verhaftet, verurteilt und nach einem umstrittenen Verfahren hingerichtet.

Um Anteile an Wohlstand und Reichtum

Die soziale Wirklichkeit lieferte auch Sprengstoff ganz anderer Art. Noch 1880 wurde die Zahl der arbeitenden Kinder in amerikanischen Fabriken auf eine Million geschätzt. Jeder sechste unter 16 mußte arbeiten – und wollte es. Europa war nicht besser, Amerika jedoch bot neben harten Lebensbedingungen jene Möglichkeiten, die bis heute Legende sind. Geschichten vom Laufburschen, der es bis zum Millionär bringt, sind schließlich keine Phantasien. In den USA strebten die Gewerkschaften danach, die Familienväter in die Lage zu versetzen, durch eigene Leistung das notwendige Geld zu verdienen.

Das Handwerk liefert ebenfalls Anschauungsmaterial. In der Alten Welt verharrte es oft im Zunftdenken des Mittelalters. In Amerika organisierten sich Handwerker gewerkschaftlich auf lokaler oder regionaler Basis. Mit Leistung durchsetzen, hieß es unabänderlich in den ersten hundert Jahren amerikanischer Geschichte. Im zweiten Jahrhundert, nach 1890/1900, werden höhere Löhne und kürzere Arbeitszeiten in der amerikanischen Wirklichkeit so begründet: Den Arbeitnehmern soll ein angemessener Anteil am Wohlstand und Reichtum, den sie mitgestalteten, gesichert werden, sie sollen diesen in Muße genießen können. Es geht darum, soziale Fortschritte »in eine gute Staatsform zu gießen«. Um die Jahrhundertwende entwickelte sich so allmählich die »American Federation of Labor« (AFL).

In einer bewußt individualistischen Gesellschaft haben es organisierte Arbeitnehmervertretungen nicht leicht, Ziele auch ohne straffe Organisation zu erreichen, sei es durch

Mechanismen eines relativ freien Marktes, sei es schlicht durch Leistungen des einzelnen.

Soziale Spannungen erweisen sich als Kehrseite des Wachstums, damals wie heute. Auch bei Streiks waren die USA gelegentlich Nummer eins in der Welt. Hat doch die Industrialisierung die amerikanische Welt zwischen 1870 und dem Beginn des Ersten Weltkrieges fundamentaler verändert als in Jahrhunderten davor. Von der Familienfarm zum Wolkenkratzer. In dieser Phase verlor England seine weltwirtschaftliche Führungsposition an die USA. Welche Dramatik dahintersteckt, zeigt das Beispiel Stahl. 1870 produzierten die USA doppelt soviel Stahl wie Österreich-Ungarn, vor Beginn des Ersten Weltkrieges elfmal mehr.

Geld folgt Interesse

Daß die Home Insurance Company of Chicago 1885 den Wolkenkratzer errichtete, der den Hochhausbau revolutionierte (was eingefleischte New Yorker noch heute verdrießt), war alles andere als Zufall. Vier technische Voraussetzungen kamen zeitlich zusammen und konnten gepaart werden: die Nutzung des elektrischen Stroms, die Verwendung von Stahl und von Zement als Baumaterial und die Entwicklung eines vertikalen Transportmittels, des Aufzuges samt automatischer Bremsen. Mit dem Wolkenkratzer schaffte sich Amerika ein eigenes, unverwechselbares Markenzeichen für seine Form der Industrialisierung. Ein weiteres Mal ging die Rechnung auf, daß sich in Amerika ideale Produktionsmöglichkeiten eröffnen. Ein Wirtschaftsraum mit kontinentalen Ausmaßen, ein modernes und preisgünstiges Verkehrssystem. Zum Beispiel der Chesapeake-Ohio-Kanal, 290 Kilometer lang. Nach jahrzehntelangen Kämpfen 1850 schließlich als Verbindung zwischen dem Atlantik und der Industrie von Ohio vollendet, wurde er von der inzwischen entwickelten Dampflokomotive aus Kostengründen überflüssig gemacht. Amerika wurde sich am Beginn des Jahrhunderts bewußt, was es mit schier unerschöpflichem Reichtum an Bodenschätzen und angewandten Erfindungen ohne Zahl auf sich hat. Europa mußte erkennen, daß es von diesem ökonomischen Siegfried übertrumpft worden war. Nirgends zeigte sich das so schnell und so verläßlich wie beim Geld.

Amerika war in der Zeit vor dem Ersten Weltkrieg strukturell größter Schuldner der Welt. Denn Großbritannien und Deutschland finanzierten in größtem Stil die Industrie- und

Verkehrsexpansion der USA. Amerikanische Unternehmen verschlangen jahrelang den Großteil der britischen und deutschen Privatinvestitionen. Im Jahre 1914 beispielsweise investierte die deutsche Wirtschaft in den USA mit 3,7 Milliarden Mark mehr als in Österreich-Ungarn, doppelt soviel wie in Rußland, der Türkei, Frankreich, dreimal soviel wie im übrigen Europa. Warum? Amerika war eine erstklassige Adresse. Und die historische Erfahrung wiederholte sich, daß junge, dynamische und aufnahmefähige Märkte von alten, saturierten und oft stagnierenden Volkswirtschaften finanziert werden.

Geld folgt Interesse. Ende des 19. Jahrhunderts war es das Interesse europäischer Wirtschaftskapitäne an den unkonventionellen Amerikanern. Man nahm die beschwerliche Reise von 10 bis 15 Tagen der Überfahrt per Dampfschiff auf sich, um selber zu ergründen, warum sie »drüben« Forschungsergebnisse so schnell, so gewinnbringend und so praxisnah umzusetzen verstanden. Wie, so fragte sich auch Emil Rathenau vor seiner als Abenteuer empfundenen Reise nach Amerika, konnte ein Edison die Glühbirne zuerst entwickeln und dann so lange am Produktionsprozeß basteln, bis die Produktionskosten mehr als halbiert waren? »Weil es sich die Leute sonst nicht leisten könnten«, schrieb der bescheidene Edison an den traditionsbewußten Erfolgsunternehmer Rathenau. Im Berlin Kaiser Wilhelms II. war diese Art des »Sozialismus« Gesprächsthema in den Salons Unter den Linden. Ein Grund mehr für Rathenau senior, seinem Hang zur Elektrotechnik zu folgen und in der Neuen Welt Visite zu machen.

Revolution per Telefon

Georgetown, die alte Hafenstadt für Tabak aus Virginia, hatte es den Bells angetan. Die roten Backsteinhäuser erinnerten sie an Schottland, ihre alte Heimat. Alexander Graham Bell, der Selfmademan aus Edinburgh, der sich ein Leben lang in Amerika mit der Physiologie der menschlichen Stimme befaßt hat, wurde im romantischen Georgetown zum Techniker. Ecke 35. Straße und Volta Place ließ ihn der Ehrgeiz nicht los, mit Hilfe dieser neuen Energie Elektrizität nicht nur Kraft, sondern auch die menschliche Stimme zu transportieren. Als Bell, schon längst angesehener Professor für Stimmenphysiologie, von seinen Versuchen berichtete, machten sich Zeitgenossen über ihn lustig. Nie werde er es schaffen. Stimme sei Stimme, Strom Strom.

Im Kutscherhaus geschah es dann eines Nachmittags anno 1874. Bell rief seinen Diener. Der dienstbare Geist, seit langem mit den Versuchen seines Herrn und Meisters vertraut, erkannte sofort: Diese Stimme kam nicht durchs Treppenhaus, sondern über den Draht. 1876 meldete Bell das Übertragungssystem zum Patent an. Wieder hatte ein Amateur eines der Wunder der Technik vollbracht – wie Edison, Firestorie oder die Gebrüder Wright. Firestone entwickelte den vom Briten Dunlop erfundenen Fahrrad-Luftreifen weiter (zunächst für Fords legendäres Automodell T) und begründete ein Gummi-Weltreich, einen der ersten Multis. Wie die Gebrüder Wright von Fahrrädern und Druckmaschinen auf das erste Motorflugzeug kamen, es bauten und ihre Idee vermarkteten, ist unübertroffen. Pioniergeist macht Geschichte, Fluggeschichte.

Emil Rathenau ließ sich von diesem Amerika begeistern. Er beschloß, amerikanische Technik zu Hause einzuführen. Patente von Edison wurden schnell und ohne Umstände erworben, noch bevor Engländer, Franzosen und Italiener der Bedeutung von Telegraf, Telefon, Phonograph und den anderen Entwicklungen aus dem Edinsonschen Forschungslaboratorium von der Glühbirne bis zum Filmprojektor auf die Spur kamen. 1883 gründete Rathenau die »Deutsche Edison-Gesellschaft für angewandte Electrizität«, vier Jahre später wurde daraus die »Allgemeine Electrizitätsgesellschaft« (AEG), 1903 gründete er, inzwischen von den wirtschaftlichen Möglichkeiten der Morse-Erfindung überzeugt, zusammen mit Werner von Siemens die »Telefunkengesellschaft für drahtlose Telegraphie m. b. H.«.

Das elektrische Zeitalter, das so auch schon transatlantisch begann, setzte sich dann bis in den Ersten Weltkrieg hinein fort. Rathenaus Sohn Walther, in der aufgeschlossenen Atmosphäre amerikanisch-europäischen Austausches aufgewachsen und selber der Elektrotechnik verschrieben, folgte zuerst dem Fortschritt und dann den Erfordernissen des Krieges. Er organisierte 1914/15 die Kriegsrohstoffabteilung im Preußischen Kriegsministerium. Bernhard Baruch wirkte in vergleichbarer Eigenschaft auf der US-Seite. Er hatte es vom Büroburschen einer Textilfabrik durch geschickte Aktienmanipulationen zu einem der einflußreichsten Finanziers Amerikas gebracht. Direkt und indirekt war er auch an der Finanzierung der Edison General Electric Company beteiligt, die vor und nach der Jahrhundertwende Entscheidendes zur Elektrifizierung der Neuen Welt beitrug. Bernhard Baruch wurde 1916 von Präsident Wilson mit der Leitung des ›War Industry Board‹ beauftragt. Rathenau und Baruch hatte der Fortschrittsglaube groß gemacht. Politik wies sie auf getrennte Wege des Krieges. Wie hätten sich Männer und Mächte ohne Rüstung entwickelt? Anders und nützlicher. Die siebziger und achtziger Jahre sollten es lehren.

Bananen, Dollars und der Imperialismus

Dollarimperialismus war und ist ein Reizwort. Da teilen sich die Großen eine Insel einfach auf, wie 1889 auf Samoa zwischen Deutschland und den Vereinigten Staaten geschehen, nachdem die USA dort eine Marinestation errichtet hatten. Da führten die USA einen Krieg – gegen Spanien –, was sie dem Verdacht aussetzt, »das amerikanische Mittelmeer«, die Karibik, wirtschaftlich beherrschen zu wollen. Da werden Interventionen angedroht, wie 1902 gegen Venezuela und 1903 gegen die Dominikanische Republik (1905 und 1916 wurden sie dort auch durchgeführt), wie 1906 und 1912 gegen Kuba, ebenfalls 1912 gegen Nicaragua, 1914 gegen Mexiko, 1915 gegen Haiti, und so ging es und geht es weiter. Amtliche Begründung aus Washington: Dieses oder jenes Land sei seinen Zahlungsverpflichtungen nicht nachgekommen, oder dritte Mächte erlaubten sich, in der westlichen Hemisphäre einzugreifen – einmal die Spanier, ein anderes Mal die Deutschen oder immer wieder die Engländer und schließlich die Russen. Einmal geht es um Bananen, das andere Mal um Öl. Imperialismus reinsten Stils?

Dollarimperialismus paßt als gängiges Schlagwort zu vordergründigen Argumenten. Was dahintersteckt, ist freilich mehr als ein Zeitzeichen, mehr auch als die gern gegebene Auslegung, daß nach der Erschließung des eigenen Kontinents auch die Amerikaner an Grenzen stießen. Auch die USA wollten damals am kolonialen Rausch der Besitzverteilung in aller Welt teilnehmen. Auch ist Tatsache, daß es darum ging, in der Konsolidierungsphase nach dem amerikanischen Bürgerkrieg und der Erfahrung von immerhin zwei Wirtschaftskrisen im letzten Drittel des 19. Jahrhunderts die Expansionswünsche der Amerikaner in der westlichen, in der eigenen Hemisphäre zu wecken. Wirkte doch die industrielle Revolution als exklusive Tat des europäischen Bürgertums. Liberales Denken, das die Ständeordnung überwand und den Lebensstil der ersten industriellen Gründerphase einschließlich der technischen Entdeckungen und Erfindungen bestimmte, hatte zuerst in Europa diese Überzeugung reifen lassen: Wissenschaftliche Erkenntnisse seien eine siegreiche Kraft; nun sei es soweit, die Natur wirklich zu beherrschen. Die amerikanische Gesellschaft deckte ihren Nachholbedarf an aufklärerischem Zeitgeist rasch.

Man gab sich in Amerika mit dem Reichtum der ersten Industrialisierungswelle nicht lange zufrieden. Man wollte mehr gelten, weltweit anerkannt sein. Im Kräftemessen mit den Europäern fühlte man sich stärker, unverbrauchter, anpassungsfähiger und gab sich ungeniert rücksichtsloser. Mit derselben Härte, mit der es »Go West« hieß (etwa gegenüber Hunderttausenden Indianern), wurden die amerikanischen Interessen nach Süden gelenkt. Politik gab dabei den Ausschlag, nicht Geschäft. Schon am Beginn des amerikanischen Jahrhunderts steht das Vorurteil, die Flagge folge dem Handel. Bis gegen Ende des 20. Jahrhunderts werden die US-Aktionen in der Karibik und in Zentral- und Lateinamerika als Inbegriff des Dollarimperialismus ausgelegt, als ob es um ungezügeltes Gewinnstreben brutaler Geschäftemacher gehe. Tatsächlich gaben Politiker und Militärs in den meisten Fällen den Ausschlag, amerikanische Interessen offensiv im lateinischen Amerika zu vertreten. Eine Marinebasis war Washington wichtiger als Dividenden einer Entwicklungsgesellschaft. Der Zeitgeist diktierte auch den Europäern oder Japanern, »imperialistisch« zu sein.

Die Westindischen Inseln Dänemarks, wie die Virgin Islands um die Jahrhundertwende noch hießen, liefern Anschauungsmaterial für pure Macht- und Militärpolitik, die mit Wirtschaftsinteressen reichlich wenig zu tun hat. Dänemark, von Preußen und Österreich-Ungarn geschlagen und dann von den Großmächten isoliert, bot seinen Besitz in der Karibik zum Kauf an, zuerst Frankreich, dann dem Deutschen Reich. Großadmiral Alfred von Tirpitz, Chef des Stabes beim Oberkommando der Reichsmarine, versuchte, die Flottenleidenschaft von Kaiser Wilhelm II. und das monarchische Besitzstanddenken auszunützen. Tirpitz wollte den Dänen die Westindischen Inseln und Ecuador die Galapagosinseln abkaufen, um auf beiden Marinestützpunkte des Deutschen Reiches zu errichten. Washington wurde um die Jahrhundertwende alarmiert. Sah man doch die Pläne für den Panamakanal durch den kaiserlichen Ehrgeiz aus Berlin bedroht. Die USA (durch den Alaskahandel mit Rußland beim Landerwerb trainiert, wie die Washingtoner Ministerien glaubten) boten für die Westindischen Inseln fünf Millionen Dollar. Wirtschaftlich waren sie damals so gut wie wertlos, von Erdbeben und tropischen Stürmen immer wieder heimgesucht. Allgemeines Erstaunen. Das dänische Parlament verweigerte mit einer einzigen Stimme die Zustimmung zum Vertrag mit den USA. Um die militärische (nicht die wirtschaftliche) Bedeutung des Geschäfts deutlich zu machen, bleibt festzuhalten, daß erst 1917, mitten im Ersten Weltkrieg, der Vertrag zustande kam. Washington hatte dann mit 25 Millionen Dollar das Fünffache der ursprünglichen Kaufsumme zu entrichten. Hemisphärendenken hatte, wenn auch verspätet und kostspielig, obsiegt.

Für Verfechter der These, daß die USA vor der eigenen Haustür schalten und walten, wie sie wollen, gilt die United Fruit Company als Inbegriff des Dollarimperialismus. Als Minor C. Keith, der im Eisenbahngeschäft ein Riesenvermögen gemacht hatte, 1899 die United Fruit Company gründete, konnte er von dem später so oft strapazierten Symbolwert seiner Firma wirklich nichts ahnen. Die Company verfuhr unbefangen und in der trockenen, im Bedarfsfall rigorosen Manier, mit der Amerikaner gelegentlich Geschäfte machen. Eigene Vorteile wahren, Schwächen des anderen nutzen – Gewinn über alles. Bananenplantagen wurden großzügig angelegt, Eisenbahnen gebaut, Regierungen, die pleite waren (wie jene von Costa Rica), saniert. Auf nationale oder ethnische Empfindlichkeiten nahmen diese Amerikaner kaum Rücksicht – obwohl oder weil sie im eigenen Land mit diesen Sensibilitäten zu leben verstanden. Konzessionen und Ländereien unvorstellbaren Ausmaßes wurden abgetrotzt, Steuerbefreiungen auf zwanzig und mehr Jahre erzwungen. Nach diesem Schema verfuhr die United Fruit Company überall in Zentral- und Südamerika. Ganze Regionen wurden so erschlossen. Schon bald wurde ›El Pulpo‹, wie United Fruit abschätzig genannt wurde, aller schlechten und machtsüchtigen Methoden bezichtigt. Unbestritten ist, daß sie das Bananengeschäft jahrzehntelang monopolisierte. Wie andere Länder (England, Frankreich, Belgien, Holland) oder deren Potentaten anderswo mit anderen Produkten allerdings auch.

United Fruit wird schließlich für den Sturz von Regierungen und für genehme Revolutionen verantwortlich gemacht. Während die Gegner der Gesellschaft wieder und wieder die Abhängigkeit von fremder, von amerikanischer Interessenlage beklagen, meinen ihre Verfechter, Fehler der Anfangszeit seien bald überwunden worden. United Fruit habe wesentlich dazu beigetragen, Zentral- und Südamerika aus mittelalterlichen Umständen, aus Hunger, Elend und Analphabetismus herauszuführen. Moderne Anbaumethoden seien zuerst von dieser Gesellschaft eingeführt und dann an Besitzer in den einzelnen Ländern übergeben worden. Kredite, technische Hilfe und schließlich Unterstützung bei der vermarktung hätten Rückschläge verhindert, der Modernität in Erziehung, Wirtschaft und Handel eine Chance verschafft. Nicht die Firma sei an vielerlei schuld, sondern die Instabilität in Lateinamerika, ausgedrückt in Korruption, Machtstreben und Trägheit.

Lateinamerika – der Balkan der USA

Daß der Vorwurf des Dollarimperialismus inzwischen zu einem Phänomen der modernen Wirtschaftsgeschichte geworden ist, läßt sich nicht bestreiten. Hätten sich amerikanische Firmen und amerikanische Politiker in Lateinamerika nicht anfechtbar gemacht, würden die USA nicht eine Propagandaschlacht nach der anderen verlieren. Sie müssen sich immer wieder vorhalten lassen, Marines da und dort bedenkenlos eingesetzt zu haben, um amerikanische Interessen des Augenblickes durchzudrücken. So konnten sich revolutionäre Ansprüche entwickeln, die der gradlinigen Denk- und Handlungsweise zuwiderlaufen, mit der Amerikaner normalerweise zu Hause Geschäft und Politik betreiben. Sie mögen es als Undank, als Ungeschick oder auch als eigenes Fehlverhalten empfinden – auch ohne Beweise für Ausbeutung kommen die USA am Ende ihres Jahrhunderts am Beispiel Lateinamerika aus der Deckung nicht heraus. Weder politisch noch wirtschaftlich haben sie es verstanden, bestimmte Verhaltensweisen aus dem Geist der Zeit zu erklären, das Beispiel anderer heranzuziehen oder eigenes Verhalten verständlich zu machen. Wie hilflos steht die westliche Führungsmacht dem Dauervorwurf gegenüber, aus purem Machttrieb »aus der Hüfte zu schießen«. War es nicht ihr – vielleicht untauglicher Versuch, zuerst Demokratie und dann moderne Wirtschaftsformen zu verbreiten? Tatsache ist, daß die USA in der eigenen Hemisphäre mit den Folgen von Revolutionen, wie etwa jener von Fidel Castro oder Daniel Ortega, zu leben haben. Es ist ein schwacher Trost, daß diese wie andere Revolutionäre Zentral- und Lateinamerikas meistens aus begüterten Familien der Oligarchie stammen, amerikanisch erzogen oder zumindest intellektuell beeinflußt sind und die Freiheitsideale des nördlichen Amerika, vor allem im Wirtschaftsbereich, immer wieder zu nationalisieren oder für ihre Ideologie umzumünzen trachten. Allerdings ohne Erfolg. Amerika muß diesen »Amerikanern« immer wieder beispringen, ohne Dank zu ernten.

Demokratie und Marktwirtschaft erweisen sich im Laufe der Jahrzehnte zwar auf stille Art als erfolgreich und nachahmenswert. Demokratien im Sinne von Mehr-Parteien-Machtwechsel, jedenfalls Überwindung von Militärdiktaturen und Garantien der Mindest-Menschenrechte, setzen sich immer wieder durch. Ende der achtziger Jahre gelten die meisten Staaten Lateinamerikas als demokratisch, die großen wie Argentinien und Brasilien eingeschlossen. Propagandistisch freilich bleibt das Bild vom »häßlichen Amerikaner«, zuletzt verknüpft mit dem reaktionären Regime des General Pinochet in Chile.

Undank und Unverständnis lassen nicht nur den Durchschnittsamerikaner, sondern auch viele amerikanische Unternehmen dem »Rest der eigenen Hemisphäre« den Rücken drehen. Man fühlt sich verkannt und verteufelt. Vordergründig kommt immer wieder die Frage hoch, warum denn Millionen aus Lateinamerika ihr Glück und ihr Heil in den USA suchen, wenn Nordamerika in ihren Heimatländern gleichzeitig verunglimpft wird. Sie mögen Coke, Bluejeans und Jazz, sie mißtrauen den USA als Macht.

In Chefetagen der Unternehmen und der Washingtoner Politik vermag man sich bei aller geopolitischen Neigung zum südlichen Teil der westlichen Hemisphäre der weitverbreiteten Stimmung nicht zu entziehen, hier handele es sich um einen »geschichtslosen Raum«, den man am besten sich selber überlasse. Es sei doch wohl zielführender und zweckmäßiger, mit Europa und Japan einherzugehen. So erklärt sich auch, daß ernstzunehmende Pläne für großzügige Wirtschaftshilfe an die Karibik und an Lateinamerika immer wieder versandeten. Vor und nach den beiden Weltkriegen war man auf amerikanischer Seite sowieso nach Europa und nach Japan orientiert. Später, Ende des 20. Jahrhunderts, verbreitete sich amerikanische Resignation gegenüber dem lateinamerikanischen Durcheinander. Mit den politischen Rückschlägen geht eine Rücknahme der Investments amerikanischer Firmen in Lateinamerika einher. In ein Pulverfaß haben vorsichtige Kaufleute noch nie investiert.

Das Pro-Kopf-Einkommen beträgt in der westlichen Hemisphäre zwischen 200 Mark und 20 000 Mark, wobei Lateinamerika am unteren Ende der Skala anzusiedeln ist. Der Abstand zwischen arm und reich ist am Ende des Jahrhunderts ebenso groß wie am Anfang. Die Landwirtschaft siecht dahin, Monokulturen wie Kaffee und Kakao sind ebenso auf fremde Märkte und Bedürfnisse anderer Länder und Ländergruppen zugeschnitten wie die Rohstoffproduktion (einschließlich Drogen). Mit der Technisierung wird man nicht fertig, die zwar wie in älteren Industriestaaten Ansprüche weckt, aber nicht in der Lage ist, sie zu befriedigen. Lateinamerikanische Wirtschaftspolitik – oder was dafür gehalten wird – schwankt zwischen unbedachter Staatswirtschaft, ungezügelter Marktwirtschaft und uneinsichtigem Oligarchengehabe. Korruption ist gang und gäbe, Kapitalausfuhr (besser Kapitalflucht) über trifft die Kapitaleinfuhr (eigentlich private oder staatliche Entwicklungshilfe). Die Auslandsverschuldung zu bedienen beansprucht schließlich 50 bis 100 Prozent der laufenden Exporterlöse – Lateinamerika wird zur untragbaren Bürde. Daß Lateinamerikaner zu Großkunden der New Yorker Banken zählen, liefert Gesprächsstoff wie eh und je.

Der Durchschnittsamerikaner wendet sich mit Grausen. Er sieht Milliarden zerrinnen. Ihn stört auch nicht, daß der ausbleibende Erfolg der USA im südlichen Teil der westlichen Hemisphäre das Verhältnis zur Dritten Welt vergiftet. Die Gefahr, im Süden einen unruhigen Nachbarn mit schwelenden Strukturproblemen zu haben, die allezeit außer Kontrolle geraten können, wird dem nachdenklichen Nordamerikaner Ende der achtziger Jahre eher bewußt als etwa Ende der zwanziger Jahre. Neubeginn, oft versucht und ebensooft gescheitert – etwa wie John F. Kennedys Allianz für den Fortschritt (mit 20 Milliarden Dollar) –, empfiehlt sich US-Politstrategen. Die einen nennen es eine Art Marshallplan für Lateinamerika, andere schlicht Selbstverteidigung im Süden, Selbstachtung im Norden.

Für das nächste amerikanische Jahrhundert bieten sich auch hier reichlich Denkansätze. Selbstkritisch erkennen dabei mehr und mehr Amerikaner, daß enges Hemisphärendenken nicht weiterhilft, Kolonialismus sich selber überlebt hat. Es reicht nicht mehr, als großer Bruder nachweisbar größter Abnehmer von Rohstoffen und später Industrieerzeugnissen zu sein. Auch zahlt sich nicht aus, als Geld- und Kapitalgeber spendabel vorzugehen, großzügig zu investieren und den geduldigen Gläubiger abzugeben. Allzu leichtfertig wurde immer wieder improvisiert. Amerikanische Großbanken haben erfahren, daß flotte Ausleihpolitik sie Ende der achtziger Jahre an den Rand des Ruins treiben kann. Und die Lateinamerikaner müssen ein weiteres Mal erkennen, daß sie ohne solide Selbstleistung aus dem Teufelskreis von wachsender Bevölkerung, Unterentwicklung, Verschuldung, Marktabhängigkeit und Planlosigkeit nicht herauskommen. Eine Mischung aus Behutsamkeit und Zielstrebigkeit ist gefragt. Hunderte Tote in Venezuela mahnen – dort wehrt man sich gegen strenge, sachlich gerechtfertigte Sanierungsauflagen des Internationalen Währungsfonds (und beschuldigt prompt »die« Amerikaner statt des IWF).

Die Lehren der Krise

In der Beletage des stolzen Bürgerhauses an der Avenue Foche im 16. Pariser Arrondissement geht das Licht nicht aus. Zwei Freunde diskutieren über Europa. Sie erstreben mehr Einfluß und mehr Gewicht für die Alte Welt gegenüber den Supermächten. Und sie möchten Fehler der Vergangenheit vermeiden. Beim Gold, beim Dollar, beim wirtschaftlichen Krisenmanagement und bei der politischen Selbstbehauptung. Man schreibt November 1968.

Zu ebener Erde frösteln einige Journalisten. Sie hatten davon gehört, daß der französische Finanzminister Valéry Giscard d'Estaing seinen westdeutschen Kollegen Helmut Schmidt, mit dem er sich politisch gut verstand und mit dem er persönlich Freundschaft geschlossen hatte, zu einem Gedankenaustausch eingeladen hatte. Eine Sternstunde. Sie analysierten ungeschützt, redlich, ohne Rücksicht auf sich und auf andere: Europa braucht mehr Kraft, mehr Schwung, mehr Eigengewicht. Auch und gerade im zehnten Jahr der Europäischen Wirtschaftsgemeinschaft, die schon in bürokratische Selbstlähmung und politischen Trott zu verfallen droht. Gleichzeitig stoßen die Super mächte an ihre Grenzen. Erleben doch die USA ein stürmisches Jahr tragischer Selbstbestimmung. Martin Luther King und Robert F. Kennedy werden ermordet. Aufstände der Schwarzen und der ungeduldigen Linken ruinieren mit den amerikanischen Citys den bis dahin ungebrochenen Glauben an die Anziehungskraft des American way of life. Der Vietnamkrieg schädigt das Selbstbewußtsein der Amerikaner und verringert die Glaubwürdigkeit der westlichen Supermacht, während die Sowjetunion durch den Einmarsch in Prag den tschechoslowakischen Versuch kommunistischer Selbstreinigung gewaltsam unterdrückt. Wirtschaftlich verbreitet sich Krisenstimmung. Der Dollar kommt ins Trudeln, die Goldpreise steigen rapide, Angst vor einer neuen Weltwirtschaftskrise geht um. Vertrauen in die Handlungsfähigkeit der Regierungen schwindet.

»Wir werden uns regelmäßig austauschen.« Was aus dieser Absichtserklärung, dem Häuflein wartender Journalisten in dürren Worten und mit Understatement mitgeteilt – man werde sich regelmäßig möglichst zwanglos treffen –, werden sollte, war ihnen wohl ebensowenig klar wie dem einsamen Flic, der sich mehr um den Verkehr als um die Sicherheit der Politiker kümmerte. Es zeigte sich zwanzig Jahre später in der Neuen Welt.

14 500 Polizisten, einige hundert Kriminalbeamte, über 4 000 angemeldete Medienvertreter, ein gigantisches Konferenzzentrum und davor eine Zeltstadt zur Abspeisung des »Trosses«, Hotels der Luxusklasse und der ersten Kategorie seit einem Jahr ausgebucht, Touristen abgewiesen, der Flugplatz stundenweise gesperrt, 560 niegelnagelneue Luxuslimousinen, bereitgestellt von einer US-Firma, Sondersendungen des Fernsehens und etwa 3 000 Beamte, die ihren Chefs in jeder nur erdenklichen Fachfrage zuarbeiten: Der Gipfelzirkus gastiert in Toronto. Zum vierzehntenmal treffen sich die Staats- und Regierungschefs aus den sieben wichtigsten Industrieländern der Welt. Sie versammeln sich im satten Bewußtsein einer hochlaufenden Weltkonjunktur und eines überwundenen Börsenkrachs. Mit dem Blick auf funktionierendes Zusammenstehen im Westen und auf eine neue weltpolitische Phase der Öffnung zum Osten feiern sich die großen Sieben gleichsam selber. Den äußeren Anlaß dazu bietet, daß Ronald Reagan als amerikanischer Präsident zum letztenmal an einer solchen Schau teilnimmt.

Valéry Giscard d'Estaing und Helmut Schmidt, inzwischen ältere Herren ohne Regierungsmacht, bleibt in diesen satten Sommertagen nur übrig, nach Breckenridge bei Vail in den malerischen Bergen des amerikanischen Bundesstaates Colorado zu reisen zu einem Pensionistentreffen auf Einladung des früheren amerikanischen Präsidenten Gerald Ford. Die, die einst Weltgeschichte gestaltet und die Grundlage für eine weitere Gesundheitsphase der Weltwirtschaft gelegt haben, können nur noch zuschauen – und im Fernsehen schulmeisterlich kommentieren, man müsse schon achtgeben, die Dinge nicht in die falsche Richtung treiben zu lassen.

Abschiedsparty für Ronny

Der Gipfel fand im Keller statt. Die sieben Staats- und Regierungschefs – Diplomatenkürzel G7, die Großen Sieben erlebten Wirklichkeit anno 1988: Aus Sicherheitsgründen ließ man unterirdisch vorfahren. Fernsehkameras, die an jeder Ecke herumstanden, konnten zwar den Weg vom Auto zur Rolltreppe festhalten, nicht aber den weiteren Abstieg. Unten, im Keller des Metro Center Toronto, bewährte sich politisch die Vorbereitung der Experten und protokollarisch die Bereitschaft der anderen, der Nummer eins aus Washington uneingeschränkten Respekt zu zollen. Für Ronald Reagan und damit für die USA war der Gipfel ein Höhepunkt. Konnte es nur noch abwärts gehen?

Das amtliche Schlußkommuniqué – wie es sich für eine ordentliche Großveranstaltung der G7 auf Kosten ihrer Steuerzahler gehört –, wie immer schon vor Konferenzbeginn bis aufs letzte Komma besprochen, verhandelt, korrigiert und peinlich genau ausgewogen, strotzte nur so von Gemeinplätzen, Selbstlob, Selbstzufriedenheit und Selbstvertrauen. Wirtschaftswachstum erwies sich in Toronto ein weiteres Mal und wie noch nie zuvor angenehm beruhigend als

Allheilmittel: Der Welthandel florierte, die Bruttosozialprodukte nahmen ebenso zu wie der Lebensstandard, es wurde lustig drauflosinvestiert, und man benahm sich so, als ob der Wettbewerb um Produktivität, technischen Fortschritt und Märkte in einem Schlaraffenland stattfinde. Wie nebenbei behandelte man die Gefährdung der Arbeitsplätze, die strukturelle Arbeitslosigkeit, unberechenbare Wechselkursschwankungen, Defizite in Staatshaushalten und Handelsbilanzen sowie die Überforderung der Dritten Welt angesichts ihrer nahezu hoffnungslosen Überschuldung.

Die »Reaganomics« haben es möglich gemacht. Nach acht Jahren Präsidentschaft Ronald Reagans wird offenkundig, daß die Rechnung einer strikt marktwirtschaftlichen Wirtschaftspolitik (Motto »weniger Staat«, ausgedrückt in niedrigen Steuern, weniger Vorschriften und relativ weniger Bürokratie) aufgegangen ist – nicht nur in Amerika.

Die »eiserne Lady«, Ihrer britischen Majestät Premier Margaret Thatcher, fand im Keller von Toronto die Einfachformel: »Wir haben vom 29. Oktober 1929 gelernt.« Gemeint war der tatsächlich entscheidende Unterschied zwischen zwei hochdramatischen Börsentagen, die mehr unterscheidet als 57 Jahre und 354 Tage. Am 19. Oktober 1987 purzelten die Kurse an der Wall Street in New York wie unkontrolliert um 508 Punkte nach unten und führten – wie immer im modernen Verbund an allen Aktienbörsen – rechnerisch zu einem Vermögensverlust von 23 Prozent. Die Verantwortlichen behielten die Nerven, auch wenn man ihnen zubilligen oder vorwerfen kann, in den Entscheidungsstunden des Dramas dessen Konsequenzen 1987 ebensowenig erkannt zu haben wie Millionen Vermögensbesitzer, Spekulanten oder schlichte Arbeitnehmer anno 1929. Damals lautete die Schreckensbilanz: Aktienkursrückgang um 12,8 Prozent an der Wall Street an einem Tag, um 40 Prozent innerhalb der folgenden vier Wochen. Ein Spekulationsfieber, das nicht nur in den USA zu messen war, glaubten die Regierungen und Notenbanken kurieren zu können. Man setzte auf Abkühlung, auf Gesundschrumpfen und scheiterte.

Beim zweiten Krach von 1987 wurden Zinsen und Steuern nicht erhöht wie beim ersten, die Währungen nicht abgekoppelt, Handelsschranken nicht aufgebaut. Regierungen beschuldigten sich nicht gegenseitig, denn man wußte: Mit der Weltwirtschaftskrise taumelte die Welt damals, 1929, in ein Jahrzehnt des Umbruchs, der Unsicherheit und der Hoffnungslosigkeit. Das Ende hieß Krieg.

Seltsames Zwischenspiel

Der Anfang hieß auch Krieg. Denn sie waren nicht nur politisch und militärisch in den Ersten Weltkrieg hineingestolpert, sondern auch wirtschaftlich. Sowenig die Staaten auf die Kraftanstrengung eines totalen, eines mörderischen Waffenganges vorbereitet waren, so wenig wurden sie wirtschaftlich mit den Folgen dieses Krieges fertig. Die wirtschaftliche Erholung forderte einen hohen Preis. Zuerst wurde das Bürgertum in Europa durch die Inflation, dann im amerikanischen Fall die untere bis obere Mittelklasse durch den Börsenkrach und die Weltwirtschaftskrise der dreißiger Jahre enteignet. Weil die europäischen Staaten bankrott waren, druckten sie bedenkenlos Papiergeld. In Deutschland hatte die Mark allein bis 1919 dreiviertel ihres amtlichen Wertes verloren. Dann ging es abwärts, wie auch in Österreich. In Berlin kam die Reichsdruckerei nicht mehr nach. In Waschkörben wurden neue Banknoten, die schließlich stündlich ihren Wert verloren, transportiert. Am Ende kostete ein Ortsgespräch in Berlin 50 000 Mark. Eine Billion Papiermark hatte den Wert einer Goldmark. Unmittelbar vor der Stabilisierung durch Einführung der Rentenmark gab es daher die Reichspost auf, Briefmarken zu drucken, konnte es geschehen, daß sich beim Einkauf der täglichen Gebrauchsgüter angesichts der galoppierenden Inflation die Ladenpreise von einer Minute zur anderen änderten. Hausfrauen stürzten mit Lohn und Gehalt in das nächste Geschäft, um das Geld in Sachwerte umzusetzen, und sei es auch nur in ein Brot. Die »goldenen Zwanziger« begannen auch für Amerika, das sich nach Ruhe und Frieden sehnte, eisern. Ein wirtschaftlicher Rückschlag, vernachlässigte Veteranen, Käuferstreik gegen 20 bis 30 Prozent höhere Preise (die sich gegenüber der galoppierenden Inflation in Deutschland und Österreich harmlos ausnahmen) und Führungslosigkeit. Dennoch ging es zurück zum Laisser faire, Amerika konsumierte mit dem Aufschwung seine verrücktesten Jahre.

In Europa konnte sich die Wirtschaft zwar zunächst entschulden. Aber Anfang der zwanziger Jahre wurde klar, daß jede Absatzwirtschaft aufhört, wenn die Verbraucher außerstande sind, Waren zu kaufen.

Mit diesem Chaos der Alten Welt hatte niemand gerechnet. Auch nicht die Politikergeneration nach dem Ersten Weltkrieg, die da meinte, »die Schuldigen« am Krieg, gemeint waren hauptsächlich Deutschland und Österreich, sollten für den angerichteten Schaden aufkommen. Reparationen wurden als eintreibbare Kriegsschuld in der Höhe von 132 Milliarden Mark für das Deutsche Reich festgesetzt. Österreich wurden die Reparationen schließlich mangels Masse erlassen.

Lord John Maynard Keynes, 1919/20 Berater der britischen Delegation während der Friedenskonferenz von Versailles, warnte vergeblich. Eine solche Reparationslast mußte zur Katastrophe führen. Voll Verzweiflung schrieb er an Präsident Woodrow Wilson und Ministerpräsident George Clemenceau: »Wenn Deutschland gemolken werden soll, kann es nicht vorher ruiniert werden.« Dem damals schon berühmten Nationalökonomen half auch die Warnung vor dem Kommunismus und vor Zerstörung der Weltwirtschaft nichts. An Reparationen wurde in Versailles nicht mehr gerührt. Ein frustrierter Lord zog sich nach England zurück. Seine Stimme galt weniger als das Revanchebedürfnis der Politiker von Versailles.

Ein Vierteljahrhundert später freilich erlebte Keynes – als Vordenker des New Deal Ziehvater einer ganzen Generation wachstumsfreudiger Staatswirtschaftler – eine späte Bestätigung. Nach dem Zweiten Weltkrieg sollten die Fehler des Ersten nicht wiederholt werden. Keynes brachte seine Ausgleichsideen bei der Konzeption von Weltbank und Währungsfonds ein. Und der eigenwillige Lord lieferte einen weiteren Denkanstoß zur »Hilfe durch Selbsthilfe«, zum Marshallplan. Was Wilson mit seinen vierzehn Punkten der Selbstbestimmung und einer konfliktfreien Welt fairen Interessenausgleichs zuerst angestrebt und sich dann auf der Versailler Friedenskonferenz hatte ausreden lassen, wiederholte sich nach dem Zweiten Weltkrieg unter Präsident Truman nicht. Unter gewandelten Umständen – die Sowjetunion war inzwischen zur kommunistischen Weltmacht geworden, und die Dritte Welt pochte kategorisch und ungestüm auf Selbstbestimmung – sorgten die USA nach dem Sieg über Hitler für Zusammenstehen der Alten und der Neuen Welt.

Die Enteignung des Bürgertums

Die Enteignung des amerikanischen Bürgertums fand am 29. Oktober 1929 statt. An der Wall Street in New York ist es zunächst ein Tag wie jeder andere. Unternehmenslustig kommen sie aus den Vororten angefahren, die, die darauf vertrauen, daß es immer nur aufwärts geht und daß man sich Schulden einfach leisten kann. Die Parkplätze sind überfüllt wie immer. 23 Millionen Autos sind in den USA registriert. Wer pünktlich sein will, fährt vorsichtshalber mit der Subway. Zeitungen befassen sich mit der Ausweisung Trotzkis aus der Sowjetunion, mit der Antarktis-Expedition von Richard E. Byrd und erläutern die Entdeckung des Penicillins durch Alexander Fleming. Auf der Wirtschaftsseite wird darüber spekuliert, wie der Kellogg-Briand-Pakt, der die Reparationslast der Deutschen und Österreicher mildern sollte, auf Zinsen und Kapitalexport wirkt. Amerika, seit seiner Gründung Schuldnerland, glaubte felsenfest an seine neue Rolle, größter Gläubiger der Welt zu sein. Mit »Hoppla, jetzt komm' ich« trauten sich die Vorgänger der Yuppies (Young Urban Professionals) zu, mit Schuldnern auch international fertig zu werden.

Dann geschah es an der Wall Street zu New York. Wenige Minuten nach Eröffnung des Wertpapierhandels stürzen die Notierungen nach unten. Verzweifelt schauen sich die Börsenhändler nach Käufern um. Alle jedoch wollen verkaufen. Es geht abwärts wie im freien Fall. An diesem »Schwarzen Dienstag« allein verlieren die notierten Aktien an der Wall Street 14 Milliarden Dollar ihres Wertes. Der Gesamtverlust in diesen Oktobertagen machte 40 Prozent oder über 30 Milliarden Dollar aus. Die goldenen zwanziger Jahre waren wie mit einem Schlag vorbei. Entsetzt fragte eine biedere Hausfrau: »Wie kann es geschehen, daß ich eine Million Dollar verliere. Ich habe ja nie eine besessen?« Sie hatte ihre Aktienkäufe mit 10 Prozent angezahlt und mußte nun für die restlichen 90 Prozent geradestehen. Sie verlor alles. Ihren eigenen Besitz, den Besitz ihres Mannes, ihrer Kinder, das Farmhaus ihrer Eltern. Jahrzehntelang waren Schulden an die Bank zurückzuzahlen. Sie konnten sich ihr Auto nicht mehr leisten. Sie mußten Schmuck und Familiensilber versetzen, schließlich verlor ihr Mann seinen Job. Mangels geregelter Arbeitslosenunterstützung blieb am Ende nur die Suppenküche. Schlangestehen gegen den Hunger. Längst hatten sich Freunde und Verwandte abgewandt. Allein in der Not. Enteignung auf amerikanisch.

Wie konnte das geschehen? Sie hatten anders sein wollen als die Generation ihrer Eltern. Frei, unberührt von der Politik, unbeschwert von Erinnerungen an den Krieg. Der Bubikopf wurde zum Symbol für eine ganze Generation. Leben und leben lassen. Das fortschrittliche Amerika nahm ein Bad in Lebensfreude wie die Europäer. Das andere Amerika stand kopfschüttelnd abseits. Diese Mehrheit der Amerikaner verstand die Welt nicht mehr. War es wirklich schick, draufloszuleben, zu spekulieren, im Cotton Club von Harlem die Nächte durchzutanzen, dem Verbraucher durch Werbung vorzumachen, daß »Somewhere west of Laramie« (eine Werbung für einen exklusiven Sportwagen) Romantik, Freiheit und leichtes Leben winken? War es die wahre Welt, die da auf Zelluloid für Kunst gehalten und im Kintopp verbreitet wurde?

Wer sich diesseits und jenseits des Atlantiks zur Gesellschaft zählte, applaudierte, bejahte und ignorierte. Die amerikanische Lebensart der zwanziger Jahre schien die europäische Zivilisation zu erdrücken, hatte sie jedenfalls altmodisch erscheinen lassen. Persönliche Verantwortung, wie sie die Philosophen des 19. Jahrhunderts gepredigt hatten, war in den zwanziger Jahren nicht gefragt. Freud oder Einstein warnten. Vergeblich. Durch die flotte, unbedachte Lebensart sahen sie ihre Ideale verraten und verkauft, die Grenzen von richtig und falsch verwischt, Recht und Gerechtigkeit vernachlässigt. Eine Gesellschaft im Taumel. Der Glaube an »ewiges Wachstum« erfaßte die Wirtschaft. Es wurde konzentriert, kartelliert und fusioniert. Nicht alles freilich, was sich Mitte der zwanziger Jahre abspielte, war Schall und Rauch, weder in der Alten noch in der Neuen Welt.

Großzügige Unternehmenskonzentrationen konnten sich sehen lassen: United Steels; die Gründung von Andrew Carnegie; J. P. Morgan und Charles Schwab trat als größte Stahlfirma der USA in eine Konsolidierungsphase ein, die es ihr trotz Krisen und Kriegen ermöglichte, über die Jahre insgesamt 1,3 Milliarden Tonnen Stahl zu erzeugen und zu verkaufen; aus der Petroleumindustrie des auslaufenden 19. Jahrhunderts wurden Ölgiganten, die in 22 Ländern mit 43 Raffinerien und Zehntausenden Servicestationen, wie Esso beziehungsweise Exxon, operieren. Dupont und Dow spielen in der Chemieindustrie der Welt zum erstenmal ihre volle Forschungs- und Absatzfähigkeit aus; die Braunkohlen- und Steinkohlenbranche verspricht Energie auf fast ewige Zeiten; Boeing, Pratt and Whitney und General Electric steigen groß ins Flugzeuggeschäft ein. Mit 5,3 Millionen Fahrzeugen wird die Automobilindustrie zum größten Wirtschaftsbereich der USA, angeführt von General Motors, gefolgt von Ford. International Business Machines (IBM) verdoppelt die Kapazität seines Lochkartensystems und zielt auf elektrische Schreibmaschinen. Mit Coca-Cola und anderen beginnen US-Spitzenunternehmen weltweite Operationen.

Die lebensgefährliche Spirale

Warum ging es nicht weiter aufwärts? Wie konnte es geschehen, daß aus einem Abschwung der Börsenkurse an der Wall Street, der Pleite einer norddeutschen Textilfabrik und der Zahlungsunfähigkeit einer Wiener Bank eine Krise erwuchs, die die Weltwirtschaft über ein Jahrzehnt in ihren Bann schlug? Hatte es doch erst 1924 an der Börse ein bißchen gekracht?

Gängige Antwort: 1929 rächte sich Spekulation, die zügellos und bedenkenlos war. Daß es dann unkontrolliert abwärts ging, hängt mit besonderen Umständen zusammen, wie den Reparationen, die die Volkswirtschaften Deutschlands und Österreichs überforderten. Dazu kam eine weitere

Farmkrise in den USA. Derlei Antworten befriedigen nicht. Da müssen doch wohl tiefere Ursachen gewirkt haben.

Die Kenntnis nationalökonomischer Zusammenhänge war unterentwickelt, jedenfalls für eine weltweite Krise unzureichend. Die Wissenschaft von der Wirtschaft mag damals wie heute ungenau und in ihrer Verbindlichkeit umstritten sein – mit dem Wissensstand gegen Ende des 20. Jahrhunderts hätte man der Weltwirtschaftskrise am Anfang des Jahrhunderts nicht so hilflos gegenübergestanden, hätten wirtschaftspolitische Fehler vermieden werden können. Inzwischen weiß man: Krisen sind nicht mit Deflation zu bekämpfen, vor allem nicht, wenn sie auf einem internationalen Finanzsystem beruhen, das durch Willkürmaßnahmen wie Reparationen seiner natürlichen Ausgleichsmechanismen von Angebot und Nachfrage beraubt ist. Dem Zusammenbruch der Verbrauchernachfrage ist nicht mit Steuererhöhungen oder Lohnkürzungen beizukommen, sondern umgekehrt durch Erhaltung der Kaufkraft. Strukturschwächen, die über Jahrzehnte hin mitgeschleppt wurden, sind weder im Industrie- noch im Bankenwesen zu reparieren, wenn die volkswirtschaftlichen Voraussetzungen außer Kontrolle geraten. Was Ende des 20. Jahrhunderts Einkommenspolitik heißt, war am Beginn der Weltwirtschaftskrise eine unbekannte Größe. Daß weniger als 5 Prozent der Bevölkerung über mehr als ein Drittel des gesamten persönlichen Einkommens verfügen – aus Zinsen, Dividenden usw. wie in den USA 1928/29 –, ergibt das Gegenteil aktiver Verbraucherpolitik. Nach dem Zweiten Weltkrieg sank dieser Einkommensanteil der Reichen und Superreichen auf weniger als 10 Prozent. Im Umkehrschluß: 90 Prozent Massenkaufkraft wird zur Krisenabwehr. In Europa mit einer hohen Sparquote mehr als in Amerika. Hier spiegelt sich ein weiteres, oft entscheidendes Element: die Psychologie, unbestritten Triebfeder oder Bremse arbeitsteiliger Volkswirtschaft. Umstritten ist nur der Anteil des Wirtschaftsfaktors

»Psychologie«. Für die einen deckt er mehr als 50 Prozent der Entscheidungen ab, für die anderen etwas weniger.

So läßt sich die lebensgefährliche Spirale der Weltwirtschaftskrise erklären. Der Börsenkrach vom Oktober 1929 war jedenfalls nur der Auslöser, da schwang noch viel mehr mit. Was wäre geschehen, hätte man mit dem Wissensstand der achtziger Jahre die Krise der dreißiger Jahre vor sich gehabt? Hatten die Teilnehmer der Gipfelkonferenz von Toronto recht, als sie im Frühsommer 1988 die wärmende Sonne einer Dauerkonjunktur genossen und sich für erfolgreiche Krisenmanager hielten? Ein solches Denkspiel erleichtert zwar den Vergleich, wird aber jenen Verantwortlichen nicht gerecht, die seinerzeit unvorbereitet in den Abgrund der Krise gerissen wurden. Sie erkannten nicht, was beispielsweise geschieht, wenn die Produktivität im ersten Jahrzehnt nach dem Ersten Weltkrieg um 43 Prozent steigt und damit entsprechende Gewinne frei macht, während Löhne und Gehälter vergleichsweise unverändert bleiben. Fassungslos standen sie fast ein Jahrzehnt lang der Tatsache gegenüber, daß Anfang der dreißiger Jahre jeder vierte arbeitslos war und im amerikanischen Fall noch 1941 der Wert der Industrieproduktion unter jener von 1929 blieb.

»A New Deal for the forgotten man«

Washington stöhne unter einem Präsidenten, der die Zeichen der Zeit nicht mehr erkenne. In diesem Fall meinten die allezeit fündigen Auguren von Washington den 31. Präsidenten der USA, den Republikaner Herbert Hoover »Was ist die Aufgabe des Staates?« fragte sein Widersacher, der großbürgerliche, demokratische Gouverneur des US-Bundesstaates New York, Franklin Delano Roosevelt, mitten in der Weltwirtschaftskrise (und mitten im Präsidentschaftswahlkampf). »Der Staat ist der gehörige Repräsentant einer organisierten Gesellschaft, geschaffen zu deren umfassendem Schutz und Wohlergehen.«

»A New Deal for the forgotten man« war angeboten. Roosevelt offerierte eine Alternative zum staatsfreien Raum des Laisser faire, längst bevor Lord Keynes in seiner nationalökonomischen Denkschule die Mischform von Staat und Privat in der Wirtschaft entwickelt hatte. Viele sahen Hoover als das letzte Symbol einer sterbenden Gesellschaftsordnung an, Roosevelt als den Verkünder einer besseren Zukunft, den Garanten dafür, daß der amerikanische Traum doch noch Wirklichkeit wird.

Während Amerika unter der doppelten Belastung der Weltwirtschaftskrise und einer Präsidentschaftswahl ein weiteres Mal nach innen gekehrt und von der Welt wie abgeschnürt wirkte, fehlte es international nicht an Warnsignalen einer her aufziehenden Katastrophe. In Deutschland marschierte der Nationalsozialismus auf, in Österreich mehrten sich die Auflösungserscheinungen.

Bei den Reichstagswahlen vom 14. Oktober 1930 werden

107 Abgeordnete der Nationalsozialistischen Deutschen Arbeiterpartei (NSDAP) gewählt. Der Block der Braunhemden läßt deutsche Aktienwerte an den internationalen Börsen purzeln. In der Sowjetunion festigt Josef Stalin nach dem Landesverweis seines stärksten Gegenspielers Leo Trotzki trotz Hungersnot seine Macht in Militär und Industrie. Marschall Józef Pilsudski und seine Nachfahren lassen der Demokratie westlicher Prägung in Polen ebensowenig eine Chance wie Kemal Atatürk in der Türkei, General Miguel Primo de Rivera in Spanien und vor allem Benito Mussolini in Italien. Diktatoren im Vormarsch. Das Kaiserreich Japan erobert (1931) die Mandschurei.

Mehr oder weniger Staat?

Amerika hat es zwar nicht besser. Als kontinentale Macht konnte Amerika es sich jedoch erlauben, Ende der zwanziger und Anfang der dreißiger Jahre mit sich selbst beschäftigt zu sein, etwa dem Ende der Prohibition. Konkret freilich ging es um den Übergang von Hoover zu Roosevelt. Dabei bestätigt sich im Rückblick ein weiteres Mal, daß vielbeachtete Politiker oft auf Entscheidungen ihrer Vorgänger aufbauen. So wie Hitler mit dem Bau der Autobahnen an das erste Beispiel einer Schnellstraße zwischen Köln und Bonn anknüpfen konnte, das ein Konrad Adenauer als Kölner Oberbürgermeister geschaffen hat, verhielt es sich auch zwischen dem 31. und 32. Präsidenten der USA. Hoover, nach dem beispielsweise der große Staudamm bei Las Vegas benannt ist, hatte unter dem Eindruck der Weltwirtschaftskrise auch schon eine Mischform von Staat und Privatwirtschaft angestrebt. Roosevelt wagte dann den Wechsel.

Was diese Abkehr vom reinen Laisser faire ideologisch-politisch für den amerikanischen Einfluß auf europäische

Denker bedeutete, zeigte kein Geringerer als Jean Monnet. Der Vordenker der Europäischen Wirtschaftsgemeinschaft, der Sozialist Monnet, nahm sich Hoovers Ideen zum Vorbild. Umgesetzt hat er sie teilweise beim ersten europäischen Integrationsschritt, nämlich der Montanunion (allgemein nach dem damaligen französischen Außenminister Schumanplan genannt).

Hier wie dort, damals wie heute geht es um mehr oder weniger Staat, um mehr oder weniger Lenkung der Wirtschaft und um mehr oder weniger Fähigkeit und Bereitschaft, das richtige Mischungsverhältnis zur rechten Zeit anzustreben – und durchzuhalten. Während Hoover noch zu Lebzeiten oft als tragische Figur bezeichnet wurde, startete Roosevelt als Präsident umstritten. Der Macher aus New York habe keine starken Überzeugungen, sei kein Volkstribun und auch kein Gegner der Privilegierten, schrieb 1932 Walter Lippmann, damals einer der führenden amerikanischen Journalisten. Er, Roosevelt, sei ein angenehmer Mann ohne irgendwelche Qualifikationen, jedoch aus gutem, behütetem Hause. Als der Mann im Rollstuhl, der Amerika aus der Krise herausführte und wesentlich zum Sieg über Hitler beitrug, 13 Jahre später starb, war er zu dem geworden, was die Amerikaner einen »Helden« nennen. Unumstritten einer der großen Präsidenten.

FDR, wie Franklin Delano Roosevelt bald allgemein genannt wurde, hatte zwar den Weitblick, die Energie und die Ideen, mit neuer Wirtschafts- und Gesellschaftspolitik das Ruder herumzuwerfen. Aber Amerika nahm nur langsam Fahrt auf. Es gab zwar im ersten Anlauf ein Dutzend Gesetze, aber die Krise wollte nicht weichen. Die Arbeitslosigkeit blieb hoch, und die Welt begann bereits zu zweifeln, ob Amerika auch diesmal mit dem New Deal ein nachahmenswertes Beispiel liefert. Hastig wurden in Washington Agenturen, eine Art von administrativem Unterbau der Ministerien, aus dem Boden gestampft. Eine gegen die Arbeitslosigkeit, eine zur Verwaltung von Sofortmaßnahmen der Bundesverwaltung in Washington, eine für neue Industrieregeln zur Festsetzung von Mindestlöhnen und der Arbeitszeit, zum Verbot der Kinderarbeit und vor allem zur Anerkennung der Gewerkschaften als Tarifpartner.

Die Federal Deposit Insurance Corporation (FDIC), eine Selbstversicherung der Kreditwirtschaft unter Kontrolle und Garantie des Staates (für FDIC-Mitglieder bis zu 10 000 Dollar je Einleger staatlich verbürgter Schutz), und die Security and Exchange Commission (SEC) erweisen sich auch noch nach Jahrzehnten als Erinnerungswert des New Deal. Als Roosevelt sich der Sozialversicherung zuwandte, indem er Arbeitslosenunterstützung, Unfallschutz und eine bescheidene Altersversorgung einführte, zeigte sich, wie auffällig Amerika hinter Europa herhinkt. Wie beim Thema Planung.

Amerikanische Intellektuelle fanden zwar Gefallen an europäischen Denkspielen, privaten Besitz und moderne Unternehmen von Staats wegen zu kontrollieren, zu lenken, um über kontrollierte Märkte der Gesellschaft vorzugeben, was zu tun und was zu lassen ist. Der Durchschnittsamerikaner aber blieb mißtrauisch gegenüber Staat und Lenkung. Konservativismus gegen Reformeifer. Immerhin: Unter dem Individualisten Roosevelt hatte der Individualismus schwere Zeiten. *Business Week* erschien Mitte der dreißiger Jahre mit der Schlußfolgerung: »Zu planen oder nicht zu planen ist nicht mehr länger die Frage. Die wirkliche Frage ist: Wer tut es?«

Die Weltwirtschaftskrise hatte im Unternehmerlager der USA längst einen Wandel herbeigeführt. Über Produktion und Absatz, über Finanzierung und Rentabilität wurde zum erstenmal nicht ausschließlich mit dem Blick auf Dividenden u. ä. im Quartalsvergleich diskutiert. Erstmals kam auf, unternehmerisch auf längere Sicht zu planen. Kluge Köpfe auf der Unternehmerseite hatten längst die Gefahr erkannt, die ihnen und ihren schutzbefohlenen Unternehmen vom Staat droht. Hatte doch Lord Keynes seinen Denkansatz vom Mut zur staatlichen Defizitwirtschaft bereits in einem Leserbrief an die *New York Times* 1933 offenbart: »Ich halte es für besonders wichtig, die Kaufkraft durch Staatsausgaben zu stützen, die über Anleihen finanziert werden.« Später nannte man das »deficit spending«. Der Vorfinanzierung der Zukunft konnte sich schließlich keine Regierung entziehen, nicht einmal die Regierung Reagan und ihre »Kreditkartengesellschaft«.

»Die allgemeine Theorie der Beschäftigung, des Zinses und des Geldes«, von Keynes 1936 veröffentlicht, sorgte in Europa wie in Amerika für allgemeines Aufsehen, das lang anhielt. Am »Keynesianismus« scheiden sich seitdem die Geister: mehr oder weniger Staat, mehr oder weniger Defizitfinanzierung zwecks Arbeitsbeschaffung und ganz allgemein geplante Wirtschaft oder sich selber überlassene Wirtschaft. Trotz Krise fand ein atlantischer Ideenaustausch statt.

Gottfried von Haberler hat einer ganzen Generation von seinesgleichen – nicht zuletzt in den USA – beigebracht, in ökonomischen Zyklen zu denken und das Auf und Ab der Konjunkturen nicht als einen gottgewollten, undurchschaubaren, sondern meßbaren Vorgang zu betrachten, der zum freien Markt gehört wie das Wasser zum Fisch. Joseph A. Schumpeter, ebenfalls ein Vertreter der Wiener Schule, verdankt der atlantische Ideenaustausch eine Erkenntnis, die inzwischen klassisch geworden ist: Kapitalismus, Sozialismus und Demokratie sind keine Werte an sich, keiner vermag das eine oder das andere für sich allein zu reklamieren. In Wirtschaft und Staat kommt es auf die handelnden Personen, ihre Gestaltungskraft und die Rahmenbedingungen im Zeitablauf sowie auf Zielsetzungen an, die den einzelnen motivieren und den Staat definieren. Max Horkheimer betrachtete die Wirtschafts- und Herrschaftssysteme von links und lieferte zuerst in Frankfurt und dann in New York mit seiner Schule das dialektische Zweifelspotential, während die Diktatoren marschierten.

Was den einfachen Mann in der Neuen und in der Alten Welt verband, war das Elend, das Ausgeliefertsein. Am Währinger Gürtel in Wien kommen sie täglich um eine Suppe und ein Stück Brot – sie, die »Ausgesteuerten«, arbeitslose Beamten. Am Alexanderplatz in Berlin wird berittene Polizei gegen Hungernde eingesetzt, die den Wagen einer Suppenküche stürmen. Im Bois de Bologne in Paris stehen sie, Facharbeiter, nach Mitternacht an, um sich morgens einen Franc als Straßenkehrer verdienen zu können. In London werden die Eingänge zur Untergrundbahn am Abend geschlossen, weil Tausende dort Unterschlupf zu suchen trachten. In Detroit zahlen Arbeitslose 10 Dollar Gebühr, um einen Job für 13,50 Dollar täglich zu ergattern. Auf der Sixth Avenue bewerben sich täglich bis zu 15 000 in einem Vermittlungsbüro, 300 können vermittelt werden. »For Sale« hieß es quer durch Amerika. Überschuldete Bauern mußten aufgeben. Zur Wirtschaftskrise kam eine Dürre, und die oberen Zehntausend lebten wie Alfred G. Vanderbilt. Mit Joan Crawford tanzte der Superreiche auf dem Ball der Filmschauspieler in Los Angeles Tango. Gegen Lohnkürzungen wurde gestreikt. Einmal 70 000 Bergarbeiter, ein andermal 20 000 Textilarbeiterinnen, dann 140 000 Automobilarbeiter. Nicht immer ging es so harmlos zu wie bei Sitzstreiks, der neuen Form des Aufbegehrens. Mit Gewalt gegen die Krise. Was halfen da Clark Gable oder Benny Goodman, Duke Ellington oder Ella Fitzgerald? Alle lebten im Schatten einer Krise, die keiner wollte und die keiner verstand.

Schiffe vom Fließband

Der Zweite Weltkrieg kostete 3 000 000 000 000 Dollar, nach vorsichtigen Schätzungen – damit, mit diesen drei Trillionen Dollar, das Neunfache des Ersten Weltkrieges. Die Zahl der Toten überschritt 25 Millionen, die Zahl der Verwundeten 50 Millionen. 30 Millionen Europäer verloren ihre Heimat. Der Krieg war total, in seinen Ausmaßen unvorstellbar.

Der Krieg mobilisierte aber auch Wirtschaftspotentiale ungeahnten Ausmaßes. Während im Deutschen Reich die Kriegsproduktion 1943/44 einen absoluten Höchststand – trotz Bombenkriegs – erreichte, bewies die amerikanische Wirtschaft, die aus dem vollen schöpfte, auf ihre Art ihre Anpassungsfähigkeit und Leistungsvermögen. In einem einzigen Jahr wurde beispielsweise die Panzerproduktion von einigen hundert Stück auf 24 000 erhöht und jene der Flugzeuge von einigen tausend auf über 50 000.

Am Ende des ersten amerikanischen Kriegsjahres 1942/43 produzierten die USA bereits mehr Rüstungsgüter als die Achsenmächte zusammengenommen (wobei sich Deutschland auf Teile Europas und Japan auf Teile Asiens stützen konnten). Ein Jahr später war die US-Produktion noch einmal verdoppelt. General Electric beispielsweise war in der Lage, allein im Geschäftsjahr 1942 die Schiffsturbinenproduktion wertmäßig von einer Million Dollar auf 300 Millionen zu steigern. Henry Kaiser übernahm den Auftrag für etwas, was es bis dahin nicht gegeben hatte: Massenproduktion statt Einzelfertigung für Hochseefrachter. Als er begann, dauerte es über 200 Tage, ein »Liberty«-Schiff herzustellen, nach einem Jahr 27 Tage. Ein Jahr später verließen zwei Schiffe pro Tag das gigantische Fließband. Bezeichnend dafür, daß Amerika nicht nur die Muskeln zeigte, sondern auch gebrauchte, ist bis heute ein Symbolwerk, nämlich das Gebäude des US-Verteidigungsministeriums. Das damals »größte Büro der Welt« war auf eine Bauzeit von sieben Jahren ausgelegt. Mit seinen Gängen in der Länge von 25 Kilometern und 60 000 Quadratmetern Bürofläche war das Pentagon in kaum mehr als einem Jahr fertig.

In den Annalen der US-Navy wird vermerkt, der Sieg der amerikanischen Flotte in der Schlacht von Midway (403 abgeschossene Flugzeuge, davon 253 japanische) sei nicht zuletzt dadurch möglich geworden, daß der Flugzeugträger Yorktown im Pazifik rechtzeitig zur Stelle war. Die Reparatur dieses Riesenschiffes war auf drei Monate veranschlagt und dauerte tatsächlich zwei Tage. 1 800 Techniker wurden eingesetzt. Vom l. Juli 1940 bis zum 31. Juli 1945 wurden produziert: 102 300 Panzer, 304 600 Flugzeuge, 72 100 Kriegsschiffe, 6 400 Versorgungsschiffe, 27 3431 Geschütze, 21 Millionen Gewehre, 6 800 Tonnen Bomben und 2 455 964 Lastkraftwagen.

Die Kriegsproduktion der USA überstieg in keinem Jahr mehr als 40 Prozent der Gesamterzeugung. In allen anderen kriegsführenden Ländern war es umgekehrt: 60 Prozent Kriegsproduktion, 40 Prozent Zivilerzeugung. Gemeinsam war wieder allen der Versuch, bei Lebensmitteln usw. Knappheit vorzubeugen und das Vorhandene gerecht zu verteilen. Selbst im Überflußland Amerika wurde die Rationierung eingeführt. Im Januar 1942 sorgte die WPB-Direktive, mit der ein kompliziertes Punktesystem für Lebensmittel eingeführt wor den war, reichlich für Gesprächsstoff. Mit so etwas hatten die Amerikaner nicht gerechnet, ebensowenig, daß ihnen bei Benzin »nur« eine Wochenration von 12 Litern zustand. Zu Preisschildern gab es plötzlich Punkteschilder. Alles, was Mr. und Mrs. Jones, den Durchschnittsamerikanern, lieb war, Fleisch, Butter, Käse, Zucker, Kaffee, mußte nun zweimal bezahlt werden: mit Rationierungspunkten und »cash«. Der Kauf auf Kredit wurde mit der »Regulation W« ebenfalls erschwert. Viele Amerikaner verstanden die Welt nicht mehr. Auch so erklärte sich, daß sie, als alles vorbei war, in so etwas wie einen Konsumrausch verfielen und seit Ende des Zweiten Weltkrieges nichts dabei finden, eine Kreditkartengesellschaft genannt zu werden.

War es Staatswirtschaft oder Privatwirtschaft? Industriesozialismus oder Industriekapitalismus? Diese deutsch wirkende Fragestellung kam im allezeit selbstkritischen Washington hoch, kaum waren die Schlachten geschlagen. Da half das Argument wenig, die USA hätten Erstaunliches geleistet: die Kriegsproduktion anzukurbeln, gleichzeitig eine Armee von 12 Millionen Mann aufzustellen und wissenschaftlich-organisatorisch in der Lage zu sein, die erste Atombombe zu bauen. Erst allmählich wurde klar, welche Reserven in der amerikanischen Wirtschaft und in der amerikanischen Gesellschaft stecken. Vergleiche mit der Entfaltungskraft der amerikanischen Wirtschaft in Friedenszeiten stellen nicht nur potentielle Widersacher der USA, sondern auch deren Politiker selbst an. Generation für Generation fragt sich, wie dieses Amerika auch unter anderen, nicht kriegsbedingten Umständen zu motivieren ist, damit es zu solchen Mobilisierungseffekten fähig wird. In der Rüstungsproduktion stand es Anfang der vierziger Jahre zwischen den sogenannten Achsenmächten und den USA immerhin noch 1 zu 2,4. Bereits zwei Jahre später, 1943, also nach der Umstellung der US-Wirtschaft auf Krieg, betrug das Verhältnis 1 zu 3,4. Damals produzierte das Deutsche Reich Treibstoff in der statistischen Größe von 100, die Westmächte von über 3 000 – ein weiteres Zeichen für die vorprogrammierte Niederlage von Hitler-Deutschland. Als die Tigerpanzer bei der letzten Entlastungsoffensive im Osten vor Stuhlweißenburg in Ungarn mangels Sprit liegenblieben und Tausende von Abfangjägern in Nord- und Süddeutschland wegen Treibstoffmangels nicht mehr starten konnten, wurde den Generalstäben dramatisch vorgeführt, was es mit wirtschaftlicher Unterlegenheit auf sich hat.

Hitler verlor seinen Krieg nicht zuletzt wirtschaftlich.

Auch Japan mußte erfahren, daß ein Krieg ohne entsprechende Grundlagen von Rohstoffen und Industrie nicht zu gewinnen ist. Die Sowjetunion verdankt ihren Sieg nicht zuletzt amerikanischer Hilfe. Sie allein erhielt von den USA im Rahmen der Pacht- und Leihlieferungen 13 000 Panzer, 15 000 Flugzeuge, 2 300 Geschütze und über eine halbe Million Lastkraftwagen. Militärhilfe aus US-Steuergeldern an andere Staaten erreichte die Höhe von 50 Milliarden Dollar.

Noch nie war Konsum so schön

Amerikanische Bilder anno 1945: Soldaten durften nach ihrer Entlassung ihre Uniformen noch dreißig Tage tragen. »The Best Years of Our Lives«, ein Rührfilm mit einem Kriegsverletzten, wird gedreht, im »52-20 Club« treffen sich arbeitslose Kriegsteilnehmer. Alle erhalten 52 Wochen lang zwanzig Dollar vom Staat. In Georgia werden hundert Trailer für verheiratete Exsoldaten aufgestellt, die keine Wohnung finden konnten. Nach dem GI-Gesetz studierte über eine halbe Million von Kriegsveteranen auf Staatskosten (neben vielen auch der spätere Verteidigungsminister Caspar Weinberger), Marlon Brando wurde für seine Darstellung in »Endstation Sehnsucht« ausgezeichnet, und der kaum dreißigjährige John F. Kennedy gewann in Boston mit dem Slogan: »Eine neue Generation bietet einen Führer.«

Der »größte Trümmerhaufen der Welt« war in der Alten Welt übriggeblieben. Europa zahlte für Gewalt und Krieg den höchsten Preis der Geschichte: Erniedrigung, Spaltung, ausgelöschtes Leben, zerstörte Städte und Hoffnungslosigkeit. Als der Frieden begann, sah es so aus, als ob diese Bilanz der Gewalt die Welt jahrzehntelang in Betroffene und Nichtbetroffene spalten würde. Im deutschen Fall erreichte die Industrieproduktion 1946 nur ein Drittel des Vorkriegsstandes. Die Zerstörungen des unbarmherzigen Luftkrieges (18 600 Bomber und Jäger der USA wurden mit 46 000 Mann in einem zuletzt strategisch umstrittenen Luftkrieg über Europa abgeschossen) waren geringer ausgefallen als allgemein angenommen. Zerstört waren allerdings ein

Drittel der Maschinenbauindustrie, ein Fünftel der Textilindustrie, ein Siebtel der chemischen Industrie des Deutschen Reiches.

Phönix aus der Asche

Ein zerstörtes Europa, ein erniedrigtes Japan, ein ausgeblutetes Rußland und ein pausbäckiges Amerika – was konnte sich daraus ergeben? Von einer einzigen Welt hatten sie geträumt – nicht zuletzt wirtschaftlich –, und die Tatsachen lehrten sie, daß zwischen ihnen Welten lagen. Die USA vereinigten mehr als die Hälfte des Welteinkommens auf sich, während der Rest der Welt ums schlichte Überleben kämpfte. Welches Wunder mußte geschehen, um die Gräben zuzuschütten, die Politik und Gewalt nicht nur moralisch, sondern auch wirtschaftlich aufgerissen hatten? Wo anfangen? Wenn 160 Millionen Amerikaner mit über 3 300 Kalorien täglich ein gesättigtes Dasein führen, während 131 Millionen Europäer mit kaum mehr als 1 000 Kalorien Tagesration hungerten? Wie die Not überwinden und strukturelle Voraussetzungen schaffen, wie Ausgewogenheit, Wachstum und Belastungsfähigkeit versprechen? Was mußte psychologisch geschehen, um der Hoffnungslosigkeit in Europa und der Umstellung von Krieg auf Frieden Herr zu werden? Wirtschaften nach Plan, nach den Gesetzmäßigkeiten des Marktes, in Mischformen? Wer setzt Ziele, wer und was entscheidet?

Die Stunde Null war die Stunde Amerikas. In der Rückschau bestätigt sich, daß die amerikanische Art, zu leben und zu wirtschaften, nach 1945 der Welt den Weg gewiesen hat. Damals freilich war dies den wenigsten bewußt.

Der europäische Kontinent stand im Chaos. Daß der Krieg vorbei war, schuf nur einige Stunden Erleichterung. In Österreich, mit einer Zivilbevölkerung von etwa 7 Millionen, hielten sich am Kriegsende 4,5 Millionen Soldaten auf. Deutsche, Sowjets, Amerikaner, Engländer, Franzosen, Jugoslawen. Der Zivilbevölkerung fehlte es an allem. Zehn Deutsche mußten sich – statistisch – in Wohnräumen zusammenpferchen, wo vor dem Krieg vier gewohnt hatten. Es wurde gehamstert. Es gab einen Schwarzmarkt. Erste Hilfe kam von der United Nations Relief and Rehabilitation Administration, UNRRA. Millionen Amerikaner schickten Carepakete. Dennoch: Die Lebensumstände waren unvorstellbar primitiv und ausweglos.

Amerika war anders. Es stand im Vollsaft. Im Überfluß sollte die Umstellung von Krieg auf Frieden vollzogen werden. Anders als nach dem Ersten Weltkrieg bemühte man sich, weltoffen zu bleiben. Isolationismus hatte keine Chance. Organisiert, wie sie durch den Krieg nun einmal waren, stiegen Wirtschaft und Handel auf Friedenswirtschaft um. Die amerikanische Bevölkerung hatte Geld. Die Stimmung war gut bis ausgelassen. Nicht nur in den 2 000 Drive-in-Kinos zeigte die flotte Hollywood-Filmindustrie, was man ohne Krieg in einer freien Gesellschaft so alles konsumieren kann. Gegen Ende 1945 wird die Lebensmittelrationierung aufgehoben, ein paar Monate später die Preiskontrollen. Zurückgestaute Nachfrage macht sich Luft. Jeder will wieder ein Auto. Reisen wird modern, das eigene Heim zum erreichbaren Ziel. Der Konsum zieht gewaltig an. Unvermeidliche Folge: Die Lebenshaltungskosten erhöhen sich bis 1948 um fast 50 Prozent. Höhere Löhne werden gefordert. Es kommt zu dem, was unter den Kriegsverhältnissen untersagt oder unterdrückt worden war, zu Streiks. Anfang 1946 streiken 1,6 Millionen Automobilarbeiter, Bergarbeiter und Transportarbeiter. Washington will die Dinge nicht treiben lassen. Harry S. Truman, der rechte Demokrat, der Franklin Delano Roosevelt folgte, sieht die Kriegskoalition mit der Sowjetunion zerbrechen, einen Wettkampf der Systeme, eine schicksalsträchtige Auseinandersetzung zwischen Kommunismus und Kapitalismus heraufziehen. Vor diesem Hintergrund bildet sich so etwas wie eine gemeinsame Außenpolitik der Demokraten und Republikaner. Man will Amerika wirtschaftlich und finanziell stark und glaubhaft erhalten.

Deutschland und Griechenland bieten wirtschaftspolitischen Anschauungsunterricht, wie sich Amerikaner und Sowjets politisch auseinanderleben und auf einen kalten Krieg zusteuern.

Berlin, 14. Juni 1947. Die sowjetische Militärverwaltung errichtet die »Deutsche Wirtschaftskommission«. Die sowjetische Besatzungszone soll wirtschaftlich und politisch in den Machtbereich des Ostens integriert werden. London, 21. Februar 1947: Großbritannien, das im Krieg über ein Viertel seines eigenen Wohlstandes verloren hat und zusehen muß, wie sein Einfluß in der übrigen Welt durch das Erstarken des Antikolonialismus schwindet, erklärt sich außerstande, Griechenland (das sich mit kommunistischen Partisanen herumschlägt) weiterhin mit einer halben Milliarde Dollar zu unter stützen und die Türkei mit über 300 Millionen Dollar. Eine Woche später entscheidet Präsident Truman, das britische Engagement zu übernehmen. Ohne Griechenland und die Türkei sieht er nicht nur Südeuropa kommunistischer Expansion machtlos gegenüberstehen, sondern auch den Iran und damit »ganz Asien«. Amerikanischem Steuerzahlergeld folgt amerikanische Einsatzbereitschaft. Zuerst waren es griechische Partisanen, dann ideologische Abwehrbemühungen gegenüber kommunistischer Expansion und schließlich – wie so oft – wirtschaftliche Interessen. Nicht die USA brauchen das Mittelmeer und den Persischen Golf, sondern die Europäer und die Japaner. Das sollte sich über vierzig Jahre später im sogenannten Golfkrieg zeigen. Alte Rivalitäten spiegelten sich in einem brutalen Waffengang. Am Schatt al-Arab kämpften iranische Fundamentalisten gegen arabische Machthaber. Amerikaner und Europäer konnten jahrelang nur zuschauen, auf Vernunft und die Gelegenheit zur Friedensstiftung hoffen. Wirtschaft folgt der Politik, nicht umgekehrt.

Lehren aus der Vergangenheit: Weltoffen

»30 Jahre keine Seidenstrümpfe!« Deutsche Mädchen glaubten zunächst an eine solche Rache der Sieger. Sie hatten 1945 von den Plänen gehört, Deutschland in ein Agrarland zurückzuverwandeln, die Industrie weitgehend zu schleifen und die Bevölkerung durch niedrigen Lebensstandard für die Hitler zeit büßen zu lassen. Sie konnten nicht wissen, daß Präsident Roosevelt solche Ideen seines eigenen Finanzministers Henry Morgenthau weit von sich gewiesen hatte. Umerziehung statt Rache hieß das Motto, Wirtschaftshilfe statt Reparationen, Fairness statt Schikane.

Hatte Amerika also wirklich aus den Erfahrungen der Zeit nach dem Ersten Weltkrieg gelernt? Ohne Zweifel. Erweist sich doch die amerikanische Gesellschaft zu geradezu revolutionären Veränderungen fähig. Wie so oft tritt sie erneuerungsfähig auf. Europäer wirken dagegen inflexibel, rückwärtsschauend, nur bedingt anpassungsbereit. So ist es der Durchschnittsamerikaner, der mit seinem Beispiel – gewollt oder ungewollt – dafür sorgt, daß sein Lebensstil für alle Welt zur Richtschnur wird – positiv und negativ. Die Jones' waren nach 1945 in der Tat in einer anderen Stimmung als am Anfang der zwanziger Jahre. Vom »rugged individualism« (dem rauhen Individualismus) wollte man nichts mehr wissen, weil er für die Weltwirtschaftskrise mitverantwortlich gemacht wurde. Staatshilfe war nicht mehr verpönt, der Wohlfahrtsstaat eine Alternative. Man gab sich progressiv, nicht zuletzt in der Technik. Wenn die USA mit 2 Milliarden Dollar in kaum mehr als vier Jahren die erste Atombombe zu entwickeln imstande waren, warum, so fragten viele Amerikaner, sollte es technisch unter friedlichen Umständen nicht weiter aufwärts gehen.

Der erste Schub ungebrochenen Aufschwungs, bedingt durch den Übergang von der Kriegs- zur Friedenswirtschaft, war schon vor 1945 vorgegeben. Amerikanische Frauen beschränkten sich nicht mehr auf Kindererziehung und Kochrezepte. Die Rüstungswirtschaft hatte ihnen eine neue Form der Gleichberechtigung eröffnet. Dazu kam, daß Schwarze aus Alabama oder Georgia, aus Louisiana und Tennessee nach Detroit oder Chicago zogen, nach New York oder Südkalifornien. Zum erstenmal profitierten sie von Vollbeschäftigung. Leuten vom Land, die – in der Weltwirtschaftskrise arbeitslos – in ihre ländlichen Heimatgebiete zurückgewandert waren, wurden in den vierziger Jahren neue Möglichkeiten geboten. Oft vollzog sich der Sprung von der Agrargesellschaft direkt in die Dienstleistungsgesellschaft. Die alten Industriegebiete erhielten Konkurrenz. Neue Industriejobs, etwa im südlichen Kalifornien, führten dazu, daß in einem Jahrzehnt nach Kriegsende die Bevölkerung von Kalifornien um 50 Prozent zunahm. Millionen, die eine neue Heimat suchten, schafften die größte Völkerwanderung aller Zeiten – in Europa waren es die Flüchtlinge, in Amerika diejenigen, die einen besseren Job suchten.

Millionen Amerikaner machten es Millionen Europäern vor. Man zog in die Vororte, wo die Luft besser ist, wo man Platz hat und moderne Häuser nicht so teuer sind. Das Auto machte beweglich. Wer auf sich hielt, zog hinaus. Während in Europa die Städte wiederaufgebaut werden, werden sie in Amerika jahrelang vernachlässigt. Die Europäer rücken zusammen, die Amerikaner auseinander. In der Alten Welt werden Uniformen zu Zivilkleidung umgearbeitet, in der Neuen kommt die Müllabfuhr mit den Abfällen einer Wegwerfgesellschaft nicht mehr mit. Die Bahnen in Europa transportieren ihre Kunden jahrelang in Viehwaggons oder ungeheizten museumsreifen Transportmitteln, während sich die Amerikaner in Richtung Automobilgesellschaft bewegen. Bald zählt die Doppelgarage zur Standardausrüstung eines mittelständischen Einfamilienhauses. So ist es nur logisch, daß Washington ein großzügiges System transkontinentaler Autobahnen plant. Innerhalb von zehn Jahren gebaut, bekommt dies selbst dem vernachlässigten Mittleren Westen. Auf dem Land leben immer weniger Menschen, die mit modernen Methoden immer mehr produzieren. Die Produktivität der amerikanischen Landwirtschaft wird Weltspitze, während die Europäer noch mit Lebensmittelkarten hantieren.

An der Madison Avenue in New York, wo man Anfang der vierziger Jahre den größten Erfolg der Werbebranche erzielte, indem man dem Volk den Krieg verkaufte, hieß es: »Noch nie war Konsum so schön.« Selbstbewußt, weil kaufkräftig, erfreuten sich viele Amerikaner des ersten optischen Ideenimportes aus Europa, nämlich der Mode aus Paris. Hatte doch die Regulation L-85 im Krieg für die Herstellung von Zivilkleidern strenge Materialbeschränkungen eingeführt: Säume höchstens fünf Zentimeter, nur eine aufgesetzte Tasche per Bluse, keine angenähten Kapuzen oder Schals (obwohl sie große Mode waren), kein Rock weiter als 158 Zentimeter, kein Gürtel breiter als fünf Zentimeter, keine Stulpen an Mantelärmeln. So überraschend diese Kleiderordnung, an die sich viele Amerikaner nicht hielten, verfügt wurde, so schnell verschwand sie. Aus zurückgestauter Nachfrage entwickelte sich in den USA nach Kriegsende ein Nachfragepotential gewaltigen Ausmaßes, nicht nur nach Konsum-, sondern auch nach Investitionsgütern. Washington war vor Kriegsende mit Eingriffen nicht gerade zimperlich gewesen. Nach dem Krieg ließ man die Zügel bald schießen.

Erst nach dem Krieg zeigte sich das wahre Ausmaß der Katastrophe, der weltweiten Veränderung. Nie zuvor waren die Völker einem solchen Aderlaß, einer solchen Belastung und moralischen Verwirrung ausgesetzt. So nimmt es nicht wunder, daß nach der ersten Verschnaufpause die Auseinandersetzung um die Rolle des Staates mit neuer Intensität einsetzte.

Wer im Westen Deutschlands nach dem Verhältnis Staat und Politik forschen wollte, mußte Mitte der vierziger Jahre eine Kaserne zwischen Krautäckern besuchen. Dwight D. Eisenhower hatte ihr den Namen des Ausbildungschefs der amerikanischen Armee, Lesly James McNair, gegeben. Trainiert wurden dort aber nicht mehr Soldaten, sondern Verantwortliche der Wirtschaft. Ein untersetzter Mann mit leiser Stimme und durchdringendem Blick, der mit brennender Zigarre aufzutreten pflegte, glaubte felsenfest an einen Ausweg aus Hunger, Not und Hoffnungslosigkeit. Sein Name: Ludwig Erhard. Der Professor der Nationalökonomie, der sich schon im Krieg mit modernen Absatzmethoden theoretisch befaßt hatte, schritt unbekümmert in die Praxis: Staatliche Vorschriften mit einem Schlag beseitigen und auf Kräfte des Marktes vertrauen, dem privaten Bürger Entfaltungsmöglichkeiten bieten, dann werde man schon sehen, daß ohne staatliche Kommandowirtschaft besser zu leben ist. Eine ganze Schule von deutschen Nationalökonomen hatte sich zusammengetan, um den Beweis zu erbringen, daß eine sozial verpflichtete Marktwirtschaft einer modernen Demokratie das Rückgrat verschafft. Wilhelm Roepke, Alfred Müller Armack, Walter Eucken, Friedrich August von Hayeck, Constantin von Dietze, Adolf Lampe – sie bedurften keines Anstoßes aus Washington. Als ihnen das Hitler-Regime die gedankliche oder die persönliche Freiheit geraubt hatte, hatten sie sich bereits auf neue Formen einer belastungsfähigen Wettbewerbsordnung eingeschworen. »Weniger Staat« und »weniger Kollektiv«, diese Parolen benutzte Ludwig Erhard, der unerschrockene Verkäufer der Marktwirtschaft, als ihm noch Kontrollen, Verstaatlichung anempfohlen wurden. Ihm wie seinem österreichischen Kampfgefährten Reinhard Kamitz wurde bereits in den vierziger Jahren entgegengehalten, was bis an das Ende des Jahrhunderts gegen eine funktionierende Marktwirtschaft vorgebracht wird: Ein staatsfreier Markt sei eine erbarmungslose Hochleistungsmaschine. Sie laufe jeder Kritik und Moralität zuwider und mache den Eigennutz zum Götzen der Gesellschaft, das »gemeine Wohl« werde vernachlässigt.

Erhard und die Marktwirtschaftler hatten es nicht leicht. Im fernen Washington verstand man zunächst diesen faustischen Prinzipienstreit um die bessere Wirtschaftsordnung nicht. In Europa, wo mit der Wirtschaft hergebrachte Lebensformen aus den Fugen geraten waren, ließ der Kampf ums Überleben bei den meisten weder Zeit noch Sinn zum Philosophieren. Um so überzeugter und gedanklich fundierter gingen die Marktwirtschaftler ans Werk: den Überhang an Kaufkraft beseitigen, die vorhandenen Produktionsmöglichkeiten ermuntern, dem Verbraucher vertrauen und der Wirtschaft Bewegungsspielraum zurückgeben. Freilich nicht unbegrenzt; Wettbewerb sollte nur im Rahmen staatlich vorgegebener Mechanismen stattfinden. Dieses Konzept war selbst eingeschworenen Bürgerlichen in der europäischen Industrie am Anfang zu kühn und deshalb verdächtig. Der amerikanischen Besatzungsmacht war vor einem Sprung ins kalte Wasser der Marktwirtschaft auch etwas unheimlich. Sie zögerte.

Bis zum 20. Juni 1948. An diesem regnerischen Sonntag erhält jeder Westdeutsche und jeder Westberliner gegen Vorlage von 60 Reichsmark ein Kopfgeld von 40 Deutschen Mark. Die Konten werden 10 zu 1, später 6,5 zu 1 umgestellt. Die D-Mark war geboren – sie sollte einen Siegeszug antreten. Jahrzehnte später nimmt sie es mit dem Dollar auf. Schon am nächsten Montag füllten sich die leeren Regale, »freie Ware« stand da, der Spuk des Schwarzmarktes war vorbei. Die Wirtschaft zog an. In einem eigenartigen Zusammenspiel von zwei ungleichen Männern ging eine risikoreiche Rechnung auf, nämlich des Franken Erhard und des Amerikaners Tenenbaum. Dieser Wirtschaftsexperte der amerikanischen Militärregierung starb – bald vergessen – nach einem Autounfall in New York. Er selber war immer davon überzeugt, daß es die Deutschen zu so etwas wie einem Wirtschaftswunder bringen würden. Als sich Erfolg einstellte, hatte man es im fernen Washington schon immer gewußt.

MacArthur und Japans Wirtschaftswunder

Der Kaiser spricht vom Undenkbaren, das denkbar geworden sei. Japan gibt militärisch auf. Die Worte, mit denen er nach dem Abwurf der beiden Atombomben die bedingungslose Kapitulation seines Landes über das Radio einleitete, klangen noch nach, als Japan wirtschaftlich schon durchstartete. Mit amerikanischer Hilfe. Ein General, den die einen für einen Haudegen, die anderen für einen eitlen Wichtigtuer hielten, nämlich Douglas MacArthur, schaffte mit Japan die erstaunlichste Erfolgsgeschichte Amerikas in Asien.

MacArthur regierte ebenso energisch wie geschickt. Wie ein zweiter Kaiser. Prompt sorgte er für die wirtschaftliche Gesundung Japans, dessen Städte zu über einem Drittel durch US-Bombenangriffe zerstört waren. MacArthurs Geschick bestand darin, die Japaner kulturell voll zu respektieren, politisch und wirtschaftlich zu motivieren und – bei allem Reformeifer – ihre Traditionen zu achten. Die Veränderungen, die unter seiner »Herrschaft« vollzogen wurden, stammten zwar teils aus dem State Department in Washington, teils aus den »Think Tanks«, amerikanischen Spezialinstituten, teils aus den Erkenntnissen einfühlsamer amerikanischer Besatzungsoffiziere.

Anders als in Deutschland, wo die Militärregierung die gesamte Macht und damit auch die gesamte Verantwortung übernahm, bediente sich das Regime MacArthur indirekter Methoden. Amerika loyal ergebene japanische Politiker wie Yoshida Shigeru nutzten die Chance einer demokratischen Erneuerung. Japan wurde stärker westlich orientiert als bei der Meiji-Restauration in der zweiten Hälfte des 19. Jahrhunderts. MacArthur war kein zweiter Kommodore Perry, der 1854 gewaltsam in japanische Häfen eindrang. Nach dem Sieg von 1945 betrieb er Ideenexport von West nach Ost. Der Staat ist für seine Bürger da, verkündete er geduldig. Zu MacArthurs aufmerksamsten Zuhörern gehörte der Kaiser: Landreform, Familienreform, Justizreform, parlamentarische Demokratie und vor allem eine wachstumsorientierte Wirtschaftsordnung. In einmaliger Mischung von staatlich gesetzten Rahmenbedingungen, elitären Verständigungseinrichtungen zwischen Wirtschaft und Verwaltung und urkapitalistischem Laisser faire wurde unter MacArthur die Grundlage für Japan als Wirtschaftsweltmacht gelegt.

Herausforderung: Amerikanisch? Europäisch? Japanisch?

Tokio, Juni 1979, die Wiener Volksoper gastiert mit der Fledermaus. Bombenstimmung. Applaus, im rechten Augenblick Lacher über die Witze und Witzchen des Froschs im dritten Akt. Verstehen denn die meisten der viertausend Japaner deutsch? Natürlich nicht. Vielmehr hatten genügend erfahrene Theatergänger aus dem Programmheft die ins Japanische übersetzten Froschmonologe gleichsam auswendig gelernt, um sich an der richtigen Stelle amüsieren zu können. Beim Empfang nach der Vorstellung wird nicht nur über Fleiß und Unterhaltung gesprochen. Man kommt auch mit einem gutaussehenden, großgewachsenen Japaner ins Gespräch. Auf deutsch erzählt Norio Ohgu, als Bassist in europäischen Opernhäusern gastiert zu haben, bevor er – der aus einer alten Samurairitter-Familie stammt – zurückgerufen und in das Management des Elektrogiganten Sony berufen wurde. Ob man ihn besuchen und interviewen kann? Gefragt, getan.

Am nächsten Morgen quer durch Tokio. Jedermann weiß, wo die Zentrale des japanischen Nobelunternehmens angesiedelt ist. Man wird begrüßt, in die oberen Etagen geleitet. Ein elegant eingerichteter Konferenzraum. Norio Ohgu im hellblauen Kittel – wie alle im Haus. Schon auf die erste Frage nach der »Philosophie«, die hinter dem Erfolg von Sony stecke, lautet Ohgus Antwort ohne Zögern: »Wir Japaner haben den Krieg militärisch verloren, wir werden ihn wirtschaftlich gewinnen.«

Was Härte, Ausdauer, Erfolgsstreben und Traditionsbewußtsein vermögen, zeigte sich ein gutes Jahrzehnt später.

Japan verfügt in Amerika über eine Position, wie sie in ihrer Stärke kein anderes Land in der modernen Wirtschaftsgeschichte erreicht hat: Fabriken entstehen auf der grünen Wiese, Gemeinschaftsunternehmen mit amerikanischen Firmen werden gegründet, amerikanische Unternehmen in großem Stil aufgekauft; Japan steigt wie kein anderes Land in den Grundstücksmarkt der USA ein; japanische Technologie wird mit amerikanischer gepaart, Managementmethoden Asiens genutzt, um Produktivität und Qualität zu steigern. In Spezialkursen werden biedere US-Manager mit japanischem Führungsstil vertraut gemacht, japanisch denken, japanisch regieren, japanisch disziplinieren, japanisch feiern. Sklavische Nachahmung, die in den dreißiger Jahren japanischen Firmen bei Produkten angekreidet wurde, reicht – umgekehrt – in den achtziger Jahren bei Menschen bis an die Lächerlichkeit: Auf Seminaren in Luxusherbergen wird Amerikanern Schreien gelehrt, weil Japaner ihre Verkrampfungen durch Schreien zu lösen pflegen. Zwei Kulturen mischen sich – ein Jahrhundertvorgang.

Für die Leute von Lebanon im amerikanischen Bundesstaat Tennessee ist Bob Burton ein Held. Als Soldat der Marines hat er jahrelang wie Millionen Amerikaner gegen die Japaner gekämpft. Von Insel zu Insel. Auf den Philippinen hat Bob Burton einen Orden erhalten. Er verschweigt nicht, seinerzeit im Kampf Japaner getötet zu haben. Mitte der siebziger Jahre – Bob Burton ist inzwischen Vermessungsbeamter der Stadt Lebanon – trifft er im Rathaus Manager von Sony. Die Japaner wollen eine Fabrik für Fernsehgeräte errichten. Er erzählt ihnen seine Kriegserlebnisse, offen, jedoch nicht feindselig. Und die Japaner hören ihm geduldig zu, auch nicht feindselig. Man spricht vom Wandel und von der Zukunft. Handschlag, als ob über vierzig Jahre vorher nichts geschehen sei.

Ende der achtziger Jahre bekennen sich 85 Prozent der Leute von Tennessee zur Ansiedlung japanischer Firmen.

Mitten in der Provinz, zwölf Stunden von New York, zwei Stunden von Atlanta und acht Stunden von Dallas entfernt, arbeiten zwischen Memphis und Knoxville, zwischen Chattanooga und Nashville 10 000 Amerikaner direkt für japanische Unternehmen und an die 30 000 bei Zulieferfirmen. 35 von Japan bestimmte Firmen produzieren im US-Bundesstaat Tennessee, 25 haben Handelsniederlassungen. In Umkehr früherer Verhältnisse folgen amerikanische Großunternehmen im eigenen Land dem japanischen Beispiel. So General Motors. Für annähernd zwei Milliarden Dollar errichtet der Konzern eine neue Autofabrik in Springhill, zunächst für 3 000 Beschäftigte. Ende des Jahrhunderts produzieren dort General Motors ihr neues Automodell »Saturn«. Diese Investition ist allerdings fünfmal größer als die umfangreichste japanische, nämlich jene von Nissan. Nachdem sich der japanische Autoerzeuger in 24 US-Staaten umgesehen hatte, entschied er sich – vom Staat Tennessee großzügig unterstützt – für Smyrna bei Nashville. Mit bald einer Milliarde Dollar handelt es sich dennoch um eine der größten Unternehmungen außerhalb Japans.

Europa kommt zu kurz, und der pazifische Raum drängt nach vorn. Ende der achtziger Jahre läßt sich das ebenfalls an einem Autobeispiel ablesen. Volkswagen gibt nach zehn Jahren die Eigenproduktion in den USA auf. Während Japan einsteigt, steigt Deutschland aus. Das VW-Werk Westmoreland in New Stanton, Pennsylvania, ausgelegt für eine viertel Million Autos jährlich, schließt nach Jahresverlusten von 120 Millionen Dollar. 2 500 Beschäftigte verlieren ihren Job. Wegen Absatzmangels war schon Anfang der achtziger Jahre eine Schicht mit 1 500 Beschäftigten überflüssig geworden. Der Erfolg des Käfers der fünfziger und sechziger Jahre ließ sich nicht wiederholen.

Japan greift nach US-Firmen

15 000 Beschäftigte, 23 Milliarden Dollar US-Umsatz, 20 Milliarden Dollar Auslandsumsatz, über zwei Milliarden Dollar Gewinn. Ein Superbeispiel, wie japanische Firmen nach amerikanischen Unternehmen greifen. Die größte Wertpapierhandelsfirma der Welt engagiert sich bei einem der erfolgreichsten Unternehmenshändler der Welt, die Nomura Securities Company mit 20 Prozent bei Wasserstein & Perella. Die Versicherungsgesellschaft Nipon steigt bei Shearson & Lehman mit 13 Prozent ein, das Bankhaus Sumitomo mit 12,5 Prozent bei Goldman Sachs, die Versicherungsgesellschaft Yasuda bei Paine Webber oder das Bankhaus Yamaichi bei der Lodestar Group mit 25 Prozent. Diese Momentaufnahme vom Herbst 1988 zeigt die Auswirkungen des erstarkten Yen. Bis dahin hatte sich die japanische Industrie auf dem amerikanischen Markt mit Beteiligungen und Direktinvestitionen so erfolgreich bewegt, daß japanischen Banken und Versicherungen, die normalerweise noch vorsichtiger als Industriegiganten operieren, Appetit gemacht wurde, selber in New York, Chicago und Kalifornien aktiv zu werden. Bisher waren Banken nur eingeschaltet, wenn etwa Bridgestone, der japanische Gummigigant, Firestone oder Sony das CBS-Plattengeschäft kauften. Kann es erstaunen, daß erneut Stimmen gegen internationale Kapitalverflechtungen laut werden?

Auf dem Kapitol zu Washington spricht man flugs von einem drohenden Ausverkauf Amerikas, und das Finanzministerium in Tokio mahnt die japanische Wirtschaft zur Zurückhaltung bei Auslandsengagements. Amerika wird zum Schutzbefohlenen Japans – welch ein Wandel. Ihn belebt der Markt, wo der Stärkere nun einmal anschafft. In Umkehr früherer Jahrzehnte, wo Amerikaner den Ton angaben, müssen sie erfahren, daß Freiheit unteilbar ist. Verflechtung funktioniert auf lange Sicht nur bei Gegenseitigkeit.

»Die amerikanische Herausforderung«, noch ist es erst einige Jahre her, daß ein Buch Europa alarmiert hat. Amerika sei überlegen. Es bestimme den Lauf der Welt, beherrsche die Wirtschaft, lenke die Wissenschaft, beeinflusse die Kapitalströme, dominiere die Märkte – und die Alte Welt habe mit unzulänglicher Forschung und unzureichenden Managern gegenüber Amerika das Nachsehen. Die Thesen stammen von J.-J. Servan-Schreiber, dem stolzen Franzosen, der selbstkritisch um Europa und seine wirtschaftliche sowie gesellschaftliche Zukunft fürchtete. Traf er den Nagel auf den Kopf? Jahrelang war es Mode, daran zu glauben. Kaum zwanzig Jahre später erscheint das Kräftemessen der Industriegiganten in einem anderen Licht.

Nun heißt es, Europa bestimme das Schrittmaß wissenschaftlich und technisch, während Japan auf den Märkten dominiere, zuerst bei Fotoapparaten, Autos, Elektronik und schließlich beim Kapital. Felix Rohatyn, der geborene Wiener, der in den fünfziger und sechziger Jahren zum »Kissinger der Finanzwelt« aufrückte, sieht das hehrste Gut der amerikanischen Nation in Gefahr: die Entscheidungsfreiheit. Der schwache Dollar mache die anderen – unverdient – stark, Amerika werde seiner wirtschaftlichen Substanz beraubt. Ein starker Yen und ein entsprechend schwacher Dollar machten es beispielsweise für Sony möglich, beim Kauf von CBS-Platten rechnerisch eine Milliarde Dollar einzusparen, genauer: in diesem Maß am Wechselkurs zu profitieren. Der diskrete Investmentbanker Rohatyn, der zuerst die Wall Street vor Funktionsunfähigkeit und dann die Stadt New York vor einem Finanzkollaps bewahrte, pocht auf Fairness und freien Zugang rund um die Welt. Japan und Europa diskriminierten Amerika.

Wer hat recht? Der politisierende Schreiber, der schreibende Politiker Servan-Schreiber? Der mächtige Banker, der vom

Rockefeller Center in New York aus Milliarden bewegt? Oder beide, jeder in seiner Zeit? Erfahrungen der Wirtschaftsgeschichte sprechen für beide. Im Geben und Nehmen läßt sich noch während des amerikanischen Jahrhunderts ablesen, was es mit der Freiheit von Geld und Kapital auf sich hat. Wenn es um Strukturwandel geht, um Auslese in einem freien Markt, um Staatseingriffe und private Marktbeherrschung, etwa durch Kartelle, zeigt sich: Hinter theoretischen Begriffen steckt ein weiteres Mal Politik. »Feste oder freie Wechselkursse«, »Liberalisierung«, »Konvertibilität«, »Marktbeherrschung« oder »Wettbewerbsgleichheit«. Der Weltmarkt erweist sich, wenn man ihn nur läßt, als der Stärkere gegenüber Beschränkungen amtlicher oder privater Art. Auch Notenbanken markieren Grenzen, wenn sie sich um den Preis des Goldes oder den Wert des Dollars kümmern. Dies geschieht auch im amerikanischen Fall nicht immer ganz freiwillig.

Daß es eine Bank der Banken unverdrossen mit Mächtigen der Politik aufnehmen kann, lehrt das Verhältnis zwischen dem Federal Reserve System und dem politischen Apparat von Washington. Für die Unabhängigkeit einer Notenbank, in allen Ländern ein dornenreiches Problem, liefert die Machtbalance von Washington ein überzeugendes Beispiel. Nach außen wird es schon durch das Gebäude des Federal Reserve an der Constitution Avenue symbolisiert. Strahlendweißer Marmor für Integrität, klare architektonische Linien als Beweis dafür, daß man weiß, was man will. Und dazu großzügige Unnahbarkeit, die Unabhängigkeit signalisieren soll. Das repräsentative Fed-Gebäude wurde in den dreißiger Jahren als Notstandsmaßnahme zwecks Arbeitsbeschaffung gebaut. Gespart wurde nicht. Die amerikanische Notenbank wollte es mit den Geschäftsbanken auch in der Repräsentation aufnehmen. Erst recht mit der Diskretion. Bei aller Distanz zur Betriebsamkeit der Politiker bot dann das Gebäude im Zweiten Weltkrieg den verläßlichen Rahmen für Sicherheit und Vertraulichkeit. Präsident Roosevelt und Premierminister Churchill pflegten sich im großen Konferenzsaal der Fed zu treffen – dort also, wo heute über Geldmengen, Zinsen, Konjunktur und damit das Lebenselixier der amerikanischen Demokratie entschieden wird. Für viele wirken die Gouverneure der amerikanischen Notenbank mächtiger als Präsident und Kongreß zusammen. Ihre Macht wird durch das Geheimnis, das sie umgibt, noch verbreitert, ihre Legitimation nicht in Frage gestellt, weil ›chairmen‹ wie Arthur Burns, Paul Volcker und Alan Greenspan ihren Einfluß wirtschaftspolitisch niemals mißbrauchten. Wenn es um Wirtschaftswachstum oder Geldentwertung geht, weiß die amerikanische Notenbank um Loyalitäten und Pflichten gegenüber Präsidentschaft und Kongreß. Natürliche Meinungsverschiedenheiten mündeten in keinem einzigen Fall in einen konstitutionellen Streit um die Unabhängigkeit der Notenbank. Um diese Partnerschaft, die die Weltwirtschaftskrise und Bankpleiten überstand, werden die USA vielfach beneidet. In anderen Ländern hat dieses verhältnis zu Krisen, Fehlentwicklungen, Ausfällen geführt. Der Triumph der Diskretion im sonst so geschwätzigen Washington wird der Fed von keiner Seite streitig gemacht.

Das besondere Metall

Seit dem Goldrausch, der für manchen noch Ende des 20. Jahrhunderts anhält, bilden Gold und Dollar eine Allianz besonderer Art. Einmal »heilig«, ein anderes Mal »unheilig«, fasziniert das gelbe Metall wie eh und je. Als Großlieferant von Gold traten die USA schon lange hervor, bevor sie überhaupt zur Welthandelsmacht aufrückten. Was die Goldsucher in den Rocky Mountains, in der Wüste von Arizona oder in der eisigen Einsamkeit des Yukatan – zuerst primitiv und dann industriell – schürften, mag dem einen Profit, dem anderen Enttäuschung gebracht haben. Seit

Menschengedenken ist jedenfalls Gold mehr als ein Gegenstand für Sammler, reiche Leute, Juweliere, Zahnärzte oder Spekulanten. Dieses besondere Metall hat immer wieder dazu beigetragen, die internationale Währungsordnung in der Balance zu halten. Jahrzehntelang hat Gold als Standard einen arbeitsfähigen Mechanismus für den Austausch von Waren und Kapital abgegeben. Bei Ländern verhält es sich dabei wie bei Unternehmen oder Einzelpersonen. Wer gut wirtschaftete, zog Gold an, konnte sich Gold leisten. Gold machte stark.

Teddy Roosevelt, dieser Dollarimperialist klassischen Zuschnitts, hielt wenig von Silber und setzte um die Jahrhundertwende auf Gold. 33 Jahre lang war der Dollar 1,504632 Gramm Feingold wert. Nach der Weltwirtschaftskrise waren es dann nur noch 0,888671 Gramm. Es kam zur »goldenen Bremse an der Kreditmaschine« (Schumpeter).

Ruhe, Stabilität, Fairness und Überschaubarkeit bestimmten das Denken und Handeln nach dem Ende des Zweiten Weltkrieges. Auch Währungspolitiker konnten sich dem Drang nicht entziehen, solide wieder von vorn anzufangen. Wirrwarr und Willkür der dreißiger Jahre wollte man hinter sich lassen. Daß der Dollar beim Neubeginn die Vormachtstellung der USA widerspiegelt, war unbestritten. Bestritten war schon eher der Versuch, mit einem festen Goldpreis von zuerst 35 und dann 38 Dollar je Feinunze zu operieren. Das System fester Kurse kam ins Rutschen und später ins Schleudern, weil sich die wirtschaftlichen Leistungsfähigkeiten unterschiedlich entwickelten – und schließlich feste Kurse unrealistisch machten.

Der Dollar hat erfahren, was es heißt, Leitwährung zu sein. Gesamtwirtschaftlich hat er Überschüsse und Defizite zu verkraften. Im eigenen Land und weltweit. Die Doppelfunktion, Landeswährung und Leitwährung zu sein, bescherte über die Jahrzehnte immer wieder Zerreißproben. Anfang der siebziger Jahre kam dann der Abschied von festen

Wechselkursen. Wirtschaftspolitische Sünden innerhalb der USA und Verlagerungen der Welthandelsströme hatten feste Austauschverhältnisse überfordert. Dollarlücke und Dollardrive setzten festen Paritäten ein Ende. Vorbei war die Zeit, wo für einen Dollar 4,20 DM oder 28 Schilling als Mittelwert gezahlt wurden. Bis der Dollar gehandelt wurde wie Bananen, zogen die achtziger Jahre herauf. Angebot und Nachfrage von Dollar und D-Mark, neue Fixsterne freier Devisenmärkte, pendelten sich zuerst bei 1:3 ein, dann bei 1:2, und schließlich gab es 1988 den Tiefsstand. Der Dollar war nur noch 1,57 DM wert. Die Schwäche des Dollar spiegelte ebenso verläßlich die veränderten Welthandelsverhältnisse wider wie früher seine Stärke. Während sich die Währungspolitiker mit dem hohen Handelsbilanzdefizit der USA jahrelang herumplagten, sorgte der Dollar für ein weiteres Phänomen: Als Zahlungsmittel war er weltweit uneingeschränkt gut. Dem Taxifahrer in Warschau waren Dollars ebenso willkommen wie dem Juwelier in Zürich, dem Grundstücksverkäufer in Lateinamerika ebenso wie dem Aktienhändler in Tokio, dem Öldisponenten in London ebenso wie der Verkäuferin im Moskauer Ausländergeschäft. Kartelle wollten sich auch nicht vom Dollar trennen, selbst wenn es sie an den Rand der Funktionsfähigkeit brachte, wie das Preiskartell der OPEC, der ölproduzierenden Länder. Setzten doch alle nach wie vor auf die Leistungsfähigkeit der amerikanischen Wirtschaft und darauf, daß die USA weltwirtschaftlich einen sicheren Hafen abgeben.

Es lebe die Einfuhr

Amerika lebt über seine Verhältnisse. Dieser Dauervorwurf stammt nicht nur von Europäern und Japanern, die sich in dauerhafter Gläubigerposition nicht ganz wohl fühlen – indem etwa von Tokio aus Jahr für Jahr bis zur Hälfte der amerikanischen Staatspapiere aufgekauft werden. Ebenso schwerwiegend ist, daß die USA insgesamt mehr einführen als ausführen. Gegen Ende des amerikanischen Jahrhunderts haben sich »die Amerikaner« daran gewöhnt.

Ein Tag im Leben eines amerikanischen Managers: Der Wecker ist japanisch, der Kaffee brasilianisch, die Milch amerikanisch wie das Weißbrot, die Küche deutsch, die Zeitung und das Fernsehprogramm amerikanisch, das TV-Set japanisch, der Anzug italienisch, das Hemd taiwanesisch, die Schuhe schweizerisch, das Auto englisch, der Fotoapparat stammt aus Singapur. Das Bürogebäude hat ein Finne gebaut, ein Chinese eingerichtet, die Telefonanlage ist kanadisch, die Leitung amerikanisch, die Computeranlage zeigt zwar ein amerikanisches Patent, ist aber teilweise in der Bundesrepublik entwickelt und in Spanien erzeugt. Die zweite Geschäftssprache ist Spanisch. Im Club gibt es chinesisches Mittagessen, französischen Wein. Am Nachmittag kommt eine polnische Delegation der Möbelindustrie zur Besprechung, am Abend geht man in eine italienische Oper. Was deutschen Geschäftsleuten danach imponiert, ist die Kulisse der Wolkenkratzer von New York. In dieser quirligen Stadt kreuzen sich mehr internationale Interessen als amerikanische.

Wie können wir mit Sojabohnen, Weizen, Mais, Kohle und bestenfalls Flugzeugen auf der Seite des amerikanischen Exports für Ausgleich sorgen? Seit Jahren fragten sich dies besorgte Amerikaner. Sie beklagten ihren Rückstand in der Produktivität als Folge lückenhafter Ausbildung und systemfremder Mentalität. Eine Managergeneration nach der anderen spricht von Unterkapitalisierung, falschem Denken in Quartalsgewinnen statt in langfristigen Planungen. Forschung, Produktion, Kooperation und Absatz einschließlich Export geraten nur kurzatmig. Mangel an solider Rentabilität und strategischem Marktdenken rächt sich.

In den achtziger Jahren vollzog sich ein tiefgehender

Wandel. Von Monat zu Monat wurden bis zu 50 000 neue Arbeitsplätze geschaffen. Es begann in Mittel- und Kleinbetrieben, später zogen Großbetriebe nach. Mehr Forschung, mehr Systematik, mehr Qualität, mehr Orientierung nach den Märkten. Verbraucherbedürfnisse wurden näher besehen.

Ein amerikanisches Wirtschaftswunder: Mit 119 Millionen waren noch nie so viele Amerikaner im Arbeitsprozeß eingegliedert. New York hat die höchste Beschäftigtenzahl seit Jahrzehnten. Millionen Schwarze können zum erstenmal regelmäßig arbeiten. Die Arbeitslosigkeit schwarzer Teenager – strukturell überhöht – sinkt. Das Durchschnittseinkommen der Amerikaner bedeutet mit 18 500 Dollar im Jahr Weltrekord.

Zum erstenmal in der modernen Wirtschaftsgeschichte ändern sich die Spargewohnheiten der Amerikaner: mehr langfristige Anlagen in Konten und Wertpapieren statt Vorgriff auf laufenden Verbrauch. Dennoch bleibt die US-Sparrate im internationalen Vergleich niedrig. Nach sieben Jahren Konjunktur werden nicht nur nationalökonomische Theorien widerlegt, sondern sogar die Bibel. Für diese »fetten sieben Jahre« ist der Preis freilich hoch. Inflation droht, und mit ihrer Umwelt wird die amerikanische Wohlstandsgesellschaft weniger denn je fertig. Das Verursacherprinzip, in Europa inzwischen weithin akzeptiert, hat in Amerika einen schweren Stand. Zu viele haben zu lang an das »Land der unbegrenzten Möglichkeiten« geglaubt. Für alle und alles sei genug Raum, »Mutter Natur« schaffe es schon.

Wie sie in der Neuen Welt unbefangen aus dem vollen schöpfen und sich dabei von anderen – bewußt oder unbewußt – reichlich finanzieren lassen, zeigt das Haushaltsdefizit. Daß der amerikanische Staat strukturell mehr ausgibt als einnimmt, dafür müssen andere Staaten geradestehen. Paradox dabei ist, daß Länder mit hohen Steuern den USA, die sich einer niedrigen Steuerquote erfreuen, beispringen. Pensionisten in Miami, Bahnbenutzer zwischen Boston und New York, Bauern westlich des Mississippi oder Rüstungsarbeiter in Kalifornien mögen nicht realisieren, woher Teile der Washingtoner Budgetgelder stammen, nämlich vom Automobilarbeiter in Tokio, dem Elektroingenieur in Osaka, dem Kumpel an der Ruhr, dem Textilarbeiter in der Po-Ebene oder dem Stahlkocher aus Linz. Amerika läßt sich ungeniert helfen, manche sagen aushalten.

Wie man aus Staatsverschuldung ein Geschäft machen kann, wissen nicht nur die Leute von der Wall Street, sondern auch ihre Kollegen von der Börse in Tokio. Mit der Plazierung von Treasury Bonds, die europäisches und vor allem japanisches Kapital zwecks Deckung des Defizits im US-Staatshaushalt milliardenfach über die Ozeane transportieren, ergeben sich neue Abhängigkeitsverhältnisse. Ohne Auslandshilfe wären die Vereinigten Staaten von Amerika als Bundesinstanz zahlungsunfähig. Die Kommerzialisierung der US-Staatsausgaben Ende des 20. Jahrhunderts steht in einem unübersehbaren Gegensatz zu dem, was die USA Ende des 19. und Anfang des 20. Jahrhunderts zum größten Schuldnerland der Welt gemacht hatte – wachsende Überlegenheit. Damals hat Europa die amerikanische Industrie und Infrastruktur privatwirtschaftlich finanziert. Das Eisenbahnnetz verdankt seine kontinentalen Ausmaße großenteils europäischen Anleihen. Wie die Elektrifizierung, wie Kanäle und die Grundstoffindustrien. Engländer, Deutsche, Franzosen und all die anderen sind dabei nicht schlecht gefahren. In Amerika wurden allezeit hohe Gewinnspannen geboten.

Im moralischen Sinn zurückgezahlt haben die Amerikaner dann zweimal: nach dem Ersten Weltkrieg durch Verzicht auf Reparationen, nach dem Zweiten Weltkrieg mit dem Marshallplan als horizontalem Finanzausgleich zwischen der Neuen und der Alten Welt. Kalkulierte Großzügigkeit.

Beim Geben und Nehmen von Kapital stellt sich die alte Frage stets aufs neue: Wer ist von wem abhängig, wer macht sich wen untertan? Jede Periode liefert dafür eine eigene Antwort.

Es war die Zeit, als die Bauern morgens bei Sonnenaufgang mit dem Pferdefuhrwerk ihre Milch ausfuhren. Sie kamen aus Hochheim am Main, ihre Kunden waren Hotels in der Frankfurter Innenstadt und vermögende Frankfurter. Mit ihnen kam regelmäßig eine energische Frau. Sie bot Nähmaschinen an. Aus eigener Erzeugung, aus der Werkstatt von Adam O. Opel. Ihr Mann war gestorben, und so mußte sie Nähmaschinen von Haus zu Haus verkaufen. Mit Fahrrädern ging es dann bei Opels schon besser. 1889 begannen sie dann die Herstellung von Kraftfahrzeugen. Ihr Enkel, Fritz von Opel, wandelte Mitte der zwanziger Jahre das Familienunternehmen in eine Aktiengesellschaft um und verkaufte sämtliche Beteiligungspapiere an General Motors. Er, der Sportsmann, wollte freie Hand haben für eine neue Technik, genannt Raketenantrieb. 1929 war es dann soweit. Der erste Raketenflug der Welt fand statt. Die Opelsche Pulverrakete flog drei Kilometer weit und erreichte 150 Stundenkilometer. Ein erster Rekord und der Beginn eines neuen Zeitalters um den Preis unternehmerischer Abhängigkeit. Mancher gestandene Bürger von Frankfurt machte sich nachträglich Vorwürfe. Eigenes Kapital hätte es statt ausländischer Investition auch getan. Zu spät.

Daß General Motors, damals schon das größte Industrieunternehmen der Welt, bei Opel einstieg, bedeutete zwar nicht die erste amerikanische Investition in Deutschland, jedoch die aufsehenerregendste. Mitten in den goldenen Zwanzigern, wo allerorten so viel spekuliert wurde, war es Mode geworden, internationale Operationen einzufädeln. Arbeitsteilung auf und mit fremden Märkten statt Tonnendenken zu Hause. Den multinationalen Unternehmen, später abfällig »Multis« genannt, schlug die Stunde. Bescheiden und überschaubar begann, was dann als Ausdruck des Dollarimperialismus und eines raffgierigen Kapitalismus rein amerikanischer Ausrichtung verteufelt wurde.

Geteilte Arbeit, geteilter Fortschritt

Amerikanische Industrieunternehmen erweiterten ihre Handelsbasis in Übersee, beteiligten sich mit Minderheits- oder Mehrheitsbesitz und kamen auf den Geschmack der Arbeitsteilung. Arbeitsteilung nicht nur durch Nutzung günstiger Produktionsbedingungen, also billiger Produktionsfaktoren wie Kapital und Arbeit, sondern oftmals auch durch Einbeziehung des Wissens- und Erfahrungspotentials anderer Länder. Bald stellte sich eine geteilte Marktstrategie ein.

Mit Europa konnte man sich industriell auf gleicher Ebene schnell und verhältnismäßig gradlinig arrangieren; gute Geschäfte unter Partnern, die sich gegenseitig anerkennen. Anders in anderen Teilen der Welt. Dort, wo vor dem Zweiten Weltkrieg Kolonialismus noch recht ungeschmälert herrschte, wurden US-Investitionen bestenfalls zu einem Vorgriff auf Entwicklungshilfe. Mit ihrem hemdsärmeligen Gewinnstreben, das Europäer oft auch nur schwer verstanden und ertrugen, machten sich Amerikaner mit ihrem Überlegenheitsgefühl in Lateinamerika, in Asien und in Afrika nicht gerade Freunde. Ungeduldiges Drängen auf Effektivität und kulturelle Unterordnung unter amerikanische Methoden legte schon in den zwanziger und dreißiger Jahren die Grundlage für einen (später virulenten) Antiamerikanismus in der Dritten Welt. Großzügigkeit gegen enttäuschte Zuneigung und politisierte Vorurteile: Über 53 Milliarden Dollar Auslandshilfe aus amerikanischen Steuergeldern zwischen 1962 und 1980 bewirkten keine Wende. Amerika erfuhr, was Kolonialmächte zur Kenntnis zu nehmen haben – Dankbarkeit ist die Ausnahme, Stolz die Regel.

Privatinvestitionen haben Staatshilfe in den siebziger und achtziger Jahren endgültig den Rang abgelaufen. Und ausländische Investitionen in den USA zogen mit amerikanischen Investitionen in Übersee gleich. 1970 beispielsweise betrug das Verhältnis noch 5:1 zugunsten der USA, 1980 2:1, für 1990 wird es auf 1:1 veranschlagt, 300 Milliarden Dollar ausländischer Investitionen in den USA und eine ebenso hohe Summe amerikanischer Investitionen anderswo. Japan bietet auch mit seinen Investitionen in den USA ein Phänomen. Es begann 1960 mit 88 Millionen Dollar. Zehn Jahre später war es das Dreifache, 1980 mit fast fünf Milliarden das Zehnfache von 1970, für 1990 rechnet man mit japanischen Investitionen in der Höhe von bald 50 Milliarden Dollar in den USA, ein Sechstel der ausländischen Gesamtinvestitionen und fast die Hälfte dessen, was an europäischen Investitionen in Amerika veranschlagt wird.

Von der Volkszählung zum Supercomputer

Die elektronische Maschine, die in der Lage ist, Informationen aufzunehmen, zu speichern, zu verarbeiten und nach vorgegebenen Programmen möglichst schnell und intelligent verwendbar zu machen, läuft anderen amerikanischen Beiträgen zur Zivilisation der modernen Massengesellschaft den Rang ab. Der Computer wird zum Markstein des auslaufenden 20. Jahrhunderts – wie die Elektrizität, das Telefon, die Fotografie oder das Auto im vorangegangenen Jahrhundert oder wie das Fließband und die Atombombe in der ersten Hälfte dieses amerikanisierten Jahrhunderts.

Sie stehen oft im Schlafzimmer, manchmal in der Bibliothek. Sie werden regelmäßig gebraucht: die IBMs, die Apples, die Nixdorfs, die mit dem Zeichen von Siemens (die von Fujitsu stammen) oder mit dem Zeichen von Olivetti (die Hitachi gebaut hat). Wer auf sich hält und an seine Karriere, sein Prestige und sein intellektuelles Fortkommen denkt, arbeitet mit diesen PCs, Personalcomputern. Dies geschieht oft zu Hause mit einer Mischung aus Pflichtbewußtsein und Vergnügen. Spätestens bei ihren eigenen Kindern können sie den Computerspaß erleben. Wie spielerisch bietet der Computer Denkhilfe als Intelligenzstütze. Seine Sprache ist international, sein Gebrauchswert dem Markt angepaßt, die Technologie gezielt, standardisiert und strategisch eingesetzt. Lehren aus einem Jahrhundert Computerbau gelten für die Kleinen wie für die Großen. Sie zeigen das ganze Ausmaß der Herausforderung, die als etwas technisch Neues begann und technologisch ein neues Zeitalter, das Informationszeitalter, eröffnet.

Es begann damit, daß die Häupter der Schutzbefohlenen zu zählen waren. Herman Hollerith, als Berufsstatistiker 1886 damit beschäftigt, die US-Volkszählung von 1880 aufzuarbeiten, kam auf die Idee, Lochkarten statt handgeschriebener Daten zu verwenden. Er benutzte die Erfindung von Joseph-Marie Jacquard, einem Franzosen. Gesagt, getan. Die Auswertung des US-Zensus, der Volkszählung, dauerte nur ein Drittel der bis dahin üblichen Zeit. Noch vierzig Jahre später, 1920, scheiterte der Versuch des elektrotechnischen Laboratoriums der Universität Tokio, die japanische Volkszählung mit einer eigens konstruierten Lochkartenmaschine durchzuführen. Das große Erdbeben von 1921 zerstörte Maschine und Unterlagen. Wieder dreißig Jahre später, 1951, wollte es der Zufall, daß »Univac I« mit seinen entscheidend erweiterten Vielfachfunktionen dem United States Bureau of Census, also wieder bei einer Volkszählung, dienlich wurde.

Fortschritt und Rückschläge markieren den Weg des Computers wie den der gesamten Industrialisierung. Und wie immer wird am Beispiel von »Hardware« und »Software« gestritten, welchem Erfinder, welcher Firma, welcher Regierung und welchem Land der eine oder andere Fortschritt zu danken sei: Konrad Zuse mit seinem ersten programmgesteuerten elektrischen Digitalrechner der Welt, den er später bei Siemens einbrachte; Howard Aiken, der mit IBM die elektromechanische Maschine »Mark I« (15 Meter lang und 2,4 Meter hoch) entwickelte; Presper Eckert und John W. Mauchly von der Universität von Pennsylvania mit ihrem Electronic Numerical Integrator and Calculator (ENIAC); John von Neumann, der geniale ungarische Mathematiker, dessen statistische Grundlagenforschung später Hideo Jamashita an der Universität von Tokio und mit der Firma Toshiba weiterführte. Erreichten die Deutschen zuerst das »Zukunftsland Computer«, die Amerikaner, die Ungarn, die Japaner? Gab den Ausschlag, daß Privatwirtschaft und Regierungen kooperierten?

Die gewonnene Schlacht

Unbestritten ist die Leistung der Forschungsabteilung der britischen Post. Mitten im Zweiten Weltkrieg war sie in der Lage, mit einem elektronischen Großrechner, »Colossus«, den Militärs erstmals jene Daten zu offerieren, die Schlachten entschieden und den Kriegsausgang beeinflußten, indem nämlich feindliche Geheimcodes in kürzester Zeit gebrochen werden konnten. Als die britisch-amerikanische Zusammenarbeit bei der Entwicklung der Atombombe so recht in Schwung kam (und später die flotte Rechnerei der Computer die rasche Entwicklung der Bombe überhaupt erst möglich machte), wurde Militärgeschichte geschrieben. Im Sommer 1942 gewannen die Amerikaner die See-Luft-Schlacht von Midway, weil sie in der Lage waren, den japanischen Militärcode rechtzeitig zu brechen und so den Standort japanischer Flottenverbände (obwohl sie über 400 Seemeilen entfernt waren) laufend auszumachen. Unübersehbar ist also, daß Militär und Krieg, Regierungsaufträge und Staatssubventionen die Entwicklung des Computers vorwärtstrieben. Dennoch ist der eigentliche Durchbruch im zivilen Bereich gelungen.

Mitte der achtziger Jahre wird die Computerindustrie zum Symbol beständigen Wachstums. Allein auf dem amerikanischen Markt werden Jahr für Jahr für 30 Milliarden Dollar Computer verkauft, mehr als doppelt so viele wie zehn Jahre davor. Und der Wettbewerb sorgt für verfeinerte Produkte, gezielten Service, läßt Firmen oder Produktgruppen ausscheiden, die dem Marktgeschehen nicht gewachsen sind, das nur noch vom technologischen Fortschritt überboten wird. Der Bessere ist der Feind des Guten, Elektronik wird zur hohen Schule der Industriezivilisation.

Fortschritt liegt in der Luft

1914. Thomas J. Watson sen., damals 40 Jahre alt, steigt bei Computing-Tabulating-Recording CO (C-T-R), eine Gründung von Herman Hollerith, ein. Die Firma zählt 1 346 Beschäftigte, 770 Aktienbesitzer und setzt vier Millionen Dollar im Jahr um. Ein dreiviertel Jahrhundert später verzeichnet das Unternehmen als International Business Machines Corporation (IBM) an die 40 000 Beschäftigte, fast 80 000 Aktienbesitzer und setzt an die 60 Milliarden Dollar im Jahr um.

Fortschritt liegt in der Luft. Wie bei der Elektrizität, dem Auto oder beim Kunststoff, verhält es sich auch in der Welt der Computer. Bei High Tech bestimmt, wer das schnellste Rechensystem entwickelt, den verläßlichsten Halbleiter anbietet, das ausgefeilteste Informationssystem, den intelligentesten Chip oder den handlichsten Personalcomputer. Je intensiver der Austausch – in der Grundlagenforschung und bei Patenten – international gerät, desto mehr entscheidet die Fähigkeit der Hersteller, den Bedürfnissen der Verbraucher gerecht zu werden. Vorauszuahnen, Nischen zu entdecken, zu nutzen, ja zu kreieren. So geht die Technik mit dem Markt eine unauflösliche Ehe ein. Der Siegeszug des Computers, der zuerst mit der Technik und dann mit erschwinglichen Preisen Leben und Überleben im wahrsten Sinn des Wortes revolutioniert, liefert das trefflichste Beispiel für eine Gesellschaft, die sich aus gutem Grund Informationsgesellschaft nennt.

Giganten wie IBM, Burroughs, Digital, Siemens, Nixdorf, Bull, Olivetti oder STC (ICL) geben den Ton nicht allein an. Zum Faszinierenden an High-Tech zählt, daß es auch dem Kleinen eine Chance gibt. Gern wird die Geschichte von zwei jungen, an der Universität Stanford ausgebildeten Technikern erzählt, die auf Rat ihres Professors nebenan in einer Garage begannen, an elektronischen Rechenmaschinen zu basteln. Hewlett und Packard bewiesen Maßarbeit und Spürsinn. Mit Perfektion verhalfen sie einer ganzen Industrielandschaft zu einem Aufschwung ohnegleichen: Silicon Valley. Die Universität Stanford, durch wissenschaftliche Spitzenleistungen seit Generationen angesehen, zeigte sich großzügig und überließ den beiden Technikern ein Areal aus ihrem reichen Grundbesitz, der von Privatspendern stammte. Die erste High-Tech-Produktion konnte von Hewlett und Packard, dem unternehmungslustigen Duo, gestartet werden. Bald schon pilgerten fortschrittsbewußte Techniker nach Kalifornien, wurde Silicon Valley zu einem Markenartikel. Obwohl nicht immer die Konjunktursonne schien, hat die Region ihre Position gehalten. Der Wettbewerb schlug hart zu. Jugendliche Vitalität schwand, die Verbindung zu Technik und zum Markt litt. Dennoch: Hewlett und Packard waren im Silicon Valley nicht nur von Anfang an dabei, sondern sind es heute noch. Ein anderes Beispiel erzählt von einem Weltklasseerfolg.

In einer millionstel Sekunde mathematische Abläufe zu bewältigen oder in einer Sekunde mehr als eine Milliarde Berechnungen vorzunehmen, das verlangt Supercomputer. Gebraucht werden sie für Wettervorhersagen, Simulation von Autounfällen, Vorausberechnung von nuklearen Entladungen, für die Suche nach Ölvorkommen und vor allem für wissenschaftliche Berechnungen. Ein führender Hersteller der Welt, Cray Research in Minneapolis im amerikanischen Bundesstaat Minnesota, liefert eine bezeichnende Erfolgsstory. Seymour Cray, einer der Kaiser der Innovation, hat nach mühseligen Anfangsjahren nicht nur sein Ziel erreicht, den schnellsten und stärksten Computer zu bauen. Er liefert gleichzeitig auch ein Paradebeispiel, wie mit unkonventionellen Methoden eines Kleinbetriebes Nischen des Marktes genützt und selbst Marktführer in Bedrängnis gebracht werden können. Fachwissen auf höchster Stufe, Erfindungsgeist, handwerkliche Zuverlässigkeit, technisches Glück und kaufmännische Ausdauer haben dazu geführt, daß Cray-Computer zwei Drittel »ihres« Weltmarktes beherrschen: Ende der achtziger Jahre arbeiten insgesamt 200 Supercomputer, drei Millionen kommerziell genutzte Rechenanlagen, über zwei Millionen Minicomputer und eine nicht mehr abschätzbare Zahl von Personalcomputern. Die Produktivität der mehr als tausend Beschäftigten von Cray hat es bereits nach zehn Anlaufjahren möglich gemacht, den Durchschnittspreis für den Standardtyp »Cray 1« von acht auf vier Millionen Dollar zu senken – also zu halbieren. Im Milliarden-Dollar-Geschäft von Cray werden 20 Prozent des Umsatzes in Forschung und Entwicklung gesteckt – dreimal mehr als bei anderen Computerherstellern und siebenmal mehr als im Durchschnitt der amerikanischen Industrie. So gelang es nach einer erfolgreichen ersten Generation von Supercomputern, zwei weitere Generationen zu entwickeln und gegen die aufgescheuchte Konkurrenz in den USA, Japan und Europa durchzusetzen.

Warum? Weil in Forschung, in Entwicklung, in Qualität und in Service überdurchschnittlich und überproportional investiert wurde. Was geschieht, wenn diese Vorausinvestition nicht oder nur unzulänglich vorgenommen wird, offenbart die Liste der hundert größten Unternehmen der USA, von Fortune veröffentlicht. Im Vergleich mit 1955 konnten sich Ende der achtziger Jahre nur jene 46 Firmen unter den ersten hundert halten, die reichlich geforscht und ein aktives Marketing betrieben hatten. Es ist kein Geheimnis mehr, daß diese Beobachtungen auch für die europäische und japanische Industrie zutreffen. So kann es dann auch nicht wundernehmen, daß der Rückgang der Wettbewerbsfähigkeit der amerikanischen Industrie in den USA alarmiert.

»The last frontier«

Amerikaner pflegen sich auf die Gründungsväter ihres Staates und auf die – übrigens revolutionäre – Verfassung von 1787 zu berufen, wenn es um Grundsätzliches und Zukünftiges geht. Da wird der Anspruch auf Glück ebenso begründet wie die Unteilbarkeit von Freiheit und Gleichheit. Kann und soll dies auch noch am Ende des amerikanischen Jahrhunderts gelten, also um die Jahrtausendwende? Sind die Rahmenbedingungen hergebrachter Form für Vermögen, Kapital und Verfügungsgewalt noch zeitgemäß in einer sich wandelnden Wirtschaft? Übernimmt und bewahrt die amerikanische Gesellschaft europäische Formen der Sozialpartner schaft, der Gewaltenteilung? Oder wendet sich die Neue Welt nach Asien, wo neuerdings wirtschaftliche Erfolge zu Hause sind?

Gewiß ist es nicht damit getan, japanische Betriebsführungsprinzipien sklavisch zu übernehmen – die Kunden mit einem tiefen Diener zu begrüßen, wie in japanischen Kaufhäusern; den Angestellten Betriebsuniformen zu verpassen, wie in Tokio vom Portier bis zum Generaldirektor üblich; in den Arbeitspausen kollektive Freiübungen zu veranstalten oder Manager im Samuraistil mit Mutproben, Schreiarien oder mit Schweigestunden auf Vordermann zu bringen. Wie sich die Amerikaner und die Europäer in den dreißiger Jahren über die Nachahmungen der Japaner amüsierten (voreilig, wie spätere Jahrzehnte zeigten), so erscheint manchem gegen Ende des Jahrhunderts die automatische Übernahme asiatischer Normen lächerlich, die einem anderen, einem fremden Kulturkreis gemäß sind.

Amerika kann sich selber treu bleiben. Für sein Durchhaltevermögen gibt es zahllose Beispiele. Die USA sind noch immer das Land der unbegrenzten Möglichkeiten, auch der Möglichkeit, aus Rückschlägen zu lernen, Phasen der Selbstkritik durchzustehen und dann durchzustarten. Bezeichnend dafür ist die Diskussion um die Wettbewerbsfähigkeit der amerikanischen Wirtschaft, wie sie in den späten achtziger Jahren hochkam. Die USA hätten seit 1980 15 Prozent dieser wirtschaftlichen Fähigkeiten eingebüßt, heißt es im Lager der Demokratischen Partei. Man verweist dort auf Stahl, Textil und die Automobilindustrie. Andere Länder gewönnen zu Lasten der USA. Die Republikaner halten eine Diskussion, die Branche für Branche beurteilt, für unzweckmäßig. Auf freien, fairen Märkten zähle es zum Wesen des Wettbewerbs, daß der Schwächere ausscheidet und der Stärkere gewinnt. Es sei falsch, davon zu sprechen, daß ein Land zu Lasten eines anderen gedeihe. Von richtigem Wachstum profitierten alle.

Bei aller Bereitschaft zur Selbstkorrektur können die USA selbstbewußt bleiben. Sie gehen mit gestärkter Produktivität in die neunziger Jahre. Trotz – oder wegen – einer neuen Investitionswelle mit kräftesparenden Maschinen reicht die Anpassungsfähigkeit der amerikanischen Wirtschaft aus, um den Übergang von der Industriegesellschaft zur Dienstleistungsgesellschaft zu vollziehen. Selbst wenn der hohe Beschäftigtenstand bei einem Konjunkturknick nicht zu halten ist, zeigt der Lebensstandard des Durchschnittsamerikaners genügend Reserven. Kraft und Initiative bleiben, um eine aktivere Sozialpolitik und vor allem privat organisierte und finanzierte Hilfe für die Bedürftigen bereitzustellen. Die Leistung pro Arbeitskraft ist mit 34 000 Dollar Ende der achtziger Jahre in den USA immer noch wesentlich höher als mit 27 000 Dollar je japanischen und 26 000 je deutschen Arbeiter.

Das »amerikanische Wunder« besteht nun einmal auch

darin, daß von Mitte der siebziger bis Ende der achtziger Jahre in den USA 28 Millionen neue Arbeitsplätze geschaffen wurden. In dieser Zeit hatte Westeuropa statistisch keinerlei Zuwachs. Um die Erfolgsstory rund zu machen: Die meisten Jobs sind gut oder hochbezahlt. Begründet ist dieses amerikanische Wachstum gegenüber europäischer Stagnation auf einer geradezu explosionsartigen Zunahme mittlerer und kleiner Betriebe. Sie haben zwei Drittel aller zusätzlichen Arbeitsplätze geschaffen und besetzt. Der Staat hat mit einer wachstumsorientierten Steuerpolitik mitgewirkt. Die durchschnittlichen Steuersätze in den USA sind weniger als halb so hoch wie in Europa, allerdings immer noch höher als in Japan.

Die Weltbank hat in einer gründlichen Studie den Zusammenhang zwischen Steuern und Wachstum im Vergleich der Jahrzehnte und der wichtigsten Länder herausgearbeitet. Ergebnis: Hohe Steuern bremsen das Wachstum und verhindern den Fortschritt. In den USA hat man daraus gelernt. Ein übriges hat der Abbau staatlicher Vorschriften für Mengen, Preise und Berufszulassungen bewirkt. Alles in allem wirkt die amerikanische Wirtschaft mehr denn je als Lokomotive für die Weltkonjunktur. Was wäre ohne das erstaunlich beständige Wachstum in den USA weltwirtschaftlich geschehen? Wie hätten tüchtige europäische Unternehmer abgeschnitten, die zuerst mit dem Export von Waren und dann von Kapital in der amerikanischen Konjunktur profitieren? Hätte Japan ohne US-Aufschwung den Aufstieg zur Wirtschaftsweltmacht geschafft? Wo blieben die Länder der Dritten Welt, die insgesamt gesehen über ein Drittel ihrer Geschäfte mit und in Amerika abwickeln?

Es zählt zu den Merkwürdigkeiten, daß ein Land, in dem Public Relations erfunden und zu einem unentbehrlichen Element der Wirtschaft wurden, sich selber nur unzulänglich »verkaufen« kann. So bleibt vielen nachdenklichen

Amerikanern nur die Feststellung, wirtschaftlich und gesellschaftspolitisch besser zu sein als der eigene Ruf.

Wettlauf im Weltraum

Amerika würde zum Diktator der Welt, es würde seine eigene Seele verlieren, meinte der sechste Präsident der USA, John Quincy Adams, anno 1821, um dem Anspruch zu begegnen, daß sein Land anderswo mitmischt. »Besteht eine Möglichkeit, sie einzuholen, sie zu schlagen, indem wir gewinnen?« rief der 35. Präsident John F. Kennedy am 20. April 1961 unter dem Eindruck der Weltraumerfolge der Sowjetunion aus.

Politisches Biedermeier eines klugen Diplomaten in Selbstbescheidung und Innenorientierung gegen den Anspruch eines ungestümen Machers, Weltmachtstreben mit modernster Technologie im Weltraum, »the last frontier«, durchzusetzen. Was er am Hof zu St. Petersburg, am Hof von St. James und zu Paris an Fährnissen des aufgeklärten Imperialismus erfahren hatte, wollte Adams als Vordenker der isolationistischen Monroe-Doktrin zum Verhaltensmuster für Amerika machen: sich selbst genügen und die anderen in ihrem Ehrgeiz allein lassen. Über 130 Jahre später wiederholte sich am Beispiel zeitgenössischer Technologie die alte Spannung zwischen Selbstbescheidung und Großmachtdenken.

Dwight D. Eisenhower, der Sieger des Zweiten Weltkrieges, gab zwar früheren Waffenkameraden recht, die da meinten, im Wettlauf um den Weltraum hätten die USA »die falschen Experten« gefangen. Auf das Drängen nach mehr Geld für Weltraumforschung entschied Eisenhower jedoch zugunsten militärischer Forschung und gegen Prestigeobjekte wie die Landung auf dem Mond. Amtsnachfolger Kennedy änderte die Rang- und Reihenfolge. Als Juri Gagarin am 12. April 1961 mit der Raumfähre »Vostok« die Erde einmal umkreiste, bot sich Kennedy, kaum ein Vierteljahr im Amt, die Gelegenheit, der amerikanischen Raumfahrt ehrgeizige Prioritäten vorzugeben: noch in den sechziger Jahren ein bemanntes Raumflugzeug auf dem Mond zu landen. Fünf Milliarden Dollar jährlich wurden aufgewandt, und die Aufbruchstimmung der Wissenschaftler erfaßte schließlich das ganze Land. Am 21. Juli 1969 landeten die Astronauten Neil Armstrong und Edwin Aldrin auf dem Mond. Ein Triumph von Forscherdrang. Motivierung und wissenschaftliche Abenteuerlust mischten sich mit dem Beweis amerikanischer Überlegenheit. Wahrlich die ganze Welt bewunderte die Amerikaner. Das Sternenbanner auf einem anderen Planeten bestätigt die hergebrachte Regel, daß sich Großmachtverhalten in Eroberung und Beherrschung ausdrückt.

Im Wettlauf um den Fortschritt blieb und bleibt den Amerikanern keine Verschnaufpause. War es doch die Sowjetunion, die den ersten Satelliten in den Weltraum geschickt hatte, das erste Tier, den ersten Menschen, die erste Frau, die erste Weltraumstation. In einer gewaltigen Kraftanstrengung, die wissenschaftlich und technisch die USA auch dann herausforderte, als in den achtziger Jahren schließlich klar wurde, daß sich die Sowjetunion mit einem überehrgeizigen Weltraumprogramm übernahm, ging der »Wettkampf der Systeme« im Weltraum weiter. Höhen und Tiefen der wissenschaftlichen Abenteurer haben alle Beteiligten erlebt. Der Explosionskatastrophe des Space Shuttle im Januar 1986 war eine schier ungebrochene Erfolgsgeschichte von Wissenschaft und Technik »made in USA« vor ausgegangen: Computer, neue Materialien, astronomische und meteorologische Vorarbeiten, Ingenieurgeist für Raumfahrzeuge mit wirtschaftlich sinnvoller Wiederverwendung. Antriebsaggregate, Kontrollmechanismen rund um die Welt und persönliche Einsatzbereitschaft der Astronauten setzten Standards. Die Systeme der Amerikaner bestimmten zuerst die Russen, später die Westeuropäer, die Chinesen und die Japaner.

Eine ganze Entwicklungsperiode drehte sich um die National Astronautic and Space Administration, die NASA. Ihr Hundert-Milliarden-Dollar Ding blieb in den siebziger und achtziger Jahren zwar im Washingtoner Gestrüpp aus Sparsamkeit und Führungslosigkeit hängen. Vorbei schien die Aufbruchstimmung, der Traum, daß es die Ehe von Wissenschaft und Technologie unter amerikanischer Ägide möglich machte, den Weltraum zu nutzen. Zu der alten Auseinandersetzung, ob diese Nutzung mehr von militärischem oder von zivilem Nutzen sei, kamen neue: Ist die NASA bürokratisch verkrustet? War es ein Fehler, sich mit dem Space-Shuttle-System technisch auf eine einzige Methode zu verlassen? Führt Geldmangel der NASA und Geldsegen des Verteidigungsministeriums zu einem Ungleichgewicht? Schließlich ließ Washington noch zu Beginn der neunziger Jahre 60 Prozent der regierungsamtlichen Forschungsausgaben dem Militär zugute kommen, während Japan 99 Prozent seiner staatlichen Forschungsförderung in zivile Vorhaben steckte.

Die Clinton-Administration strebt ein ausgeglicheneres Verhältnis zwischen militärischen und zivilen Projekten an. Erklärtes Ziel ist es, dem kommerziellen Sektor somit zusätzliche Investitionsmittel in Milliardenhöhe bereitzustellen. Clinton hatte die Förderung ziviler Forschung und Entwicklung bereits im Wahlkampf auf seine Fahnen geschrieben – dazu zählte auch die Subventionierung der NASA, für die zunächst 30 Milliarden Dollar veranschlagt wurden.

Stillstand und Rückschlag konnten zwar in der Weltraumtechnik, vor allem im Transportsystem, allmählich durch Privatinitiative überwunden werden. In Gefahr geriet jedoch der moralische und psychologische Antrieb, im Weltraum zu den letzten Grenzen vorzustoßen. Zukunftsplaner hatten es gegen Ende des amerikanischen Jahrhunderts jedenfalls schwerer als auf seinem bisherigen Höhepunkt, den Weltraum als Alternative anzubieten. Daß Erdenbürger auf die Dauer außerhalb des alten Planeten reisen, leben, arbeiten, rückte zeitweise wieder in den Bereich der Träumerei und Phantasie. Allmählich nur baut sich das Bewußtsein auf, daß »eine Straße in den Raum« zu einer »Brücke zwischen den Welten« werden kann, wenn wir, die Menschen, nur wollen. Eine neue technische Herausforderung für das nächste Jahrhundert bleibt indes vorgegeben. Denn es hat sich herausgestellt, daß die Wettbewerbskraft nicht zuletzt an der Fähigkeit gemessen wird, bei der Erforschung und Benützung des Weltraumes mitzuwirken – und den Kosmos den Militärs nicht allein zu über lassen.

Amerikanisches Jahrhundert – amerikanisches Zeitalter

Armes Amerika? Dankt es als Weltmacht ab, weil »privatisiert, atomisiert und vielleicht unwiderruflich idiotisiert durch eine Kombination von Fernsehen und Bildung im Stil von Disney-World«? Hat es den Höhepunkt seiner Weltgeltung durch wirtschaftliche und technische Entwicklungen unmittelbar nach dem Zweiten Weltkrieg erreicht, also schon hinter sich? Ist Amerika jene Weltmacht, die ihre Vormachtstellung bisher am schnellsten verspielt hat, eine Hegemonialmacht im Niedergang, »auf die ein schmähliches Ende wartet«?

Kassandra läßt grüßen. Gegen Ende des Jahrhunderts, das Henry Booth Luce das »amerikanische« nannte, streiten sich die Schriftgelehrten oder solche, die glauben, es zu sein, um eine Kernfrage: Hat dieses Amerika seine Zukunft schon hinter sich, oder erleben wir einen transitorischen Zustand mit neuen Perspektiven? Die Gesinnungsgenossen Oswald Spenglers (»Der Untergang des Abendlandes«) glauben mit dem Blick auf die USA, deren Blüte und Reife gehörten im Sinne der morphologischen Weltgeschichte schon der Vergangenheit an. Es gehe mit historischer Zwangsläufigkeit bergab, Amerika befinde sich im Zustand des Verfalls.

Der Streit der Gelehrten und ihrer Anhänger ist seinerseits wieder amerikanisiert. Weil sich Untergang gut verkauft, wird er literarisch vermarktet. Zum Untergangsritual zählt auch, Gegenmeinungen und alternative Thesen als oberflächliche Schönfärberei oder antrainierten Optimismus abzutun. In Wahrheit zeigt diese amerikanische Diskussion alle Elemente einer Wachstumsgesellschaft.

Mit dem amerikanischen Jahrhundert ist das amerikanische Zeitalter nicht vorbei. Die USA haben ihre Rolle als Weltmacht noch keineswegs ausgespielt. In hundert Jahren mögen Zeitgenossen diese These bestätigen: Das Potential Amerikas ist 500 Jahre nach seiner Entdeckung und über 200 Jahre nach Staatswerdung der USA weder erschöpft noch verbraucht. Im Gegenteil. Raum, Zeit und Menschen versprechen, daß dieser Kontinent – allen Unzulänglichkeiten zum Trotz – im Begriff ist, zum erstenmal den Kreislauf von Aufstieg und Fall einer Weltmacht zu durchbrechen. Die Kraft dazu ist originär, geistig und materiell. Sie stammt nicht aus den Fehlern der anderen. Wie bei der katholischen Kirche rührt sie aus Konsequenz sowie Erneuerungsfähigkeit im Denken und im Handeln. Dazu kommen Rahmenbedingungen, die sich nirgends in der Welt so ideal darbieten. Wer ein echter Amerikaner ist, nutzt sie unbefangen.

Das dritte Jahrhundert der amerikanischen Demokratie bestätigt schon zu Beginn die Rahmenbedingungen eines relativ unverbrauchten, eines erneuerungsfähigen Magnetismus. Amerika zieht die Besten ebenso an wie die Bedürftigsten. Freiheit mit ihren Möglichkeiten und ihren Risiken schätzen die einen wie die anderen höher als angestammte Begrenztheiten anderswo. Unternehmungslust – keineswegs nur im wirtschaftlichen Sinn des Wortes – hebt sich im Falle Amerikas immer wieder vom Mittelmaß ab, das in Europa und Asien in alten Strukturen verharrt oder sich ihnen verpflichtet fühlt. In amerikanischen Landen, wo allezeit vielerlei Extreme herr schen, vom Wetter über die Geographie bis zur Art zu leben, dominieren schließlich immer wieder die Aktiven. Es sind jene, die den Wandel nicht scheuen und Sicherheit zuerst bei sich selber begründen, bevor sie sie bei Staat oder Gesellschaft suchen.

Was Freiheit auf amerikanisch vermag, belegt auf besondere Weise die geistige und die intellektuelle Eigenständigkeit der Neuen Welt. Sie nabelt sich ab. Kultur spiegelt dies besonders eindrucksvoll. Unter wenig förderlichen Umständen seitens des Staates, der sich auf Anregungen beschränkt und oft Zufällen der Privatinitiative überläßt, eröffnet die Amerikanisierung der Kultur ungeahnte Möglichkeiten. Literatur wird zum Schrittmacher. Für Malerei wird eine Stadt wie New York zum Weltzentrum. Amerikanische Architektur, von Europäern begründet, entwickelt eigene Ausdrucksformen. Darstellende Kunst paart folkloristische Leistungen der Ureinwohner mit Einwanderereinflüssen zu neuer Eigenständigkeit. Museen wie die National Gallery in Washington, das Metropolitan Museum in Chicago oder das Getty Museum in Malibu setzen Maßstäbe. Längst bleibt es nicht mehr bei elitärer Kunst wie der Metropolitan Opera oder den Festspielen von Santa Fe. »Made in USA« ist mehr als ein Werbespruch für den wirtschaftlichen Versuch, der kulturellen Auseinandersetzung mit Europa oder Asien standzuhalten. Amerikanische Kultur entwickelt sich immer wieder von unten nach oben. In zwei Bereichen führt Originalität zur Weltspitze: Jazz und Ballett. So unterschiedlich sie auch sein mögen, eines verbindet sie, Selbstverwirklichung im Rhythmus der Zeit. Jazz, zuerst wild, frei, unbändig und eigenständig als Einstieg zum Aufstieg der Schwarzen; Ballett in der verfeinerten Synthese von Tradition, Leistung und Disziplin.

Amerika mag sich immer häufiger selbst genügen. Eigene Wege bedeuten auch für die Neue Welt Isolierung oder Abkapselung als Preis für Verselbständigung. Zur Unkenntnis früherer Jahrzehnte tritt zwangsläufig nun Unverständnis dem jeweils anderen gegenüber. Zum Gefühl geistig-kultureller Überlegenheit, wie es da und dort gehegt wird, mischt sich Patriotismus – was viele Amerikaner glauben macht, die Welt darzustellen, alles und alle in sich zu vereinen und die anderen eigentlich nicht oder nicht mehr zu brauchen. Wenn das Wort vom »melting pot« angebracht ist, dann im Falle der Kultur. Die Vielfalt der Einflüsse trägt unter toleranten Lebensbedingungen Früchte – bunt und heller als anderswo.

Amerikanisches vermag so ein Zeitalter zu bestimmen. In ihm bleibt Raum für Pendelschläge – politisch, wirtschaftlich und nicht zuletzt kulturell. Ein Beispiel für gewachsenes Eigenleben liefert die Hofübergabe von Ronald Reagan an George Bush. Daß der 41. Präsident der amerikanischen Republik dem 40. so reibungslos folgt, bestätigt monarchische Elemente der Neuen Welt: bewahren, verändern, tolerieren, lässig agieren und dabei diszipliniert auch einmal einstecken. Die amerikanische Elite unterscheidet sich kaum von den Machtträgern früherer und anderer Politkulturen. Die da oben in Washington sind – allen demokratischen Umgangsformen zum Trotz – von den Massen weit entfernt. In der Neuen Welt fällt dieser Abstand weniger gefährlich aus. Leistung wird anerkannt, Erfolg neidlos zugebilligt, und Patriotismus überwölbt das Ganze mit geradezu jugendlicher Spannkraft. Solange dieses System funktioniert und nicht in Frage gestellt wird, ist ein weiterer Garant gegeben für Überlebensfähigkeit amerikanischer Strukturen.

Am Ende des amerikanischen Jahrhunderts schließt sich der Kreis. Begonnen hat es mit dem unbefangenen Auftrumpfen eines Teddy Roosevelt, der es den Europäern zeigen wollte. Dabei baute er auf Lateinamerika und »entdeckte« Asien. Hundert Jahre später sehen sich die USA in der Mitte zwischen den rivalisierenden Europäern und aufbegehrenden Asiaten. Wie das Römische Reich Deutscher Nation oder später Deutschland im Spannungsfeld zwischen Rußland und Frankreich zu bestehen hatte, verhält es sich um die Jahrtausendwende mit Amerika. Was einst Divisionen, monarchische Heiraten, Kriege, Teilungen und Revolutionen bewirkten, bestimmen an dieser Zeitenwende sozialer

Ausgleich, Wirtschaftswachstum, Wettbewerbsfähigkeit und technologischer Fortschritt.

Seitdem ein Interessenausgleich der beiden Supermächte USA und Sowjetunion Früchte trägt und die Dritte Welt in Unterentwicklung auch politisch verharrt, scheidet ein großer Krieg aus. Das Gleichgewicht des Schreckens funktioniert. Die Auseinandersetzung verlagert sich, geographisch auf die Konkurrenz zwischen den USA und Europa einerseits, Asien andererseits, gesellschaftlich in Bereiche, wo über Freizügigkeit und Effektivität entschieden wird. Der Auseinandersetzung wird dadurch freilich nichts an Härte und Tiefgang genommen. Vielmehr ergeben sich neue Formen des Kräftemessens. Dafür wird das Bewußtsein allerorten Ende des 20. Jahrhunderts geschärft. Die damit verbundene Herausforderung nimmt die amerikanische Gesellschaft nach anfänglichem Zögern und Zaudern an. Eigene Fehler werden gebrandmarkt, neue Möglichkeiten entfaltet.

Solange Amerika sich die Kraft der Erneuerung erhält, braucht es um seine Zukunft nicht zu fürchten.

Die Amerikanisierung Amerikas

Im Jahre 1492 wurde die Neue Welt entdeckt – daran hält die Geschichtsschreibung fest, schon weil dieses Datum den Beginn der Neuzeit markiert. Dann ist 1992 – ein halbes Millenium nach der Entdeckung – auch ein großes Jubiläumsjahr, ein Grund zum Feiern. Aber für wen?

Viele amerikanische Schüler meinen, daß Kolumbus erst im 18. Jahrhundert auf seine schicksalhafte Reise ging, wohl weil für sie der Beginn der Zivilisation in der Neuen Welt identisch ist mit der Gründung der Vereinigten Staaten. Die Einwanderer aus Asien können mit Kolumbus nicht viel anfangen. Er war nicht einer der Ihren und kam nicht über den Pazifik. Die Schwarzen wurden von den Enkeln des Kolumbus nach Amerika verschleppt. Für die Indianer ist Kolumbus ein früher Eindringling in ihr Mutter- und Heimatland. Für die Bürger in der Tiefe des Landes, vom Mississippi bis zu den Rocky Mountains, ist Kolumbus ein Italiener, der im spanischen Auftrag nach Indien unterwegs war und sich verfahren hat. Für die Angloamerikaner hat die Ankunft der Pilgerväter einen höheren Rang. Die Historiker der Nation sind sich fast einig, daß die amerikanische Person und Identität im Ringen um die »frontier« am Saum zwischen Zivilisation und Wildnis entstand. Der Aufbruch Amerikas in die Weltgeschichte fand in den neunziger Jahren des vergangenen Jahrhunderts statt. Aber noch Präsident Lyndon B. Johnson meinte 1965: »Amerika, das ist Wüste: unbezwungen, Berge: unbestiegen, Sterne: nicht erreicht – und Ernte, die in ungepflügtem Boden ruht.«

Der Gedanke, daß sie auf einer Terra incognita leben,

breitet sich unter nachdenklichen Amerikanern in dem Maße aus, wie sie ihr Land technisch und logistisch erschließen. Auch die Geschichtslosigkeit ist ein gähnendes Loch, das mit Symbolen gestopft wird und dazu führt, daß bereits jüngste Vergangenheit geschichtlichen Anstrich erhält.

Auf der »Missouri« etwa nahm General MacArthur die Kapitulation des japanischen Kaisers entgegen. Gleich nach dem Krieg wurde der Schlachtkreuzer im Bundesstaat Washington eingemottet. Schon bald jedoch ließ ihn der Staat zum National Monument aufpolieren, Anschauungsobjekt der Geschichte. 35 Jahre später ließ Ronald Reagan die »Missouri« wieder flottmachen – lebendige Geschichte.

Schlacht- und Gräberfelder aus dem Bürgerkrieg, die Auseinandersetzung am O.-K.-Corral in Tombstone, das Vietnammemorial, die Wall Street, das koloniale Williamsburg – sie alle füllen den Bedarf der Nation an Vergangenheit auf, die ihnen ganz persönlich gehört und nichts mit Ahnen in Europa zu tun hat. Diese Abnabelung ist verbunden mit dem Blick zurück auf Amerika vor Kolumbus, auf die Ruinen der Anasazi, jenes rätselhaften Volkes, das schon im 15. Jahrhundert verloschen war. Die Vorfahren der Indianer werden zu Vorvätern der Nation. Die Abwendung von Europa kommt auch einer Hinwendung zum alten Amerika gleich. Das ist kein Beweis für Resignation, vielmehr ein Zeichen der Selbstfindung. Die Merkmale der Gemeinsamkeit beginnen das Bewußtsein zu verändern, das lange nur die Unterschiede in der Volksmischung wahrnahm. Dabei entwickelt sich nicht so sehr ein harmonisches Miteinander, sondern ein reibungsloses Nebeneinander. Auch unter wirtschaftlichem Druck von außen werden in diesem Prozeß keine Fliehkräfte freigesetzt. Ganz im Gegenteil: Die Grenzen zwischen Rassen und Klassen verschwimmen – eine neue gezackte Trennlinie schafft eher eine »Apartheid« zwischen den Nachdenklichen, den Geist- und Erfindungsreichen auf der einen Seite und den Ungebildeten, den Unempfindlichen und Uninteressierten auf der anderen Seite. Diese Trennung nimmt die Form einer neuen Herausforderung an.

Nach dem gewonnenen Kampf um den Lebensstandard und die Menschenrechte beginnt das Ringen gegen den Bildungsnotstand und die Verriegelung der Phantasie. Die Nation hat das Land erobert und die Welt gestürmt, jetzt bricht sie auf zum Kreuzzug in die Terra incognita der amerikanischen Seele. Die Amerikanisierung Amerikas hat begonnen.

Nachwort zur Taschenbuchausgabe

Anno 96: Extrem wie eh und je

O. J. Simpson bittet zur Party, und dreihundert geladene Gäste kommen. Auf seinem Besitz im kalifornischen Brentwood will der schwarze Star, von dem Verdacht der Staatsanwaltschaft freigesprochen, seine geschiedene weiße Frau vorsätzlich ermordet zu haben, Gewaltfreiheit demonstrieren. »Ich«, sagt der Mann, der bei der Monate währenden Gerichtsverhandlung beharrlich geschwiegen hat, »bin gegen Gewalt jeder Art.« Für viele Weiße will er, der sich wahrlich auf Public Relations versteht, nicht nur den (harmloseren?) Fall vergessen machen, daß er seine Frau seinerzeit regelmäßig verprügelt hat. O. J. Simpson kämpft nach dem spektakulären Freispruch auch um seine Reputation – glauben doch die meisten weißen Amerikaner, wie Umfragen bestätigen, der frühere Football- und Filmstar sei ein Mörder und von der überwiegend aus Schwarzen bestehenden Jury jenseits aller Gerechtigkeit und Wahrheit freigesprochen worden, weil er ein Schwarzer ist. Das einstimmige Urteil erregt Amerikaner nach wie vor.

Tief und unergründlich ist der Graben zwischen Weiß und Schwarz in Amerika des Jahrtausendwechsels. Die Vereinigten Staaten, kraft Verfassung und in redlicher Selbsteinschätzung unterwegs gegen Rassendiskriminierung und für Respektierung der Menschenrechte, tun sich mit dem Brückenschlag zwischen 78 Prozent Weißen, 12 Prozent Schwarzen, 10 Prozent Hispanics schwer wie eh und je. Mit sozialen Unterschieden ist die Tatsache nicht zu fassen, daß und wie die amerikanische Gesellschaft geteilt ist. Der Fall des O. J. Simpson liefert dafür einen spektakulären Beweis.

Das Urteil mit dem ebenso sensationellen wie umstrittenen Freispruch war in dem medial reichlich ausgeschlachteten Verfahren noch nicht verkraftet, als es seine Kreise bis nach Washington zog. Ein Kandidat für die Präsidentschaft der Republikanischen Partei zog sich selbst aus dem Rennen zurück. Der schwarze Vier-Sterne-General Colin Powell nannte zwar andere, persönliche und familiäre Gründe. Für viele Amerikaner besteht aber kein Zweifel, daß dem schwarzen Helden des Krieges gegen den Irak, den er als Stabschef des Weißen Hauses (wie vieles in seiner militärischen Karriere, die für ihn wie für die meisten armen Schwarzen oft die einzige Aufstiegschance bedeutete) brillant geleitet hatte, die US-Wirklichkeit noch nicht reif erschien für einen Präsidenten seiner Hautfarbe. Powell stammt von schwarzen Einwanderern aus der Karibik ab.

Der Simpson-Freispruch hat die, die aus der weißen Mehrheit stammen, rassistisch überreizt. Auf der anderen Seite die schwarze Elite, die sich in den achtziger und neunziger Jahren verstärkt herausgebildet hat, auf der Suche nach einer intellektuellen Heimat. Gebildet, erfolgreich, ehrgeizig und machtbewußt, stoßen sie an die Schranken der Anerkennung durch die Weißen. Schwarze Aufsteiger entpuppen sich ideologisch meistens als konservativ. Aus der Tradition der *Affirmative Action*, des Minderheitenschutzes, zeigen sie zugleich in Einzelfällen, etwa in der Abtreibungsfrage, leicht linksliberale Tendenzen auf. So ist Powell zwar eingeschriebener Republikaner, setzt sich jedoch programmatisch für Lockerungsideen ein, die ihm Sympathien bei den Demokraten einbringen.

Eine Dreizehnjährige gesteht in Texas, eine Kirche angezündet zu haben. Aus Haß gegen die Schwarzen. »Gestört«, lautet die Einschätzung der Untersuchungsbehörden. Mit einigem Erschrecken müssen sie feststellen, daß die Berichterstattung der Medien, vor allem die des Fernsehens, dem Mädchen Brandstiftung als erlaubtes Mittel nahebrachte. Der Teenager ließ eines von über dreißig Gotteshäusern in Flammen aufgehen, die in den letzten eineinhalb Jahren niedergebrannt wurden. Darunter die kleine Holzkirche in Selma, jenem Dorf in Alabama, wo die Bürgerrechtsbewegung der sechziger Jahre ihren sichtbaren Anfang gemacht hatte. Die meisten Täter der neuen Brandserie bleiben unentdeckt.

Drei Jahrzehnte später berichtet das Justizministerium in Washington über ein »gespanntes Klima im ganzen Land«. Schwarze werfen – wie schon so oft – den Strafverfolgungsbehörden rassistisch bestimmte Säumigkeit vor. Tatsächlich konnte das Federal Bureau of Investigation, das FBI, noch nicht einmal ein Fünftel aller Brandlegungen an Kirchen von schwarzen Gemeinden aufklären. Ein doppelter Symbolgehalt: der ständige Verdacht, der von Weißen »beherrschte« Staat nutze seine Obrigkeit gegen die Schwarzen und die Weißen ließen ihren Unmut an jenen kleinen Gotteshäusern aus, die meistens noch aus der Zeit der Sklavenhaltung stammen.

Entrüstung unter den Weißen. Diskriminierung werde politisiert, heißt es. Schließlich gebe es doch auch andere Attentate, die – bei einer relativ hohen Quote »normaler« Aufklärungsfälle – undurchsichtig oder zumindest umstritten blieben. Simpson-Verdacht der Weißen, Kirchenverdacht der Schwarzen – Amerika ist und bleibt extrem.

Das Verhältnis zur Gewalt

Hollywood wäre nicht die Filmhauptstadt der Welt, würde es nicht das Verhältnis zur Gewalt schematisieren und kommerzialisieren. Mit dem Film »J.F.K.« greift Oliver Stone drei Jahrzehnte später das Attentat auf den amerikanischen Präsidenten John F. Kennedy am 23. November 1963 in

Dallas wieder auf. Der siebenfache Oscar-Preisträger Kevin Costner vertritt als Staatsanwalt Jim Garrison drei Stunden lang die Theorie einer Verschwörung von CIA, FBI und Mafia am Kennedy-Mord. Was viele Durchschnittsamerikaner nicht wahrhaben wollen, das allezeit gespannte Verhältnis ihres Landes zu Gewalt – durch den asiatischen Einfluß verstärkt –, wird in der US-Elite ideologisch abgehandelt. Die Linken von Hollywood, nicht wenige von ihnen in den fünfziger Jahren unter Kommunismus-Verdacht – weideten sich an Extremfällen. Für das Establishment, vornehmlich dem der Ostküste, ist es ausgemachte Sache, daß Filmemacher wie Oliver Stone Politik betreiben möchten. In der Tat, mit zwei Antikriegsfilmen hat Oliver Stone schon vor JFK nicht weniger als fünf Oscars eingeheimst.

Gedankenfreiheit? Ungezügelte Pluralität? Für viele Amerikaner ist nicht unter Narrenfreiheit abzulegen, daß Hollywood in seiner seltsamen Mischung aus Geschäft und Kultur, aus Spiegelung und Beeinflussung der Gesellschaft weltweit auftritt. Die Bewußtseinsindustrie ist für sie eine ernste, jedenfalls ernst zu nehmende Angelegenheit.

Hollywood schlägt den Takt

Nichts spiegelt amerikanische Vielfalt derart verläßlich wider wie Hollywood. Douglas Fairbanks jr. war es, der am 16. Mai 1929 im Roosevelt-Hotel von Los Angeles zum ersten Mal die Preise der Academy of Motion Picture Arts and Sciences überreicht. Erster männlicher Preisträger war Emil Jannings, der geniale deutsche Schauspieler, ein Pendler zwischen der alten und der neuen Welt. Aus der Familienfeier der US-Bewußtseinsbranche wurde spätestens seit 1953 via Fernsehen ein Weltereignis mit Dauereinfluß amerikanischer Public Relations. Seit damals folgt ein Milliardenpublikum der jährlichen Verleihung der Oscars, der nicht zuletzt auch geschäftlich begehrteste Preis der Filmbranche überhaupt ist. Für die Erneuerungsfähigkeit amerikanischen Daseins liefert auch Hollywood ansehnliche Beweisstücke. Mit Glamour und Leistung, mit Show und Umsatz feiert das Ursprungsland der Public Relations mit dem Oscar-Zeremoniell sich weltweit selbst. Mit Smoking und Dekolleté vermarktet die Glitzerwelt ihre erstaunliche Durchhaltefähigkeit und schlägt zugleich der Zivilisation der Jungen und Junggebliebenen den Takt.

An Anziehungskraft hat Hollywood samt Oscar Dauererfolge gepachtet; entsprechend halten sich Abstoßeffekte im »Rest der Welt«. Daß die Unterhaltungsbranche dem Rhythmus aus Hollywood folgt, erneuert das Haß-Liebe-Verhältnis der anderen gegenüber diesem unverwechselbaren Amerikanismus. Ist es doch alles andere als Zufall, daß die Fünfzehnergemeinschaft der Europäischen Union seit Jahren daran bastelt, den US-Einfluß im Fernsehgeschäft zurückzudrängen. In den EU-Ministerräten zählt es auch Mitte der neunziger Jahre zum Ritual, Hollywood die Stirn zu bieten – jenem Rivalen, der mit handwerklichem Geschick und kommerzieller Perfektion das Filmgeschäft ebenso beherrscht wie wesentliche Teile der Fernsehunterhaltung. Mit oder ohne Oscar, mit oder ohne Cosby (als Schwarzer unter den 500 reichsten Amerikanern und finanziell zeitweise stark genug, eine der US-Fernsehketten kaufen zu wollen), erweist sich das amerikanische Unterhaltungsangebot auch am Ende des Jahrhunderts als unschlagbar – vielleicht auch, weil sich die Europäer eine Zersplitterung in diesem Grenzbereich von Kultur und Business glauben leisten zu können. Während Europäer kritisieren, diskutieren, analysieren, Berichte verfassen und Entscheidungen aufschieben, schreiten Amerikaner zur Tat. Sie produzieren: Film als gängiges, globales Geschäft.

Selbst die Definition europäischen Kulturbewußtseins fällt schwer und richtet sich vielfach nach amerikanischen Maßen, wenn auch gelegentlich negativ. Sagt doch Jacques Delors, der frühere Präsident der EG-Kommission, ein ebenso überzeugter Europäer wie engagierter Franzose, auf die Frage, was denn unter europäischer Kultur zu verstehen sei: »Alles, was nicht amerikanisch ist.«

McDonaldisierung als Vorwurf

Als MacDonaldisierung abqualifiziert zu erhalten, was Amerikaner stolz als Teil ihrer Lebensart ansehen, ärgert die junge Elite der sogenannten Neuen Welt. Sie will nichts mehr von den historischen Vorgaben, von politischer Gemeinsamkeit oder wirtschaftlicher Interessenidentität wissen. Schon psychologisch verlieren die »Atlantiker« als vorgestrige Besserwisser an Einfluß. Quer durch die Parteien und die elitären Zirkel der USA ist ein Mangel an Verständnis und Kooperationsbereitschaft festzustellen. Mehr denn je wenden diese Elite-Amerikaner, von Arroganz wahrlich nicht frei, Europa den Rücken zu. Wer braucht eigentlich wen? Während die ältere Generation über eine zunehmende Entfremdung auf beiden Seiten des Atlantiks klagt, geben sich die Jüngeren gegenüber europäischen Einwänden halsstarrig. Man wolle eigene Wege gehen, sich keine Vorschriften von Leuten machen lassen, die glauben, die Zukunft mit dem Blick zurück schaffen zu können. So wird die atlantische Kluft tiefer und breiter, die Bereitschaft, aufeinander ein- und zuzugehen, geringer. Das hat nicht nur materielle Gründe eines modisch gewordenen Zentrismus, sondern reicht weit in die Psychologie.

Die Überlebensfähigkeiten in der amerikanischen Gesellschaft rühren immer weniger aus dem Spannungsverhältnis zur Alten Welt. Die Neue Welt genügt sich selbst. Nachfahren einer Einwanderungsgesellschaft blicken nach innen. Der »Rest der Welt« interessiert den Durchschnittsamerikaner von heute ebensowenig wie den Durchschnittswiener seinerzeit die Bukovina oder Bosnien, den Londoner einst die Golfregion oder Kaschmir oder den Durchschnittsbelgier früher den Kongo. Fernab von den eigenen Interessen läßt man die anderen links liegen – mit dem eigenen Lebensrhythmus schwer oder gar nicht vereinbar, in Kultur und Sprache fremd, und in der Mentalität einfach unverstanden. Der *Me*-Generation widerstrebt das »Wir«. Enttäuscht sein wird Mode. Eine Weltmacht reagiert auf Liebesentzug extrem. In ihrer Machtvollkommenheit alleingelassen, beeinflußt die Wendung nach innen den Zeitgeist »Made in USA«. Wer sich ihm nicht fügt, wird verdächtigt.

Wie so oft in ihrer Geschichte erlebt die amerikanische Einwanderungsgesellschaft einen weiteren Schub. Integration will gelernt und vollzogen sein. Eine gehörige Portion Patriotismus ist es, die Etablierte, Erfolgreiche oder die, die es sonstwie zu etwas gebracht haben, als Eintrittspreis in »ihr Reich des Guten« begehren. Die Grundüberzeugung, daß dem American Way of Life nichts in der Welt entspricht, läßt sich mit jener patriotischen Grundsubstanz erklären, die die USA und ihre Bürger schon psychologisch von allen anderen Staaten unterscheidet. Sie hält zusammen, was anderswo trennt.

Patriotismus aus Dankbarkeit

Patriotismus wird nicht nur mit jener stolzen Naivität gepflegt, die Besucher aus Europa immer wieder staunen läßt. Das ungebrochene Verhältnis zu ihrem Gemeinwesen hat bei den meisten Amerikanern tiefe Wurzeln: Dankbarkeit, eine neue Heimat gefunden zu haben; Respekt vor den Entfaltungsmöglichkeiten; Freude an der Toleranzfähigkeit und neuerdings das Bewußtsein, mit den Freiheitstributen der amerikanischen Gesellschaft und ihrer wirtschaftlich-militärischen Überlegenheit auch ideologisch den Triumph über Kollektivismus und Kommunismus geschafft zu haben.

In *Go-West*-Manier begnügen sich die Erneuerungskräfte nicht mit dem Erreichten. Wie Bauern der ersten Generation haben sie gerodet, angebaut und geerntet, um dann, als das Land ausgepowert war, weiterzuziehen. Das alte Land wurde anderen überlassen. Nach Neuem Ausschau zu halten, wird zur Bürgerpflicht. Die Mehrheit der Amerikaner weiß, mag es und erwartet es von Neulingen. Urinstinkte des Wandels als Erfolgsrezept. Die Frage nach dem Sinn des Lebens beantwortet diese Unterwegs-Gesellschaft nicht mit der Lektüre von Geschichtsbüchern, sondern mit Gebrauchsanweisungen für Computer.

Schmerzen bleiben der US-Mehrheit indessen nicht erspart. Minderheiten stellen dieses Idealbild in Frage – wie ehedem. Wer anders ist als der Durchschnittsamerikaner – Famile, Haus, Auto, Job –, macht sich verdächtig. Wer den Pfad des Erfolgs mißachtet oder verläßt, verstößt gegen geschriebene und mehr noch gegen ungeschriebene Regeln, allezeit erfolgreich zu sein. Nur allzu gerne verdrängen Amerikaner, daß es ihnen oder ihren Vorfahren nicht leichtgefallen ist oder gemacht wurde, den ebenso robusten wie simplen Vorgaben zu folgen und vielerlei an Tradition, Erfahrung, Wissen und Lebensform hinter sich zu lassen. Manchem Einwanderer aus Europa ist es freilich nicht schwergefallen, die eigenen Wurzeln zu kappen; anderer Name, andere Sprache, andere Ziele. Wirtschaftliche Not oder politische Verfolgung in Europa machten Amerika für sie zum »gelobten Land«.

Verschwörung gegen das echte Amerika?

Inzwischen sorgen Minderheiten dafür, daß sich dieses Bild, ideal wie es ist, verdüstert. Auf dramatische Weise militarisieren sich ungeduldige oder unduldsame Amerikaner. Millionenfach sehen sie den Sinn des Lebens darin, das Böse zu bekämpfen. Böse wird von ihnen mit fremd gleichgesetzt – fremd von außen, wie zum Beispiel ausländisches Kapital. Religiöse Einflüsse aus Rom oder der Welt des Islams und undurchsichtige Betriebsamkeit jenseits des Pacific Rim in Japan, China und dem ferneren, dem andersgläubigen Asien.

All diesen Fremden den Kampf anzusagen, ist in einer Gesellschaft nicht neu, die ihre Denkweise aus spartanischem Protestantismus ableitet. Extremisten glauben neuerdings, »ihre heile Welt« im Inneren kämpferisch verteidigen zu müssen, gegenüber dem jüdischen Kapital, gegenüber der Freimaurerei und gegenüber anderen anonymen Mächten bis hin zum Drogenkartell und nicht zuletzt gegenüber der eigenen Zentralregierung in Washington. Zentrale Macht und ihre Ausübung militant abzulehnen, zählt bei diesen entschlossenen Minderheiten zu den Grundregeln. Sie geben vor, Amerika vor sich selbst und vor einer verfremdeten Zivilisation retten zu müssen, aus Industrialisierung, Urbanisierung, Globalisierung und Libertinage von destruktiven Medien und Pornographie. Dahinter steckt die lauernde Vermutung einer regelrechten Verschwörung. Fremdartige, bösartige Kräfte seien am Werke, um Amerika zuerst moralisch und dann politisch zu entseelen.

Bei verwirrten und verunsicherten Durchschnittsamerikanern kommen diese sektenhaften Gewaltfreunde recht gut an. Ihre vordergründige Argumentation: Der Staat sei der größte Gegner des Bürgers und seiner Freiheit. Wie, so lautet der Dauergesang der Militia und anderer Selbstschutzorganisationen, konnte es im texanischen Waco geschehen, daß mit dem FBI der eigene Staat gegen die Bürger gewaltsam vorgeht, gemeint ist die Davidianer-Sekte. Keineswegs sektiererisch ist die Dauerdiskussion um die Frage, ob der ehemalige Soldat Timothy McVeigh und/oder Alfred P. M. Murrah um die Iden des Aprils 1995 in Oklahoma City jene

Autobombe plazierten und zündeten, die 168 Amerikaner tötete oder schwer verletzte. Gerne beruft man sich seitdem auf die *Grassroats*-Bewegung, die es mit den Verschwörern gegen das wahre Amerika aufnimmt, seitdem Washington ihrer Meinung nach von antiamerikanischen Kräften bereits unterwandert und unfähig ist, kraftvoll für Ordnung zu sorgen.

Steuerhinterziehung – Sünde oder Kavaliersdelikt?

Eine konservative Revolution oder die Hirngespinste einer radikalen Minderheit, die zu vernachlässigen ist? Der Kampf gegen den Staat, für amerikanische Steuerzahler in zivilem Rahmen ein normales Verhalten, erfährt eine neue Dimension etwa gegenüber der konsequenten Steuerbehörde *Internal Revenue Service* (IRS). Auch innerhalb des *Beltway*, wie die Washingtoner Entscheidungsszene genannt wird, findet die »Rettet-Amerika«-Bewegung Anhänger. Vor allem in der republikanischen Partei erkennen rechtsorientierte Machtstrategen wie der Sprecher des Repräsentantenhauses Newt Gingrich oder der verhinderte Präsidentschaftskandidat Pat Buchanan: Gegen das Washington alten Beherrschungsstils aufzutreten, lohnt sich politisch. Wie diese erneuerte Anti-Washington-Stimmung durchschlägt, zeigt das Beispiel des republikanischen Präsidentschaftskandidaten Bob Dole. Er zieht, nach fast vierzig Jahren Inbegriff des Washingtoner Establishment, aus dem Club der Clubs, dem Senat, aus. Aus dem Senator Dole, dem mächtigen, trickreichen Fraktionschef der Republikaner, wurde Bürger Dole, einer wie du und ich. Das kommt an.

Aus eigener Entscheidung handeln, durch Selbstherrschaft der Oberherrschaft trotzen, sich nicht steuern lassen, die Umstände meistern, auf sich selbst gestellt zu sein und vorwärts zu kommen – all das trägt zur Selbsterneuerung in der amerikanischen Gesellschaft bei. Gewiß, die eigene Freiheit durch die Freiheit der anderen begrenzt zu sehen, mag anerkannt werden. Lieber jedoch unregierbar erscheinen als schwach, leistungsstark bis zaudernd. Wie ehedem ist das Verhältnis des Durchschnittsamerikaners zur Staatsgewalt gespalten.

Vielen behagt das Naturrecht der Selbstverwirklichung in persönlicher Freiheit mehr als eine staatlich verordnete Rangordnung mit wechselseitigen Bindungen und Verpflichtungen. Es zählt zu guter amerikanischer Tradition, dem Verwaltungsstaat zu mißtrauen, den Gesetzesstaat zurückzustutzen und höchstens auf den Justizstaat zu setzen. In Zeiten von Individualität und stetig bekundeter Willensfreiheit erscheint es vielen Amerikanern geradezu als Bürgerpflicht, an der Jahrtausendwende eine lockere Antwort auf die Fragen einer modernen, einer funktionierenden Industriegesellschaft zu geben. Frei zu wählen, welche Möglichkeiten ein Gemeinwesen bietet, erscheint zeitgemäßer als eine konsequente Teilung der Staatsgewalten. Als höchstes Rechtsgut gilt weithin die persönliche Freiheit. In Umbruchzeiten wie diesen fühlen sich viele Amerikaner berufen, das Freiheitsmaß aus Naturrecht, Aufklärung und der eigenen, der amerikanischen Revolution – als historisches Datum stolz vor der französischen Revolution angesiedelt – zu verteidigen. Individuelle Freiheiten erscheinen ihnen durch den modernen Verwaltungsstaat ebenso bedroht wie durch aus- und freigiebige Wohlfahrt oder unentrinnbare Pflichten in internationalen Geschäften. Abhängigkeiten aus der modernen Technik und der arbeitsteiligen Volkswirtschaft möchten sie lieber durch Privatinitiative, Wettbewerb und Moral ausbalanciert sehen als durch einen überbürokratisierten Staat mit kollektivistischen Beherrschungsinstrumenten.

Selbstverwirklichung, in Amerika entdeckt, bevor sie in Europa Mode wurde, wirkt sie als ungeschriebenes Grundrecht. Freie Bahn dem Tüchtigen. Ein solches Motto der Leistungsgesellschaft stört die Verfechter amerikanischer Lebensart nicht nur nicht. Derlei wird vielmehr als Beweis angesehen, daß die zugegeben rauheren Rahmenbedingungen amerikanischer Machart eher geeignet sind, den Bedürfnissen der postindustriellen Gesellschaft zu entsprechen als das kollektivistische, staatliche Schutzsystem der Europäer. Im Systemvergleich fühlt man sich in der neuen Welt gegenüber der alten eindeutig und am Ende des zwanzigsten Jahrhunderts nachweisbar überlegen, wenn es um die äußere Unabhängigkeit oder um das Recht der Bevölkerung geht, über die eigenen Belange selbst zu entscheiden.

Daß der Lebensstandard Pause machen muß, die Konjunktur ihre Talfahrt noch nicht beendet hat, Modelle und Methoden gegen die Arbeitslosigkeit nicht wirken, die Sozialmodelle nicht (mehr) greifen, Sozialsysteme ins Unfinanzierbare geraten und neue Pleiterekorde drohen – derlei Schlaglichter aus Europa lösen in der Neuen Welt eine Mischung aus Mitleid, Unverständnis und Überlegenheitsgefühl aus. Auf transatlantischen Import von Besserwisserei wird kein Wert mehr gelegt. Auf eine neue Intelligenzspritze, wie sie Amerika durch die Emigranten in den dreißiger und vierziger Jahren verpaßt wurde, glaubt man endgültig verzichten zu können. Selbstbewußtsein in Theorie und Praxis kann sich sehen lassen. Vorbei die Zeiten, wo die Europäer, mit humanistischer Bildung vollgepumpt, onkelhaft theoretische Ratschläge erteilten und deren unbändige Umsetzung herablassend als jugendliche Freiheitsübungen abzukanzeln beliebten.

In den Thinktanks wie in den durchgestylten Büros glaubt man, die Erkenntnisse der nationalökonomischen oder auch der medizinischen Schule aus Wien ebenso unter Geschichte ablegen zu können, wie staatspolitische Modelle aus Frankreich oder England. Dennoch: Seitdem der große Rivale im Osten Europas, der staatskapitalistische Kommunismus, zusammengebrochen und der Eiserne Vorhang verschwunden ist, fehlen die althergebrachten Herausforderungen. Wo sich das Neue allemal besser verkauft als das Alte, vornehmlich in der amerikanisierten Bewußtseinsindustrie, verliert Europa an Marktwert. Nach dem Sieg des Koppelprodukts aus Demokratie und Marktwirtschaft glauben sich auch amerikanische Vor-, Nach- und Querdenker im Wettkampf der Systeme anderen, im Bedarfsfall eigenen Aufgaben zuwenden zu können.

Mit einer Jugendfrische, die erstaunen macht, wird die Überlegenheit westlicher Lebensart und Statsgestaltung als ebenso dauerhaft angesehen wie etwa die amerikanische Verfassung (in zweihundertjähriger Geltungsdauer ein halbes hundert mal geändert, während sich die europäischen Staaten tausende Korrekturen geleistet haben). Eigene Erfolge, nicht nur jene über den abgewirtschafteten Kommunismus stalinistischer Prägung, läßt selbst im Ursprungsland der Public Relations politisch und medial auf Selbstläufer setzen. Wo Siegen selbstverständlich wird, ist Reklame überflüssig.

Aufschwung West

Amerika boomt, während Europa lahmt. Die Konjunkturpäpste setzen die Wachstumszahlen der USA auf vier, fünf und mehr Prozent herauf, die zerknirschten Kollegen in Europa korrigieren nach unten. Während das US-Wachstum mit Händen zu greifen ist, experimentieren die Europäer mit irreführenden Wortungetümen wie Minus-Wachstum. Zehn Millionen neue Arbeitsplätze in den USA gegenüber bald

40 Millionen vernichteten Arbeitsplätzen in Europa. In einem einzigen Monat, wie zum Beispiel dem Mai 1996, hat die amerikanische Wirtschaft 348 000 neue Arbeitsplätze geschaffen, während in Europa mindestens die doppelte Zahl verloren wurde. Alles »McJobs«, heißt die Selbstverteidigung der europäischen Wirtschafts- und Sozialpolitiker. In Anspielung auf die Fast-Food-Kette McDonalds soll also der Eindruck vermittelt werden, es handele sich bei den neuen Arbeitsplätzen der USA um massenweise schlecht bezahlte Gelegenheitsjobs. Tatsächlich jedoch spielt sich die *Job Creation* überwiegend im Bereich gut bezahlter Arbeitsplätze für Fachkräfte ab.

PAN AM, die symbolträchtige Fluggesellschaft, 1991 als Pleiteunternehmen abgestürzt, versucht es wieder. Detroit, die oft totgesagte Autostadt, berichtet aus den Hauptquartieren der wieder selbstbewußt gewordenen Autobauer über Rekorde bei Umsätzen und Gewinnen, Boeing fliegt Airbus mit Milliardenaufträgen in der Tasche gleichsam davon, selbst die Textilindustrie, angeführt von den Jeans-Herstellern, verbucht Marktvorteile im Kampf mit der Niedrigpreiskonkurrenz, für Chemie und Maschinenbau schlagen Forschung, Entwicklung und Produktivität zu Buche, und Klein- und Mittelbetriebe – auch in Amerika Rückgrat der Wirtschaft – verzeichnen eine wahre Gründerzeit.

Die Supermacht kommandiert

Seitdem der US-Binnenmarkt, der größte seiner Art, Tritt gefaßt hat, kann es Washington auf eine härtere Gangart mit seinen Handelspartnern ankommen lassen. Das Helms-Burton-Gesetz bestätigt handelspolitisch, was sich psychologisch im Hintergrund abspielt: Selbstorientierung. Mit diesem Gesetz greift konservativ-imperiale Denkungsart über amerikanische Grenzen hinaus. Wer mit Fidel Castros Kuba und später wohl mit Lybien, Iran oder Irak Geschäfte betreibt, soll bestraft werden. Keine Aufträge aus Amerika, keine Einreise für verantwortliche Repräsentanten von Unternehmen, keine Umgehungschancen. Wie beim Erdgasröhren-Embargo gegenüber der Sowjetunion sollen für alle Welt lediglich amerikanische Kriterien gelten. Alle sollen sich amerikanischen Interessen unterordnen.

Die Gesetzesmacher auf dem Capitol schert überhaupt nicht, daß sich die USA wie eine Supermacht anderswo mit ihren Vorschriften einmischen. Andersartige, jedenfalls eigenständige Interessen souveräner Staaten, etwa die Kanadier, der Mexikaner oder der EU-Mitgliedsländer, läßt man einfach nicht gelten. Proteste prallen ab. Washington schert auch nicht, daß mit dieser Embargo-Renaissance in multilaterale oder internationale Verträge eingegriffen wird. Die, die widersprechen, bekommen in geradezu klassischem Washingtoner Stil zu hören, wer die amerikanischen Vorschriften nicht befolge, sei selbst dafür verantwortlich, wenn er von Konsequenzen getroffen werde. Die Supermacht kommandiert, die Weltgemeinschaft kuscht.

Die Sanktionspolitik läßt sich zwar mit dem amerikanischen Wahlkampf des Jahres 1996 erklären, jedoch nicht rechtfertigen. Wer als Supermacht übrigbleibt, glaubt es sich leisten zu können, mit derlei mittelalterlichen Methoden durchzukommen – und sei es damit, dem Freihandel ein Bein zu stellen. Machtpolitisch zählt mehr, daß der Westen mit einer relativ konsequenten Politik des Embargos und der Rüstung die östliche Supermacht Sowjetunion und ihre ganze Klientel in die Knie gezwungen hat. In den späten neunziger Jahren Internationalität nach Gutdünken zu betreiben, paßt ins Bild der Weltmacht Nummer eins.

Etwa auch in ihrem Verhältnis zu den Vereinten Nationen. Größter Schuldner, größter Profiteur von einem UN-Hauptquartier, nämlich in New York, und größter Einflußnehmer auf Spitzenpersonalia, wollen die Washingtoner

Strategen die Weltorganisation mit ähnlicher Methodik zurückgenommen sehen, wie viele Durchschnittsamerikaner »ihr« Washington. Kollektive Hilfe, im eigenen Staat oder weltweit, soll in die Rumpelkammer der Geschichte weggeräumt werden. Geld und Kraft für die Selbsthilfe.

Auch ein schlankerer amerikanischer Staat soll nach dem Motto verfahren: *Charity begins at home.* 15 Millionen amerikanische Familien hängen an der Wohlfahrt, davon zehn Millionen Kinder. Gangs nehmen überhand, nicht nur in den Großstädten, sondern auch auf dem flachen Land. Mehr und mehr Durchschnittsamerikaner wünschen, daß Entscheidendes gegen die Kriminalität geschieht, gegen Drogen, gegen Prostitution, gegen Korruption – und fast alles, was schiefläuft, wird den Ausländern, den Andersartigen und den Minderheiten angelastet. Abschirmen als Selbstverteidigung. Zu Hause und daheim für Ordnung sorgen, bleibt doch in der heilen Welt Amerikas genug zu tun.

8,5 Millionen neue Jobs

Eine Studie der Wirtschaftsberater des amerikanischen Präsidenten und des Washingtoner Arbeitsministeriums stellt unter dem Titel »Arbeitsbeschaffung und Beschäftigungsmöglichkeiten: Der amerikanische Arbeitsmarkt 1993 bis 1996« fest: Allein in dieser drei-Jahres-Periode sind in den USA 8,5 Millionen neue Arbeitsplätze geschaffen worden. Den Löwenanteil stellt die Privatwirtschaft. In der US-Bundesverwaltung nahm die Beschäftigung gleichzeitig um 11,4 Prozent ab (auch hier eine gegenläufige Entwicklung zu der fortschreitenden Überbürokratisierung in Europa).

68 Prozent aller Arbeitsplätze, die von Februar 1994 bis Februar 1996 geschaffen wurden, entfallen auf Ganztagsbeschäftigungen in Berufssparten mit einer besseren Bezahlung als dem durchschnittlichen Wochenlohn von 480 Dol-

lar. Mehr als die Hälfte dieser Arbeitsplätze liegt im obersten Drittel der Lohnskala. Es handelt sich um gut bezahlte Managerpositionen und Spezialjobs. Gleichzeitig nahm die Zahl der geringer entlohnten McJobs deutlich ab. Die Washingtoner Studie kommt zu dem Schluß, daß die landläufige Meinung falsch sei, immer mehr schlecht ausgebildete Kräfte müßten gleichzeitig mehrere Beschäftigungsverhältnisse aufrechterhalten, um mit ihren Familien überleben zu können. Vielmehr ist der Anteil jener, die wegen schlechter Bezahlung mehr als einen Job ausüben, mit 6 Prozent gleich hoch geblieben.

Weniger Staat – mehr privat

Steigende Reallöhne haben nach unbestrittenen Statistiken die als lang empfundene Stagnationsphase der Zeit von 1970 bis 1994 erstmals eindeutig beendet. Gleichzeitig nahm die Armutsrate in den USA ab. Die Konjunktursonne, die so nachhaltig scheint, wirft freilich auch ihre Schatten, nämlich auf die »verängstigte« Mittelklasse. Dort herrscht Zukunftsangst. Wer entlassen wird – im amerikanischen Sozialempfinden auch dann Eigenverschulden, wenn Fremdursachen vorliegen –, der hat auf dem extrem leistungsorientierten Arbeitsmarkt kaum noch Chancen. Vor allem älteren Arbeitnehmern droht das Aus. Wer älter als 55 Jahre ist, muß als erster gehen – ein Zeichen dafür, daß die Härte des Wettbewerbs auf dem Arbeitsmarkt die früher gepflegte Seniorität durchbricht. Jahrzehntelang war es Vorschrift oder Brauch, bei Freistellungen jene Arbeitnehmer auszusondern, die zuletzt eingestellt worden waren.

Die Wirtschaft reckt und streckt sich, und der Staat schrumpft. Weniger Staat, mehr privat – das klingt für Amerikaner allemal harmonisch. Sie wünschen den Staat zurückgestutzt. Das Wie überlassen sie nur allzu gerne »denen in

Washington«. Hat doch den Bürger, auf Solidität und Sparsamkeit bedacht, noch zu Zeiten von Präsident Ronald Reagan gewundert und geärgert, daß und wie der Staat über seine Verhältnisse lebt. Zurückstutzen, ein geflügeltes Wort.

Es bedurfte mehrerer Präsidenten, um die Budgetdefizite irgendwie unter Kontrolle zu bringen. Unter Reagan wurde einfach auf Wachstum gesetzt, George Bush ließ es finanzpolitisch laufen, Bill Clinton wurde jahrelang mit dem Washingtoner Establishment, vor allem der republikanischen Mehrheit im Kongress, nicht fertig. So zielstrebig wie in der Privatwirtschaft ging und geht es auch in der amerikanischen Budgetwirtschaft keineswegs zu. Budgeterstellung und Budgetverwaltung kommen aus dem Chaos nicht heraus. Es wird gerechnet, verworfen und improvisiert, als ob das Spiel mit den Milliarden Dollar mit Ärmelschonern vollführt würde und nicht mit Computern. Im Machtkampf zwischen Präsident und Kongreß bleibt das Weiße Haus immer wieder auf der Strecke.

Superreicher Staat und Armenhaus

Kein Wunder, daß das chaotische Finanzgebahren des Bundes, das sich in Washington mit schöner Regelmäßigkeit wiederholt und bis zur tageweisen Schließung sämtlicher Bundesbehörden führt, der Law-and-Order-Mentalität der meisten Amerikaner zuwiderläuft. Man möchte sich nicht für einen Staat schämen, der im reichsten Land der Welt wie in einem Armenhaus operiert. Erfolge der Wirtschaft wollen sie umgesetzt sehen auf ihr Gemeinwesen. Stolz, ein Amerikaner zu sein – das war und ist mehr als eine Floskel. Im Außenverhältnis läßt sich dies eher vollführen als im Innenverhältnis. Vietnam, den Tod von 53 000 Soldaten und einen verlorenen Krieg als nationalen Schock überwunden zu haben, ist sicherlich eines der Verdienste von Ronald

Reagan. Der oft unterschätzte Kalifornier verstand es wie selbstverständlich, den Amerikanern ihr Selbstvertrauen zurückzugeben. Sein Nachfolger George Bush, der zwar aus derselben republikanischen Partei, jedoch aus einer der adelsähnlichen Neuenglandfamilien stammte, kam über die Treuhänderfunktion nicht hinaus. Im Weißen Haus vermochte er den Zusammenbruch der östlichen Supermacht nur zu quittieren, aus dem militärischen Sieg zur Befreiung Kuwaits ließ er keine politische Lösung der Nahostproblematik folgen und hinterließ mit einer Wirtschaftsrezession ein hohes Haushaltsdefizit.

Clinton – die enttäuschte Hoffnung

Auf dem glatten Washingtoner Parkett, wo sich ein Reagan behende zurechtfand und ein Bush sich routiniert, wenn auch blaß, (im Kreis) bewegte, wurde Bill Clinton zum Hoffnungsträger für eine Kehrtwende in der Wirtschafts- und Finanzpolitik sowie einer Reform der Gesellschaft nach liberaleren Gesichtspunkten. Doch auch er blieb im Washingtoner Machtgestrüpp hängen, zum Beispiel mit einer Reform des Gesundheitswesens. Dieser demokratische Präsident, genauer seine Frau Hilary, scheiterte an dem Versuch, einen umfassenderen Krankenschutz für 37 Millionen unversicherte Amerikaner zustande zu bringen. Nicht nur die Mehrkosten von geschätzten 700 Mrd. Dollar schreckten die Politiker, von Lobbyisten geradezu belagert, sondern auch die auf weniger Staat eingestellten Bürger. Auch für die sonst so flexiblen Amerikaner erwies sich der Reformversuch als ebenso unkalkulierbar wie für die Europäer. Steigende Kosten, unsystematische Verrechnung, kürzere Lebensarbeitszeit, längere Lebensdauer – zuviel für ein Washington, in dem ohnedies Interessen wuchern wie anderswo.

Clinton, der Demokrat aus dem südlichen Kleinstaat Arkansas, verstand es auch in anderen Bereichen nicht, die Mehrheit seiner Partei in beiden Häusern des Kongresses reformerisch zu nutzen. Zwei Jahre später, im kurzlebigen Rhythmus der Neuwahlen des Repräsentantenhauses und eines Drittels der Senatoren, lassen Enttäuschte das Pendel zurückschlagen: Die Republikaner legen zu und erreichen zum erstenmal seit vierzig Jahren ihrerseits die Mehrheit in beiden Häusern des Kongresses.

Ein respektabler Aufschwung

Hatten die Demokraten bei ihrem Sieg Reformen versprochen, die sie dann nicht zustande brachten, so traten ihre Widersacher mit der »republikanischen Revolution Amerikas« an. Sie stellten auf einen *Contract with America* ab und zwangen den zunächst ausgabe- und staatsfreudigen Clinton in der Hälfte seiner Amtszeit zum Kurswechsel: ein schlankerer Staat mit weniger Defizit, weniger Vorschriften und mehr Eigeninitiative für die Bürger. Beiden Ambitionen waren die Umstände nicht hold. Während sich die Washingtonians innerhalb des Beltway in den üblichen Positionskämpfen verbrauchten, schritt die Wirtschaft außerhalb zur Tat. Per Schnellstart aus der Rezession, lieferte sie seit Mitte der neunziger Jahre einen respektablen Aufschwung.

Whitewater und andere Affären

Was jedem amtierenden Präsidenten zugute kommt, wenn Jobs geschaffen, die Inflation gebremst und die Zinsen niedrig gehalten werden, vermochte dieser Inhaber des höchsten Staatsamtes nicht unbefangen zu konsumieren. Bill Clinton wurde von seiner Vergangenheit als Justizminister und Gouverneur von Arkansas eingeholt. Ihm oder seinen Geschäftsfreunden von damals, einige von ihnen inzwischen verurteilt, wurden unzulässige oder zumindest undurchsichtige Geschäftsbeziehungen bei Grundstücks- und Kreditoperationen vorgeworfen. Die sogenannte Whitewater-Affäre – genannt nach den fraglichen Grundstücken – erfaßte zwar den amtierenden Präsidenten juristisch nicht direkt. Politisch begleitete sie ihn und vor allem seine Ehefrau jedoch beharrlich, von der republikanischen Opposition wachgehalten. Restlos aufgeklärt ist diese Affäre, wie viele andere, nicht. So bleibt auch offen, ob direkt oder indirekt ein Fehlverhalten der Eheleute Clinton gegeben ist.

Mit dem konservativen Weltbild der »schweigenden Mehrheit« der Amerikaner verträgt sich die Lebensart der Clintons und ihre Behandlung in den Massenmedien nicht so friktionsfrei wie jene der eher biederen Reagans und Bushs. Tatsächliche oder vermeintliche Affären von Grundstücken bis Sex erschrecken viele Durchschnittsamerikaner. Es bekommt dem Ansehen der Präsidentschaft nicht, wenn über den Freitod eines langjährigen Clinton-Mitarbeiters berichtet wird, über Zweifel an der Rolle eines präsidentiellen Rechtsberaters oder den Rücktritt eines stellvertretenden Justizministers.

Armut neben Verschwendung

In einem langjährigen Prozeß schwankt das, was gemeinhin die amerikanische Seele genannt wird, zwischen Öffnung und Schließung. Aus der fortdauernden Diskussion über den Sinn des Lebens und typisch amerikanische Werte wie Freiheit oder Gleichheit leidet das Staatsverständnis. Autorität schwindet, daß die Politiker wohl schon den rechten Weg wüßten. Vielmehr erscheinen der politische Betrieb von Washington und die dahintersteckende Bürokratie wie eine Krake, die alle und alles umfaßt, Freiräume verdrängt. Den Ruf nach weniger Staat verstärken Defizite des Staatshaushaltes, Mißwirtschaft und Korruption. Deregulierung wird Mode. Ehrenwerte Bürger möchten vom Tropf der Allgemeinheit weniger abhängig sein. Schon der bescheidenere US-Sozialstaat wird weithin als leistungshemmender, überbürokratisierter Wohlfahrtsapparat empfunden. Armut, unzureichende Versorgung der Kranken und Alten werden gesellschaftspolitisch in einen Topf geworfen mit Verschwendung, staatlicher Fehlplanung, Kriminalität, Drogen, weitverbreitetem Sicherheitsdefizit. Und Selbsthilfe der Bürger, die versucht, das Vakuum des Staates auszufüllen, stößt an natürliche Grenzen.

30 vollstreckte Todesurteile, 3 000 Todeskandidaten

Nach oft zügelloser Gewaltanwendung und angesichts aufgerüsteter Privatarmeen ist staatliche Autorität gefragt. Die Kontrolle beim Erwerb von Waffen wird einerseits verschärft, andererseits die Kriminalität systematischer angegangen. Neue Gefängnisse werden gebaut, über hunderttausend Polizeibeamte eingestellt, die Todesstrafe ausgeweitet. Allein 1995 werden 30 Todesurteile vollstreckt, über 3 000 Verurteilte warten auf den elektrischen Stuhl oder die Todesspritze.

Jahr für Jahr schwankt man innerhalb des Beltway zwischen liberaler und konservativer Gesellschaftspolitik, bleibt die Rolle des Staates umkämpft, Eigeninitiative der Bürger herbeigeredet. Der demokratische Präsident und der republikanisch beherrschte Kongress raufen um Budgetdefizit, Steuererleichterungen, Privatisierung, soziale Ersparnisse und Eigenverantwortung. Auf »weniger Staat« kann man sich Mitte der neunziger Jahre im Prinzip verständigen. Je näher die Wahlen, desto deutlicher verhindert die innenpolitische Mechanik Kompromisse. Auch in der Außenpolitik.

»Mr. Gorbachov, turn down this wall!« Ronald Reagan, der Antikommunist, konnte Mitte der achtziger Jahre nicht ahnen, daß es 1989 soweit war. Zunächst sah sich der konsequente Republikaner aus der Neuen Welt in der Alten Welt jener Hähme ausgesetzt, welche die meisten außenpolitischen US-Aktivitäten als naiv herabmacht. Daß Reagans Appell vor der Mauer am Brandenburger Tor in Berlin das richtige Wort zur rechten Zeit war, lassen sich US-Strategen, bei aller Routine im Hinterkopf immer auch Missionare, von Europäern nicht ausreden.

Geradlinig unterwegs zu sein, betrachtet auch das abgebrühte Washingtoner Establishment immerhin als Tugend: Der Zusammenbruch der kommunistischen Zentralverwaltungswirtschaft, das Ende des Ostblocks, das Verschwinden des Eisernen Vorhangs, die deutsche Wiedervereinigung, der Befreiungskrieg zugunsten Kuweits gegen den Irak, das Kriegsende in El Salvador wurden – von medialer Aufgeregtheit abgesehen – relativ gelassen als Weltmachterfolge quittiert.

An Fehleinschätzungen war auch in den neunziger Jahren kein Mangel. Zur Selbstauflösung Jugoslawiens und dem Hilfsbegehren etwa der Bosnier ließ Präsident Bush vermelden, die USA hätten die Europäer in diesem Jahrhundert zweimal herausgehauen, ein drittes Mal komme nicht in Frage. Nachfolger Clinton, wie viele andere in Balkanaffären unerfahren, verwirrt und schwankend, brauchte fast vier Jahre, um dem Streit, der Lethargie und schließlich der Unfähigkeit der Europäer einen amerikanischen Eingriff folgen zu lassen – notabene in der Oberverantwortung der Vereinten Nationen, jener Organisation, die die USA fallenläßt und finanziell aushungert. Somalia brachte einen Fehlschlag der Kanonenbootdiplomatie, Haiti einen Erfolg, der Terrorismus immer neue Herausforderungen, der Handelskrieg zuerst mit Asien und dann mit Europa genug Interessentendruck, um den außenpolitischen Spielraum des Präsidenten durch den republikanischen Kongreß ein weiteres Mal einzuengen. In der Mitte zwischen Internationalismus und Isolationismus, zwischen Innenpolitik und Außenpolitik, zwischen Europa und Asien, fällt es Amerika als einzig verbliebener Supermacht schwer, jeweils den Pfad der Tugend zu finden. Eigene Interessen sind zu wahren. Zugleich möchte man es auf jene Dosis Applaus anlegen, die das Washingtoner Establishment ebenso mag wie der Durchschnittsamerikaner.

War das 20. Jahrhundert ein amerikanisches, so verspricht das 21. Jahrhundert eine neue Weltperiode. Daß die USA in beiden Zeitabschnitten dominieren, ist offenkundig. Die Kraft der Amerikaner ist noch keineswegs erschöpft. Fähig zur Anpassung und Erneuerung, schaffen sie ähnliche Entfaltungschancen wie in der vorindustriellen Phase des 18. Jahrhunderts, während der 150 Jahre währenden Industrialisierung bis zur Weltwirtschaftskrise der dreißiger Jahre in der Nachkriegszeit mit dem gewaltigen Industrialisierungsschub aus dem Massenkonsum und schließlich in der zweiten Hälfte des 20. Jahrhunderts; fünf Etappen schnell zunehmender Bevölkerung und begleitenden Wirtschaftswachstums.

Auf die Frage nach den Bedürfnissen, den Gefahren und Möglichkeiten der nachindustriellen Gesellschaft bieten die Amerikaner schon jetzt breitere und vertiefende Antworten als die Europäer. Solange sich Europäer und Asiaten in (ungleichen) Händeln verzetteln, offeriert das amerikanische System – bei allen Unzulänglichkeiten und der latenten Gefahr, in Extreme zu geraten – jene Dynamik und jenen Freiraum, die die Menschen brauchen, um nicht zu verzagen und die Zukunft zu wagen.

Klaus Emmerich, im Juni 1996

Zeittafel

1492	Landung des Christoph Kolumbus in der Neuen Welt 1776 Unabhängigkeitserklärung der USA; Deklaration der Menschenrechte
1865	Ende des Bürgerkrieges durch den Sieg der Nordstaaten
	Gründung des Ku-Klux-Klan als rassistischer Geheimbund
1870	Gründung der Standard Oil Company
1876	Baekland erfindet den ersten Kunststoff Bakelit
	Sieg der Indianer über General Custer am Little Big Horn
1881	Gründung der Edison-Elektrizitätsgesellschaft
	Beginn des Kanalbaus in Panama
1882	Einwanderungsverbot für Chinesen
	Schwarze dürfen als Ärzte praktizieren
	Standard Oil wird erster US Trust 1883
	Letzte Büffelherde verschwindet
	Erster Wolkenkratzer in Chicago
1886	Kapitulation des Apachenführers Geronimo; Ende der Indianerkriege
	John Pemberton erfindet Coca-Cola
1889	Erfindung des Zelluloidfilms durch Eastman
1890	Massaker am Wounded Knee unter den Hunkpapa-Indianern. Das »Federal Bureau of Census« erklärt die Zeit der Landnahme als offiziell beendet
1890/93	Größeres Silberangebot; Papiergeld führt zu Börsenpanik
1891	Eröffnung der Carnegie Hall
1892	Neugegründete, kurzlebige Populist Party verlangt Verstaatlichung der Eisenbahnen, den Achtstundentag und die progressive Einkommensteuer
1893	Neues amerikanisches Geschichtsbild durch F.J. Turners epochemachendes Werk über die Bedeutung der Eroberung des Wilden Westens für die Identität der Nation
	Aufsehenerregende Kolumbus-Weltausstellung in Chicago mit dem Transportation Building des Architekten Louis Sullivan
	Thomas Edison baut das erste Filmstudio

1895	Einkommensteuer für verfassungswidrig erklärt
1896	Für Schwarze werden gleichwertige, aber getrennte Schulen geschaffen
1897	Indianer dürfen Land erwerben
1898	Spanisch-amerikanischer Krieg; USA unterstützen kubanische Rebellen
	Bildung von »Greater New York«
1900	Goldstandard gesetzlich eingeführt
1901	US-Interventionsrecht in kubanischer Verfassung
1902	Haftpflicht für Arbeitnehmer gesetzlich verankert
1903	Gebrüder Wright fliegen erstmals mit »Kitty Hawk«
1906	Erdbeben und Großfeuer zerstören fast ganz San Francisco
1907	Das »indian territory« wird als Oklahoma US-Bundesstaat
1908	Erste Umweltbehörde geschaffen
1913	Abkehr von der Hochzollpolitik
1914	Panamakanal fertiggestellt
1914/16	US Truppen in Veracruz, Haiti, Santo Domingo
1916	Einführung des Achtstundentages für Bahnarbeiter
1916/17	Umstellung auf Kriegswirtschaft
1917	Ende der Neutralität, Kriegserklärung an Deutschland
1918	Wilsons Friedensplan: Forderung von vierzehn Punkten
1920	US-Kongreß lehnt Ratifizierung des Versailler Vertrages ab, ebenso den Beitritt zum Völkerbund
	Inkrafttreten des Gesetzes zur Prohibition; geheime Alkoholherstellung fördert die Bildung von Gangstersyndikaten
1922	Neue Welle der Zollerhöhungen, Subventionen
	Nachkriegsdepression
1926	Radio findet rasche Verbreitung
1927	Charles Lindbergh überfliegt den Atlantik
1928	Amelie Earhart überfliegt den Atlantik
	Beginn des Tonfilms
29.10.1928	Börsenkrach (Kursrückgang der Aktien um 40 Prozent)
	Beginn der Weltwirtschaftskrise
1930	Höchste US-Zollsätze in der Wirtschaftsgeschichte
1931	Verzicht auf Rückzahlung der Kriegsschulden
1933	Proklamation des »New Deal«
	»Good-Neighbour«-Politik gegenüber Lateinamerika
1934	Andauernde Trockenheit im Mittleren Westen
1935	Neutralitätsgesetze von Franklin D. Roosevelt verabschiedet: keine Einmischung in Europa
1937	US-Konjunktur erlahmt

1938	Aufführung der »Rhapsody in Blue« in der Carnegie Hall: Aufnahme der Jazzmusik in die amerikanische Volkskultur
1940	Rüstungsprogramme führen zu Vollbeschäftigung
1941	»Eines langen Tages Reise in die Nacht« von Eugene O'Neill Leih- und Pachtgesetz tritt in Kraft
7.12.1941	Japanischer Angriff auf Pearl Harbor
8.12.1941	Kriegseintritt der USA
1942	Deklaration der Vereinten Nationen unterzeichnet
1944	»G.I. Bill«: Unterhalt und Ausbildung für Soldaten frei
6.8.1945	Atombombenabwurf auf Hiroshima
1946/48	Preise steigen um 50 Prozent
1947	Marshallplan als Hilfsprogramm für die europäischen Staaten Beginn regelmäßiger Fernsehsendungen
1949	Pulitzerpreis für das Drama »Tod eines Handlungsreisenden« von Arthur Miller
1952	»Der alte Mann und das Meer« von Ernest Hemingway
1953	Waffenstillstand in Korea Zweite Nachkriegsrezession
1954	Erstes Atom-U-Boot fertiggestellt
1955	Zusammenschluß der Gewerkschaften AFL und CIO
1958	Erster US-Satellit im Weltraum nach sowjetischem Satellitenerfolg 1957 Gründung der Raumfahrtbehörde NASA
1959	Alaska und Hawaii werden amerikanische Bundesstaaten St.-Lorenz-Seeweg eröffnet
1960/65	Wirtschaftsbelebung durch Vietnam-Rüstung Erste Konzentrationswelle
1961	Peace Corps gegründet (Organisation freiwilliger Entwicklungshelfer) Selbstmord Hemingways
22.11.1963	Präsident John F. Kennedy ermordet
1965	Medicare-Gesetz regelt medizinische Versorgung der Amerikaner, die älter sind als 65 Jahre Blutige Unruhen im Schwarzenviertel Watts in Los Angeles
1967	Zahl der Studenten an Universitäten und Colleges erstmals über vier Millionen
1968	Martin Luther King und Robert Kennedy ermordet
1969	Rückzug aus Vietnam beginnt im Oktober; noch 497 000 US-Soldaten im Land Neil Armstrong und Edwin Aldrin landen auf dem Mond

1970	Ölgesellschaften werden haftbar gemacht für Umweltschäden
1971	Das Wahlalter wird auf 18 Jahre herabgesetzt
	Nixon erklärt dem Drogenmißbrauch den Krieg
	Reformprogramm für die Indianer verabschiedet
1971/74	Stabilisierungsversuche durch Preiskontrollen
	Dollarabwertung
1973	Waffenstillstand in Vietnam
	Das Oberste Gericht der USA räumt begrenzte Abtreibungsrechte ein
1973/74	Beginn der ersten Ölkrise
	Abwertung des Dollar um 50 Prozent
1974	Präsident Nixon tritt wegen der Watergate-Affäre zurück
1975	Apollo und Sojus 19 gemeinsam im Weltraum
1977	Amnestie der Vietnam-Deserteure
	Insulin erstmals künstlich hergestellt
1978	Camp-David-Abkommen zwischen Israel und Ägypten
	Kalifornisches Volksbegehren verlangt Senkung der Grundsteuer um 57 Prozent
1979	Sowjetische Invasion in Afghanistan
1980	US-Getreideembargo gegen die Sowjetunion
	US-Boykott der Olympiade in Moskau
	Historischer Tiefstand des Dollar (1 Dollar = 1,71 DM)
1981	52 US-Geiseln nach 444 Tagen Gefangenschaft im Iran frei
	Streik von 15 000 Fluglotsen: Mitglieder der Lotsengewerkschaft werden verhaftet
	Steuersenkung als Teil der »Reaganomics«
1982	Verdoppelung der US-Verteidigungsausgaben
	US-Konjunktur verharrt auf niedrigem Stand
1983	Stationierungsbeginn von US-Mittelstreckenraketen in Europa
	Steuersenkung, Rüstungsaufträge, Exportbelebung
	675 000 Telefonarbeiter streiken
1984	Internationaler Gerichtshof in Den Haag verurteilt die USA wegen Verminung der Häfen von Nicaragua
	Wiederaufnahme der diplomatischen Beziehungen zwischen USA und Vatikan nach mehr als hundert Jahren
	Telefongesellschaft AT&T wird laut Sondergesetz entflochten
	Merkliche Besserung der Konjunktur (Zunahme des Bruttosozialprodukts um 6,4 Prozent)

1985	Verständigung USA-UdSSR über den Abbau von Atomwaffen
	Abrüstungsgipfel zwischen Reagan und Gorbatschow in Genf
	US-Staatsschuld übersteigt erstmals wieder 30 Prozent des Bruttosozialprodukts
1986	Dollarhöchststand (1 Dollar = 3,47 DM)
	Space Shuttle »Challenger« explodiert nach Start
	Das Oberste Gericht der USA bestätigt Abtreibungsrechte
	Arbeitslosenrate sinkt von fast 10 Prozent auf unter 7 Prozent
1987	Westliche Flottenpräsenz im Persischen Golf
	Panamas Präsident Noriega widersteht dem Druck der USA, ihn absetzen zu lassen
	Kräftigste Konzentrationswelle in der US-Wirtschaftsgeschichte
19.10.1987	Börsenkrach; Rückgang der Aktienkurse um 22,6 Prozent
1988	Neuer Tiefstand des Dollar (1 Dollar = 1,57 DM)
Herbst	Gipfel Reagan – Gorbatschow in Moskau
1988	Vernichtung von Mittelstreckenraketen der Supermächte
	Beendigung oder Eindämmung der Kampfhandlungen: Irak, Iran, Angola, Kambodscha, Sahara, Afghanistan
	Größte Dürre in den USA seit 50 Jahren
	Seit über sieben Jahren Dauerkonjunktur
1988	Michael Dukakis (Demokraten) und Vizepräsident George Bush (Republikaner) werden von ihren Parteien als Präsidentschaftskandidaten nominiert
	Repräsentantenhaus und Senat stimmen einer Entschädigung für die nach dem japanischen Angriff auf Pearl Harbour internierten US-Bürger japanischer Herkunft zu
	erfolgreiche Wiederaufnahme des Shuttle-Programms der NASA
	George Bush wird zum 41. Präsidenten der USA gewählt
	Die USA geben die Verhängung von Handelssanktionen in Höhe von 100 Mio. US-Dollar gegen die EG bekannt, die zum 01.01.89 in Kraft treten sollen
1989	US-Kampfflugzeuge schießen im Januar zwei libysche MIG 23 über dem Mittelmeer ab
	im Januar mehrtägige gewalttätige Auseinandersetzungen zwischen schwarzen Demonstranten und der Polizei in Miami/Florida

die Havarie des Öltankers *Exxon Valdez* vor der Küste Alaskas verursacht die bisher größte Ölpest in den USA

die USA verlängern die Sanktionen gegen Panama um ein Jahr

Präsident Bush schlägt eine Reduzierung der Truppenstärke der USA und der UdSSR in Europa auf je 275 000 Mann vor

der umstrittene »Tarnkappenbomber« B-2 absolviert seinen erfolgreichen Erstflug

in seiner ersten Fernsehansprache stellt Präsident Bush ein 7,8 Mrd. Dollar umfassendes Programm zur nationalen und internationalen Bekämpfung des Drogenhandels und -konsums vor

mit Douglas Wilder wird erstmals ein schwarzer Politiker Gouverneur eines US-Bundesstaates (Virginia)

Gipfeltreffen zwischen Bush und Gorbatschov auf Malta

Beginn der militärischen Intervention der USA in Panama am 20.12.

1990 Noriega stellt sich am 03.01. amerikanischen Truppen

bei einem Treffen in Camp David stimmen George Bush und der deutsche Bundeskanzler Helmut Kohl darin überein, daß ein vereinigtes Deutschland Vollmitglied der NATO sein müsse

Aufhebung des fünfjährigen Handelsembargos gegen Nicaragua

der frühere Sicherheitsberater des US-Präsidenten, John Poindexter, wird wegen Beteiligung an der Iran-Contra-Affäre zu einer sechsmonatigen Gefängnisstrafe verurteilt

Präsident Bush empfängt den ANC-Vizepräsidenten Nelson Mandela im Weißen Haus

Weltwirtschaftsgipfel der sieben führenden Industrieländer in Houston/Texas

Verteidigungsminister Richard Cheney gibt die Stillegung der Produktionsstätten für chemische Waffen bekannt

Aufnahme von Verhandlungen mit Vietnam über die Kambodscha-Frage geben der amerikanischen Indochina-Politik eine neue Wende

Präsident Bush verkündet den Abbau der US-Streitkräfte um 25 Prozent innerhalb von fünf Jahren

nach dem Einmarsch des Irak in Kuwait werden amerikanische Kriegsschiffe, Kampfbomber und Truppen nach Saudi-Arabien entsandt eine Reform des Erziehungswesens soll die Lese- und Schreibfähigkeit der Bevölkerung verbessern und drogenfreie Schulen schaffen

Präsident Bush legt sein Veto gegen ein Bürgerrechtsgesetz ein, welches die Rechte von Frauen und ethnischen Minderheiten schützen soll

der US-Dollar sinkt am 05.11. auf einen historischen Tiefstand

bei den *Midterm-Elections* können die Demokraten ihre Kontrolle über beide Häuser des Kongresses ausbauen

1991 mit einem massiven Angriff der alliierten Streitkräfte gegen den Iran beginnt am 17.01. der Golfkrieg

auf einem Treffen Präsident Bushs mit Häuptlingen verschiedener Indianervölker werden Maßnahmen zur Bewahrung der indianischen Kultur erörtert

Straßenkrawalle in einem überwiegend von Hispanics bewohnten Stadtteil Washingtons

drei Jahre nach Inkrafttreten des INF-Vertrages zwischen der USA und der UdSSR werden die letzten landgestützten nuklearen Mittelstreckenraketen in Europa verschrottet

Bush und Gorbatschov unterzeichnen den START-Vertrag über eine 30prozentige Reduzierung der strategischen Atomwaffen

der Senat bestätigt den der sexuellen Belästigung verdächtigten schwarzen Juristen Clarence Thomas als neues Mitglied des Obersten Gerichtshofes

Nahost-Friedenskonferenz in Madrid

1992 der Senat verabschiedet einen Beschluß zur stufenweisen Einstellung der Atomtests in den USA

schwere Rassenunruhen erschüttern Los Angeles

Bill Clinton wird zum neuen Präsidenten der Vereinigten Staaten gewählt

Einheiten der amerikanischen Streitkräfte werden zu einer umfassenden internationalen humanitären Hilfsaktion nach Somalia entsandt

Unterzeichnung des *North American Free Trade Agreement* (NAFTA) zwischen den USA, Kanada und Mexico zur Schaffung einer Freihandelszone

1993 Unterzeichnung des START-2-Abkommens zum Abbau der strategischen Atomsprengköpfe zwischen den USA und Rußland

islamische Fundamentalisten verüben einen Bombenanschlag auf das World Trade Center in New York
beim Gipfeltreffen mit dem russischen Präsidenten Boris Jelzin sagt Clinton eine Soforthilfe für Rußland in Höhe von 1,6 Mrd. US-Dollar zu
Regierungstruppen stürmen das Anwesen der Davidianer-Sekte in Waco
die USA führen einen Militärschlag gegen die Zentrale des irakischen Geheimdienstes in Bagdad
die USA verlegen Truppen nach Mazedonien
die USA und Japan schließen ein bilaterales Wirtschafts- und Handelsabkommen, bei dem Japan sich verpflichtet, vermehrt ausländische Waren und Dienstleistungen einzuführen
US-Kampfeinheiten treffen in Skopje ein, um eine Ausdehnung des jugoslawischen Bürgerkriegs auf Makedonien zu verhindern
US-Seeblockade gegen Haiti
Rückzug der amerikanischen Truppen aus Somalia

1994 Erdbeben im Raum Los Angeles
Beendigung des US-Embargos gegen Vietnam
Verbot von Blockaden vor Abtreibungskliniken
der Kongreß verabschiedet ein umfangreiches Gesetzespaket zur Verbrechensbekämpfung, das u. a. 19 Typen halbautomatischer Waffen verbietet und die Todesstrafe auf 60 Straftaten ausweitet
US-Truppen landen zur Wiedereinsetzung des gestürzten Präsidenten Jean-Bertrand Aristide auf Haiti
die USA und die anderen Alliierten ziehen ihre Truppen aus Berlin zurück
die USA beenden ihre Militärpräsenz in Kanada
die Republikaner gewinnen erstmals seit 1954 in beiden Häusern des Kongresses die Mehrheit
die USA unterzeichnen das Welthandelsabkommen GATT
die Bosnien-Kontaktgruppe unter Beteiligung der USA erarbeitet Friedenspläne für Bosnien-Herzegowina
die USA bemühen sich um Vermittlung im Nahost-/Palästinakonflikt

1995 USA sichern den Abzug der NATO-Truppen aus Somalia
erdrückende Staatsschulden, Washington ist praktisch bankrott
bei einem Bombenanschlag konservativ-religiöser Fanatiker

auf Gebäude der Bundesregierung in Oklahoma City werden 168 Menschen getötet
Aufnahme voller diplomatischer Beziehungen zu Vietnam
Präsident Clinton ordnet die Einstellung unterirdischer Atomtests an
ein Anti-Terror-Gesetz räumt der Regierung größere Vollmachten bei der Bekämpfung des Terrorismus ein
Haushaltskrise schickt Staatsbedienstete in den Zwangsurlaub
die Staatsoberhäupter von Bosnien-Herzegowina, Kroatien und Serbien paraphieren in Dayton/Ohio ein Friedensabkommen für Bosnien-Herzegowina
Verlegung von US-Truppen nach Bosnien
Vermittlung der USA im Friedensprozeß zwischen Israel und den Palestinensern
Hitzewellen, Wirbelstürme, Erdrutsche und Überschwemmungen suchen die USA heim

1996 die Republikaner nominieren Bob Dole zum Gegenkandidaten Bill Clintons bei den Präsidentschaftswahlen
unter Vorsitz des amerikanischen Präsidenten findet in Scharm al-Scheich/Ägypten eine internationale Gipfelkonferenz zur Terrorismusbekämpfung statt
Senat und Repräsentantenhaus beschließen die Möglichkeit eines Einzelvetos des Präsidenten gegen Haushaltsgesetze, das diesem die Ablehnung einzelner Ausgabenposten erlaubt

Personen- und Sachregister